처칠은 1874년 옥스퍼드셔의 블렌엄 궁에서 태어났다. 그의 집안은 유서 깊은 말버러 공작 가문이었으며, 블렌엄 궁은 존 처칠(말버러 공작 1세)이 스페인 계승전쟁에서 뛰어난 공을 세워 하사받은 것이었다. 아버지 랜돌프 경은 하원의 보수당 당수를 역임한 뛰어난 정치가였으며, 어머니 제니 제롬은 미국인으로, 뉴욕의 은행가이며 〈뉴욕 타임스〉의 대주주이기도 했던 레너드 월터 제롬의 딸이었다.

처칠의 할아버지 말버러 공작 7세가 아일랜드 총독이었을 때 할아버지의 비서로 근무했던 아버지를 따라 처칠도 어린 시절을 더블린에서 보냈다. 그러나 사교에 바쁜 부모의 무관심과 흥미를 느낄 수 없었던 학교 수업 때문에 그의 어린시절은 불행했다.

사진은 다섯 살 때 더블린에서.

어머니 랜돌프 부인과 형 잭. 1889년 처칠이 열다섯 살 되던 해.

처칠의 어머니 제니 제롬과 아버지 랜돌프 경.

젊은 처칠. 위는 종군기자 시절 남아프리카에서. 오른쪽은 1900년 약관 스물여섯의 나이에 보수당 하원의원에 당선된 처칠.

1차 세계대전이 발발하기 석 달 전에 찍은 처칠의 가족사진.
왼쪽부터 윈스턴 처칠, 딸 다이아나, 부인 클레멘타인,
아들 랜돌프, 어머니 랜돌프 부인, 조카 피리그린,
제수 그웬델린, 조카 조니, 그리고 형 잭.
클레멘타인이 안고 있는 아기가 처칠의 막내 사라이다.

부인 클레멘타인

1918년 가을, 릴에서
퍼레이드를 관람하고 있는 처칠.

1943년 퀘벡에서 부인 클레멘타인과 함께.
처칠은 그의 이니셜인 'WSC'가 새겨진 슬리퍼를 신고 있다.

1948년 5월 7일, 헤이그에서 열린 유럽회의 연설을 마치고
터져나오는 박수갈채에 감격해서 울고 있는 처칠.

루덴도르프(1865~1937)

"그는 자신의 조국을 깊이 사랑했으나, 그가 정작 그보다 더 사랑한 것은 그에게 주어진 임무였다."
—〈루덴도르프의 사생결단〉中

로이드 조지(1863~1945)

"20세기 초 1/4분기의 영국 역사를 논하면서, 전시와 평화로웠던 시기를 통틀어 그만큼 심대한 영향력을 발휘했던 인물은 없었다고 단언할 수 있다."
—〈잊을 수 없는 만남〉中

빌헬름 2세(1859~1941)

"저 눈부신 가을 햇빛 아래 행군하고 구보하던 얼마나 많은 영혼 위에 죽음의 사자가 그림자를 드리웠던가?……온 유럽의 선망의 대상이며 영광의 주인공인 황제가 겪게 될 가슴 찢어지는 실망과 환멸, 좌절과 끝없이 이어지는 자책의 나락은 모든 형벌 중에서도 가장 견디기 힘든 것이 될 것이다." —〈독일의 영광〉中

포슈(1851~1929)

"포성의 굉음이 끊임없이 고막을 때리는 신음하는 전쟁의 위기 속에서, 오직 영광스러운 승리만이 요구되고 그 임무와 명운을 같이 해야만 할 엄숙한 임무가 포슈 장군의 어깨에 지워졌다."
—〈루덴도르프의 사생결단〉中

팽크허스트 부인(1858~1928)

"맹렬 여성 팽크허스트 부인은 두 딸 크리스타벨과 실비아의 도움을 받아가며 난폭한 노선을 취하기로 방향을 잡는다. …… 결국 자유무역회관의 회의실에서 크리스타벨 팽크허스트 양이 회의를 온통 수라장으로 만들어 놓은 다음, 가엾고 헝클어진 모습으로 쫓겨나가는 사태가 발생했다." ─〈선거 이야기〉中

클레망소(1841~1929)

"그러나 강철같이 다부진 모습을 한 '호랑이'에게서는 도대체 피곤한 기색이라고는 찾아볼 수가 없었다. 그는 루셰르와 장군들을 상대로 심각한 주제들을 놓고, 때때로 농담과 재담을 섞어가면서 쉴 새 없이 대화를 이끌어갔는데, 그러면서도 항상 냉철하게 현실을 직시하고 있었다." ─〈클레망소와 보낸 하루〉中

Georges Clemenceau

마이클 콜린스(1890~1922)

"그는 교육의 혜택을 많이 받지는 못했지만 재능을 타고난 명석한 젊은이였다."
─〈아일랜드 조약〉中

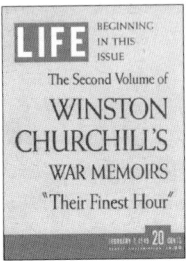

윈스턴 처칠 수상록

폭풍의 한가운데

THOUGHTS AND ADVENTURES

Copyright ⓒ 1932 by The Estate of Winston S. Churchill
Published by arrangement with Curtis Brown, UK
All rights reserved.

Korean translation copyright ⓒ 2003 by Ahchimyisul
Korean translation rights arranged with Curtis Brown, UK
through Eric Yang Agency, Seoul.

이 책의 한국어 판 저작권은 에릭양 에이전시를 통해
Curtis Brown, UK 사와 독점계약한 것으로,
한국어 판권을 아침이슬이 소유합니다.
저작권법에 의하여 한국내에서 보호를 받는 저작물이므로
무단전재와 복제를 금합니다.

폭풍의 한가운데: 윈스턴 처칠 수상록

초판 1쇄 · 2003년 2월 12일
초판 4쇄 · 2004년 5월 10일

지은이 · 윈스턴 처칠
옮긴이 · 조원영
펴낸이 · 박성규

펴낸곳 · 도서출판 아침이슬
등록 · 1999년 1월 9일(제10-1699호)
주소 · 서울시 마포구 합정동 364-70 (121-884)
전화 · 02-332-6106 / 팩스 · 02-322-1740
인터넷 홈페이지 · www.21cmorning.co.kr
E-mail · webmaster@21cmorning.co.kr

값 13,900원
ISBN 89-88996-33-X 03840

* 잘못 만들어진 책은 바꾸어 드립니다.
* 출판시도서목록(CIP)은 472쪽에 있습니다.

폭풍의 한가운데

윈스턴 처칠 수상록

윈스턴 S. 처칠 지음 | 조원영 옮김

아침이슬

재판 출간에 부쳐

 이 책은 윈스턴 처칠이 1924년에서 1931년 사이에, 신문과 잡지에 기고했던 글들을 모아 1932년 처음 단행본으로 엮어서 출간했던 것을 이번에 다시 출간한 것이다.

 여기 소개된 내용들은 처칠의 자전적 회고(回顧)와 철학적 성찰(省察)로 이루어져 있으나, 평상시의 처칠보다는 비교적 가벼운 차림을 보여주고 있으며, 전쟁과는 전혀 상관없이 순수한 명상을 담은 부분이 있는가 하면, 오늘날의 독자들에게 새로운 느낌으로 와닿는 회고적 기술도 있다. 특히 처칠은 서문에서 〈인류는 이대로 파멸할 수 없다〉 및 〈오십년 후의 세계〉에서 다룬 내용을 심각하게 받아들이라고 권고하고 있는데, 이는 그의 충언이 없더라도 오늘을 사는 독자들이 더 절실하게 느끼고 있는 주제들이다.

 도시 전체를 날려버릴 수 있는 오렌지만한 크기의 고성능 폭약의 등장에 대한 그의 음울한 예언은 이제 그 누구도 실현을 의심하지 않으며, 인류가 탄생시킨, 혼 없는 기계문명에 스스로 예속되어갈 것이라는 그의 직관 또한 그리 먼 훗날의 소설만은 아닌 것 같다.

Odhams Press Ltd.
1947년 9월

서 문

 여기 실린 글들을 다시 읽어보니, 이제 오십대 후반에 접어든 우리 세대가 얼마나 변화무상(變化無常)한 시기를 살아왔는가 하는 생각에 절로 옷깃이 여미어진다.

 〈시드니가 총격 사건〉과 같은 색채감이 넘치는, 그러나 아기자기한 사건이 세인의 혼을 온통 빼놓았을 정도로 '질서정연한 시대'를 살던 우리 세대가, 세계대전이라는 충격적인 비극과 인고의 시절을 겪어내고서는, 이제 새로운 혼돈과 불안의 새 세상을 향하여 또 한번의 위험한 항해를 감행하고 있는 중이다. 빛과 어둠의 대결이 극한의 양상을 보이면서, 불안한 균형을 유지하고 있는 이 시대의 앞길을 밝히는 두 개의 지옥불이 〈인류는 이대로 파멸할 수 없다〉와 〈오십년 후의 세계〉에서 내가 그리고자 했던 핵심 주제이다. 인류가 이토록 절실한 위기를 맞았던 적이 과연 있었던가?

 내가 심각한 사건들을 비교적 밝은 터치로 다루었다고 해서, 내가 꾼 두 편의 악몽을 단지 아마추어 예언자의 유흥거리 정도로 생각한다면 비극이다. 왜냐하면 인류가 미래의 키워드인 과학을 통제하여, 스스로를 파멸과 몰락의 함정에서 구해내려는 확고한 노력을 보이지 않을 경우, 악몽은 단순한 꿈의 가면을 벗어던지고 정체를 드러내겠다는 확실한 의사 표시를 던져왔기 때문이다.

   그렇다고는 하나, 아직은 살아가는 많은 즐거움이 우리를 에워싸고 있다는 것이 그나마 얼마나 다행스러운 일인가? 그러한 즐거움에 대한 감사의 마음을 이 글모음의 대미로 장식하고자 한다.

> 세상은 늙었다고 말들 하지만 그래도
> 우리는 어린아이처럼 즐겨야 한다.

윈스턴 S. 처칠
차트웰에서, 1932년 9월

차례

재판 출간에 부쳐 13
서문 14

너무나도 소중한 삶의 순간들 19
시사만화를 보는 재미 35
정치인의 지조 57
잊을 수 없는 만남 75
시드니가 총격 사건 93
독일의 영광 107
나의 첩보 활동 123

근위보병연대와 함께 *139*
플러그스트리트 이야기 *159*
유보트 해전 *173*
도버해협 봉쇄작전 *199*
루덴도르프의 사생결단 *211*
클레망소와 보낸 하루 *235*
나의 비행 기록 *259*
선거 이야기 *287*
아일랜드 조약 *313*
의원내각제와 경제문제 *329*
인류는 이대로 파멸할 수 없다 *351*
현대문명과 영웅 *365*
오십년 후의 세계 *385*
인류의 지도자 모세 *407*
취미생활 *427*
그림 그리기 *441*

옮긴이의 말 *469*

일러두기

◇ 본 번역서는 Odhams Press Ltd., 1947년판을 대상으로 했다.
◇ 본문 양옆에 나오는 주는 전부 다 옮긴이 주이다.

A Second Choice

너무나도 소중한 삶의 순간들

1941년 6월. 기차 안에서 서류를 검토하고 있는 처칠.

> "하지만 한번 따져보자!
> 담배가 나의 신경계통을 진정시키는 역할을 해주지 않았더라면,
> 어떻게 그 숱한 껄끄러운 개인적인 만남이나 협상 테이블에서
> 침착하고 예의바르게 처신할 수 있었겠으며,
> 극도로 초조하고 긴장되었던 순간들을 차분히 넘길 수 있었겠는가?
> 나의 부드러운 사교적 기질이나 유쾌한 교우관계 등도
> 젊은 시절부터 맺어온 니코틴 여신의 덕이라고 말한다면
> 지나친 역설일까?"

이따금 지나간 어느 시기의 결정적인 순간들을 떠올리면서, 그러한 순간들이 내게 다시 찾아온다면 어떻게 행동할까 하는 부질없는 생각을 해보곤 한다. 아마 당시에 느꼈던 당황스러움이나 머뭇거림 같은 것은 예나 지금이나 마찬가지가 아닐까? 당시의 나와 지금의 내가 가능성이나 한계, 취향이나 변별력 등에서 큰 차이가 있을까? 주어진 외부적인 상황이 과거와 똑같은 것이라면, 아무리 연륜이 쌓인 지금의 나라고 할지라도, 당시와 똑같은 행동을 되풀이하지 않을까 하는 것이 내 생각이다. 물론 외부적인 상황에 변화가 있다면 당연

히 내 선택도 달라질 것이고, 그 이후의 내 인생도 지금까지 내가 살아온 것과는 전혀 다른 삶이 되겠지만 말이다.

이런 상상을 하기에는 몬테 칼로가 제격일 듯싶다. 나는 원래 천성이 낙천적이라 룰렛 게임에서도 늘 빨간색에 돈을 거는데, 그날따라 평소답지 않게 내가 돈을 건 빨간색 홀로 상아공이 빨려들어갔다고 하자. 나는 그 즉시 한몫 단단히 챙겼을 것이며, 만약 그 돈을 이십 년 전 시카고 근교 호숫가의 멋진 땅에 투자해 놓고 그 이후로 다시는 몬테 칼로 쪽으로 눈을 돌리지 않았다고 한다면, 틀림없이 지금쯤 거부가 되어 있을 것이다. 하지만 그 순간, 이게 웬 복이냐 싶어 더 딸 욕심에 게임 판에 눌러 붙어 있었더라면 지금쯤 게임 테이블의 단골손님이 되어, 황혼이 어슴푸레 물들 때면 유럽의 환락가 이곳저곳을 기웃거리고 다니는 음울한 노신사가 되어 있을지도 모르는 일이다.

여기에서 우리는 두 가지 확실히 다른 요소가 작용하고 있음을 보게 된다. 하나는 상아공의 행방이고, 두 번째는 내 마음속에 일었던 반응이다. 이 두 가지 요소를 여러 가지로 변형시켜가면서 그 각각의 경우에 대응하는 결과를 일일이 따져본다는 것은 너무 복잡해서 보통 머리로는 잘 될 것 같지가 않다. 그러니까 기본적인 사건의 전개와 객관적인 상황은 현재 우리가 알고 있는 그대로 고정시켜 놓고, 단지 그 상황에서 내가 어떤 선택을 할 것인가만을 한번 따져보자는 것이다.

그러나 여기에서 확실히 해두어야 할 것이 한 가지 있다.

내가 새로운 선택을 할 때, 당시의 실제 결과가 어떠했는가 하는 사전 지식을 가지고 있는 경우와, 그렇지 않고 신체적, 심리적, 또는 지식적으로나 신념에 있어서 전보다 하등 나아진 점이 없는 경우를 구분해서 따져보아야 한다는 것이다. 만약 후자의 경우라면 문제는 매우 간단하다. 지난번과 모든 것이 똑같은 상황이고, 그 동안 나 자신에게 아무런 변화가 없었다면, 나의 선택은 당연히 전번과 똑같은 것이 될 것이다. 그것은 마치 자신의 모든 중요한 의사결정을 항상 동전을 던져서 결정하는 사람이 있다고 할 때, 동전을 던진 결과가 같을 경우, 그에 따른 행동은 자동적으로 결정되는 것과 마찬가지 이치이다.

그렇다면, 실질적으로 다른 선택을 할 수 있기 위해서는, 반드시 사건의 진행에 관한 사전 지식이 있어야만 한다는 결론이 된다. 지금까지 실제로 진행되어 온 역사와 그 안에서 자기가 맡았던 역할 등 모든 과거에 관한 사전 지식을 갖춘 상태에서 다시 한 번 새로운 선택을 시도한다면, 무엇을 취하고 무엇을 피할 것인지가 명확해질 것이다. 이 경우 나는 확신을 가지고 새로운 진로를 결정할 수 있을 것이며, 그 결정은 성공적일 수밖에 없을 것이다. 그렇게 할 수만 있다면 끝없이 되풀이되는 오류와, 이어지는 환난으로부터 인류를 구원할 수 있을 터인데 말이다.

하지만 속단하기에는 아직 이르다. 나에게 주어진 기회란, 오직 단 한 번, 인생을 과거의 어느 시점으로 되돌려놓는 것임을 잊어서는 안 된다. 지금 내가 알고 있는 모든 지식을 그대로 가지고 그 시점으로 돌아가서는 다시 한 번 살아보는 것이다. 그러니 일단 내가 새로운 선택을 한 다음에는, 지금까지 세상과 내 자신의 역사에 대해서 내가 알고 있던 모든 사항들은 이미 과거지사가 되어 버리든지, 아니면 다시는 되풀이될 수 없는 일이 되어 버리고 만다는 사실에 주목하기 바란다. 물론 내가 사전 지식을 아주 사소한 일에 써버린다면 이후의 역사의 흐름에 커다란 변화를 가져오지는 못하겠지만, 그렇더라도 내 주위의 상황은 예전과는 분명히 다른 모습을 띠게 될 것이다.

예를 들어 내가 더비 경마의 승부에 나의 사전 지식을 우선적으로 사용했다고 치자. 첫 번은 몰라도 다음 번 경마의 승부까지 나의 사전 지식이 통하리라는 보장은 어디에도 없다. 물론 이미 치러졌던 대회니까 그 당시의 우승마 이름은 알고 있겠지만, 상황이 예전과 완전히 일치하는 것은 아니다. 왜냐하면 내가 사전 지식을 이용하여 첫 번 경마에서 워낙 큰 상금을 거머쥐는 바람에 몇몇 중요한 사설 마권업자들이 파산을 해버린 것이다. 그들의 부자 고객 중 한명이 완전히 몰락하면서, 비관한 나머지 연못에 몸을 던지고 만다. 공교롭게도 그 사람이 소유한 말이 다음해 더비에서 우승하게 되어 있었을 줄이야······. 그가 죽는 바람에 그가 소유한 말은 자연히 다음 경마의 출전자격을 박탈당하고 만다. 그것이 어처구니 없는 우리의 현재 규정이다. 다음해 더비에 또 한번 사전 지식을 활용해서 도전한 나는 엡섬 다운스에서 가장 소식에 어두운 사람이 되고 말 것이다. 나는 다른 경주마들의 과거 실적에 관한 기억을 정리하느라 머리가 뒤죽박죽되는 통에, 새로운 세계의 투기에서 완전히 실패할 수밖에 없을 것이다. 그러니 결국은 중요한 의사 결정을 할 기회가 새로 주어진다 하더라도 사전 지식이 제 기능을 발휘할 수 있는 것은 오직 한 번뿐이며, 그 이후에는 또다시 새로운 상황이 발생하면서 기존의 지식은 아무런 도움이 되지 못한다는 사실을 이해할 수 있을 것이다.

이러한 사전 지식을, 개인적인 사소한 차원이 아니라 중대한 역사적 사건에 활용한다면, 그 파장 효과는 실로 예측할 수 없는 엄청난 것이 될 것이다. 남아프리카 전쟁* 당시, 타고 있던 무장 열차가 보어인들의 공격으로 탈선하는 바람에 엔진실을 부지런히 들락거리면서 작업에 몰두할 때의 이야기인데, 그때 나는 차고 있던 모젤 권총이 거추장스러워서 풀어 둔 채 일을 하고 있었다. 만약 내가 그때 권총만 차고 있었더라면, 20미터도 채 안 떨어진 거리에서 항복하라고 외쳐대던 보타*라는 젊은이는 틀림없이 내 총에 목숨을 잃었을 것이다. 1899년 11월 15일 바로 그날 내가 만약 그를 죽였더라면, 남아프리카의 운명은 지금과는 전혀 다른 길을 걸었을 것이고, 아마 거의 틀림없이 불행한 방향으로 흘렀을 것이다. 그 보타라는 청년은 후에 보어인 총사령관이 되었고, 남아프리카

남아프리카 전쟁
1899~1902, 네덜란드계의 남아프리카 이주민인 보어인과 영국이 벌인 전쟁. 보어전쟁이라고도 한다.

루이스 보타
Louis Botha 1862~1919, 남아프리카 공화국의 군인·정치가. 남아프리카 연방의 초대 총리로 취임해 보어인과 영국인들 사이의 화해 정책을 추진했다.

공화국 총리에까지 올랐다. 그의 권위와 열정이 없었던들, 제1차 세계대전 발발 초기에 있었던 남아프리카의 폭동을 초기에 진압하기는 힘들었을 것이다.

만일 폭동이 진작 진압되지 않았더라면, 인도양을 항해중이던 오스트레일리아와 뉴질랜드 군은 방향을 카이로가 아니라 희망봉으로 틀어야 했을지 모르고, 실제로 콜롬보에 주둔하던 호송군단도 이미 그렇게 할 준비가 완료된 상태였다. 그렇게 되면 그들은 수에즈 운하를 방어하는 대신 보어인 폭도들과 싸우지 않을 수 없었을 것이고, 오스트레일리아와 남아프리카의 관계 또한 심각한 영향을 받았을 것이다. 더 나아가서 1914년 말까지 오스트레일리아-뉴질랜드 연합군단이 이집트에 도착할 수 없었더라면, 이듬해 봄의 갈리폴리 반도 침공•은 애초에 시작했을 리도 없고 따라서 그 이후의 엄청난 참사도 일어나지 않았을지 모른다. 더 좋은 방향으로 전개되었을 수도, 아니면 아주 더 나빠졌을 수도 있다. 그저 무수한 상상만이 가능할 뿐이다.

갈리폴리 전투
다르다넬스 전투. 제1차 세계대전 당시 영국-프랑스 연합군과 독일-터키 연합군이 다르다넬스 해협의 확보를 위해 벌였던 전투로, 양측 각각 25만 명이 넘는 전사자를 냈다.

하지만 나탈에서 탈선한 기차의 기관실을 오르내리면서 권총을 몸에 지니지 않고 있었다는 것은 무모하고 어리석기 짝이 없는 짓임에는 틀림없다. 만약 누군가가 "그 청년이 당신을 해치지 않을 것이고, 보어인들이 당신을 정중하게 대해줄 것이며, 보타가 후일 훌륭한 정치인이 되어 남아프리카와 영국 왕실과의 관계를 더욱 긴밀하게 맺어줄 것이라는 사전 지식이 있었더라면, 당신이 그를 쏠

이유가 있었겠는가"라고 말한들 아무 소용이 없는 얘기일 뿐이다. 왜냐하면 일이 꼭 그런 식으로 풀리리라는 보장은 없는 법이며, 여러 가지 다른 가능성도 배제할 수 없는 상황이었기 때문이다. 내가 만일 권총을 휴대하고 있었다면 동작이 아무래도 조금은 굼떴을 것이고, 그러다 보면 내 옆을 간발의 차이로 지나갔던 총알들에 희생되었을 수도 있으며, 탈선한 기차에서 도망치는 도망자들을 열심히 쫓던 보타도 내 총이 아니라 다른 소총수의 총탄에 죽었을지도 모르는 일이다. 나 또한 부상당한 채 레이디 스미스에 있는 불결하기 짝이 없는 인톰비 스프루트 병원에 수용되어 있다가 장티푸스로 죽음을 맞았을지 누가 알겠는가.

한편 우리는 과거를 회상하면서, 실수가 득이 되기도 하고, 반대로 똑똑하다고 한 짓이 큰 손해를 초래하는 경우가 종종 있음을 발견하게 된다. 하지만 내가 만약 다시 인생을 살게 된다면 담배만큼은 확실히 멀리할 것이다. 담배에 들인 돈만 해도 도대체 얼마인가? 그 돈을 전부 투자해서 복리로 이자를 계산하여 보면 정말 대단한 금액이 될 것이다. 언젠가 아버지께서 담배연기를 기분 좋게 뿜어내시며 하시던 말씀이 생각난다. "담배를 왜 배우냐? 맑은 눈을 유지하고 싶고, 손 떨리는 것이 싫다면, 그리고 골머리 썩을 일을 할 생각이 아니라면 아예 담배 필 생각은 하지도 마라."

하지만 한번 따져보자! 담배가 나의 신경계통을 진정시키는 역할을 해주지 않았더라면, 어떻게 그 숱한 껄끄러운 개인적인 만남이나 협상 테이블에서 침착하고 예의바르게 처신할 수 있었겠으며, 극도로 초조하고 긴장되었던 순간들을 차분히 넘길 수 있었겠는가? 나의 부드러운 사교적 기질이나 유쾌한 교우관계 등도 젊은 시절부터 맺어온 니코틴 여신의 덕이라고 말한다면 지나친 역설일까? 지금 와서 얘기지만, 플랑드르에서 방공호에 두고 나온 성냥갑을 가지러 다시 돌아가지 않았더라면 어떻게 되었을 것인가? 백 미터 전방에 정확히 내리꽂힌 폭탄 생각을 하면 지금도 등골이 오싹해진다.

   정치적인 관점에서 볼 때, 나는 스스로 소신 있게 살아왔다고 자부한다. 하고 싶은 말이나 행동을 어떤 분별이나 태만, 아니면 다른 사람의 설득 때문에 하지 못했던 경우가 전혀 없었던 것은 아니지만, 그럴 때마다 늘 몹시 수치스럽게 느끼곤 했었다. 하지만 지나고 나서 가끔 생각해 보면, 그때 제지당했던 게 오히려 다행이었다는 생각이 들기도 한다. 남아프리카 전쟁 직후, 보수당이 견지했던 관점과는 사뭇 입장이 달랐던 내가 어떻게 그토록 열성적으로 그들과 일했었는지, 지금 와서는 도무지 이해가 되지 않는다. 자유무역을 둘러싼 견해 차이는 고사하고라도, 내가 전쟁에 대해 절대적으로 반대하는 입장이었는 데 반해, 그들은 소위 승전이라는 전과를 두고 가능한 한 최대한도로 정치적으로 이용하려 들었다. 그런 와중에 그들이 보호무역정책을 들고 나오자, 나는 곧바로 극렬하게 그들의 정책을 비난하고 나설 차비가 이미 완벽하게 갖추어져 있던 셈이었다. 마치 오랜 기간 갇혀 있던 새 시대의 물결이 둑이 터지면서 낮은 곳으로 저절로 흘러내리는 형상이었다. 하지만 어린 시절부터 성장의 배경이 되어왔고, 가까운 친구들과 친척의 대부분이 보수당원인 나로서는 당과 결별한다는 것이 결코 쉬운 일은 아니었다. 그렇지만 지금도 당시의 내 행동이 나의 내면 깊숙한 곳으로부터의 절실한 부르짖음에서 나온 것이라는 점, 그리고 젊음만이 가져다 줄 수 있고 또 젊음의 특권이기도 한 담대한 결정이었다는 점은 조금도 의심하지 않는다.

제1차 세계대전이 발발하자, 그간 숱한 반대를 무릅쓰고 추진해 온 최첨단의 해군 군비확충이 이제 막 결실을 보게 되면서 한참 상승 기류를 타고 있던 시점에서 나는 한 가지 주목할 만한 실수를 범하고 말았는데, 그것은 내가 해군의 작전계획 못지않게 실제 군사행동에도 지대한 관심을 쏟았다는 점이다. 그래서 해군장관 직책을 보유한 채, 비중이 그리 크지 않은 군사작전 지휘까지 직접 맡은 것이 화근이 되어, 구체적인 작전에 따른 모든 위험까지도 몽땅 감수해야만 했다.

우선 나는 앤트워프에 아예 가질 말았어야 했다. 그냥 런던에 남아서 내각과 키치너 경*을 계속 몰아붙이면서 좀더 효과적으로 정책을 수행하도록 독려하는 한편, 나 자신은 계속 고고한 자세를 견지하면서 권위가 훼손당하지 않도록 조심했어야 했다. 그런데 그만 나는 너댓새 동안이나 작열하는 포탄과 흥분 속에서 비극적인 앤트워

키치너
Horatio Herbert Kitchener 1850~1916. 영국의 군인. 1차 세계대전 당시 육군장관을 지냈다.

프 방어 작전에 깊이 휘말려 들어갔던 것이다. 곧이어 나는 국지적 상황에 보다 적극적으로 대처한다는 명분 아래 해군 장관 직책을 내놓지 않을 수 없었다. 다행히 그곳의 전세가 이미 기운 상태라서 나의 역할이 별 의미가 없어지는 바람에 내 사표는 반려되었지만, 나로서는 중요한 경험이 아닐 수 없었다.

우리는 큰일을 치르면서는 종종 커다란 실수들도 오히려 양해가 되고, 경우에 따라서는 의식조차 하지 못한 채 넘어가는데 반해, 국지적인 문제를 다룰 때는 조그만 실수까지도 크게 부풀려서 처벌하는 경향이 있다. 내 경우도 그간 전쟁에 대비해서 해군력을 증강해온 공로로 쌓은 명성이, 앤트워프의 국지적인 사건으로 인해서 하루아침에 실추될 뻔한 것이다. 모름지기 최상급의 정책 결정을 책임지고 있는 사람은, 지휘계통의 정점에 서서 전체를 관망해야지 최전선의 구체적인 실전에 몸을 내맡겨서는 안 되는 법이다.

돌이켜 보건대 키치너 경이 다르다넬스 작전을 위해 이집트에 집결중이던 연합군을 보강하기 위해 29연대를 파견하면서 거의 삼 주일이나 늑장을 부렸을 때, 내가 조금만 더 현명했더라면 해군의 공격을 즉시 중지시켰을 것이다. 당시 그런 결정을 내리는 것은 전혀 어려운 일이 아니었고, 만약 그랬더라면 그 이후의 모든 사태는 그 결정을 기점으로 해서 전혀 다른 방향으로 전개되었을 것이다. 그러나 나는 그렇게 하지 않았고, 그 순간부터 완전히 내가 손안에 장악할 수 없는 작전에 대해서 그 결과에 책임을 져야 하는 신세가 되고 말았다.

내가 비록 구상하고 시작은 하였지만 그 이후에 성패의 키가 다른 사람들의 수중으로 넘어갔는데도 불구하고, 잘못되는 경우의 모든 책임을 부담하지 않으면 안 되는 운명이 된 것이다. 육군 병력 파견이 결정적으로 지체되었을 때, 만약 내가 해군장관의 직권으로써 함대의 진로를 바꿨더라면, 그 후 전쟁을 수행하는 과정에서 나 개인적으로는 훨씬 더 운신하기가 편했을 것이다.

그러나 갈리폴리 반도에 대한 육상 공격이 비록 엄청난 희생을 몰고 온 실패한 작전이긴 하지만, 이탈리아를 마지막 순간에 전쟁에 끌어들이고, 불가리아의 발을 1915년 여름 내내 묶어두었으며, 막판에 터키군의 핵심을 와해시키는 데 결정적인 역할을 했음을 간과해서는 안 될 것이다.

우리는 가끔 실수를 통해서 이득을 보기도 한다. 보수당이 1923년 갑자기 보호무역을 옹호하는 쪽으로 방향을 선회하자, 여러 자유당 선거구에서 나를 자신들의 후보로 내세우려는 움직임을 보였다. 맨체스터는 여러모로 보아 내가 한번 붙어볼 만한 곳이었으며 실제로 그곳에서 후보자리 제의도 있었다. 나중에 결과에서도 판명이 났듯이, 내가 나갔더라면 아마 틀림없이 당선되고도 남았을 터인데, 무언가 설명하기 힘든 강박관념에 젖어 그곳을 놓아두고 레스터에서 출마하여 사회주의자와 맞붙었다. 이 싸움에서는 보수당까지 가세하여 양면으로부터 공격을 받게 되어 결국 낙선하고 말았는데, 이 두 선거구의 대조적인 결과를 놓고 볼 때, 나는 나 자신에게 무척 화를 냈어야 옳다. 하지만 물론 나중에 가서야 판명된 일이기는 하나, 자유당이 노동당 소수 정권의 탄생을 도와주는 현명치 못한 결정을 내림으로써 스스로의 무덤을 파고 있을 때, 나는 의석을 갖고 있지 않았기 때문에 오히려 어느 특정 선거구에 얽매일 필요 없이 독자적이고 불편부당한 판단을 할 수가 있었다는 점을 생각하면, 그때 낙선했던 것이 오히려 전화위복이 되었다고 말할 수 있을 것이다.

몇 개월 후에 있은 웨스트민스터 보궐 선거에서 나는 이미 반사회주의의 기수로 돌아서 있었으며, 절대 나를 좋아하지도, 믿지도 않는 보수당 세력들의 호의도 잠시 동안이기는 하지만 다시 누릴 수 있었다. 하지만 나는 보수당과는 몇 가지 점에서 근본적으로 깊이 공감하고 있었고, 결정적인 순간에 그러한 사실을 공개적으로 표현하는 데 주저하지도 않았다. 돌이켜 보면 역설적으로 1923년의 총선거에서 자유당의 정책을 지지하는 그릇된 판단을 내렸기 때문에, 내가 태어나서 자랐으면서도 그 후 긴 세월을 원수처럼 단절되어 살아왔던 위대한 보수당으로의 복귀가 가능하게 되었다고 보아야 할지도 모르겠다.

이러한 관점에서 지나온 생애 전체를 돌이켜 볼 때, 과연 다시 같은 삶을 살아 보기를 진정으로 원하고 있는가라는 질문에 대한 대답은 단연코 '아니오'가 될 것이다.

지나온 삶이 행복했고, 생기에 차 있었으며, 흥미진진한 것이었음은 틀림없지만, 그 힘들고 위험했던 길을 다시 한 번 걸으라고 한다면 결단코 사양할 것이다. 아무리 그럴듯해 보이는 일련의 실수들과, 멋진 모험, 그리고 성공이 기다리고 있다 한들 나를 유혹하지는 못할 것이다. 여태껏 이토록 끊임없이 나를 따라다녔던 행운이, 새로운 인과의 숱한 사슬 중 어느 한 고리에서 잠적해 버리지 않는다고 그 누가 보장할 것인가?

우리 모두 우리에게 일어났던 일에 만족하고, 살아남아 있음에 모두에게 감사하자. 우리가 걸어온 자연의 질서를 그대로 받아들이자. 우리를 끊임없이 따라다닌 신비스런 운명의 흐름을 이 세상, 이 공간, 이 순간에 꼭 있었어야만 할 필연적인 것들이었다고 인정해 주자. 기쁨은 소중히 간직하고 슬픔 앞에서는 울지 말자. 어둠이 없이 어찌 빛의 영광이 있을소냐? 삶은 총체적인 것, 선이든 악이든 있는 그대로 인정하고 받아들이자. 삶의 여로는 즐거웠고 인생은 살아볼 만한 것이었다…… 그렇지만 단 한 번만.

Cartoons and Cartoonists

시사만화를 보는 재미

> "친애하는 독자 여러분!
> 당신 자신이 만화의 주인공으로 등장한다고 한번 생각해보자.
> 항상 바보 같은 입장만을 고수한다든가,
> 아니면 못된 짐승으로 둔갑하든가,
> 아니면 실제로는 잘생긴 코를 갖고 있으면서도 만화에서만큼은
> 늘 얼굴에 붙은 사마귀 정도로 묘사되는 자신의 모습을
> 수백만 독자가 본다고 할 때 그 느낌이 어떠하겠는가?"

나는 만화를 무척 좋아했다. 브라이튼의 사립학교 시절, 〈펀치〉지에 실렸던 만화를 담은 서너 권의 만화책이 학교에 비치되어 있었는데, 학생들한테는 일요일에만 열람이 허용되었다. 만화는 역사를 배우는 데 더할 수 없이 좋은 수단이었으며, 꼭 역사가 아니라도 뭔가 배우는 게 많았다. 거기에는 매 주일 세계에서 일어나는 모든 특별한 사건들이 풍자화로, 때로는 심각하게, 때로는 밝고 가볍게 묘사되어 실려 있었다. 수많은 젊은이들이 자신들의 계획을 만화를 보면서 다듬어가며, 또 만화를 통해서 얻은 인상을 평생토록 유지하는 경우도 적지 않다는 사실을 고려할 때, 존 테니얼 경*이나 다른 유

존 테니얼
Sir John Tenniel 1820~1941, 영국의 삽화가, 풍자화가. 《이상한 나라의 앨리스》의 삽화가로 유명하다.

글래드스턴
William Ewart Gladstone 1809~1898, 영국의 정치가. 식민지장관, 재무장관을 지내면서 자유무역을 위해 관세를 개혁하고 곡물법철폐를 주장하는 등 자유주의자로 이름을 날렸다. 네 차례에 걸쳐 영국 총리를 지냈다.

명한 만화가들의 책임이 얼마나 막중한가를 실감하게 된다. 내가 줄리어스 시저에 대해서 품었던 잘못된 인식도 전적으로 만화를 통해서 형성된 것이었다.

글래드스턴 경*은 만화에서 자주 산월계수관을 쓰고 존경과 영예를 한몸에 받는 영광스러운 줄리어스 시저의 모습으로 묘사되었다. 우리 모두는 그가 이 나라의 총리를 지냈으며 가장 총명한 사람 중의 하나라는 사실을 잘 알고 있다. 그는 흠 잡을 데 없는 고결한 인품의 소유자였으며, 도덕적으로나 일상생활에 있어서나 늘 타의 모범이 되는 삶을 살았다. 진정으로 위엄과 정열과 따듯함을 모두 갖춘 존경받을 만한 인물이었다. 따라서 줄리어스 시저도 그런 부류의 선량하고 위대한 인품을 지닌 훌륭한 인물이리라 생각했던 것이다. 훗날 그가 한낱 로마의 한 정파의 우두머리로써, 스캔들로 얼룩진 인생을 살았던, 사악하기조차 했던 일개 야심가임을 알게 되었을 때의 충격은 정말 대단한 것이었다. 그에게서는 품격 있는 빅토리아 왕조의 신사의 눈에 들 만한 구석이라고는 눈을 씻고 찾아보려야 찾아볼 수 없었다. 정말 큰 충격이었다.

정치의 흐름을 풍자하는 시사만화 중에는 전쟁을 소재로 한 것도 많이 눈에 뜨인다. 전쟁을 소재로 한 만화들은 그 생동감 넘치는 표현들로 인해 특히 돋보인다. 우선 크림 전쟁*에 관한 만평(漫評)을 보자. '크림 전쟁 전야의 잉글랜드의 기도'라는 제목하에 영국을 상징하는 여인이 교회에서 무릎을 꿇은 채 기도를 하고 있는데, 그녀의 손에는 칼이 쥐어져 있고 막 일어서면서 누군가를 혼내 주려는 모습을 담고 있다. 그러나 이렇듯 차원 높은 주제만을 다룬 것은 아닌 것 같았다. 실제로 부상당한 군인들에 대한 정부의 무능력과 무대책을 폭로하는 만화도 등장했다. 플로렌스 나이팅게일*이 등잔을 손에 들고 부상자들 사이를 누비는 모습과, 전쟁이 다 끝난 다음에야 대규모 함대가 대포를 앞세우고 출정하는 모습 등도 풍자적으로 묘사되었는데, 크림 전쟁의 한 단면을 예리하게 풍자한 수작들이다.

크림 전쟁
1853~1856년 러시아와 오스만 투르크·영국·프랑스·프로이센·사르데냐 연합군 사이에 크림 반도·흑해를 둘러싸고 일어난 전쟁.

나이팅게일
Florence Nightingale 1820~1910, 영국의 간호사, 병원, 의료제도 개혁자. 간호사 직제의 확립과 의료 보급의 집중 관리, 오수 처리 등으로 의료 효율을 일신하여 '광명의 천사(The Lady with the Lamp)'라고 불렸다.

인도의 반란을 다룬 만화에서는, 영국을 상징하는 사자가 벵골 호랑이에게 복수하는 모습으로 인도 반란을 형상화했는데, 겁에 질려 비스듬히 웅크리고 있는 호랑이를 사자가 맹렬한 기세로 덮쳐가는 모습으로 그려놓아, 누가 보더라도 그 싸움의 결과를 금방 알 수 있다.

보불전쟁*을 다룬 연작 만화는, 빌헬름 왕*이 나폴레옹 3세*의 손님 자격으로 다음과 같이 노래하면서 등장하는 장면으로 시작한다. "나는야 시골에서 올라온 젊은 시골 촌놈이지만, 당신은 나를 속일 순 없어요." 이어지는 장면은 유럽 대륙의 양대 강국간의 무력 충돌로 인해 사방으로 흩어지는 포탄 파편과 귀청 떨어지는 폭음이, 마치 현장에서 보고 듣는 것처럼 생생하게 묘사되어 있었다. 결국 비탄에 젖은 아름다운 모습의 여인, 프랑

보불전쟁
1870~1871년 프로이센의 지도하에 통일 독일을 이룩하려는 비스마르크의 정책과 그것을 저지하려는 나폴레옹 3세의 정책이 충돌해 일어난 전쟁. 프랑스-프로이센 전쟁.

빌헬름 2세
Wilhelm II 1859~1941, 독일 황제 겸 프로이센 왕(재위 1888~1918). 흔히 카이저라고 한다.

나폴레옹 3세
Napoleon III 1808~1873. 프랑스 제2공화국 대통령(재위 1850~1852)이자 제2제정 황제(재위 1852~1871). 나폴레옹 1세의 조카.

스는 싸움에 졌으면서도 폭음 속에서 칼을 손에 쥔 채 빨간 머리의 무적 게르만 여인에게 항거하고 있었다. 아! 그 그림을 보면서 프랑스에게 얼마나 깊은 연민의 정을 느꼈던지!

다음 장에서는 부러진 칼은 여전히 손에 쥔 채 땅바닥에 엎어져 있는 프랑스 여인을, 독일 여인이(절대 좋은 인상이라고는 할 수 없으며, 뚱뚱하고 사납게 생긴) 밟고 서서 한 손에 칼을 든 채, "나의 안전을 위해서 이 요새들을 나한테 넘겨줘야겠어"라고 으름장을 놓고 있는데, 바닥에 깔린 프랑스 여인은 그래도, "한치의 땅도 양보할 수 없어, 우리 요새의 돌멩이 하나도 내줄 수 없단 말이야!" 하고 부르짖고 있었다. 이 장면을 보고 어떻게 프랑스를 두둔하지 않을 수 있었겠는가?

그 당시의 영국 소년들 마음속에는 프랑스는 동정을 받아야 할 약자의 모습으로, 독일은 냉혹한 압제자의 모습으로 각인되어 있었다. 모두들 언젠가 핍박받는 프랑스가 자리를 박차고 일어나 뚱보 독일 여인에게 복수하는 날이 왔으면 좋겠다는 생각을 갖고 있었는데, 몇 년이 지난 후 어리석은 젊은 독일 황제가 비스마르크를 제거하는 것을 풍자한 테니엘의 걸작 '훌륭한 지도자의 축출'이란 만화를 보고서 이제야 드디어 프랑스에게 기회가 오는구나 하는 생각이 들었다.

마찬가지로 미국의 남북전쟁에 관해서 흥미를 가지게 된 것도 만화를 통해서였다. 〈펀치〉지는 처음에는 남군에 반대하는 입장이었다. 그래서 등장인물도 난폭한 젊은 여인 캐롤라이나 양이 발가벗긴 엉클 톰을 막 매질하려는 모습으로 묘사해 놓았는데 그것을 보는 나 자신, 아직 완전히 선생님의 매질에서 해방된 상황이 아니었기에, 무조건 심하다는 생각이 들 수밖에 없었다. 나는 무조건 노예 편이었다. 그러다가 나중에 양키가 등장하는데, 일개 연대 병력이 불런에서 도망치는 그림이었다. 모두들 착검한 소총을 어깨에 맨 채, 네 명씩 짝을 지어 부지런히 달리고 있는데, 코는 하나같이 빨갛고 표지판은 캐나다를 향하고 있었다. "캐나다를 정복하러 간다"는 소문이 떠돈 적이 있기 때문일 것이다. 〈펀치〉지는 이번에는 북군에게 등을 돌렸고, 당시는 북군과 영국 정부 간의 분위기도 결코 원만치는 않을 때였다. 그러나 전쟁은 계속되었으며, 이 시기를 묘사한 그림에서 남과 북, 두 명의 야만스럽게 생긴 초췌한 사나이들은, 양측을 상징하는 셔츠와 바지 차림으로 맞붙어서 단도로 서로를 찌르면서 파탄이라는 심연으로 빨려들어가는 모습을 하고 있었다. 마지막 장면은 링컨의 무덤이라고 기억되는데, 그 앞에 슬픔에 잠긴 브리타니아 여신이 차가운 대리석 위에 화환을 바치고 있었으며, 그 화환은 우리가 글래드스턴-시저의 이마에서 늘 보던 화관을 연상시켰다.

불런 Bull Run 버지니아 주 북동쪽에 위치한 작은 강으로, 남북 전쟁 당시 이곳 전투에서 북군이 패배했다.

우리는 역사를 읽을 때, 만화에서 본 이러한 선입관을 가지고 보게 마련이다. 그런 면에서 만화가들의 영향력은 대단한 것이다. 특정 국가나 개인에 대한 적개심은 표현될 수 있는

존 테니얼 경, 〈남북전쟁〉

가장 격렬한 형태로 묘사되기 때문에, 만화의 재미에 푹 빠져 있는 어린이들에게 그 모든 것은 진실한 것으로 받아들여지기 십상이다. 하지만 어린이들이 철 지난 〈펀치〉지에서 무슨 교훈을 얻든, 만화가 오늘을 사는 어른들의 일상생활에 없어서는 안 될 하나의 양식이 되었음을 부인할 사람은 아무도 없을 것이다. 사람들은 공인과 공적인 사건을 만화에서 묘사된 모습 그대로 받아들이는 경우가 허다하며, 심지어 그들의 투표를 좌우하는 경우도 많다. 그리 걱정할 만한 일은 아니라고 보지만, 혹시 생길지도 모를 만화의 폐해를 줄이기 위해서는 사태를 여러 각도에서 바라보고, 다양한 정보를 늘 접하는 습관을 가져야 할 것이다.

그건 그렇다 치고, 친애하는 독자 여러분! 당신 자신이 만화의 주인공으로 등장한다고 한번 생각해보자. 항상 바보 같은 입장만을 고수한다든가, 아니면 못된 짐승으로 둔갑하든가, 아니면 실제로는 잘 생긴 코를 갖고 있으면서도 만화에서만큼은 늘 얼굴에 붙은 사마귀 정도로 묘사되는 자신의 모습을 수백만 독자가 본다고 할 때 그 느낌이 어떠하겠는가? 그들에게 당신이 비열하고 비참하기 짝이 없는 모습으로, 누더기나 걸치고 있다든지, 만인의 증오의 대상 아니면 조롱거리로 비쳐진다면 어떤 기분이 되겠는가? 나아가서 이런 과정을 매주 아니 매일, 평생 동안 겪는다면, 더구나 모든 고향 사람들과 친구, 가족조차도 그런 꼬락서니의 당신을 수치와 놀림감의 대상으로 바라본다면, 그래도 태연할 수 있겠는가?

그렇다고 해서 일일이 찾아다니면서 다음과 같이 해명하고 다닐 수는 절대로 없다.

"이 만화는 전부 엉터리예요. 맞지도 않고 공정하지도 않다고요. 보세요! 내 코가 어디 그렇게 생겼나? 내 모자가 저렇게 작단 말이에요? 한번 직접 써보시라고요. 당신 같은 큰 머리에도 잘 맞잖아요." 또는, "그 문제에 대한 내 선택은 결코 잘못된 것이 아니었답니다. 그런 결정을 한 데에는 보다 깊은 이유가 있었고 확실한 근거도 있었지요. 3년 전, 1월 26일에 내가 했던 연설을 한번 읽어보세요. 당시의 내 입장을 밝혀주는 내용이 의회 의사록에 다섯 페이지나 실려 있어요. 그렇다고 그 때 망한 것도 아니라고요. 오히려 반대지요. 결국에는 정의가 이기는 법이니까요, 그리고 결국 저는 승리했지요." 맙소사! 이런 식으로 떠들고 다닌다는 것은 말도 안 되는 일이다. 해 봤자 엎질러진 물이라, 도로 주워 담을 수도 없다. 그저 자라나는 새로운 세대들은 당신을 오로지 똥배나 튀어나오고 사마귀만한 코를 가진, 허구한 날 망신만 당하고 다니는 사람쯤으로 밖에는 알지 못할 것이다. 친애하는 독자여, 그래도 괜찮겠는가?

그러나 참으로 재미있는 것은, 마치 뱀장어가 껍질 벗겨지는 것을 운명으로 받아들이듯이 정치인들이란 만화로 희화화(戲畵化)되는 데 아주 익숙해 있는 족속이라 크게 걱정하지 않아도 된다는 사실이다. 오히려 그걸 즐긴다고 해야 할 것이다. 솔직히 고백하자면, 만화에서 더 이상 다루어주지 않을 때 오히려 상처받고 풀이 죽는다고 보아야 한다. 그럴 때면 그들은 뭐가 잘못됐나, 자기가 무슨 실수라도 했나 전전긍긍하며, 혹시 너무 나이가 들어 용도폐기된 것이나 아닌가 하고 두려워하기도 한다. "늘 해오던 대로 얻어터지기도 하고 혹독하게 좀 당해야 되는 건데, 좋은 시절은 다 지났어!"라고

자조 섞인 한숨을 내쉴지도 모른다.

나의 아버지 랜돌프 처칠 경은 키가 177센티미터로 그런대로 괜찮은 체구였는데도 글래드스턴과 반목하는 모습으로 그려지다 보니까 항상 커다란 콧수염에 툭 튀어나온 눈망울을 가진 난쟁이로 묘사되고 말았다. 랜돌프 처칠 경의 캐리커처에 대하여는 불독이나 퍼그를 연상하면 크게 벗어나지 않을 것이다. 그 위에 난쟁이 머리를 올려놓으면 일단 한쪽은 완성됐고, 그 옆에 줄리우스 시저로 분장한 글래드스턴의 당당한 모습을 그려넣으면 작품이 완성되는 것이다. 실은 최근까지도 아버지의 키가 얼마였는지를 편지로 묻는 노인들이 있었다. "댁의 아버님 키가 겨우 150센티미터가 넘는다는 게 사실입니까? 사실은 엊저녁 우리 클럽에서 그 문제를 놓고 내기를 걸었는데, 당신의 회신 내용으로 승부를 결정하기로 했거든요. 우리에게 사실대로 대답해 준다고 해서 문제 될 건 없겠지요?"라는 식이었다. 그런 걸로 봐서 내가 만화가의 관심에서 멀어진 한참 후에 내 자식이, 우리 아버지 코는 그렇게 작지 않았고, 모자도 런던에서 제일 유명한 모자점에서 맞춘 것이라는 설명을 일일이 답해줘야 할 때가 오는 것 아닌가 하는 생각이 들기도 한다.

이쯤에서 포이의 작품을 하나 소개하겠다. 내가 팔레스타인과 메소포타미아 문제를 해결할 임무를 띠고 식민장관의 자격으로 카이로에 파견되었을 때

랜돌프 처칠
Lord Randolph (Henry Spencer) Churchill 1849~1895, 영국의 정치가. 말버러 공작 7세의 아들이며 윈스턴 처칠의 아버지. 뛰어난 보수당 정치가였으며, 재무장관 및 하원의 보수당 당수를 역임했다.

앤드루 보나 로
Andrew Bonar Law 1858~1923, 영국의 총리. 최초의 해외속령 출신 총리로서 1911~1921년과 1922~1923년 보수당 당수를 지냈다.

의 이야기다. 카이로에 도착하자마자 런던의 정정(政情)에 큰 변화가 일었다. 앤드루 보나 로* 총리가 극도로 건강이 악화되는 바람에 사임하게 된 것이다. 당시 나는 카이로에서 회담을 주재하는 틈틈이 화구를 챙겨서 피라미드를 그리는 재미에 흠뻑 빠져있었다. 그러니 런던에서 벌어지고 있는 정계개편 작업에서 철저히 제외되어 있었던 셈이다. 노스클리프 경*은 이 만화가 마음에 들었던지 그 원본을 나에게 선사했는데, 그림 속의 아랍인 꼬마 신문팔이 묘사를 특히 재미있어했다. 그는 이 작품의 풍자성을 높이 평가한다며, 나에게 설명하면서 그렇게 좋아하는 것이었다. 나는 그저 담담히 받아들였다. 물론 이것은 하나의 농담이었지만 그 속에는 충분한 진실이 담겨 있다고 생각되었는데, 그 이유는 이 만화가 당사자인 나보다는 다른 많은 사람들에게 훨씬 더 흥미거리였다는 점에서 그 답을 찾아야 할 것이다.

로*는 우리 시대 최고의 만화가라고 불리기에 손색이 없다. 그의 신선한 정치적 감각과 타의 추종을 불허하는 탁월한 데생 솜씨는 당대 최고로 꼽힌다. 그는 프레데릭 카루터스 굴드 경*의 지식과 직관력을 갖추었을 뿐 아니라, 굴드를 능가하는 소묘의 달인이었다. 그는 풍자화에 있어서 찰리 채플린 같은 인물이었으며, 비극과 희극을 자유자재로 넘나들며 표현해내는 만화의 연금사였다. 그의 성장 환경은 성공의 밑거름이 되기도 하였지만 장애요인으로 작용

노스클리프
Alfred Charles William Harmsworth, Viscount Northcliffe 1865~1922, 영국의 언론인. 영국 역사상 가장 성공한 신문 발행인이며 대중적인 근대 신문·잡지업의 창시자로 꼽힌다.

데이비드 로
Sir David (Alexander Cecil) Low 1891~1963, 뉴질랜드 태생 영국 언론인·풍자 만화가.

프레데릭 카루터스 굴드
Frederick Carruthers-Gould 1844~1925, 영국의 정치 풍자 만화가.

―특종이오!! 특종!!
―새로운 총리 취임에 맞춰서 내각 대폭 물갈이 예상
―윈스턴 처칠: 화가 및 실내 장식가

포이, 〈이런 제기랄! 옴짝달싹 할 수가 있어야지!〉

처칠이 피라미드 그리는 재미에 흠뻑 빠져 있는 동안 영국에서는 전면적인 내각 개편이 실시되었다.

하기도 했다. 전전(戰前)의 오스트레일리아에서 급진주의자로 성장한 그는 분별력이 들 나이가 되면서, 사람들을 웃기는 가장 좋은 방법이 기성세대를 비웃는 것임을, 그 중에서도 대영제국을 조롱해대는 것임을 자연스레 터득하게 되었다. 당시의 분위기는 대영제국이라는 실체가, 지구 곳곳에 수억에 달하는 충실한 추종자들의 말없는 결속의 힘을 바탕으로 해서 전세계인의 마음속에 자리잡아가고 있던 시기였다. 이러한 느끼한 생각을 통렬하게 조롱해대면서 이 초록 눈의 오스트레일리아 급진주의자는 희열을 느꼈던 것이다. 당시에는 이러한 제국에 대한 조롱까지도 다 포용할 수 있다는 여유로운 분위기가 사회 전반에 팽배해 있었고, 도리어 그것을 즐기며 유익한 것이라고 받아들이기까지 하였으며, 그러한 행동이 정치적인 이유로 핍박받을 분위기도 전혀 아니었다. 어쨌든 이러한 분위기가 로의 전반적인 시각을 지배해왔고, 또 지금도 지배하고 있다. 그러기에 그는 만화에 등장하는 강아지와 주인공 존 불*과 아기의 입을 통해서, 우리가 그토록 중요하다고 매달리고 있는 것들을 마음껏 비웃고 있는 것이다.

1924년의 선거를 다룬 그의 만화를 자세히 살펴보자. 등장인물 모두가 악의적으로 희화화되어 있음을 느끼게 해주지만, 내가 보기에는 대단한 걸작이다. 〈스타〉지에 실린 이 만화를 보고 배꼽을 잡은 나는 곧 편지를 보내 만화의 원본을 사고 싶다는 의향을 밝혔는데, 〈스타〉지는 고맙게도 원본을 나에게 선물로 보내줬다. 나는 그 만화를 버컨헤드 경*에게 보여줬다. 그 때까지 마침 그 그림을 보지 못했던 그에게 나는 장난기 섞인 농으로 "어쩜 당신을 이토록 세밀하게 묘사할 수 있는지, 이 친구 정말 대단한 만화가야. 당신

존 불
John Bull 문학작품이나 정치만화에서 영국이나 영국인들의 특성을 나타내는 전통적인 인물.

버컨헤드
Frederick Edwin Smith BirkenHead 1872~1930, 영국의 정치가·변호사·웅변가. 보수당 정치인으로 대법관과 인도 장관을 지냈다. 1921년 영국-아일랜드 조약 협상을 도왔다.

— 사회주의 결사반대!
— 자유주의자 모여라! 오늘 중으로 전원 집합

로, 〈신병모집 퍼레이드〉
1924년의 선거운동.

보기에는 어때?" 하였더니, 잘 표구되어 있는 만화를 한참 동안 들여다보고 나서 나에게 되돌려주며 하는 말이 "그런데 내가 보기엔 당신 하나만 잔뜩 추켜세워져 있구먼" 하는 것이었다. 내가 보기엔 아주 잘된 작품 같은데. 그 일 이후로 그는 로의 만화라면 이를 갈았다. 오스트레일리아 급진주의자가 그의 붓끝에 증오와 경멸의 정을 듬뿍 실었던 것은 분명하다. 그가 더 나아가서 스미스의 가족 전체를 가리지 않고 모두 우스갯감으로 만들자 그는 더욱 로를 미워하게 되었으며, 자신에 대한 모욕을 결코 용서하지 않았다.

비버브룩
Sir William Maxwell Aitken Beaverbrook 1879~1964, 보수당 의원, 언론인. 〈선데이 익스프레스〉를 창간하였으며, 〈이브닝 스탠더드〉를 사들인 신문 경영자.

로, 〈살인 현장〉
볼드윈의 인도정책을 못마땅해하는 갱단이 볼드윈을 살해하고 있다.
택시 안의 담배 문 사람이 처칠.

 로의 최신 작품 중 이 만화는 특히 장난기가 넘친다. 당시 그는 보수계 신문인 비버브룩 경*의 〈이브닝 스탠더드〉에 고용되어 있는 몸이었다. 그러나 그의 표현은 비굴과는 거리가 멀었을 뿐 아니라, 근본적으로 반항적이었다. 야생마의 입에

포이, 〈줄줄이 엮인 채로 웨스트민스터 궁으로
1931년 1월, 의회가 다시 열린 것을 계기로 그린 만화로, 포이가 '메디아(카스피해

재갈을 물리기는커녕 울음소리를 줄일 수도 없었다고나 해야 할 판이었다. 인도와 관련하여 심각한 사태가 빚어졌을 때의 이야기이다. 런던에서는 보궐선거가 한창 불이 붙어 있었고, 비버브룩 경은 이 선거에 유별나게 관심이 컸다. 인도문제에 관하여 로의 입장은 영국의 완전 철수였으며, 볼드윈* 총리도 자신과 같은 견해를 갖고 있다고 생각하고 있었다. 그는 또한 신문사가 자신의 만화를 게재하고 안 하고는 자유지만 내용에 관한 한 일체의 간섭은 거부한다고 주장해왔다. 그는 이런 생각을 한 것 같다. "처칠과 우리 사주(社主)에게 치명상을 입히고, 이번 보궐선거에서 그들에게 적대감을 불러일으키게 할 수 있는 최선의 방법은, 현명하고 선량하며 조금 따분하기는 하지만 그래도 존경할 만한 볼드윈 총리를 시카고 갱단이 살해하는 모습으로 묘사해서 일반 대중의 이목을 집중시키는 것이다." 하지만 나는 그에게 유감 같은 것은 없다. '모든 것을 이해하면 모든 것을 용서할 수 있다.'

볼드윈
Stanley Baldwin 1867~1947, 영국의 보수당 정치가. 1908년 하원의원에 선출되어 정계에 입문하였고, 두 차례에 걸쳐 총리직을 수행하였다.

끌려가는 하원의 인질들, 서기 1931년〉
남부에 있던 고대왕국)인과 페르시아인' 이라는 전시회에서 영감을 얻어 만든 작품.

― 예산 8억 2천만 파운드

스트루브, 재무장관 처칠이 꼬마선수 존 불을 소개하는 모습.

여기 소개한 스트루브의 두 작품은 그의 따뜻한 인간미를 느끼게 해준다. 만화에 등장하는 '꼬마 인간'은 실제인물 못지않게 대중의 마음속에 친근하게 살아 있는 주인공이 되었다. 스트루브의 꼬마인간은 포이의 존 시티즌과는 사뭇 다른 점이 많지만, 한 가지 공통점이 있다. 그것은 두 사람 모두 힘없고 약한 사람에게 끝없이 덮쳐오는 시련과 불행을 그리고 있다는 점이다. 영국신사를 상징하던, 굵은 지팡이에 각진 중산모를 쓴 당당하고 의연하고 원기 왕성하던 모습의 왕년의 존 불이 어쩌다 이 모양의 꼬마로 둔갑할 수 있단 말인가! 전후(戰後)의 심리 변화를 극명하게 보여주는 대표적인 예일 것이다. 전쟁으로 이미 녹초가 되어 있는 국민들은 무거운 세금과 사회주의자들의 극성으로 위축될 대로 위축되어 있는 데

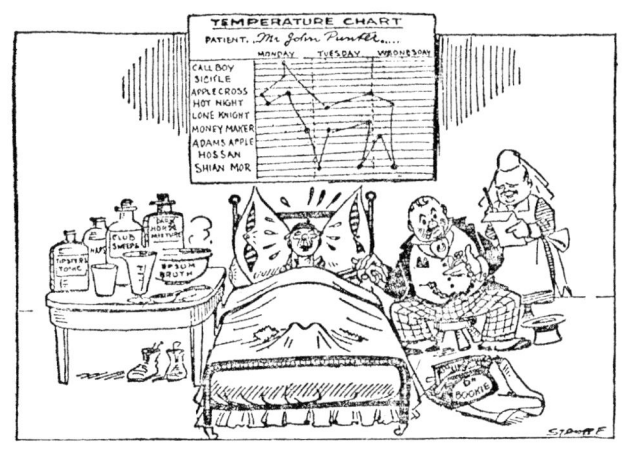

— 체온 차트

스트루브, 〈위험 수위에 오른 경마 열기〉

경마에 거는 돈에 세금을 부과하겠다는 재무장관 처칠의 정책이 나온 이후인 1927년도 작품.

다, 대외교역은 줄어들고 실업수당은 늘어만 가는데 해상의 지배권은 넘어간 지 오래며 동방에 대한 패권도 언제 막을 내릴지 모르는 형편에서 초췌할 대로 초췌해진 스트루브의 꼬마인간의 얼굴이나 포이의 여위어빠진 가장의 모습은 이 이상 잘 어울릴 수 없었다. 아무쪼록 회복되는 국운을 반영하며 밝고 활기에 찬 모습의 새로운 상징이 하루 빨리 나타나기를 기대해 본다.

공인으로서 반드시 갖춰야 할 것이 하나 있는데, 그것은 누구나 쉽게 식별할 수 있는 자신만의 특징 한 가지를 개발하는 것이다. 예를 들면 디즈레일리의 앞머리라든가, 글래드스턴의 옷깃, 부친의 콧수

디즈레일리
Benjamin Disraeli 1804~1881, 영국의 정치가·소설가. 두 차례 총리를 지내면서 보수당을 이끌고 토리 민주주의 (Tory Democracy)와 제국주의 정책을 폈다.

조셉 체임벌린
Joseph Chamberlain 1836~1914, 영국의 사업가·사회 개혁가·정치가·제국주의자.

염, 체임벌린*의 외알 안경, 볼드윈의 파이프 같은 것들인데, 이런 것들이야말로 대단한 자산이 아닐 수 없다. 나 자신 이렇다 할 만하게 내세울 것이 없었던 터에 만화가들이 모자의 전설을 만들어낸 것이다. 이야기의 자초지종은 이러하다. 1910년 총선 기간 중, 사우스 포트에 머문 적이 있었는데 하루는 아내와 함께 해변을 산책하려고 호텔을 나서다가 홀의 테이블에 놓여 있던 아주 작은 펠트 모자가 눈에 띄어 별 생각 없이 집어쓰고 나섰다. 나는 이 모자가 어디서 났는지 기억이 없었는데 여하간 내 짐 속에 묻어 왔던 것이다. 산책을 마치고 돌아오자 마침 기다리고 있던 사진기자들이 모자 쓴 내 모습을 사진에 담은 것이다. 그 이후로 만화가들과 평론기자들은 내 모자를 안주로 삼기 시작했다. 모자가 몇 개 있느니, 얼마나 기묘하게 생겼느니, 얼마나 자주 바꿔 쓰느니, 내가 모자에 신경을 얼마나 쏟느니 따위의 이야기들이다. 그러나 사실은 이 모든 것이 다 기자들이 꾸며낸 이야기들로, 한 장의 사진에서 유래된 상상물들이었다. 그렇다 하더라도 그 이야기들이 그들의 고된 업무에 조금이라도 보탬이 된다면 굳이 내가 불평할 이유가 있겠는가? 실제로 나는, 의도적으로 모자를 하나 새로 사서, 꾸며낸 이야기를 아예 진실로 만들어줄까 하는 생각도 해본다.

  가장 난폭하고 끔찍했던 만화가는 역시 루이스 레마커스였던 것 같다. 전쟁의 고뇌가 그의 연필을 내가 지금까지 보아왔던 어느 흑백 표현보다도 더욱 잔인한 묘사로 이끌었을 것이라 생각한다. 어떤 단어로도, 그것이 말로 표현됐건 글로 표현됐건, 그의 그림만큼 생생하게 반항의 정열과 냉소를 담아낼 수는 없을 것이다. 막스 비어봄 역시 위대한 극적 호소력을 지닌 작가였다. 과거 일백 년간 프랑스, 독일 간의 관계 변천사를 담은 그의 연작만화는 정말 인상적이다. 열두 장에 담은 격동의 한 세기는 워낙 간결하면서도 깊이가 있어, 학문이 깊은 사람들까지도 이 그림들을 보면서 상상의 나래를 펴고 기억을 더듬어볼 수 있을 정도였다.

나는 개인적으로 이들 만화가에 대해서 평을 하고 서열을 매기기를 즐기는 편이다. 그렇게 함으로써 그들에게 받은 모욕을 되갚아준다는 느낌도 실은 조금은 있다. 잘 가시오,—근엄한 자와 명랑한 자, 친절한 자와 치사한 자, 진실된 자와 허황된 자—모두들 잘 가시오. 인류의 문명은 커다란 선의와 이해라는 파도가 끊임없이 넘나들면서 개성이라는 각진 자갈을 서로 비벼 매끄럽게 만들고, 해초와 잡동사니로 어지러운 세월을 그 때 그 때 깨끗이 씻어주는 덕분에, 항상 새롭게 단장한 모습으로 끝없는 항해를 해나갈 수 있는 것이 아니겠는가. 세월의 파도여 영원히 멈추지 말지어다!

Consistency in Politics

정치인의 지조

1918년 프랑스에서.

"정치인에게 있어 정당과 더불어 가는 변화는
제아무리 일관성이 결여된 것일지라도
최소한 숫자의 힘에 의하여 보호받을 수가 있다.
반대로, 변화하는 정당 내에서 혼자 지조를 지킨다는 것은
개인에게 있어서 상당한 도전이 아닐 수 없다.
한 걸음 더 나아가 당과의 결별은
모든 개인적인 인간관계 및 오랜 동지적 우정의 단절을 의미한다."

랄프 왈도 에머슨만큼 이 주제에 관해 대담한 견해를 토로했던 사람도 없다.

"어째서 그렇게 눈치만 보고 살아야 한단 말인가? 대중 앞에 공언한 이야기라고 해서 죽을 때까지 아무짝에도 쓸데없는 그놈의 기억이라는 송장을 끌고 다닐 것인가? 스스로 자신을 배반할 수밖에 없는 상황에 처했을 때에는 어찌 할 것인가?······미련하기 짝이 없는 일관된 고집은 소심한 자의 전유물이고, 멍청한 정치인이나 성직자들이 매달리는 허깨비에 불과하다······자신이 옳다고 믿는

랄프 왈도 에머슨
Ralph Waldo Emerson 1803~1882,
미국의 사상가, 시인.

것을 당당히 주장하고, 내일 혹시 생각이 바뀌더라도 절대 뒤돌아보지 말고 당당히 자신의 바뀐 소신을 피력하라."

이는 대단히 용기 있는 주장으로, 정치인의 지조라는 진부한 주제에 관한 토론에 새로운 지평을 열어주는 대담한 발언이라고 할 수 있다. 우리가 보통 정치적인 신조에 일관성이 결여되었다고 할 때는 크게 두 가지 경우를 분리해서 고찰할 필요가 있다.

우선은, 정치인이 현실 정치세계에서 부닥치는 크고 작은 여러 상황 속에서 중심을 잃지 않고 목적하는 바를 꾸준히 추구하기 위해 때로는 무게의 중심을 완전히 어느 한쪽으로, 때로는 전혀 반대쪽으로 치중하며 전체적인 균형과 틀을 유지해 나아가야만 하는 경우이다. 이 경우 구체적인 개개의 상황에서 그가 펼친 주장들을 직접 비교하여 보면, 그 입장들의 성격이나 방향이 정면으로 배치되는 것으로 비쳐지더라도, 근본적인 목적에 있어서 만큼은 철저하게 일관되었음을 알 수 있다. 즉 방법론상으로 표현이 모순 되게 비쳐졌을지언정, 결의에 있어서나 추구하는 바, 또는 전체적인 시각에 있어서는 조금도 변함이 없다. 이런 경우를 두고 일관성이 없다든가 지조가 없다고 치부할 수는 없는 것이다. 실제로는 오히려 이런 경우야말로 진정 일관성 있는 태도라고 보아야 할 것이다. 수시로 변화하는 정치상황 속에서 일관성을 유지하기 위해서는 지향하는 바에 충실하면서 구체적인 변화의 흐름에 유연하게 적응하는 방법밖에 없다. 기회주의자라는 정적들의 비난에 대한 핼리팩스 경*의 유명한 답변을 들어보자. "내가 중립정책을 취하면서 그때그때 의견을 수정해가는 과정은, 마치 인간의 생존을 위한 기후조건을 선택함에 있어 뜨거운 열대기후와 얼어붙는 혹한지대를 피해 중간의 쾌적한 기후를 찾아가는 것에 비유할 수 있다."

그런가 하면, 에드먼드 버크*만큼 이 문제와 관련하여 화려한 이력을 남긴 인물도 없을 것이다. 그의 저서 《현재의 불만들의 원인에 대한 고찰》 및 미국과의 화해를 다룬 저술과 연설은 영어권 세계를 통틀어서 가장 대표적인 자유주의 견해의 보고로 평가되고 있는 반면, 《국왕 시해범의 평화에 대한 서한》과 《프랑스 혁명에 관한 고찰》은 보수주의자들의 가장 강력한 대응 전략의 도구로 이용되어 왔다. 한편으로는 '자유'의 사도로서, 다른 한편으로는 더할 나위 없는 '권위'의 옹호자로서 행세하여 왔던 셈이다. 그러나 정치적인 변절이라는 잣대로 이 위대한 인생의 행적을 규정지으려는 것은 정말 편협하고도 피상적인 태도라 아니할 수 없다. 우리가 역사를 조금만 주의 깊게 관찰하여 보면, 그가 표명한 소신의 논리적인 배경과 당시의 시대적 기운을 쉽게 받아들일 수 있을 뿐 아니라, 역사적 상황과 그 변화에 내재한 엄청난 현실적 문제점들로 인해 깊은 통찰력과 순수함을 갖춘 한 인간으로서 극단적으로 대립되는 두 개의

핼리팩스
Edward Frederick Lindley Wood Halifax 1881~1959, 영국의 정치가. 인도 총독, 외무장관, 주미대사를 지냈다.

에드먼드 버크
Edmund Burke 1729~1797, 영국의 정치가·정치사상가. 1790년에 자코뱅주의에 반대한 《프랑스 혁명론 Reflections on the Revolution in France》을 발표해 보수주의의 옹호자로 부상했다.

정치적 신조를 번갈아 표명할 수밖에 없었던 입장을 어렵지 않게 수긍할 수 있을 것이다. 압제(壓制)야말로 그가 평생을 바쳐 투쟁하며 싸워온 인류 공통의 적으로서, 때로는 횡포한 군주의 모습으로, 때로는 부패한 법원과 의회의 모습으로, 때로는 구호뿐인 자유의 허울을 뒤집어쓴 폭도와 사악하기 짝이 없는 파벌의 행태로 그를 압도하려 하였다. 버크의 '자유'에 관한 견해와 '권위'에 대한 이론을 접해본 사람이라면, 그 일관된 사회적 정치적 이상 추구는 물론, 서로 방향을 달리하는 극단적인 공격으로부터 그것들을 지켜내려는 필사적인 노력의 흔적을 충분히 감지할 수 있을 것이다. 이는, 상반된 방향에서 다양한 모습으로 위협해 들어오는 적으로부터 자신의 소중한 이상을 지켜내고자 모든 수단을 동원하여 방어하면서도, 끝내 목적의 일관성과 순수성을 잃지 않았던 용기 있는 한 영혼의 행로로 평가받아 마땅할 것이다.

자고로 구체적인 행동의 영역에서는 빈번하게 변신해야 할 필요가 생기는 것이 보통이다. 어떤 정책을 추구해 나아가다 보면 현실적인 벽에 부닥치는 경우를 자주 경험하게 된다. 기존의 정책이 새로운 사실의 출현으로 더 이상 쓸모가 없게 된다든지, 예기치 못한 장애의 발생으로 실행 불가능하게 되는 경우 말이다. 이때 기존의 방식과는 정면으로 배치되는 새로운 해결책이 강력한 대안으로 제시될 수 있으며, 그 새로운 대안을 받아들이기 위해서는 필연적으로 과거의 정책을 포기하지 않으면 안 되는 것이다. 개인이나 정부 또는 정당을 가리지 않고 우리는 그러한 방향전환을 하나의 의무처럼 받아들여야만 한다. 왜냐하면 그것만이 우리가 주어진 임무를 수행할 수 있는 유일한 길이고, 새로운 환경이 우리에게 요구하는 방책이기 때문이다. 이러한 경우에 일관성의 포기는 구체적이고도 실질적인 행위로 나타나야 하며 과감하게 공포되어야 한다. 어제까지 강압적인 방식을 주장하던 자가 다음 날 갑자기 타협을 부르짖는 경우도 얼마든지 있을 수 있다. 다만 이 모든 경우 합리적이고도 품위 있는 설명이 따르지 않으면 안 될 것이다. 요컨대, 정치가라면 마땅히 다음과 같은 말을 할 수 있어야 한다. "강제적인 방법은 실패로 끝났다. 이제는 화해할 수밖에 없다"라든지 아니면 반대로 "화해는 더 이상 없다. 앞으로는 강제적으로 죄어들어갈 수밖에 없다"라든지…….

아일랜드 문제는 본질적으로 워낙 복잡하고 예측 불가능한 요소가 많아 영국 정부는 끊임없이 이러한 정책의 반전을 경험하지 않을 수 없었다. 아일랜드의 국민당을 "폭력에 의하여 제국의 와해를 노리는 도당"으로 호되게 몰아붙이면서 5년에 걸쳐 강압정책으로 일관하던 글래드스턴 경은 1886년에 들어와 불과 한 달 사이에 화해정책으로 급선회하더니, 여생을 아일랜드의 자치를 위해 헌신하였다. 그는 자신의 변신에 대하여 장중하고도 고상한 논리를 펴면서 설득을 구했고, 그러는 가운데 새로운 변신을 통하여 도덕적으로도 고양됨을 느꼈을 것이다. 아울러 그는 변신을 정당화하는 온갖 웅변과 소란스런 선언 이면에 지극히 현실적인 계산이 깔려 있었음을 비록 사석에서이긴 하지만 부정하지 않았다.

1885년 글래드스턴 내각이 붕괴했다가 이듬해 다시 정권을 잡기 전까지 짧은 기간 동안 보수당이 아일랜드 국민당의 지지를 바탕으로 집권한 적이 있었다. 당시 유권자들은 보수당이 아일랜드의 문제에 관하여 자치정책을 지지하는 것으로 잘못 인식하고 있었다. 글래드스턴 역시 이러한 상황 판단 하에, 자신이 이끄는 자유당이 더 이상 아일랜드의 요구를 거부하고 강압적인 수단을 유지하는 것은 불가능한 일이라고 느꼈다. 그러나 보수당이 아일랜드 자치정책을 지지할 것이라는 그의 판단은 완전히 잘못된 것이었다. 당시의 보수당 사정은 도저히 아일랜드 자치정책을 지지할 형편이 아니었고, 단지 자유당과의 치열한 선거전에서 승리하기 위하여 아일랜드 표가 필요했을 뿐이었던 것이다. 만약 실제로 그들이 자치 정책을 지지하는 방향으로 한 발짝이라도 전진했다가는 당이 산산조각 나면서 집권당으로서 살아남지 못하였으리라는 것은 명약관화한 사실이다. 결과적으로 글래드스턴 경은 자신의 잘못된 상황판단으로 근 이십 년을 유지해 오던 자유당의 기득권을 정적에게 넘겨준 꼴이 되고 말았다.

그럼에도 불구하고 후세의 역사가는 아일랜드 자치정책에 대하여 어느 시점까지는 반대하는 입장을 취하다가 그 이후에 적극적인 옹호로 돌아섰던 글래드스턴 경의 판단을 옳았다고 평가해 줄 것이다. 1886년 그는 이 문제에 대한 정책전환으로 엄청난 비난을 자초하였으나, 사실상 35년이 지난 1921년 전체 보수당이 동일한 문제에 대해 보였던 정책선회에 비하면 어느 모로 보나 훨씬 경미한 것이었다.

이처럼 사태의 진전에 따른 변설(變說)과는 별개로 기분이나 심경의 변화에 따라 정치적 신조가 바뀌는 경우도 있다. 자고로 "감정은 이성이 모르는 이유를 갖고 있다." 평생 이러한 경험을 해보지 않은 사람은 별로 없을 것이며, 대부분의 공인이 이러한 경험을 통해 변화된 자신의 모습을 드러내 보이고 만다. 일반적으로 젊은 시절에는 자유와 개혁을, 나이 들어가면서 사려 깊은 타협을, 그리고 노년에 이르면 안정과 평온을 추구하는 경향이 있으며, 보통은 좌익에서 우익으로 변화해 가지만 극좌에서 극우의 입장으로 변해가는 경우도 드물지 않다. 이에 비추어 볼 때 글래드스턴 경의 경우는 특이한 예외에 속한다고 할 수 있다. 그의 짧지 않은 정치역정은 '엄격하고 완고한 보수당의 떠오르는 별'에서 '19세기의 가장 위대한 자유주의 정치 지도자'로 탈바꿈해 가는 과정이라 불러도 손색이 없을 정도다.

이러한 변화가 진행되는 동안 그는 엄청난 감정의 기복을 겪었다. 젊은 의원 시절인 1833년, 그는 노예제도 폐지를 반대하는 연설로 하원의 주목을 끌었고, 1860년대에 와서는 미국의 남북전쟁을 둘러싸고 북군에 반대해 남부연합을 지지함으로써 유명한 장관이 되었으며, 다시 1880년대에 들어서는 불가리아의 독립을 국제사회에 호소하는 매서운 웅변가

이자 노련한 총리로서, 마지막으로 1890년대에는 아일랜드의 자치를 위한 헌신적인 노력을 통해 파란만장한 정치역정을 보여주었던 것이다. 이처럼 화려하다 못해 어지러울 정도의 그의 변신 폭은 가히 코페르니쿠스적이라 할 수 있을 정도이다.

   정복욕이 이러한 변신에 어느 정도의 역할을 담당했을지를 캐는 것은 그리 유쾌한 일이 못될 것 같다. 사고(思考)는 스스로 어떤 추진력을 가지게 마련이며, 대중으로부터 폭 넓은 지지를 끌어들이고자 하는 욕망은 물리치기 어려운 자극이 아닐 수 없다. 그런가 하면, 정적(政敵)과의 다툼으로 인한 증오심이나 정당 지도자로서의 현실적인 책임 등도 변신에 한몫을 한다. 또한 대부분의 경우 다수의 지지란 항상 큰 변화를 정당화하는 최소한의 구실이 되는 법이다. "나는 항상 4~5백만 명의 동의를 바탕으로 군대를 진군시켰다"고 나폴레옹은 말했다고 하는데, 이를 비꼬아 하는 이야기가 아니라, 여기에 다음 두 가지를 덧붙일 수도 있으리라. "대의기관을 갖추고 있는 민주주의 체제하에서는 종종 타인의 의견을 따라야 할 필요가 있다"라든가 "나는 저들의 지도자다. 고로 나는 저들의 의견을 따라야만 한다"라고. 글래드스턴의 경우, 평소 지조가 있는 편이라는 다른 기성 정치인들보다 이 두 가지 원칙을 자신의 정치적 선택의 근거로 삼았던 적이 훨씬 적었는데, 그것만 봐도 그가 얼마나 자신에 충실했었는지 미루어 짐작할 수 있을 것이다.

사태의 방향을 이끌어 갈 책임이 있는 지도자는 그 본질이나 목적에 있어서 동일한 사안일지라도 한때는 이 방향으로, 다른 때는 저 방향으로 서로 상충하는 의견을 표명해야만 할 경우가 많이 있다. 특정 시기에 있어서 국가의 군사력 및 그 비용을 예로 들어보자. 이러한 사안에 항상 통용되는 절대적인 이론이나 법칙이란 있을 수 없고, 당시의 주변 상황이나 조국을 위협하는 실질적 또는 가상적 위험에 대해 지도자가 갖고 있는 인식의 정도에 따라 그 대책이 결정될 것이다. 예컨대, 영국 정부의 각료가 독일과의 세계대전을 미리 내다보고 이에 앞서 수년간 집중적이고 신속한 해군의 군비 확충을 주장하다가, 독일 해군력이 붕괴한 것을 확인한 뒤, 자국의 군비를 엄격히 삭감하고 적절한 수준의 군사력 유지를 주장했다고 해서 그의 주장이 일관성을 잃은 것이라고 말할 수 있겠는가? 아마도 그 각료는, 위험이 이미 지나갔으므로 더 이상의 집중적인 군비 확충의 필요성이 없어진 데다, 전쟁으로 인한 엄청난 폐해로 향후 상당기간 평화가 지속될 것이기에, 군사력의 유지보다는 국가의 재정과 경제회복에 모든 역량을 기울이는 것이 더 우선하는 과제라고 믿었을 것이다. 또한 군사적인 측면에서 작전의 비중이 해군력에서 공군력으로 서서히 넘어가는 중이라 보았을 수도 있다.

요컨대, 그가 이 두 가지 다른 시기에 보여준 각각 다른 주장은 본질에 있어서 진정으로 일관된 것이었다고 하지 않을 수 없다. 물론 두 시기 모두, 쟁점에 따라서는 전혀 다른 시각을 가질 수도 있을 것이다. 이런 종류의 문제는 결국 추론의 본질적인 논리 문제가 아니라 각 시기에 따라 사물을 바라보는 시각의 문제이므로, 일관성에 대한 판단에 있어서도 특정 사안과 관련한 특정인의 개인적인 상황을 총괄해서 고려하지 않으면 안 된다. 즉, 정치적 신념의 일관성을 논할 경우, 두 가지 서로 다른 시기에 내린 어떤 특정 정치가의 판단이 모두 시류에 부합하는 것이었다면, 적어도 시류에 역행하는 판단을 내린 정치가보다는 더욱 진지한 검토의 대상이 되어야 할 것이다.

한편, 보다 더 엄밀한 검증이 필요한 경우는 바로 주장의 변화가 사건의 변화에 따른 것이 아니고 사고체계와 신조의 변화에서 온 것일 경우이다. 근대 영국 정치사에서, 고(故) 조셉 체임벌린 의원이 1880년대 초 상무부 장관 시절 자유무역에 관해 행했던 연설과, 20세기 초 관세를 둘러싸고 논란이 한창일 때 보호무역을 주창했던 연설만큼 두 입장이 극명하게 대조를 보인 경우도 찾기 힘들 것이다. 여기서 우리가 문제삼는 것은 격변하는 시대적 사건의 흐름이 아니라 그의 정밀한 사고방식의 변천이다. 그의 자유무역지지 연설을 읽어본 사람이라면, 한참 후인 1904년 자신이 인용할 경제논쟁에 관한 거의 모든 주제에 대하여 1884년 당시에는 자유무역의 입장에서 조목조목 반박하고 있었음을 발견하고 매우 놀랄 것이다. 그럼에도 불구하고 그의 성실성에 대해서는 친지뿐 아니라 정적들까지도 전혀 의심하지 않았다. 결국 그가 경제

문제를 새로운 시각으로 보게 되고, 그렇게 하여 얻어진 결론을 조국의 이익을 위해 즉각 공포한 것인 바, 결과적으로 바람직한 일이 아니겠는가?

하지만 이십 년이란 세월의 격차에 비해 그가 제시한 논리의 기반에는 거의 바뀐 것이 없었고, 문제 자체도 워낙 추상적인 데다 실질적으로는 같은 내용이었음을 고려하여 볼 때, 그가 보여준 상반된 주장은 거의 무모하다 싶을 정도로 스스로를 우롱하는 처사였음을 부정하긴 힘들다. 그의 목적의 성실성, 그리고 대중의 이익을 위한 열정과 끊임없는 배려 등은 물론 상찬할 만하지만 말이다.

조금 더 구체적으로 살펴보기로 하자. 1884년에 체임벌린은 수입상품에 부과하는 세금이 결국 국내 소비자의 부담이라는 논리를 폈는데 반해, 1904년에는 그 대부분이 외국인의 부담이라는 주장을 하고 있다. 우리는 이 두 가지 결론에 이르는 추론 과정이 결코 양립할 수 없다는 생각을 하게 되며, 어떻게 동일 인물이 동일한 문제를 놓고 서로 상이한 두 가지 논리를 그토록 정교하고 열렬하게 전개할 수 있는지 참으로 이해하기 어려울 따름이다. 전략적인 견지에서 보더라도 체임벌린은 문제를 그처럼 추상적인 논쟁으로 몰고 갈 것이 아니라, 관세동맹을 통해서 대영제국의 결속을 꾀하고 그러한 정책에 대한 영국 산업계와 보수주의 노동자계급의 지지를 구한다는 식으로, 요컨대 애초의 진정한 동기(動機)인 현실적인 문제점들—국제적인 현실들—만을 부각시키는 데 주력했어야 했다. 그의 각 연설이 대중에게 받아들여진 것도, 주장을 뒷받침하는 그 같은 실질적인 고려가 순수한 경제논리의 가부를 떠나 호응을 얻었기 때문으로 보아야 할 것이다.

자고로 정치인은 항상 장기적인 안목에서 국가에 최선이라고 믿는 바를 실행에 옮길 의무가 있으며, 이를 위해서는 자신이 이전에 깊이 신봉하던 원칙까지도 과감히 버릴 수 있어야 한다. 하지만 이러한 선택을 해야 할 상황을 맞은 정치인은 자신의 처지를 매우 불운하게 여길 것이 틀림없다. 위대한 정치가였던 로버트 필 경*도 이런 처지를 경험했던 인물 중의 하나임이 분명하다. 그에 대한 존 러셀 경*의 신랄한 비평을 들어보자.

"그는 당시 가장 중요한 정치현안에 대하여 두 번이나 자신의 정견을 바꿨다. 한 번은 로마 카톨릭의 공격으로부터 프로테스탄트 교회와 프로테스탄트적인 헌법을 수호해야 할 필요가 생겼을 때 존경하옵는 신사께서 방어에 앞장섰다가, 나중에는 오히려 로마 카톨릭 해방법을 성사시킨 일이고, 또 한번은 곡물법이 본 의회의 안팎으로부터 치열한 공격을 받고 있을 때 자신의 당을 이끌고 보호주의를 역설하다가, 역시 나중에 곡물법을 폐지시킴으로써 자유무역이라는 시대의 요구에 부응한 일이다. 내 개인 생각으로는 두 경우 모두 현명한 결정이었고, 국가이익에도 가장 부합되는 처사였다고 본다. 그럼에도 불구하

로버트 필
Sir Robert Peel 1788~1850, 영국의 정치인. 보수당을 창당했으며 1834~1835, 1841~1846년 두 차례에 걸쳐 총리에 올랐다.

존 러셀
John Russell 1792~1878, 자유당 정치인. 1846~1852, 1865~1866년 두 차례 총리를 역임하였다.

고, 화려한 웅변술과 토론을 통해 드러난 그의 정치적 지혜 및 총명함을 믿고 따라온 수많은 지지자들에게는, 그가 자신의 견해를 이미 수정했고 지지자들의 믿음과는 전혀 동떨어진 정책을 제시했다는 사실이 무척이나 당혹스럽고 실망스러웠을 것이다. 이는 너무나 당연한 현상이며, 만약 그렇지 않았다면 오히려 매우 놀랄 만한 일이 아닐 수 없으리라."

영국이 자랑하는 가장 고귀하고 총명한 정치인 중 한 명의 경력에 대한 평가로는 조금 심한 듯도 하지만, 결코 부당한 이야기라고까지 할 수는 없다. 왜냐하면 여기서 문제는, 지도자의 소견이 단순히 변했다는 사실 자체라기보다는, 지도자와 그를 따르는 지지자 간에 소견 변경에 대한 합의가 없었다는 점이기 때문이다.

한편, 일반적으로 당적의 변경은 단순히 정치적인 견해를 바꾸는 것보다 훨씬 심각한 변절로 간주된다. 실제로 정치인이 당적을 바꾸지 않는 한, 그의 견해가 아무리 극과 극을 오간다 해도 지조가 없다는 비난을 듣는 경우는 별로 없다. 하지만 정당도 항상 변화와 궤도 수정의 필요성이 개인 못지않게 요구되는 곳이다. 그렇지 않고서야 어찌 의회주의의 격렬한 정치적 소용돌이와 선거라는 거센 관문을 성공적으로 헤쳐 나아갈 수 있겠는가? 정치인에게 있어 정당과 더불어 가는 변화는 제아무리 일관성이 결여된 것일지라도 최소한 숫자의 힘에 의하여 보호받을 수가 있다. 반대로, 변화하는 정당 내에서 혼자 지조를 지킨다는 것은 개인에게 있어서 상당한 도전이 아닐 수 없다. 한 걸음 더 나아가 당과의 결별은 모든 개인적인 인간관계 및 오랜 동지적 우정의 단절을 의미한다. 그럼에도 진정으로 중대한 주제를 앞에 두고 시대의 정당한 요구에 부응하느라 자신만의 신념을 따르는 행동은 그 어떠한 장애도 뛰어넘어 성실성을 인정받을 수 있다. 더구나 그 신념이 본질적으로 옳고 공공의 이익에 기여하는 것이라면, 정치인의 입장에서 반드시 따라야만 할 의무나 다름없다.

정치라는 직업은 매우 관대한 구석이 있는 활동분야다. 정치인의 구체적인 행위가 제아무리 집요한 비난의 대상이 되는 듯 보일지라도, 그의 동기와 개성이란 궁극적으로는 폭 넓고 공정한 평가를 받게 되어 있다.

요컨대, 오늘날 일관성이니 정치적 지조니 하는 것이 과연 존재하는가? 사회주의 정당을 창설한 인물이 근대 의회정치사에 유례없는 절대 다수의 보수당을 이끌고 있고, 몇 년 전만 해도 총파업을 주도했으며 작년까지도 총파업의 합법화를 시도해 온 인사를 극진한 예로 영입하는 것이 바로 오늘날의 현실 아닌가? 그런가 하면 평생을 상무부에서 자유무역주의자를 자처하던 사람이 어느 날 보호관세 법안을 기안하여 우레와 같은 박수 속에 통과시키기도 하는 세상이다. 어디 그뿐이랴, 어제만 해도 파운드화의 가치를 유지하겠다는 공약을 내걸고 정권을 쟁취했던 정부가 지금은 오히려 그 가치의 상승을 억제함으로써 정권의 수명을 연장하는 실정이다. 이러한 변절은 앞으로 더욱 증가할 수도 있겠지만, 이것으로 충분하고도 남는다. 우리 모두 조지 크랩*의 자비로운 시를 인용하면서 이 문제에 대한 속죄를 청해 보자.

> **조지 크랩**
> George Crabbe
> 1754~1832, 영국의 시인.

낱낱이 훑어보라 지나간 한평생,
지난 행적 하나하나 뒤지다보면,
때로는 굴곡지고 왜곡돼 보여도,
급작스럽고 채울 수 없는 틈 보이지 않네.
다양했던 모든 행실 하나로 엮는 끈 보이니,
미심쩍은 공백 그 안에 찾을 수 없어라.

Personal Contacts

잊을 수 없는 만남

처칠의 아버지 랜돌프 헨리 스펜서 처칠 경.

> "어린 시절 나에게 절대적인 영향을 끼친 이는
> 두말할 것도 없이 아버지였다.
> 아버지와 대화를 나눌 기회는 횟수로는 비록 얼마 되지 않았고
> 그나마 대등한 입장에서 대화를 나눈 적은 한 번도 없었지만,
> 아버지에 대한 존경심과 애정은 각별했던 것 같다.
> 그리고 아버지가 비교적 일찍 돌아가신 후에는
> 아버지에 대한 기억이 아버지를 대신했다."

삶에 있어서 각자가 취한 행동의 원인을 확실히 규명한다는 것은 결코 쉬운 일이 아닌 것 같다. 인생의 결정적인 순간에 우리를 지배했던 요소들, 즉 논리, 인상, 동기, 기회 등을 돌이켜 보면 재미있는 사실을 발견하게 된다. 평소 거의 관심을 끌지 못하던 사람이, 나중에 생각해 보니까 자신의 인생에 가장 커다란 영향을 끼쳤던 경우가 있는가 하면, 훌륭한 사람의 사려 깊은 엄숙한 충고보다는 그저 그런 보통 사람들의 지나치는 말이나 작고 보잘것없는 사소한 일들이 우리의 운명을 결정짓는 계기가 되었던 경우도 허다하다. 사람은 남녀 누구나를 막론하고, 일단 위기를 맞게 되면 의지의 칼을 갈고

결의를 세워 최선의 방도를 찾으려고 노력하는 것이 보통이지만, 실제로 생각지도 않던 사고나 극히 사소한 일 또는 아무 관련도 없는 사건들로 인해서 우리의 진로가 바뀌는 경우도 적지 않게 경험한다. 우리는 우리의 인생이 우연이나 환경에 의해 좌우되지 않도록 항상 최선을 다해야 한다고 늘 다짐하지만, 어쩌면 인간이 스스로의 운명을 의식적으로 만들어 나갈 수 있다고 믿는 바로 그 점에 인간성의 진정한 위대함이 있는 것인지도 모르겠다. 우리는 인생을 설계하고 꾸려나가는 데 있어서 폭 넓은 시야라든가, 큰 원칙, 따듯한 마음, 고상한 목표, 굳건한 신념 등과 같은 많은 지침과 원칙이 작용하고 있음을 경험을 통해서 잘 알고 있는 반면, 항해하는 배의 뒷전에 서서 배의 꽁무니를 소용돌이치며 따라오는 물길을 바라보고 있노라면, 배를 움직이게 하기 위하여 얼마나 많은 물줄기가 제각기 작용하고 있었는가 하는 사실 또한 새삼 깨닫게 된다.

마찬가지로, 나의 인생에 영향을 끼쳤던 수많은 사람들 중에서 극히 일부밖에, 그것도 아주 단편적으로, 때로는 희미해진 기억의 편린을 더듬어가며 소개할 수밖에 없음을 이해해 주기 바란다. 어린 시절 나에게 절대적인 영향을 끼친 이는 두말할 것도 없이 아버지였다. 아버지와 대화를 나눌 기회는 횟수로는 비록 얼마 되지 않았고 그나마 대등한 입장에서 대화를 나눈 적은 한 번도 없었지만, 아버지에 대한 존경심과 애정은 각별했던 것 같다. 그리고 아버지가 비교적 일찍 돌아가신 후에는 아버지에 대한 기억이 아버지를 대신했다. 아버지가 남긴 말씀과 연설은 한 마디도 놓치지 않고 열심히 읽었고 깊은 경외심으로 받아들였다. 따라서 나의 모든 정치적인 소양이 그분으로 말미암은 것은 너무나 당연한 일이다. 전성기의 아버지는 대중 연설 못지않게 정치적 결단에 있어서도 비범한 재능을 발휘했던 것으로 보인다.

아버지 랜돌프 처칠 경은 일생을 충실한 토리당*원으로 살았지만, 실제에 있어서는 매우 관대하고 자유로운 마음씨의 소유자였다. 그는 교회와 국가, 국왕과 국가의 오랜 영광스러운 전통이 왜 현대적인 민주주의와 조화로이 양립할 수 없다고 하는지, 왜 근로계층이 자신들의 자유와 발전을 실현시켜준 오랜 전통체제의 수호에 앞장서서는 안 된다고 하는지에 대해 상당한 회의를 품고 있었다. 결국 과거와 현재, 전통과 진보 간의 불필요한 긴장을 제거해 가면서 하나로 융합해 나가는 황금 연대야말로 오늘날 대영제국의 체제상의 장점과 독창적인 왕권의 성격을 규정짓는 특성이라고 말할 수 있을 것이다. 내가 이러한 아버지의 사상과 당시의 주제들에 깊이 공감하게 되었을 때, 이미 아버지는 세상을 뜨고 없었다.

토리당
17세기 후반에 생긴 영국의 보수정당. 휘그당과 더불어 영국 2대 정당의 하나였다.

나는 기병대 중위 시절인 1895년에 처음 미국을 방문했다. 미국 체류 기간 내내 나를 돌보아주었던, 내 미국인 친척의 아주 가까운 친구인 버크 카크란

버크 카크란
Bourke Cockran 1854~1923 아일랜드 태생의 미국 정치인.

과의 운명적인 만남은 부둣가에서 이루어졌는데, 아직 촌티를 벗지 못했던 나에게 그는 굉장히 강렬한 인상을 심어주었다. 어쨌든 그는 아주 독특한 개성을 지닌 사람이었으며 커다란 머리에 번득이는 눈매며 유연한 표정이 진기하게도 찰스 제임스 폭스*와 너무나 닮아 있었다. 불행하게도 그의 웅변을 직접 들을 기회는 없었지만, 요령 있고 핵심을 파고들며 반어법에 능하고 이해심 넘치는 그의 화술은 내가 대해 본 그 어느 누구도 따를 수 없을 정도로 정교한 것이었다.

그는 원래 민주당원이었고 태머니파*의 리더였으나, 브라이언*의 은화 자유 주조 주장에 반대하여 당과 결별하고 상대 공화당의 강령에 따른 일련의 중요한 연설을 남겼다. 하지만 나중에 통화문제가 일단 잠잠해지자 다시 원대 복귀하였다. 그는 이중 당적변경으로 인해서 세인의 혹독한 비난을 받았지만, 나의 견해로는 그가 나와 교분을 맺은 20년 동안 한 번도 자신의 정치적 주장의 바탕이 되었던 근본적인 정치적 신념을 깨뜨린 적은 없었다고 본다. 그의 신념은 내내 일관되어 있었다.

영국에서의 개인이나 정당의 정치적 견해가 성장하는 과정은 흡사 나무가 자라는 모습과 유사하다. 줄기에서 가지가 돋아 나오고, 바람에 뒤틀리기도 하면서 모습을 갖춰가며, 뿌리를 내리기 위하여 노력을 기울이고, 가뭄으로 성장이 멈추기도 하며 폭풍우로 부러지기도 하면서 나무는 서서히 성장한다. 그러나

찰스 제임스 폭스
Charles James Fox 1749~1806, 영국의 초대 외무장관, 국무장관.

태머니파
Tammany, 1789년 뉴욕시에 조직된 민주당의 한 파.

윌리엄 제닝스 브라이언
William Jennings Bryan 1860~1925, 미국의 민주당 정치인.

미국에서는 정치적 견해는 표준 교과서에서 취해지고, 정당의 강령은 개인적인 요소가 완전히 배제된 채 순전히 당리당략에 따라 당 기구에 의해서 만들어진다. 영국에는 미국과 같은 윤곽이 뚜렷한 정치 스타일이나 정강정책이라는 것이 거의 없으며, 늘 경계가 모호하고 타협과 변칙이 주를 이룬다. 영국에서는 선을 긋더라도 늘 경계가 번지는 데 비해 미국에서는 항상 또렷하고 날카롭다. 카크란은 미국 헌법이 명하는 대로 '항상 원칙으로 회귀(回歸)' 하는 자세로 상황의 변화에 적절히 대응하되, 끊임없이 진지하고 효율적인 대안을 제시하면서 자신의 커다란 정치적 구상을 완성시켜 나아간 것이다. 그는 평화주의자요 개인주의자였으며, 민주주의를 신봉하는 자본주의자였고 금본위주의자였다. 무엇보다도 그는 자유무역을 주장하였으며 자유무역이야말로 그 밖의 다른 모든 주장을 하나로 묶어주는 기본적인 원리라는 점을 되풀이해서 강조하였다. 이러한 신조로 말미암아 그는 거의 모든 주제를 놓고 사회주의자와 통화팽창론자, 그리고 보호무역론자들과 첨예하게 대립하였으며, 결과적으로 자신의 전 인생을 투쟁으로 장식하였고, 그러한 사정은 그가 더 오래 살았더라도 별반 달라지지 않았을 것이다.

이번에 소개할 프랜시스 모왓 경은 글래드스턴과 디즈레일리가 활약하던 황금기에 평생을 공직에 몸담았던 구식 재무 관료의 전형이었다. 그는 글래드스턴과 디즈레일리가 재무장관으로 근무할 당시 그들을 모셨으며, 몇 년간은 글래드스턴 경의 개인 비서를 지내기도 했다. 그는 극도의 검약(儉約), 정확한 회계, 철저한 수입 자유, 세련되고 견실한 정부, 전쟁 반대, 애국적인 선동의 자제, 국채 정리, 감세, 건전 재정의 옹호자인 동시에 나머지 무역, 상공, 농업, 사회생활에 대하여는 자유방임을 표방하는 빅토리아 왕조의 전형적인 재정 경제관을 대변하는 인물이라고 해도 과언이 아니다. 정부는 작아져야 되고 국민에 대한 부담은 최소한에 그쳐야 하며, 국가는 자력으로 서야 하고 상공업 조직은 토지법과 십계명을 거스르지 않는 한 무슨 일이든지 원하는 대로 하게 내버려두라는 주의였다. 그에게 있어서 돈을 버는 것은 국민의 몫이지 국가의 몫이 아니었다. 그도 버크 카크란과 마찬가지로 맹목적인 애국주의자나 제국주의자, 복본위제주의자, 사회주의자, 보호무역론자 등과는 극단적인 대립을 보였다.

큰 키에 마른 편이었으며, 기품 있는 눈썹과 강렬한 눈빛에 결단력 있어 뵈는 턱을 지닌 국왕의 충직한 종인 모왓 경은 남 앞에 나서기를 꺼려했으나, 신념에 가득 찬 자신 넘치는 태도로 반세기에 달하는 긴 세월을 영국을 지배하는 핵심기구에서 봉사해 왔다. 그가 재직하는 동안 정부는 개혁과 보수의 기치를 번갈아 내걸었지만, 그의 변함없는 성실성은 한번도 흔들린 적이 없었으며, 개인적인 생활에서도 항상 글래드스턴 식의 경건함을 잃지 않았다. 그는 아버지 때부터 가까웠던 사이로, 아버지 랜돌프 경의 짧았던 재무장관 시절에 관하여 얘기하기를 즐겨했는데, 랜돌프 경이 국가 재정운용의 심오한 원칙들을 얼마나 빨리 파악했는지부터 시작해서, 호혜무역이나 보호무역 주장들을 간단히 잠재웠던 사건 하며, 건실한 재정과 군비 축소를 위한 단호한 투쟁에 이르기까지 화제가 다양했다. 그는 아버지와 같이 일했던 시간을 진심으로 즐겼던 것 같았으며, 그 기간이 오래 지속되지 못했던 것을 아쉬워했다. 이런 연유로 해서 그와의 우정은 더욱 각별했던 것 같다.

그와 만난 지 얼마 지나지 않아 내가 브로드릭 육군장관의 군비확장 주장에 대해 비난을 개시하고, 의회에서 경제 문제를 거론할 때의 이야기다. 당시 재무부 사무차관이었던 모왓은 수시로 나에게 조언을 해주었고 또 젊고 유능한 관리들을 소개시켜 주었는데, 그들과의 대화는 매우 큰 도움이 되었다. 물론 그들과 나눈 대화는 기밀 사항에 관한 것이 아니라 이미 공표된 바 있는 현안 문제들이었음은 말할 나위가 없다. 곧이어 1903년의 유명한 재정 논쟁이 시작되었는데, 1880년대 급진파를 이끈 리더였고 토리당의 영웅이었던 조셉 체임벌린이 또다시 보호관세를, 이번에는 곡물세로 희석시킨 보호무역주의를 들고 나온 것이다. 정치권은 이 문제를 둘러싸고 서서히 달아오르기 시작했으며, 이 논쟁에서 참모 모왓의 권고를 받아들여 자유무역 진영의 선봉에 섰던 리치 재무장관이 사임하게 된다.

모왓은 행정관료로서의 한계를 넘어서서, 자신의 견해를

굽히지 않고 보호무역에 관한 정부 입장에 반대하는 외로운 투쟁을 하다가 결국 해임되고 말았다. 당시 28세에 불과했던 혈기 왕성한 소장의원이었던 내가 전국적인 논쟁에서 두각을 나타낸 데에는, 그로부터 전수받은 경제적 지식과 더불어 그의 오랜 경력과 풍부한 경험에서 우러나온 조언들이 절대적인 도움이 되었다.

나의 초기 의정생활에 가장 큰 영향을 미친 사람은 휴 세실 경이었다. 그는 다분히 17세기적 인물이면서도 동시에 현대적인 기질을 고루 갖춘, 내가 실제로 만났던 처음이자 마지막 토리당원이었다. 올리버 웬델 홈즈*는 언젠가, "종교적 기질이 강한 젊은이는 조숙한 경향이 있다"고 말한 적이 있는데, 오랫동안 보수당 정권의 총리를 지낸 솔즈베리 경*의 셋째 아들로 태어난 세실 경이 바로 그런 경우가 아닌가 싶다. 그는 당시 누구도 그리 중요하게 생각하지 않았고, 요즘은 신경쓰는 사람조차 없는 문제에 대해 온갖 논리와 결의로 무장한 채 매달렸다. 내가 의회에 진출한지 얼마 되지 않아, 사망한 부인의 자매와 결혼하는 것을 허용하는 법안이 제출되었는데, 그는 이 법안에 격렬히 반대하면서 나를 자기 입장으로 끌어들인 것이다. 내가 얼핏 생각하기에는 너댓 명의 어린 자녀를 둔 혼자된 남자가 죽은 아내의 여자 형제에게 살림을 맡기는 것은 오히려 자연스럽고 합리적인 일이 아닌가 하는 생각이 들었

올리버 웬델 홈즈
Oliver Wendell Holmes 1841~1935, 미국의 법률가.

솔즈베리
Robert Arthur Talbot, 3rd marquess of Salisbury 1830~1903, 영국 보수당 정치지도자.

다. 죽은 아내를 진실로 사랑했다면 그 여자 형제에게서도 아내의 많은 장점을 발견할 수 있을 터이고, 친밀감과 애정이 싹틀 바탕도 충분하며, 더구나 이런 결합이란 아주 성숙한 나이의 당사자간의 일이고, 실제로 이런 식으로 결합해서 행복한 가정을 이룬 경우도 제법 많기 때문이다.

그러나 내가 이런 견해를 피력하자, 그는 교회법에 대한 나의 무지에 대해 대단히 분개하면서 그 법의 이면에 깔린 정신에 대해서 설명하였다. 교회의 목적은, 가족이란 테두리 안에서 성적인 문란 가능성을 배제한 채, 가족적 사랑의 범위를 가능한 한 넓혀가는 데 있다. 이러한 고려하에서만 죽은 아내의 자매가 스캔들에 휩쓸릴 염려 없이 자유롭게 혼자 된 남자의 집에 드나들면서, 오랫동안 사랑하는 조카와 질녀를 돌보아줄 수 있는 숭고하고도 기쁨에 찬 관계가 정립될 수 있다는 것이었다. 금혼촌수(禁婚寸數)에 관한 규정이 한 번 무너지게 되면, 여태껏 전혀 문제없이 헌신적으로 친척을 돌보아오던 수백, 아니 수천에 달하는 여성들이 세인의 의혹적인 눈초리를 의식하지 않으면 안 되는 난처한 입장에 빠지게 될 수 있는 것이다. 이것은 물론 자체로도 매우 중요한 사안이기도 하지만, 인도적이며 문명화된 기독교사회의 구조를 유지해야 할 우리들의 임무 중 한 예에 불과한 것이다.

그럴듯한 구실을 붙여서 일단 도덕적, 지성적으로 타협적인 탐닉의 길로 들어서게 되면, 그러잖아도 숱한 시련과 유혹이 도사리고 있는 현 사회 풍조로 볼 때, 일시적으로 환영을 받을지 모르지만 궁극적으로는 돌이킬 수 없는 우상숭배와 쾌락주의로의 나락으로 빠져들 것이라는 이야기다.

나는 그의 화려한 웅변과 뜨거운 신앙으로 포장된 그의 이론에 매료되어 1901년 법사위원회에 계류중이던 이 법안의 통과를 저지하는 데 일조를 하기로 결심했다. 몇 주간의 지루한 논쟁을 치르면서 우리는 법안의 지지자—우리는 그들을 자신들의 개인적인 이익을 위하여 이 법안을 지지한다고 빈정대며 '발기인'이라고 불렀다—에게 우리가 법안의 통과를 저지하기 위하여 끝까지 물고 늘어질 것이란 점을 일깨워주었다. 마침내 휴 세실 경은 교묘한 의회전략을 구사하기에 이르렀고 이로 인해 궤변가라는 비난까지 감수해야 했다. 당시의 의사 진행 규정에 따르면 의원들이 제안한 법안의 표결 마감 시간은 오후 4시 정각으로 되어 있었고, 대세는 이미 찬성 쪽으로 기울어져 있는 상황이었다. 보통 하원에서 의원들이 로비를 가로질러 투표하러 가는 데까지는 대략 15분이 조금 더 걸렸다. 토의를 마치고 나니 마감시간까지는 18분밖에 여유가 없었다. 휴 경은 로비를 어슬렁거리기 시작하였다! 그의 주위에는 스무 명 가량의 보수당원들이 따랐는데, 놀랍게도 위엄 있는 신사인 재무장관 마이클 힉스 비치 경*까지도 그 속에 끼어서 투표 결과를 집계하는 현관에 이르는 매트 위를, 문자 그대로 한 치씩 기어가듯 움직이고 있는 게 아닌가! 표결을 끝내기까지의 15초를 기다리지 못하고, 시계는 네 시를 울리고 말았다. 몇 달에 걸친 수

마이클 힉스 비치
Michael Hicks-Beach
1837~1916, 영국 보수당 정치인.

고가 수포로 돌아가는 순간이었다. 결국 법안은 폐기되었고 표결은 일년을 더 기다려야 하는 신세가 되었다.

교회를 희생시켜가면서까지 자신들의 부도덕한 관계를 정당화하려고 기도했던 급진주의자와 비국교도는 이 전략을 극렬하게 비난하고 나섰다. 그들은 이 책략을 '비열하고' '교활하며' '정정당당하지 못하고' '공명정대하지 못하다'고 몰아세웠다. 그들은 휴 경이 회의장으로 돌아오자 고함을 지르고 쉿 소리를 내며 야유를 퍼부어댔지만, 그는 철저하게 경멸하는 태도로 이들의 소란을 무시해 버렸다. 그는 절차상의 규정을 어긴 바가 전혀 없었고, 그저 의원으로서의 당연한 권리를 행사했을 뿐이다. 로비를 어느 정도 빠르기로 걸어가는가 하는 것은 순전히 개인적인 재량에 속하는 사항이 아닌가? 만약 상대방이 그런 허용범위가 존재한다는 사실을 감지하지 못한 채 경솔하게도 논쟁을 질질 끄는 바람에 투표할 시간이 줄어든 것이라면, 그것은 자업자득이라고밖에 할 수 없을 것이다. 그리고 또 혼인이라는 심오한 주제의 순수성이 위기에 처한 마당에 무슨 '공명정대하지 못하다'는 따위의 논리를 펼 수 있단 말인가?

이 논쟁을 어디까지 끌고 갈 작정인가 하는 질문에 대해, 그는 폭력과 불법을 제외한 모든 수단과 방법을 동원해서라도 저지할 심산이라는 대답을 했다. 보수당원이라면 마땅히 영국의 법을 준수해야 한다. 만약 그렇지 못하면 영국의 장래는 끝장이다. 비국교도들은 주민세 내기를 거부할 것이고 임차인은 임대료를 내는 일을 소홀히 할 것이며, 숱한 중요한 세속적 권리들은 위기에 처하게 될 것이다. 하지만 학생들이 재잘대는 수준의 '정정당당히' 라는 소리는 정말 한심한 것이다. 우리는 지금 무슨 운동경기를 벌이고 있는 것이 아니지 않은가? 우리는 지금 경건한 의무를 엄숙하게 수행하고 있는 중이다. 우리는 영겁의 세계에서 아주 극히 짧은 순간을 의식적인 선택의 자유를 부여받아 활동하는 것으로써, 오로지 우리의 믿음과 행동만으로 영원토록 심판받을 존재라는 사실을 명심해야 할 것이다.

솔직히 나이가 들어가면서 세상사에 대한 관용이 늘어서일까, 나 자신 죽은 아내의 자매와 결혼하는 것을 합법화하자는 의견에 동조하는 쪽으로 많이 기울었다. 하지만 비록 관대하고 보다 안이한 쪽을 지향하는 사회적 조류와 다중의 움직임에 자리를 내어주었다고는 하더라도, 언젠가는 다시 한 번 휴 세실 경의 관점이 주목을 받을 것으로 본다.

로이드 조지 경*과 가까이 일해 본 사람은 누구나 그의 인격과 능력에 깊은 감명과 영향을 받지 않을 수 없었다. 그러나 그가 오랫동안 누려온 '의회연설과 선거연설의 대가' 라는 명성은 대개가 과장된 것이었다. 대중연설도 훌륭하기는 하였지만, 그의 설득력이 최대의 효과를 발휘하는 곳은 8~9명 또는 4~5명을 상대로 한 비밀회나, 단둘이 하는 토론에서였다. 한창 때의 그는 완전히 취한 듯이 몰두하여 연설을 하곤 했었다. 약자에 대한 철저한 배려나, 상대를 선의로 받아들이려는 태도, 궤변이나 억지를 철저히 배격하는 자세, 탁월한 현실 감각, 전혀 예상치 못한 주장을 펴면서도 분명히 매력적이고 유화적인 분위기를 이끌어가는 능력 등 그는 타고난 정치가였다. 언젠가 그가 10분도 채 안 되어 각의(閣議)의 분위기를 180도 바꾸는 것을 본 적이 있는데, 참석자들은 자신들이 무엇 때문에 갑자기 견해를 바꾸게 되었는지조차 전혀 느끼지 못하는 것이었다.

그는 "자신의 의지에 거슬려서 설득당한 사람은, 결코 자기 생각을 바꾼 것이 아니다"는 격언을 누구보다도 잘 이해하고 있었다. 그와 가장 가까이 지내는 동안 내가 받은 인상은, 그는 자신이 한 말에 대해 절대 만족하지 않는다는 사실이다. 미사여구 따위는 그의 관심 대상이 아니었고, 그의 생각은 오로지 자신의 말이 다른 사람들에게 어떤 영향을 미칠 것인가에 집중되어 있었다. 실제로 그로 인해서 생각을 바꾸게 된 많은 사람들 중 상당수는, 도리어 자신이 그의 생각을 바꾸어놓은 것이라고 믿고 있었다. 그러나 그가 보여준 논리와 양식의 배후에는 냉철한 현실 감각과 그에 기초한 원대한 계획이 깔려 있었다는 사실을 간과해서는 안 될 것이다.

그는 남들이 목전의 일을 걱정하고 있을 때, 한 발 앞선 그 다음 단계를 내다볼 줄 아는 탁월한 안목을 갖춘 사람이었다.

로이드 조지
David Lloyd George 1863~1945, 영국 총리(재임 1916~1922). 자유당 하원의원. 노동자를 위한 국민보험법·실업보험법 등을 성립시켜 사회보장제도의 기초를 확립하였다. 제1차 세계대전 중에는 스스로 연립내각을 조직하여 강력한 지도체제로 위기를 넘기고 전쟁을 승리로 이끌었다. 파리평화회의에는 직접 전권대표로 출석, 윌슨, 클레망소 등과 함께 회의를 주도하였다.

스포츠에 비유하자면, 우리 모두가 이제 막 첫 번째 사냥터를 향해 달리고 있을 때, 그는 벌써 다음 사냥터에서 사냥을 하고 있는 때가 많았던 것이다. 우리가 울타리를 넘기 위해 어디에서 점프를 할 것인가 겨우 결정을 내렸을 때, 그는 우리를 독려하여, "그 정도는 누구나 다 봅니다. 울타리 건너 저편에 있는 수로와 철길은 어떻게 넘을 작정이오? 우리는 저쪽 다리와 건널목을 향해서 달려야 하오. 그렇지 않으면 대책 없이 내동댕이쳐질 것 아니겠소? 그러려면 큰 도약을 해야 하는데, 당신들이 생각하고 있는 그런 정도로는 부족하오" 하고 말하는 타입이었다. 그는 평생 사냥을 즐기지 않았지만, 그가 만약 정치인이 아니라 사냥꾼으로 태어났더라면, 여우들에게는 정말 혹독한 시련의 시기가 되었을 것이 틀림없다.

그가 나에게 끼친 영향은 실로 대단한 것이었음을 솔직히 고백하지 않을 수 없다. 1904년 내가 보수당을 떠나면서 새로 옮긴 의석이 우연히도 바로 그의 옆 자리였다. 그 이후 근 20년을 우리는 함께 일하면서 서로 의견이 엇갈릴 때도 있었고 때로는 언쟁을 벌이기도 했지만 근본에 있어서는 항상 협력하는 자세로 일관했다. 일의 추진력과 실행력에 있어서 그는 타의 추종을 불허했다. 20세기 초 1/4분기의 영국 역사를 논하면서, 전시와 평화로웠던 시기를 통틀어 그만큼 심대한 영향력을 발휘했던 인물은 없었다고 단언할 수 있다.

정통적인 자유주의 개념에 열정적인 사회정책이라는 새로운 기운을 불어넣은 것도 그였고, 영국 국민의 생활을 근본적으로 바꾸어놓은 사회보장제도를 도입한 장본인도 바로 그였다. 그는 또한 사회구조 내에서 부의 평준화를 기하기 위하여 누진과세를 도입했으며, 세계대전의 암흑기에는 막강한 권력을 장악한 다음 모든 악조건에 굴하지 않고 승리를 쟁취해 내는 용맹함도 보여주었다. 결과의 선악을 떠나서 아일랜드의 문제를 해결하여, 최소한 대영제국의 앞길에 걸림돌이 되는 요소를 제거한 것도 그의 결단이 빚은 결과이다. 이러한 모든 업적이 과거의 역사가 된 지금, 그가 남긴 치적에 대하여 비난 내지 평가절하하려는 움직임이 일고 있는 것이 작금의 현실이기는 하지만, 그 공과는 두고두고 논란의 대상이 될지 몰라도, 그가 남긴 업적의 웅대한 규모에 이의를 제기할 사람은 아마 없을 것이다.

돌이켜 보면 나도 가끔은 그에게 영향을 미쳤고, 밸푸어 경*과 버컨헤드 경도 함께 내각에서 일하면서 그에게 적지 않은 영향을 미쳤던 것으로 기억된다. 젊은 시절을 급진주의자, 영국 국교회 반대자, 웨일즈 민족주의 지도자로 지내면서 편협한 주위환경에 둘러싸인 채 극도의 검소한 생활로 보낸 그로서는, 상상도 못해본 정치의 또 다른 면을 우리를 통해서 많이 배울 수 있었던 것으로 보인다. 물론 그에게도 비난받을 점이 없었던 것은 아니지만, 전쟁이 끝나자마자 그를 우익 보수정치세력이 밀어낸 사실로 보아, 결국은 대영제국과 영국 본토가 승자가 아니라 패자였음이 입증된 셈이 되었다. 어쨌든 1922년의 칼튼 클럽 회

> * 밸푸어
> Arthur James Balfour 1848~1930, 영국의 보수당 정치가. 총리와 외무장관을 지냈다.

의를 마지막으로 이 위대한 '집행자'와 정통적, 직업적인 우익제국주의 세력, 혹은 '완고한 보수주의자'들과의 연대는 우리가 아는 한 완전히 끊어졌다. 보수당은 웨일즈의 마법사를 비난하며 쫓아내버리고 대신 '성실한 볼드윈'을 환호하며 맞아들였지만, 지금 보면 새로운 지도자에 대해서도 썩 만족해하고 있는 것 같지는 않다. 그들은 지금 전시에는 평화주의자였고 동시에 반제국주의자였으며, 총파업을 지지했던 사회주의자를 수반으로 하는 정권 밑에서 잠시 안주하고 있으며, 앞으로도 그가 보수당의 비위를 건드릴 것 같지는 않다. 로이드 조지라는 이름을 입에 올리는 것은 금기에 해당하는 사항이다.

The Battle of Sidney Street

시드니가 총격 사건

1911년 시드니가에서 총격 사건 구경에 몰두하고 있는 내무장관 처칠.

"그 사건과 관련해서 나는 언론과 국회 양쪽으로부터
혹심한 비난을 받는 신세가 되었다.
하원에서 행한 밸푸어 경의 발언은 유별나게 비비 꼬여 있었다.
'우리는 위험지역 안에 서 있는 내무장관의 사진이
신문에 실린 것을 보고 매우 당혹감을 금치 못했습니다.
사진기자가 현장에서 무슨 일을 하고 있는지는
충분히 이해가 갑니다만, 왜 내무장관께서 그 자리에 있어야 하는지는
좀처럼 이해가 되지 않았습니다.'"

1910년 12월 17일 아침의 영국은, 조간신문에 실린 엄청난 범죄사건으로 발칵 뒤집어졌다. 전날 저녁 10시 10분경, 하운즈디치에서 잡화상을 하는 이젠스타인 씨는 건물 뒤쪽에서 나는 '똑똑' 하는 이상한 소리에 잔뜩 긴장이 되었다. 이 이상한 소리는 2주 전에도 들린 적이 있어서 경찰이 이미 한 번 다녀간 적이 있었는데, 이번 경우는 훨씬 크고 가깝게 들리는 것이, 틀림없이 바로 뒷집에서 나는 소리였던 것이다. 이젠스타인 씨는 급히 경찰을 불렀고, 곧이어 여섯 명의 경찰이 도착했다. 경찰관 두 명은 건물 뒤쪽에 배치되고 경사와 나머지 세 명은 이상한 소리가 들린 뒷집 현관 쪽으로 올라가

문을 두드렸다. 당시 경찰관들은 오랜 관행대로 전혀 무장을 하지 않은 상태였다. 그때 안쪽에서 문이 한 뼘쯤 삐끗 열렸다.

"여기서 무슨 작업하고 계십니까?" 경사의 물음에 아무 대답이 없었다.

"영어 할 줄 모르세요? 누구 그 안에 영어 할 줄 아는 사람 없습니까?"

안에 있던 사내는 문을 조금만 열어둔 채, 아무 말 없이 이층으로 올라가버렸다. 경사는 문을 밀치고 가스등이 켜 있는 방안으로 들어섰다. 특별히 조심해야 할 낌새도 없어 보였으므로, 그는 평상시대로 방안을 휙 둘러보고 잠시 서서 기다리고 있었는데, 그것이 그의 마지막이 될 줄이야! 갑자기 문이 덜컹 열리면서 권총이 불을 뿜었고 경사는 문턱에 나동그라졌다. 문으로 돌진하던 경관을 향해 다시 한 발이 발사되었는데 이번에는 어두컴컴한 계단 쪽에서였다. 그 순간 커다란 자동연발 권총을 든 사내의 손이 문틈으로 슥 나타나더니, 사정없이 불을 뿜어대며 순식간에 경관 네 명을 쓰러뜨렸다. 이미 죽은 사람도 있고 다른 경찰들도 죽어가거나 심하게 부상당한 채 길거리에 쓰러져 있었다. 곧이어 한 놈이 튀어나오더니 닥치는 대로 총을 쏘아댔다. 이제 남은 건 초우트 경관 하나였는데, 그는 무기도 없이 그나마 이미 부상을 당한 몸으로 살인자를 덮쳤다. 경관은 몸에 두 발을 더 맞고도 악착같이 놈을 붙들고 놓아주지 않다가, 뒤에서 동료 범인이 쏜 총알을 한 발 더 맞고서야 결국 숨을 거두고 말았다. 그의 몸에는 열두 개나 되는 총상이 있었다. 이렇게 살인범 일당은 건물 뒤쪽에 있던 마지막 경관의 추격을 뿌리치고 아무런 단서도 남기지 않은 채 유유히 밤이 깊은 런던의 암흑 속으로 사라져버렸다.

이어진 경찰 수사에 따르면, 범인들은 치밀하게 범행을 계획한 것으로 드러났는데, 대상은 이젠스타인 씨의 건물이 아니고 옆집 보석상에 있는 금고였으며, 그 속에는 3만 파운드에 달하는 귀중품이 보관되어 있었다는 것이다. 두 건물 사이의 벽돌 벽에는 거의 사람이 드나들 만한 크기의 구멍이 뚫려 있는 상태였으며, 그 속에서 아세틸렌 불길로 금고를 부술 수 있는 완벽한 금고털이 강도의 장비 일습이 발견되었다고 한다.

다음날 새벽 세 시경에 두 명의 여인이 의사를 찾아와서 조지 가스타인이라는 청년의 치료를 부탁했는데, 청년의 설명에 의하면 세 시간 전에 친구가 실수로 자신의 등을 쏘았다는 것이었다. 이 작자는 본명이 모로운체프란 자로, 경사를 쏘았던 범인이었으며, 초우트 경관과 격투를 벌이는 와중에 동료 범인이 쏜 탄환이 용감한 초우트 경관을 스치면서 이 자의 폐와 위장을 관통하였던 것이다. 이 범인은 아침이 되기 전에 숨을 거두었고, 유품으로는 브라우닝 권총과 단검 한 자루, 그리고 바이올린을 남겼다.

이상은 사건이 있은 후 며칠에 걸쳐서 신문에 발표된 사건

전모에 관한 요약으로, 최근 수십 년간 그 유례를 찾을 수 없을 정도로 대담하고 잔혹한 범죄였다. 범인들의 잔혹성이나, 지능적인 수법, 정확한 사격술, 현대적 장비와 무기 등은 러시아 무정부주의자의 수법과 매우 흡사한 면이 많았다. 나중에 밝혀진 사실이지만, 살인자들은 러시아의 발트해 연안에서 이주해 와서 런던의 중심부에 은거하고 있는 스무 명 정도 되는 레트인 집단에 소속되어 있었고 그들의 두목은 '화가 피터'라고 불리는 무정부주의자였다. 그들은 요새 말로 표현하자면 살인, 무정부 상태, 혁명의 과업을 수행하는 '세포 조직'이었다. 이들 포악한 무리는 문자 그대로 '짐승 같은' 생활을 하면서 약탈과 음모를 일삼았다. 그들은 생존을 위해서 절도와 살인을 저질렀지만, 그들의 행동은 다분히 정치색을 띠고 있었다. '화가 피터'는 후일 세계대전의 혼란 중 러시아 제정과 국민을 약탈하고 황폐화시키는 데 단단히 한몫을 했다고 한다. 극악무도한 이 범죄를 두고 전국은 분노와 의분으로 들끓었다. 런던 경시청은 범인들의 색출에 총력을 기울였으며, 내무장관이었던 본인은 즉각 지시를 내려 당시로서는 최신형의 권총으로 전 경찰을 무장시켰다. 임무 수행 중 순직한 우리의 용맹스러운 경찰관들을 위해서 공식적인 장례의식이 치러졌고, 영국 국기에 덮인 그들의 관은 런던 시의 명사들이 참석한 가운데 거행된 엄숙한 기념예배와 더불어 세인트 폴 성당에 안치되었다. 범인 색출에 총력을 기울이고 있는 와중에 또 하나의 사건이 터졌다.

이듬해 1월 3일 오전 10시 경, 목욕 중이던 나에게 급히 찾는다는 전갈이 왔다.

"내무부에서 온 전화인데 긴급한 일이랍니다."

물기를 뚝뚝 떨어뜨리면서 수건으로 몸을 가린 채 수화기로 달려간 나는 다음과 같은 보고를 들었다.

"경찰관을 살해했던 무정부주의자들이 지금 이스트 엔드의 시드니가 100번지, 주택 안에 포위되어 있는데, 경찰을 향해서 자동권총을 난사하고 있습니다. 탄약도 충분한 것 같아 보이고 이미 우리 측 한 명이 총에 맞았습니다. 군대의 출동을 요청해야겠는데 허가해 주십시오."

나는 그 자리에서 필요한 조치에 대한 허락은 물론이고, 경찰로 하여금 동원 가능한 모든 조처를 취하도록 지시하고 난 후, 곧바로 20분 만에 집무실에 도착해서 일급 참모인 언리 블랙웰로부터 상황보고를 들었다. 무정부주의자들은 완전히 포위되어 있고 지금도 계속 총기를 난사중이라는 것 이외에 새로운 정보는 입수된 것이 없었다. 범인들이 몇 명이나 되는지, 어떤 후속조치를 취해야 할지 전혀 감이 잡히지 않았다. 이런 상황에서는 현장을 직접 눈으로 확인하는 것이 절대적으로 필요하겠다는 생각이 퍼뜩 떠올랐고, 참모들도 모두 동감을 표시했다. 하지만 나의 이런 의무감 속에는 강렬한 호기심 또한 상당히 작용했던 것이 사실인데, 아마 이런 종류의 호기심은 억제하는 것이 더 나았을는지 모르겠다.

곧바로 차에 오른 우리들이 스트랜드가를 지나 하운즈디

치를 향해서 도심을 가로질러, 교통이 통제되어 있는 현장에 도착한 것은 정오가 다 되어서였다. 성난 군중들의 모습과 더불어 그 지역 총포상으로부터 급히 조달한 엽총으로 무장한 경찰들의 낯선 모습이 눈에 띄었다. 군중들의 분위기는 싸늘한 편이었으며, 개중에는 외국인 이민을 획기적으로 제한하자는 법안의 통과를 제지한 자유당 정부를 빗대어 "저자들을 입국시킨 게 도대체 어떤 작자들이야?" 하고 고함치는 이들조차 있었다. 그 순간 약 200미터 전방에서 총성이 한 발 울렸다. 곧 이어 다시 한 발, 한 발 하더니 마침내 일정한 간격을 두고 집중사격하는 소리가 들렸다. 우리 일행은 경감의 안내를 받아서, 인기척이 끊어진 가로를 따라 몇 번인가 방향을 틀면서 사람들이 몰려 있는 곳에 도착했다. 그곳에서 대치하고 있는 경찰의 일부는 무장을 하고 있었으며, 구경꾼과 기자들은 경찰 비상선이 쳐지기 전부터 그곳에 있던 사람들로, 계속 머물러 있도록 허락을 받은 이들이었다. 우리가 서 있는 도로와 직각으로 뻗은 길이 시드니가였고, 50~60미터 떨어진 지점에 좌측으로 살인자들이 바리케이드를 치고 있는 문제의 100번지 주택이 자리잡고 있었다. 길 맞은편 쪽에는 경찰과 스코틀랜드 근위병, 구경꾼들이 건물의 돌출 부분 뒤에 잔뜩 웅크린 채, 전면을 응시하고 있었다. 경찰을 위시해서 지원병들은 도로 양편의 인도, 차도 및 수많은 창문으로부터 범인들의 은신처를 향해 소총과 엽총, 권총을 집중사격하고 있었고, 1~2분 간격으로 범인들의 응사가 터져나왔다. 벽돌을 때린 유탄이 이리저리 정신없이 날았다. 그날 이후로 이런 광경은 그리 생소한 것조차 되지 못했고, 더구나 유럽 대륙에서는 시가전을 벌이는 광경이 전혀 낯설지 않게 된 지도 이미 오래지만, 조용하고 질서가 잡힌, 안락한 환경의 우리 영국에서만큼은 최소한 그때까지의 내 기억으로는 이런 소동을 본 적이 없었다. 이런 관점에서라면 나의 출동은 충분히 보상받은 셈이었다.

현장 상황은 시간이 지날수록 긴박감이 더해 갔다. 일부 성급한 경찰들은 당장 건물을 덮치자고 주장하는가 하면, 공연히 서너 명의 인명피해를 자초할 것이 아니라 시간을 좀더 벌자는 의견도 나왔다. 이러한 상황에서 구체적 행동지침을 내리는 것은 나의 소관사항이 아니었다. 내무부의 내 의자에서라면 무슨 지시라도 내려서 즉각 실행에 옮길 수 있겠지만 지금 같은 상황에서 현장 책임자를 간섭할 수는 없는 것이다. 하지만 모든 상황의 최종적인 책임은 최고 책임자인 내가 질 수밖에 없는 것이다. 이제 와서야, 사무실에 조용히 머물러 있었더라면 훨씬 더 잘 대처할 수 있었으리라는 생각이 들었지만, 그렇다고 이렇듯 긴박한 상황을 놔두고서 발길을 돌려 차를 타고 돌아갈 수는 없지 않은가? 더구나 이렇게 흥미로운 장면을 놓친다는 것은 말이 안 된다.

범인들이 포위되어 있는 집을 좀더 자세히 보기 위해서 나는 길을 건너 맞은편에 있는 창고 건물의 출입구에 몸을 숨겼다. 거기서 뜻하지 않게 런던병원장 넛스포드 경과 마주치는 바람에 우리 둘은 이 활극의 마지막을 장식하는 극적인 장면을 같이 구경하게 되었다.

현장 지휘부에서는 건물을 동시에 여러 방향에서 덮칠 세부적인 계획이 검토되고 있었다. 제1조는 목표 건물의 옆집에서 튀어나와 곧장 정문으로 돌진하여 2층으로 돌격해 올라간다. 제2조는 건물의 뒤쪽으로 나 있는 창문을 통해 2층으로 바로 진입한다. 제3조는 지붕을 뚫고 위에서 범인을 덮친다. 공격이 일단 감행될 경우 작전이 성공할 것이란 점에 대해서 이의를 달 사람은 없었으나, 문제는 피할 수 없는 우리 편의 인명피해였다. 범인들의 총격뿐 아니라 아군이 혼란중에 발사한 총격에 의한 피해도 충분히 예상되는 상황이었다. 그때 철판을 방패삼아 계단 위로 올라가서 자세히 보고 싶은 충동이 일었다. 적당한 크기의 철판을 구하려고 근처의 철공소를 뒤지고 있는 도중, 우연찮게 사건의 실마리가 저절로 풀려나가기 시작했다. 1시 반쯤 되었을까, 범인들이 들어 있는 건물의 박살난 2층 창문으로 한 가닥 연기가 모락모락 새어 나오더니, 얼마 지나지 않아서 제대로 불길이 타오르는 것이었다. 불길은 걷잡을 수 없는 속도로 아래쪽으로 번져나갔다. 성난 불길에 이어 나무 타들어가는 소리가 요란했는데, 범인들은 아직도 그 지옥불 속에서 총기를 난사하며 버텼다.

이때 밖에서는 매우 흥미로운 사태가 벌어지고 있었는데, 이로 인해 처음으로 내가 현장에 있었던 사실이 조금이나마 도움이 되는 듯싶었다. 이렇게 큰 사건을 목전에 두고도, 시민생활의 일상적인 기능은 평상시와 조금도 다름없이 이어지고 있었다. 우편배달부는 태연하게 위험지역을 바로 앞둔 이웃에까지 편지를 배달하고 있었고, 현장을 구경하려고 몰려든 군중을 헤치며, 사이렌 소리도 요란하게 소방차가 출동하여 위험지역이 시작되는 지점에 경찰이 쳐놓은 비상선까지 진입해 들어왔다. 경감은 얼른 앞을 막아서며 더 이상의 진전을 막았고, 소방대장은 직무상 화재현장에 접근해야겠다는 주장을 굽히지 않았다. 화재가 기승을 부리고 있는 판국에 진화작업을 늦출 수는 없는 노릇이었다. 런던 소방대 규정 어디를 뒤져보아도 무정부주의자나, 자동권총, 위험지역 등에 관한 조항은 없었다. 소방대원들이 총에 맞을 수도 있다고 경감이 지적하였지만 그의 대답은, "규정은 규정이고, 다른 대안은 없다"는 것이었다. 순간적으로 열이 받친 나는 분쟁에 개입할 수밖에 없었다. 나는 내무장관의 권한으로, 소방대장에게 불을 끄지 말 것과, 대신 불길이 주위로 번지는 사태에 대비해서 대기하고 있으라는 지시를 내리고, 다시 길 건너편의 현장이 잘 보이는 내 위치로 돌아갔다.

불길이 아래층으로 번지기 시작하면서 범인들의 총성이 멎은 지 몇 분인가 지났다. 이제 그 건물은 안에 아무도 살아남을 수 없을 정도로 불길이 번졌으므로, 모두들 정확히 몇 명인지는 몰라도 안에 있던 범인들이 권총을 손에 쥔 채 거리로 뛰쳐나올 것이라 기대하고 있었다. 수많은 엽총과 권총, 소총이 연기를 토해내고 있는 현관을 조준하고 있었다. 극도로 긴장된 순간이 다시금 몇 분간 지속되는 동안, 아래층 전체가 불길에 완전히 휩싸였고 흉악한 악당들도 지금쯤은 모두 숨진 것으로 보였다. 모두들 충격에 사로잡혀 있는 그 순간, 경감은 잰걸음으로 건물로 다가가더니 현관문을 발길로 걷어찼다. 나는 몇 미터 뒤에서 2연발 엽총을 손에 든 경관 한 명을 대동하고 경감의 뒤를 따랐다. 건물 내부는 연기와 불길 이외에는 아무것도 보이지 않았다. 곧이어 소방대원들이 호스를 들고 빈 거리로 쏟아져 나왔고, 뒤를 이어 군인과 기자, 사진사와 구경꾼이 몰려나왔다. 시간은 이미 3시를 가리키고 있었고, 소방대원들에 의해 거의 잡혀가는 불길과 폐허를 수색하는 경찰을 뒤로한 채 나는 집으로 발길을 돌렸다.

아침에 총을 맞은 경감 외에도 근위대 군기 호위 상사와 시민 세 명이 총에 맞아 부상했고 경사 한 명이 유탄에 맞았으나 심한 부상은 아니었다. 그 순간까지는 범인들 외에 아직 인명 피해는 없었다. 그러나 애석하게도 피해가 그것으로 그치지는 않았다. 불에 탄 건물의 벽이 무너져 내리면서 소방대원 다섯을 덮치는 바람에 모두 부상을 당한 것이다. 그 중 두 명은 상태가 매우 심각했다. 폐허가 된 건물에서 숯이 돼버린 두 구의 시체를 발견했는데 하나는 사살된 것이었고 다른 하나는 연기에 질식한 것이 분명했다. 그들의 신원은 프릿츠 스바르와 제이콥 포겔로 밝혀졌는데, 둘 다 '화가 피터'의 무정부주의자 갱단에 소속되어 있었고, 지난번 경찰 살해와 관련된 자들임이 틀림없는 것 같았다. 또한 현장에서는 브라우닝 자동 소총 한 정과 모젤 권총 두 자루, 포금(砲金) 수류탄 상자 여섯 개와 다수의 탄약통이 발견되었다.

이렇게 시드니가의 격투는 막을 내렸지만 '화가 피터'는 아무런 단서도 남기지 않은 채 완전히 종적을 감췄다. 그가 러시아의 해방자, 구제자인 볼셰비키의 일원이라는 풍설이 꼬리를 이었다. 그의 행적으로 보아 그에 붙여진 명성이 어쩌면 잘 어울린다는 생각이 들기도 하지만 어디까지나 풍설에 지나지 않는다. 당시의 정국은 극심한 당쟁으로 어지러웠으며 그 사건과 관련해서 나는 언론과 국회 양쪽으로부터 혹심한 비난을 받는 신세가 되었다. 하원에서 행한 밸푸어 경의 발언은 유별나게 비비 꼬여 있었다. 그는 근엄한 어조로 말문을 열었다. "우리는 위험지역 안에 서 있는 내무장관의 사진이 신문에 실린 것을 보고 매우 당혹감을 금치 못했습니다. 사진기자가 현장에서 무슨 일을 하고 있는지는 충분히 이해가 갑니다만, 왜 내무장관께서 그 자리에 있어야 하는지는 좀처럼 이해가 되지 않았습니다."

이 말이 전적으로 잘못된 지적은 아니라는 생각을 하면서 이야기를 끝맺으려 한다.

The German Splendour

독일의 영광

기동훈련 중인 빌헬름 2세.

> "저 눈부신 가을 햇빛 아래 행군하고 구보하던
> 얼마나 많은 영혼 위에 죽음의 사자가 그림자를 드리웠던가?
> 단순한 병사들에게는 때 이른 난폭한 죽음과 파멸,
> 죽음보다 더한 수모와 궁핍, 그리고 불구, 절망이,
> 지배자들에게는 자존심과 생계의 몰락이 기다리고 있었다."

식민부차관 시절인 1906년, 나는 독일 황제로부터 실레지아에서 벌어지는 연례 독일군 기동훈련에 손님으로 참석해 달라는 초청을 받았다. 영국 정부의 허락을 받은 나는, 9월 초순에 브레슬라우로 출발했고, 독일제국의 손님과 기타 공식적인 참관인들과 함께 안락하면서도 고풍스러운 '황금거위' 호텔에 여장을 풀었다. 이번 기동훈련은 일개 군단의 전 병력과, 전시 체제로 편성된 일개 사단이 참가하는 대규모의 군사훈련이었는데, 모든 진행은 독일인 특유의 치밀한 계산과 빈틈없는 준비로 일사불란하게 이루어지고 있었다. 유럽 전역에서 몰려온 각국 군사 대표를 위시해서 수많은 방문객

들은 신분에 따라 한치의 오차도 없이 합당한 예우를 받고 있었으며, 특별히 황제가 초청한 손님들에 대해서는 공식적인 예우는 물론이고 개인적인 친밀감마저 느껴지도록 여러 가지로 배려해 주었다.

일주일간 계속된 행사는 더없이 화려하고 흥미진진했으나, 전시(戰時)근무 때를 제외하고 이때만큼 수면 부족으로 시달린 적이 없을 정도로 강행군의 연속이었다. 황제 자신이 참석하든지, 그가 훈련 현장에 있어서 참석하지 못할 경우에는 황후가 베푸는, 완전 정장 차림의 연회가 매일 저녁 이어졌고, 자정이 다 되어서야 침상에 든 손님들은 새벽 서너 시만 되면 어김없이 기상해서 특별열차 편으로 양쪽 병력의 움직임을 제대로 관찰하기에 가장 적합한 지역으로 이동해야만 했다. 그곳에서 먼동이 틀 무렵이 되면, 각자 독일군 참모 한 명씩을 대동하고 말에 올라 어디든 가고 싶은 곳으로 떠나는 것이었다. 열 내지 열두 시간을 말을 달리면서 훈련을 참관한 후, 다시 새로운 집결지에 모여 특별열차 편으로 브레슬라우로 돌아와서 예복을 갈아입고 다음 연회장으로 달려가고, 군악대의 행진이 이어지고, 잠깐 눈을 붙이고, 새벽 네 시에 잠에서 깨어 또다시 출발하고, 이것이 우리가 소화해 내야 하는 일정이었다.

외국인의 눈에 비친 독일 군대의 위용과 독일제국의 번성한 모습은 무척 인상적이어서, 그 화려하고 힘에 넘치는 모습에 대한 기억이 오랫동안 머릿속에서 지워지지 않았다. 실례

지아 기병대의 화려한 갑옷으로 단장한 황제가 번쩍이는 기마행렬의 선두에 서서 브레슬라우의 거리를 행진하자, 충성스러운 시민들은 열광적인 환호를 보냈다. 도로의 양편을 가득 메운 수천의 인파는 군인이 아니라 가난한 계층의 나이든 신사들로써, 하나같이 낡은 프록코트에 실크해트 차림의 딱딱한 모습이었다. 알고 보니 그들은 퇴역군인이었는데, 예우하는 차원에서 특별히 자리를 마련해 준 것이었다. 그들의 검은 제복을 배경으로 황제와 기병대의 흰색 제복은 더욱 화려하게 돋보였다.

기동훈련에 앞서 벌어진 열병식에서는 5만에 달하는 보병을 비롯한 기병과 포병부대가 황제와 쟁쟁한 왕족들 앞을 통과하여 행진하였는데, 보병이 4열 종대의 대형을 갖춰서 연대 단위로 벌이는 행진 모습은 인간의 대형이라기보다 오히려 거대한 대서양의 파도가 연이어 밀려오는 형상을 연상케 하는 장관을 연출하였다. 이어서 기병이 먼지 구름을 일으키며 뒤를 따르고, 야포를 앞세우고 사태처럼 밀려오는 포병부대와, 당시로서는 진기했던 군용과 민간용 자동차로 구성된 자동차 부대가 장장 다섯 시간에 걸쳐 꼬리를 이었다. 그러나 여기 참가한 병력은 동원 가능한 전 독일 상비군의 20분의 일에 지나지 않은 규모로써, 이 정도 규모의 열병식은 독일제국의 모든 주(州)에서 동시에 각각 벌일 수도 있다는 것이었다. 나는 앨더샷에서 벌어지는 영국군 열병식의 규모를 떠올려 보지 않을 수 없었는데, 일개 사단의 보병과 기병 일개 연대가 참가한 것만으로도 대단하게 생각할 정도였으니, 독일과는 비교가 되지 않는 너무나 초라한 규모였다. 바로 내 옆에서 말을 몰던 프랑스 육군 무관의 수심어린 모습에서 그의 고민이 어디에 있는지 측량하기란 그리 어렵지 않았다. 행사 전반을 압도하는 하늘을 찌를 듯한 병사들의 사기와 가공할 병기들의 대대적인 과시는 보는 사람들의 간담을 서늘하게 만들기에 충분하고도 남음이 있었다.

열병식이 있던 날 저녁에 황제는 주민들을 위해 만찬을 베풀었다. 삼사백 명이 넘는 실레지아 주 관리와 명사들, 그리고 외국 손님들이 금줄과 훈장 등의 장식으로 치장한 형형색색의 제복차림으로 넓은 연회장을 가득 메웠다. 황제는 위엄 있는 자세로 평소와 다름없이 유창하게 연설을 시작했다. 옆에 있는 독일 참모 장교가 작은 소리로 한마디 한마디 빼놓지 않고 유창한 영어로 통역해 주었다. 그때가 1906년으로, 마침 예나 전투* 백주년이 되는 해였다. 빌헬름 2세는 다음과 같이 말문을 열었다. "지금부터 정확히 백 년 전, 독일은 파멸의 구렁텅이로 빠져들었습니다. 우리의 군대는 맥없이 무너졌고, 요새들과 수도마저 적군의 수중에 들어갔으며, 국가의 근본체제는 산산조각이 나면서 오랜 기간을 적국의 지배를 받는 수모를 겪었습니다."

우리가 경이에 찬 눈으로 목격한 이 모든 세력과 부, 힘과 조직, 이 모든 것을 단지 4세대에 지나지 않은 일백 년 만에 건설할 수 있었다는 것이 도저히 믿어지지가 않았다. 1806년

예나 전투
1806년 프로이센이 나폴레옹 1세를 맞아 벌인 전투. 이 전투에서 프로이센이 크게 패했다.

과 1906년이 이렇게도 달라질 수가 있는가? 군국주의 독일의 약동하는 운세와 비교할 때, 900년이란 긴 세월을 외세의 침공 한번 경험해 보지 않은 채, 소박하고 이상한 옷차림으로 거북이걸음을 하고 있는 영국의 현실이 정말 한심해 보일 지경이었다. 하지만 만약 저기 줄지어 서 있는 번쩍이는 옷차림의 군중들이 미래의 세계를 살짝만이라도 엿볼 수 있었다면, 불과 앞으로 십 년 만에, 그토록 당당했던 위대한 독일의 영광이 예나의 새벽을 암흑으로 물들였던 것보다도 훨씬 더 커다란 반전을 겪으면서 몰락과 굴종의 시대로 전락할 것이라는 역사의 아이러니에 새삼 옷깃을 여미지 않을 수 없을 터인데…….

어쨌든 이 기동훈련은 인상적인 엄청난 스케일에 비해서, 전문적인 안목에서 볼 때 많은 문제점을 드러내고 있었다. 다양한 분야의 전문가들로 구성된 몇 명 안 되는 영국 참관인들과 마찬가지로, 나도 소총의 역할에 대해서는 아프리카 초원에서 겪은 생생한 경험이 있었다. 대규모로 이루어지는 대포 공격의 효과는 별개로 치더라도, 이들 오만한 주최자들이 가지고 있지 못했던, 자동소총의 위력에 대한 현장 경험을 우리는 갖고 있었던 것이다. 우리가 이번 훈련을 목격하면서 크게 놀란 사실은, 불과 수백 미터 전방에 있는 숲 주변을 따라 구축된 진지에서 적군의 소총부대가 공포탄을 쉴 사이 없이 퍼부어대는 상황에서, 은폐물도 전혀 없는 벌거숭이 언덕을 넘어서 공격부대가 밀집대형으로 돌격을 감행하는 것이었다.

독일의 영광 113

훈련이 절정에 다다르자 양측 보병부대는 아주 근접한 거리까지 접근했다. 그들은 약 50미터를 사이에 두고서 최전열은 계속 사격을 해대고 나머지는 모두 착검상태로 밀집대형을 이룬 채 바닥에 납작 엎드려 있었다. 더욱 놀라웠던 것은 돌격 명령이 떨어지자 이 한가한 밀집부대는 땅을 박차고 일어나더니, 착검한 채 상대방을 지나쳐서 진격해서는 상대방 진지에 도달하자 공손히 서로 마주보는 자세로 바닥에 총을 내려놓는 것이었다. 무슨 다른 뜻이 있는지는 몰라도, 이러한 발상은 최소한 실전과는 너무나 동떨어진 것들이었다.

남아프리카 공화국에서의 전투 말고도 옴두르만 전투*에서도, 아군의 피해는 거의 없이 회교도 적군을 무려 11,000명이나 소총 공격으로 사살했던 기억이 아직도 뇌리에 생생한데, 그때 적군의 대열은 지금 우리가 독일군의 훈련에서 보는 것보다 훨씬 흩어져 있었을 뿐 아니라 거리도 많이 떨어진 상황이었다. 아무튼 우리는 당시 전투가 끝난 후 이런 이야기를 서로 주고받았을 정도였다. "이런 장면을 다시는 보기 어려울 것이다. 세상에 어느 무모한 바보들이 다시 이런 전쟁을 치를 것인가?"

옴두르만 전투
육군 소장 허버트 키치너의 지휘를 받는 영국-이집트 연합군이 마디(이슬람 구세주)파의 지도자 아브드 알라의 군대와 싸워 이겨 수단 영토를 획득하는 데 결정적인 역할을 한 전투.

사실 독일 군부 내에서도 현대 병기의 위력을 어렴풋이 깨닫기 시작하고 있었던 것 같았다. 훈련중 100문이 넘는 대포와 수천에 달하는 소총부대의 집중사격을 받아가며 돌격해 들어가는 보병 밀집부대를 말을 타고 달리면서 구경하던 나는, 같이 달리던 독일군 장교들의 얼굴에서 조바심의 빛을 역력히 읽을 수 있었다. 군복 차림으로 연대를 지휘하며 훈련에 참가하고 있던 황녀는 왕족 특유의 거침없는 독설을 퍼부어댔다. "이런 멍청한 것들 같으니라고! 이런 미친 짓을 명령하는 장군들이 어떤 작자들이야, 당장 모가지 쳐야겠군!" 하면서 한참 불평을 늘어놓았지만, 기실 아무 일도 일어나지 않고 작전은 끝났다.

훈련의 대미는 황제가 직접 30~40개 기병 중대를 이끌고서, 야포를 즐비하게 늘어놓고 기다리는 적군을 향하여 돌격해 들어가는 장면으로 꾸며졌다. 관전하던 우리도 모두 신나게 함께 달렸으며 곧이어 기병대의 물결이 그들을 겨냥하고 있던 대포들을 압도적인 기세로 휩쓸고 지나갔다. 심판관은 포병 중대의 대포 전부를 황제의 기병대가 포획한 것으로 판정을 내렸다. 나는 포병 중대장에게 물었다. "이 판정이 정당하다고 당신은 생각하오?" "물론이고말고요! 대포는 전부 황제 폐하 것입니다. 대포를 포획해서 안 될 이유라도 있나요? 우리 또한 이런 식으로 황제 폐하께 봉사할 수 있는 것이 영광스럽고요." 그렇게 대답하는 장교의 눈에서 장난기가 반짝였다.

나팔 소리에 이어 이윽고 "전투중지" 명령이 넓은 평원에 울려퍼졌다. 작은 언덕의 정상에 올라선 군 사령관을 막강한 참모들이 둥글게 에워쌌고, 뒤에 있던 녹색 제복의 수많은 병사들은 재빠른 솜씨로 작은 통나무를 가지고 황제를 위한 군대 막사를 지었다. 황제는 개인적으로 초청한 손님들을 예의 진솔하고 자연스러운 태도로 일일이 맞았다. 그는 아주 자유롭게, 마치 영국의 시골 가정 파티의 친근한 주인 같은 모습으로 방문객들과 이야기를 나누었는데, 황제 주위에는 빳빳한 제복 차림의 장군들과 시종무관들이 각자 지정된 위치에서 미동도 않은 채 자리를 지키고 서 있었다.

"이 아름다운 실레지아 지방을 어떻게 생각하십니까?" 그는 나에게 유창한 영어로 말을 걸어왔다.

"멋있는 곳이고말고요. 사수할 만한 가치가 있는 곳이지요"라고 대답하자, 그는 이어서 말했다.

"결국은 싸워서 지켰지요. 이 평야는 발목까지 피가 찰 정도로 치열한 격전을 치렀답니다."

그러면서 그는 리크니츠 마을을 가리켰다. 나는 곧바로, "저곳은 프레데릭 왕이 격전을 치렀던 장소지요" 했다. 이번에는 수목이 우거진 계곡을 가리키기에, "저 밑에 흐르는 강이 카츠바하 강인데, 1813년에 프랑스를 꺾고 해방을 쟁취했던 바로 그 강이지요" 하며 그 사건을 마치 내가 실제로 겪은 듯이 대답했더니, 그는 나의 답변에 감명을 받은 눈치였다.

"보고 싶은 것이 있으면 무엇이든지 이야기하시지요. 그리고 어디든 자유롭게 구경하세요. 참, 이번에 새로 개발된 대포는 보셨나요?"

나는 멀리서 보긴 보았다고 대답했다. 그러자 그는 즉시, "아, 그러세요? 가까이서 자세히 보셔야지요" 하더니 무관을 불러서 지시하는 것이었다. "이분을 모시고 가서 새로 개발된 대포를 보여드리게. 포대(砲臺)는 저쪽에 있으니, 어떻게 작동하는지 자세히 설명드리도록 하게."

황제 폐하께 정중하게 인사를 드리고 그 자리를 물러나와 사람들 틈을 빠져나오는데, 대포의 개발에 관련된 군사 지도자들로부터, 황제의 지시에 대해 거의 불평에 가까운 투덜거리는 소리가 터져나오는 것을 감지할 수 있었다.

우리 일행이 포대에 도착하자, 시종무관과 포병 사령관이 무언가 한참 토의하는 듯이 보였다. 하지만 황제의 휘장(徽章) 앞에 거리낄 것이 무엇이 있겠는가? 드디어 대포는 모습을 드러냈다. 포미(砲尾)가 열리고 포수에 의해 포탄을 장전하고 발사하는 모습이 연출되었다. 나는 짐짓, 너무 가까이서 자세히 캐볼 의사가 없음을 그들에게 확신시켜 주고, 통상의 차렷, 거수경례를 받은 후 바로 그 자리를 떠났다. 실제로 독일군 장교들이 걱정할 거리는 조금도 없었다. 황제는 내가 대포 전문가가 아니란 사실은 물론, 파리나 런던의 육군성에 알려져 있지도 않은 상태에서, 자신의 야포를 겉모양만 슬쩍 보는 것만으로는 알아낼 것이 아무것도 없다는 사실을 누구보다도 잘 알고 있었다. 그렇지만 이 모든 엄청난 장비가 황제 개인의 재산이라는 인상을 나에게 심어주려고 노력했다는 점과, 자신의 엄격한 조직을, 나에 대한 개인적인 친분과 믿음을 바탕으로 해서 특별히 열어 보여주었다는 사실이 그리 기분 나쁘진 않았다.

3년이 지난 후, 다시 한 번 독일 군대를 시찰할 기회가 왔다. 이번에도 역시 황제의 손님 자격이었으며, 기동훈련이 벌어진 장소는 바바리아 주의 부르츠부르크였다. 그 동안 많은 변화가 있었는데, 유럽의 전반적인 형세는 피부에 느껴질 정도로 어두운 분위기였다. 독일의 해군력 증강은 급기야 영국으로 하여금 대규모의 전함 건조를 불가피하게 만들었으며, 영국과 독일의 해군성은 사사건건 첨예하게 대립하기 시작했고, 국제정세에 관한 영국과 프랑스의 공동보조가 두드러져갔다. 한편 남동 유럽지역에서는 콘스탄티노플의 급진개혁파 젊은이들에 의한 혁명을 시발로 혼란스러운 사태가 계속 이어졌다.

　나는 이때 내각의 일원이었고, 나의 초청장에 기재된 공식 직함은 통상장관이었다. 1906년도의 회동에서, 황제는 개인적으로 나에게 서남 아프리카 독일 점령지에서 일어난 원주민의 폭동을 비롯해서 여러 가지 식민지에 관한 문제들을 활기찬 모습으로 상의했었는데, 1909년도에는 단 한 번, 그것도 아주 짧은 대화만을 주고받았을 뿐이다. 대화 중에 황제는 일체의 군사문제나 심각한 주제를 의도적으로 피했으며, 오로지 로이드 조지의 예산안과 영국의 국내 정치 상황에 대한 농담으로 일관했는데, 놀라울 정도로 상황을 정확하게 꿰뚫어보고 있었다. 이후에도 독일 군대와 접촉할 기회는 더 있었지만, 공식적인 작별인사 말고는 이것이 황제와 나눈 마지막 대화였다.

부르츠부르크의 기동훈련은 그 동안 독일군의 전술에 많은 변화가 있었음을 단적으로 보여주었다. 특히 보병의 대형을 현대화했고, 실전 상황에 적합하도록 적용한 점에서 크게 진일보하였으며, 실레지아에서의 불합리한 요소들은 제거되었다. 밀집대형은 거의 사라졌고, 포대의 배치도 일렬로 길게 배치하던 것을 지형의 편리에 따라 여기저기 산재시켰다. 지난번보다는 전장의 크기도 훨씬 넓어졌으며, 기병대의 모습도 거의 눈에 띄지 않게 멀리 측면으로 밀려났다. 보병은 연속되는 산병선(散兵線)을 따라 전진하였으며, 기관총이 어디서나 주도적인 역할을 담당했다. 영국군의 기준으로 볼 때, 이 대형은 아직도 현대의 화력 앞에서는 너무 밀집되어 있는 것으로 비쳐졌지만, 여하튼 1906년에 비하면 장족의 발전을 이룩한 것이었다. 내가 보기에 독일군은 5년 후 이 대형을 그대로 가지고 세계대전에 임했을 것이 틀림없으며, 결과적으로 상대 프랑스의 대형보다 훨씬 효율적이었음이 입증되었던 것이다.

독일에서 열병식을 다시 보게 된 것은 1919년, 군사회의 수석으로 쾰른을 방문했을 때인데, 이 때는 4만 명의 영국군도 장엄한 승리 행진에 참가하였다. 그렇지만 1909년에 부르츠부르크를 떠날 당시에는 이러한 멋진 장관을 후일 구경하게 되리라고는 상상도 못했었다. 당시로서는 정말 터무니없는 환상 같았던 일이 실제로 벌어진 셈이다.

한편 부르츠부르크의 독일군 사령부는 벌써 터키 혁명의

여파를 피부로 느끼고 있었다. 독일군 사령부는 이미 터키의 급진개혁파 전쟁장관인 마무드 셰프켓 파샤와 엔버 베이를 귀빈 자격으로 초청해 놓고 있었다. 그러나 이 두 사람의 앞길에는 험난한 운명이 기다리고 있었다. 셰프켓은 얼마 안 가서 콘스탄티노플에서 암살당했고, 엔버의 앞길에는 죽는 날까지 투쟁과 테러, 범죄와 재앙이 끊이지 않았다. 부르츠부르크 기동훈련은 실제로 성서에 나오는 벨사자르*의 축제를 떠올리게 했다.

저 눈부신 가을 햇빛 아래 행군하고 구보하던 얼마나 많은 영혼 위에 죽음의 사자가 그림자를 드리웠던가? 단순한 병사들에게는 때 이른 난폭한 죽음과 파멸, 죽음보다 더한 수모와 궁핍, 그리고 불구, 절망이, 지배자들에게는 자존심과 생계의 몰락이 기다리고 있었다. 수만 수천의 저 씩씩한 모습들 위로 잔인한 운명의 손길이 뻗치고 있었지만 우리는 보지 못했던 것이다. 연회 테이블을 꽉 메운 독일의 모든 군주와 왕자, 제국의 모든 장군들도 십 년 내로 모두, 어쩔 수 없이 얽혀든 운명적인 제도의 희생물이 되어 산산이 흩어지고, 추방되고, 자리에서 끌어내려지고, 궁핍과 비난에 시달리게 될 것이다. 그리고 온 유럽의 선망의 대상이며 영광의 주인공인 황제가 겪게 될 가슴 찢어지는 실망과 환멸, 좌절과 끝없이 이어지는 자책의 나락은 모든 형벌 중에서도 가장 견디기 힘든 것이 될 것이다.

한 가지 확실하게 기억에 남는 사건이 있었다. 나

벨사자르
Belshazzar ?~BC 539경, 바빌론의 마지막 왕. 벨사자르의 축제일에 손가락이 나타나 벽에 글을 썼는데, 예언자 다니엘이 이 글을 해석하면서 도시의 파괴를 예언했다고 한다.

는 그곳에서 엔버 베이와 사귀게 되었는데, 잘생긴 이 젊은 장교에게 홀딱 반하고 말았다. 그는 목숨을 건 과감한 모험으로 부패한 압둘 하미드 정권을 몰아내고 스스로 터키 국민의 영웅이 되었고, 터키 운명을 이끄는 유망한 지도자로 변신하였다. 그는 바그다드 철도 건설에 관하여 이야기하고 싶다는 의사를 분명히 내비쳤는데, 내가 이끄는 통상부에서도 이 문제에 대해서 무척 관심이 많았고, 장관인 나도 물론 잘 알고 있는 주제였다. 따로 이 문제를 토론할 기회가 좀체 생기지 않다가 기동훈련의 마지막 날에 와서야, 단둘이서 막바지 포격소리가 진동하는 가운데 한 시간 동안이나 나란히 말을 달릴 기회가 왔다. 우리 둘은 독일의 입장과는 사뭇 다른 각도에서 상당히 깊숙한 대화를 나누었는데, 우리 뒤를 쫓던 왕실 기병대의 말 한 마리가 계속 말썽을 부리며 우리에게 접근하는 것이었다. 네 번씩이나 이 말은 대열을 이탈해서 때로는 우리 사이에, 때로는 우리와 나란히 자리잡으면서 우리가 좀 떨어지라고 지시할 때까지 계속 붙어다녔다. 나의 동행인 젊은 터키 지도자인 동시에 새로운 음모의 주인공의 얼굴에서, 독일 장교가 벌이는 이 장난이 무엇을 뜻하는지 완전히 이해하고 있다는 표시의 솔직하고도 해맑은 미소가 번졌다. 우리끼리는 숨길 것이 아무것도 없었던 것이다.

만약 영국의 기본 정책노선이 적법한 터키의 열망과 보다 가깝게 조화되었더라면, 틀림없이 엔버 베이와 좋은 작품을 만들어내었을 것이라고 확신한다. 그러나 역사적 비극의 주인공들은 자신에게 주어진 숙명적인 역할에 너무나 얽매어 있었고, 사태는 가차없이 최악의 대참사로 치닫고 있었다.

My Spy Story
나의 첩보 활동

GERMAN "U" BOATS.

Early knowledge of the presence of German "U" Boats may make all the difference between saving and losing Allied lives and cargo at sea.

Anyone observing a "U" Boat should AT ONCE communicate with the nearest Coastguard or Police Station giving:-

1. The time it was seen.
2. Its position.
3. Appearance, whether on surface or submerged.
4. Direction in which proceeding and any other points observed.

The telephone number of the nearest Coastguard Station is
- " - - - Police - "

Below are typical views of German "U" Boats.

Submerged - Periscope only.

Breaking surface.

Surfaced in diving trim.

Cruising on surface

오크니 제도의 어느 마을에 붙어 있는 포스터. 주민들에게 유보트의 감시를 부탁하고 있다.

> "이렇듯 한적하고 좁은 지역 안에 모여 있는
> 강철로 건조한 해상 도시에는 3~4만 명의 주민이 거주하는데,
> 바로 그들의 힘과 충성심, 용기와 헌신에 우리의 생명과 자유,
> 나아가서는 매 순간 순간의 전세계의 자유가 달려 있다는 생각에
> 마음이 숙연해졌다."

 사람에 따라서는 별나게 탐정이나 첩보에 관한 이야기나 사건에 흥미와 관심을 갖는 스파이 마니아들이 있다. 어느 나라에서나 전쟁은 이들에게는 더없이 바쁘고 신나는 흥밋거리를 제공해 주게 마련이다. 아무리 터무니없어 보이는 의심이라도, 아무리 황당무계한 것처럼 들리는 이야기일지라도, 수많은 아마추어 탐정들의 열성적인 수고와 노력은 공적인 첩보기관의 끊임없는 경계활동에 보탬이 되고 보완이 될 수 있는 것이다. 이들의 자발적인 지원활동은 종종 허황된 결과로 끝나기도 하고, 때로는 무고한 시민들에게 부당한 고통을 주기도 하는 게 사실이지만, 전체적으로 볼 때 중요한 안보의

한 요소를 이루고 있는 것만은 부정할 수 없는 진실이다. 도로변이나 대중교통 수단 내에서, 혹은 열차 안이나 극장, 식당 또는 선술집 등에서 시각과 청각을 곤두세워가며 의혹을 캐내려는 이들의 보이지 않는 노력은, 외국 이름을 가진 사람이나 외국인 아내를 둔 사람들의 족보를 삼사대까지 파헤쳐 들어가는 집요함을 보여주고 있다. 온 국민을 분노와 불안으로 몰아넣는 공습경보가 울리는 동안에, 만약 누가 실수로 성냥불을 그어대기라도 하든지, 창문 틈으로 불빛이 새어나가기라도 했다가는 당장 주위로부터 질책을 받을 뿐 아니라 즉각 경찰에 신고가 들어가게 마련이다. 이런 식으로 온 사회가 스스로를 자신들 속에 은밀히 잠복해 있는 위험으로부터 지켜나가고 있었다.

보다 고급 첩보활동의 영역을 들여다보면, 실제 벌어지는 상황이나 사건이 모든 면에서 기상천외한 로맨스나 멜로드라마와 매우 흡사한 점이 많다. 그 속에는 사건들이 얽히고설키고, 음모에 역 음모, 책략과 배반, 속임수와 이중 속임수, 진짜 첩보원과 가짜 첩보원, 이중 첩보원, 금괴, 폭탄, 단검, 사격대 등 도저히 믿기 어려운 사실들이 여러 가지 각본에 따라 이리저리 얽혀 돌아가면서 장대한 드라마를 연출해 내는 것이다. 첩보기관의 책임자나 고급 간부들은 이러한 비밀의 미로에 깊이 빠져들어, 전쟁의 와중에 자신들의 직무를 냉철하고도 말없는 열정을 간직한 채 묵묵히 수행해 나아가고 있는 사람들이다. 언론에 따르면 영국 국민을 상징하는 만화 주인공 존 불이 특히 자유당 정권시절에, 조심성 없는 단순한 감상주의자로서 대륙의 앞잡이 역할을 하도록 창조된 인물이라는 이론이 자연스럽게 유포되기도 했다. 여하튼 전쟁 기간 중, 영국의 첩보기관이 적국, 동맹국, 중립국을 통틀어서 간첩의 색출이나 적으로부터 정보를 입수하는 능력이나 그 결실에 있어서 가장 효과적이고 우수했다는 평이다.

이제부터 유일하게 나 자신이 직접 개입했던 첩보 활동을 소개하겠다.

때는 바야흐로 1914년 가을, 북쪽에 있는 항구들의 안전에 몹시 신경을 쓰고 있던 시기였다. 당시 해협을 따라 위치한 모든 항구의 정박지는 방파제로 둘러싸여 있는 데다 입구에는 그물과 방책(防柵)이 쳐 있어서 적의 구축함과 잠수함은 물론 밖에서 발사한 어뢰까지도 막을 수 있게 되어 있었다. 그러나 아군 함대가 북쪽으로 이동을 하면서, 아직 로시스 항구가 완공되지 않았으므로 주로 오크니 제도*의 스캐파플로*의 광활한 정박지 아니면 약간 남쪽에 있는 크로머티 만을 정박지로 사용해야 했다. 전쟁이 발발하기 전까지는 이들 북쪽 항구들은 오로지 구축함 공격만을 신경 쓰면 되었기에, 이에 대비해서 전쟁이 일어나자 바로 임시 방책과 포대가 구축되었으며 이 정도로 충분할 것이라고 생각했었다. 하지만 9월인 지금에 와서는 정박중인 아군 함정이 적의 잠수함으로

오크니 제도
Orkney Islands. 스코틀랜드 본토 북쪽 32km 지점에 있는 70개 이상의 섬으로 이루어진 지역.

스캐파플로
Scapa Flow 스코틀랜드 북쪽 오크니 제도에 속한 육지로 둘러싸인 광활한 정박지.

부터 공격당할 위험이 현실적인 가능성으로 다가오자 그에 대한 고민이 이만 저만이 아니었다. 일단 한 번 이런 가능성이 제기되자 모든 사람들의 의식 속에 불안은 점점 증폭되기만 했고, 밤낮을 가리지 않고 근거도 없는 경보가 울리기 일쑤였다. 전에 보지 못한 잠망경이 나타났다 하면, 전 함대가 가장 안전해야 할 정박지를 떠나 바로 그 안전을 찾아 바다로 이동했던 적이 한두 번이 아니었다. 이럴 때면 북쪽 항구에서 시공중인 잠수함 저지용 그물 공사를 무섭게 다그치는 한편, '대 함대'의 정박지를 되도록 자주, 그러나 불규칙적인 간격을 두고 옮길 것이 권장되곤 하였다. 우리의 보호막이며 전쟁의 운명이 걸려 있는 우리 함대는 스코틀랜드의 연안을 북쪽에서 동쪽으로 때로는 서쪽으로 옮겨다니며 계속 정박지를 바꿨다. 유일한 안전 조건이 있다면, 그것은 단 한 명의 적군에게도 함대의 위치가 발각되지 말아야 한다는 것과, 누군가 찾아낼 수 있을 정도로 한 군데에 오래 머물지 말아야 한다는 것이다. 우리는 그런 식으로 초긴장 상태를 유지하며 나날을 보낼 수밖에 없었다.

당시 총사령관과 개인적으로 이런저런 시급한 문제들을 논의하기 위해 함대를 방문할 기회가 있었다. 가장 힘든 시기였던 9월 중순 어느 날을 잡아서, 나는 고급 장교 몇 명과 해군성의 기술 전문가를 대동하고 런던에서 저녁 특별열차에 몸을 실었다. 우리 일행을 실은 기차는 새벽 동틀 무렵 스코틀랜드 고원지대의 어딘가 길가 역에 멈춰 섰다. 거기서부터는 다시 자동차로 80~90킬로미터를 더 달려야 당시 우리의 '대 함대'가 머물고 있는 서부해안의 만에 도달할 수 있었다. 머물고 있다고 했지만, 실은 조금 과장하자면 아주 현실적이며 치명적일 수 있는 잠재적 위험으로부터 '피신' 해 있다고 해도 아무도 부정할 수는 없었다.

맑고 상쾌한 가을 아침, 나와 나의 해군 비서관, 정보국장(현재는 해군 원수인 헨리 올리버 경), 그리고 소함대 사령관인 유명한 레지날드 타이르윗 경, 이렇게 네 명은 자동차에 올랐다. 스코틀랜드 고원의 멋진 풍경은 아주 매력적이었으며, 상쾌한 바람을 맞아가며 그림 같은 경관을 감상하면서 총사령관과 토의할 주제에 몰두하느라 우리는 서로 거의 말을 나누지 않았다. 그때 갑자기 정보국장과 함께 뒷좌석에 앉아 있던 소함대 사령관이 큰 소리로, "저길 보십시오, 저 건물 위에 서치라이트가 있는데요" 하고 소리치는 바람에 나도, "뭐라고?" 하며 몸을 돌리면서 두 장교가 쳐다보고 있는 쪽으로 눈길을 돌렸다. 그러나 내가 그들이 가리키는 목표물을 보려는 찰나 차가 급히 커브를 트는 바람에 그만 놓치고 말았다.

"서치라이트였습니다. 각하."

사령관이 방향을 손가락으로 가리키며 말을 이었다.

"저쪽에 있는 어떤 건물 위에 설치되어 있었습니다."

설명을 좀 보태자면, 서치라이트는 크기가 큰 북 정도는 되는 적지 않은 장비였다.

"확실한가? 이런 고원지대 한가운데에 그런 것이 있을라고?"

"각하, 확실합니다. 제 눈으로 확실히 확인했습니다."

사령관이 답변했다.

"음, 그런데 무엇 때문에 그게 여기 있는 거지? 우리가 여기 그런 걸 설치할 무슨 특별한 이유라도 있단 말인가? 제독, 당신은 여기에 대해서 뭐 좀 아는 게 없소?"

정보국장도 전혀 아는 바가 없었다. 그러나 한 가지 확실한 것은 그것이 영국 해군을 위해서 할 수 있는 일은 아무것도 없다는 사실이고, 또 하나 확실한 것은 두 장교가 확실히 그 실체를 보았다는 사실이다.

전시에는 매사에 대한 설명이 분명하게 맞아떨어져야만 하는 법인데, 이번 경우는 완전히 불가사의한 경우였다. 우리 모두는 달리는 차 안에서 내내 머리를 짜보았지만 아무도 만족할 만한 이유를 발견할 수가 없었다.

드디어 자줏빛 언덕을 굽이돌아 저 아래쪽으로 함대가 정박해 있는 항만의 푸른 수면이 햇빛에 반짝이는 모습이 시야에 들어왔다. 그곳에는 바다의 패권을 쥐고 있는 20척의 드레드노트와 수퍼 드레드노트급 함정이 그 윤곽선만을 드러낸 채 정박해 있었다. 그들 주위와 사이를 다수의 소형 선박들이 분주하게 오가고 있었다.

선박들은 기묘한 얼룩무늬로 칠해져 있었는데 이것이 초기 단계의 위장술의 표본이라 할 수 있을 것이다. 마음속을 가득 채우는 측량할 수 없이 막중한 사명감과 더불어 갑자기

130 폭풍의 한가운데

다가서는 이 모든 장면은 영원히 잊지 못할 감동으로 남을 것이다. 항만의 양쪽 바다로 흘러 떨어지는 언덕과 절벽들이 연출해내는 장관을 훼손하는 집이나 건물 따위는 어디를 둘러보아도 찾을 수 없었다. 이렇듯 한적하고 좁은 지역 안에 모여 있는 강철로 건조한 해상 도시에는 3~4만 명의 주민이 거주하는데, 바로 그들의 힘과 충성심, 용기와 헌신에 우리의 생명과 자유, 나아가서는 매 순간 순간의 전세계의 자유가 달려 있다는 생각에 마음이 숙연해졌다. 어제만 해도 한 척의 배도 없었고, 내일이면 또다시 텅 빈 자리만 남을지도 모르지만, 그러나 오늘만큼은 세계 전쟁역사상 가장 강력하고 결정적인 무기가 이곳에서 조용히 휴식을 취하고 있는 것이다.

"독일 황제가 이 장면을 보면 어떻게 나올까?" 나는 동료들을 보고 물었다.

"뭔가 이득을 취하기 위해서는 빨리 소식을 부하들에게 전해야겠지요."

사령관이 말을 받자, 구체적인 사실과 숫자를 중시하는 제독이 이를 이어서 "그렇더라도 우리에게 무언가 타격을 가하려면 최소 48시간이 걸릴 것입니다"라고 대답했다.

나는 어두운 상념을 떠올리며, "하지만 만약 그들의 잠수함 선단이 이 근처 섬 어느 부근에 잠복해 있고, 체펠린 비행선이 공중에서 우리 함대를 발견했다면 바로 잠수함에 연락해서 즉각 타격을 가해 올 수 있지 않을까?" 하고 물었다.

"낮에는 우리가 그들을 볼 수 있으니까 함대가 즉시 바다로 이동하면 되고, 밤이 되면 그들도 우리 함대를 찾을 수 없을 것입니다. 해안선을 따라서 항만들이 죽 이어지니까요."

"그렇지만 해안가에 간첩이 잠복해 있다가 체펠린에 연락을 취하고, 체펠린이 항만 근처에 오지 않고서도 잠수함에 통보할 수도 있지 않은가?" 내가 계속 물고 늘어지자,

"만약, 예를 들면, 각하." 제독이 말을 잇는다. "누군가 서치라이트를 갖고 있는 자가……."

그리고 우리는 곧 기함(旗艦) 아이언 듀크 호에 올라 총사령관 존 젤리코 경과 수하 제독들을 동석시킨 채 오전 내내 회의에 몰입하느라 점심식사 때가 되어서야 겨우 일상적인 대화를 나눌 수 있었다. 그때 누군가가 60킬로미터 떨어진 사슴 사냥터의 한가운데 사냥 오두막으로 보이는 건물 꼭대기에 설치되어 있는 서치라이트 이야기를 꺼냈다.

"오늘 아침 이곳으로 오는 도중 매우 수상쩍은 것을 보았소." 나는 그냥 지나가는 어투로 총사령관에게 말을 걸었다. "그곳에 대해서 뭐 좀 아는 것이 있소?"

"그게 어디쯤인데요?"

내 동료들이 대략적인 위치를 설명했다. 총사령관은 한동안 생각에 잠기더니 입을 열었다.

"뭔가 냄새나는 점이 있긴 있습니다. 그 장소에 대해서는 좋지 않은 소문이 전부터 떠돌아 다녔지요." 그는 사냥터의 이름을 대면서 말을 이었다. "그 안에 외국인이 몇 명 살고 있다고 들었습니다. 확인된 사실은 아니지만 전쟁 전에 그 부

근에서 비행기 사고가 있었다고 하며, 이웃에서도 사고를 목격했다는 소문이 접수된 적이 있습니다. 그런데," 하고 그는 덧붙였다. "서치라이트를 무엇 때문에 설치했지요?"

나는 정보국장을 돌아보았다.

"이 문제는 당신 소관이 아닌가?"

"맞습니다, 각하. 돌아가는 길에 직접 들러서 조사해 보아야겠습니다."

"좋네, 30분이면 충분히 진상을 밝혀낼 수 있겠지."

내가 결론을 내렸다.

회의를 마쳤을 때는 이미 어둑해져 있었다. 우리는 떠나기 전에 아이언 듀크의 병기고에서 권총 네 자루를 지급 받아 자동차 좌석 밑에 숨겨놓았다. 밤길을 달리면서 혹시 우리가 벌집을 건드리는 것이나 아닐까 하는 생각을 지울 수가 없었다. 만일 불길한 예감이 들어맞기라도 하는 날에는, 만일 서치라이트가 적의 신호 수단이고 스코틀랜드의 사냥 오두막이 자포자기한 독일 간첩들의 소굴이라면, 하운즈디치에서 우리 경찰이 당했던 것과 똑같은 일이 벌어지지 말라는 법이 어디 있는가? 그러나 의혹과 호기심은 모험을 해보고 싶은 유혹을 더욱 부채질할 뿐이었다.

"각하, 이제 거의 다 왔습니다." 사령관은 말하면서 운전기사에게 속도를 줄이라고 지시했다. "입구는 이쪽 나무 숲 속에 있습니다. 오늘 아침에 봐두었지요."

"우리는 여기에서 내리는 게 좋을 것 같군." 내가 제안했다. "우리는 조금 걸어서 올라가고, 만약 무슨 일이 벌어지기라도 하면 운전기사가 빨리 연락을 취할 수 있도록 하는 게 낫겠지."

그 말을 따라 각자 호주머니에 권총을 쑤셔넣고 찻길을 200미터 가량 걸어 올라갔더니 제법 큼지막한 석조건물의 입구가 나타났는데, 한쪽 끝에는 커다란 사각 탑이 우뚝 버티고 서 있었다. 정문의 벨을 누르자 약간 뚱뚱한 편의 점잖게 생긴 집사가 정중하게 우리를 맞았다. 우리 일행 중 세 명이 해군 제복차림인 것을 본 집사는 잠깐 놀라는 기색이었다.

"이 집 주인이 누구시죠?"

우리 물음에 집사는 주인의 이름을 알려주었다.

"주인이 지금 집안에 계시나요?"

"예, 계십니다만, 지금 초대 손님들과 함께 저녁식사 중이신데요."

"가서 해군성에서 온 장교들이 지금 곧 뵙자 한다고 전하시오."

집사가 돌아간 사이에 우리는 홀 안으로 밀고 들어갔다.

잠시 침묵이 흐른 뒤 바로 식당 문이 열리더니 왁자지껄한 대화 소리가 갑자기 조용해지면서, 혈색 좋은 회색 머리의 신사가 걸어 나왔다. 약간 당황한 기색을 감추지 못하면서 우리에게 "무슨 용건이시지요?" 하고 묻는다.

"저 탑 위에 서치라이트를 설치해 놓으셨나요?" 제독이 물었다.

사실 나는 그 순간까지도 서치라이트의 존재에 대해서 회의적이었다. 왜냐하면 만약 정말로 서치라이트가 있다면 그것은 반역 이외에 다른 설명이 불가능하다고 믿고 있었기 때문이다. 그렇기 때문에 그가 순순히 인정하는 것을 듣고 더더욱 놀랄 수밖에 없었다.

"예, 탑 꼭대기에 설치해 놓았는데요."

"언제 설치했지요?"

"꽤 됐지요. 아마 2~3년 됐지요."

"무엇에 쓰려고 설치하셨나요?"

"제가 무슨 이유로 이런 질문에 일일이 대답해야 하나요?" 주인이 드디어 반격으로 나온다. "무슨 권한으로 이런 질문을 하시지요?"

"물론 충분한 법적 권한을 가지고서 질문하는 겁니다." 올리버 제독이 맞받았다. "제 신분을 밝히자면 해군 정보국장입니다. 조금이라도 수상쩍은 상황에 대한 조사권한이 제게는 법적으로 완벽하게 보장되어 있습니다. 지금 당장 서치라이트의 용도에 대해서 자세하게 설명해 주시지 않겠습니까?"

"아!" 집 주인이 나를 뚫어지라 쳐다보더니 말했다. "당신이 누군지 이제야 알아보겠군요. 윈스턴 처칠 씨."

"서치라이트를 뭐하는 데 쓰는지 대답해 주시지요." 내가 쏘아붙였다.

잠시 긴장된 침묵이 흐른 뒤 노신사는 입을 열었다.

"사실은 언덕 비탈에서 사냥게임을 할 때 사용하려고 설치한 겁니다. 탑 위에 올라가면 여러 짐승들을 볼 수 있는데, 서치라이트가 사슴 눈을 비추게 되면 그들이 어디 누워 있는지 금세 알 수 있답니다. 그러면 아침에 그쪽으로 사냥꾼들을 보낼 수 있게 되는 거지요." 그는 제법 열중해서 말을 잇는다. "우리는 서치라이트 불빛을 이용해서 가축과 사슴을 구별해낸답니다. 가축의 눈은 불빛을 받으면 하얗게 빛나는데 반해 사슴은 초록빛이 나거든요."

이런 말도 안 되고 될 성싶지도 않은 쓰레기 같은 설명을 듣고 나니 더욱 의심이 깊어졌고 동료들도 마찬가지인 듯한 눈치였다.

어쨌든 우리는 그 설명에 대꾸하지 않았다.

"서치라이트를 볼 수 있을까요? 당신이 직접 보여줬으면 좋겠는데." 내가 말하자, 그는 "물론이지요" 하며 내키지 않은 표정으로 대답했다. "탑의 나선형 계단을 한참 걸어 올라가야 되는데……."

"먼저 앞장서시지요." 우리는 동시에 주문했다.

그는 홀 바깥쪽으로 통하는 문을 열고 나가 첫 번째 돌계단 앞에 섰다. 우리는 혹시 있을지 모를 반칙 행위에 대비해서 군사 대오를 짰다. 해군 비서관은 계단 입구에 남고, 제독, 사령관, 그리고 나 이런 순서로 노신사를 따라 구불구불한 계단을 오르기 시작했다. 어쨌든 우리는 인질을 잡고 있었고 요새를 확보하고 있었으며, 또 대문 밖에는 무제한의 추가 병력을 동원할 수 있는 연결 고리도 이미 확보되어 있었던 셈이다.

탑은 꽤 높은 편이어서 몇 번인가를 나선형으로 돌아야 했다. 드디어 꼭대기에 도달하니 꽤 널찍한 사각형 단(壇)과 야트막한 흉벽(胸壁)이 나타났다. 그 한가운데에 문제의 서치라이트가 있었다. 그것은 24인치짜리로 중형 구축함용 기기였는데 천정에 단단하게 볼트로 고정되어 있었다. 우리가 보기에 당장이라도 사용이 가능해 보였다.

"사냥게임에 이 서치라이트를 사용하고, 눈에 비치는 불빛으로 사슴과 가축을 구분할 수 있다는 당신 이야기를 우리더러 믿으란 말입니까?"

"어떻게 생각하셔도 상관없지만, 그건 모두 사실입니다."

내가 묻자 집주인이 대답했다.

"아마 이런 설명들을 관계기관에서 진술하셔야 할 겁니다. 지금은 임시로 서치라이트가 작동하지 못하도록 해체해 놓고 가겠습니다."

"좋을 대로 하시지요."

그는 매우 분개하며 퉁명스럽게 내뱉었다.

"자, 시작하지." 내 말이 떨어지자 바로 해체 작업에 들어갔다.

우리는 여러 가지 부품들을 챙겨가지고 계단을 내려와서는 주인과 냉랭한 작별을 고하고, 곧바로 대문 밖에 대기하고 있던 자동차와 합류했다.

이상이 내가 겪은 사건의 전모이다. 실제로 이 사건은 아무 일도 아닌 것으로 판명되었다. 지방과 중앙에서 파견된 요원들의 철저한 수사에도 불구하고 의심을 살 만한 근거는 전혀 발견되지 않았다. 서치라이트는 4년 전에 설치되었고, 분명히 사냥할 때 산비탈을 비추는 데에 이용되었으며, 절대 다수의 진술에 따르면 전쟁 발발 이후에는 한번도 사용된 적이 없었다고 한다. 사실은 우리가 조사할 때에도 사용 불가능한 상태였었다. 또한 그 집의 소유자는 명망이 있는 신사로써, 의심할 바 없는 애국자였다. 그날 초대받은 손님들도 하나같이 존경받을 만한 인사들이었으며, 그 집은 물론, 그의 토지 어디에도 외국인이라고는 단 한 명도 없었다. 아이언 듀크 호에서 들었던 전전의 비행기 추락 사고라든가, 수상한 비행기에 관한 이웃들의 증언 따위의 풍설에 관해서도 아무런 단서를 발견하지 못했다. 결국 탑 안에 서치라이트가 있었다는 사실과 그것을 왜 설치하였는가 하는 질문에 대한 알 수 없는 부조리한 대답 이외에는 아무런 새로운 사실이 발견된 것이 없었다.

그 저택의 소유자는 물론 갑작스런 야간 방문과 그것이 의미하는 자신에 대한 기분 나쁜 의심 등에 대해 무척 불쾌했을 것이나, 전쟁 기간 중에는 그보다 훨씬 덜 불안한 꼬투리를 갖고도 훨씬 더 큰 불편을 겪는 사람들이 많다는 사실에서 위안을 찾았으면 한다. 내 개인의 입장을 표현하라고 한다면, 만약 유사한 상황을 다시 만나게 될 경우 주저없이 똑같은 행동을 취했을 것이란 점을 밝혀두고 싶다.

With the Grenadiers

근위보병연대와 함께

전투가 시작되기 전, 참호 속에서 기도하는 병사.

"누구든지 자신의 인생을 십 년만 돌이켜 보더라도,
하잘 것 없는 작은 사건이 결정적으로 자신의 삶을 바꾸어놓았던
기억을 하나쯤은 떠올릴 수 있을 것이다.
평상시와는 달리 전쟁이라는 삶의 격렬한 현장에서는,
우연이란 요소는 평소의 베일과 가면을 벗어던지고 매순간 모든 사건의
직접적인 중재자로써 자신의 모습을 분명히 드러내 보인다."

영국 정부가 다르다넬스 해협의 군사행동과 그것을 기반으로 해서 세웠던 모든 계획을 포기하기로 결정한 후, 갈리폴리 반도 철수작전이 임박해오자, 나도 지금까지의 군사자문 역할을 끝내고 일선 군대생활로 복귀할 때가 왔다고 판단했다. 나는 당시 불로뉴 근처에서 숙영하면서 프랑스 작전구역에 배치되어 있던 기마의용군 연대에 복귀하겠다는 복무신청을 냈다. 휴가를 마치고 부대로 귀환하는 수많은 장교 틈에 끼어 프랑스 항구에 도착한 나는, 마중 나온 군 상륙장교로부터, 총사령관 존 프렌치 경*이 차를 보내서 나를 사령부로 즉시 모셔오라는 명령을 받았다는 전갈을 들었다. 존 프렌치 경

존 프렌치
John French
1852~1925. 영국군 원수. 벨기에의 이프레 전투 등, 그가 지휘한 전투는 터무니없이 많은 영국군 희생자를 낸 것으로 유명하다.

과는 내가 남아프리카에서 근무할 당시에는 적대적인 사이였지만, 그 이후 오랜 세월을 친구로 지내는 사이였다. 우리는 전전(戰前)에 함께 머리를 맞대고 사태의 추이를 검토했었고, 전쟁이 발발할 경우 프랑스에 원정군을 파병하는 데 필요한 모든 준비사항을 긴밀히 협조해 왔으며, 전쟁 초기의 몇 달은 거의 붙어 지내다시피 했을 정도였다. 나를 태운 차는 그의 사령부가 있는 생 오메르 근처의 블롱데크 성에 도착했다. 우리는 긴 시간을 거의 단둘이서 식사를 하면서 최근 전황에 관해 이야기를 나누었는데, 마치 내가 해군장관이었던 시절, 해협을 건너는 그의 군대수송을 책임졌던 1914년 8월 당시의 치열했던 순간으로 되돌아간 듯 긴장과 열기가 느껴지는 분위기였다.

그는 다음날 아침이 되어서야 "그런데 도대체 뭘 할 작정이오?" 하고 나에게 물었다. 나는 시키는 대로 무엇이든지 하겠다고 대답했다. 그는, "나도 이제 한물 간 것 같소. 이를테면 쉬고 있는 거나 마찬가지지. 그렇긴 하지만…… 당신, 여단(旅團)을 한번 지휘해 보지 않겠소?"

나는 물론 기꺼이 응낙하였지만, 조건을 하나 달았다. 우선 참호전에 관한 경험을 쌓은 다음에 맡는다는 조건이었다.

독자들에게 설명이 약간 필요할 것 같다. 군인으로서 전문적인 훈련을 5년 가까이 받았으며, 전쟁 발발 전에 이미 어느 영국군 장성이나 대령 못지않은 실전 경험을 쌓은 바 있는 나를 군인 사회에서는 어느 정도 인정해 주고 있었다. 내가 정규 직업 군인은 아니었지만 그렇다고 전적으로 민간인 지원병은 아니었던 것이다. 이를테면 '재소집된 퇴역 장교'의 범주에 들어간다고 보아야 할 것이다. 주제넘게 들릴지는 몰라도, 한두 달만 전선에서 직접 뒹굴면서 새로운 상황을 몸에 익히기만 하면 어떤 직책이든 제대로 수행해 나가지 못할 이유가 하나도 없다는 자신감이 내게는 있었다.

총사령관은 내 의견에 전적으로 공감한다면서, 어느 사단에서 훈련받기를 원하느냐고 물었다. 나는 근위연대가 이런 훈련을 위해서는 최고일 것이라는 나의 생각을 밝혔다. 그는 즉각 근위 사단장 캐번 경에게 며칠 내로 자신을 찾아오도록 지시하였으며, 그것으로써 나는 그 유명한 부대에 정식으로 배치되는 영광을 맞보게 되었다.

근위연대는 당시 멜빌 바로 전방의 전선을 담당하고 있었는데, 한겨울철 이 근방의 전황은 매우 치열했다. 캐번 경은 나에게, "내 휘하에서 가장 훌륭한 대령에게 당신을 보내겠소. 다른 어느 부대보다 그곳에서 가장 많은 것을 배울 수 있을 것이오. 마침 내일 그의 대대가 전선을 향해서 출발할 예정이니까 한 시까지 나한테 와서 라 고르그에서 같이 식사를 하고 떠나면 충분할 것이오."

약속한 대로 다음날, 될 수 있는 대로 간편하게 짐을 꾸려서 근위사단 본부에 도착하자 늠름한 체구의 사단장이 아주 친절하게 맞아주었다. 조촐한 점심식사를 서둘러 끝내고 장군은 곧바로 나를 차에 태우더니, 내가 당분간 소령 신분으로 현장 경험을 쌓을 근위보병연대로 직접 차를 몰았다. 우리가 도착할 즈음에 벌써 중대 병력은 참호를 향해서 행군을 시작한 상태였고, 연대장과 부관, 대대 참모들도 막 출발하려는 참이었다. 경례의식과 인사가 오간 다음, 장군은 대대 장교들과 틀에 박힌 인사말을 주고받더니 나를 혼자 남겨두고 훌쩍 차에 올라 떠나가버렸다. 마치 교장과 반장들 그리고 상급학생들만 있는 학교에 혼자 남겨져 있는 전입생이 된 기분이었다. 우리는 말을 달려서 1킬로미터 정도 앞선 대대원들을 따라잡아야 했다. 새로운 주인은 친절하게도 나를 배려해서 조랑말을 마련해 주었고, 우리는 같이 말을 달려 곧 행군하고 있는 부대와 합류하여 그들과 보조를 맞추었다. 11월의 음산한 오후, 어두워지기 시작하는 평원에는 차가운 이슬비가 흩날리고 있었다. 전선이 가까워오자, 단속적으로 울리는 포성에 맞춰 대포에서 뿜어나오는 붉은 섬광이 도로 양편의 음울한 풍경을 예리한 칼로 찌르듯이 갈랐다. 우리는 묵묵히 반 시간가량 더 전진했다.

연대장이 먼저 입을 열었다. "미리 말씀드려야겠는데, 우리는 당신이 우리와 합류하는 데 대해서 하등의 사전 통보를 받은 바 없었습니다." 나는 최대한 예의를 차려서, 나 자신도 어느 대대에 배치될지 전혀 몰랐으나 여하튼 잘된 것 같다고 대답했다. 어쨌든 우리는 최선을 다 해야만 했다.

다시 한동안 무거운 침묵이 흘렀다. 이번에는 부관이 말문을 열었다. "소령님 개인장비를 줄이지 않을 수 없었다는 사실을 말씀드려야겠습니다. 여기에는 병참 참호가 없습니다. 우리 병사들은 입고 있는 것 이외에는 거의 몸에 지니고 있지 않습니다. 소령님을 위해서 여분의 양말과 면도 기구를 챙겨 줄 사람을 하나 구했고 나머지는 모두 본부에 남겨두었습니다." 나는 전혀 문제될 것 없으며, 곧 익숙해질 거라고 대답했다.

말없는 가운데 한참을 더 가다보니 드디어 주변 풍경이 변하기 시작했다. 주변 들판에 나 있는 포탄 자국이 점점 많아지면서 도로가 끊어지고 그 잔해가 어지럽게 흩어져 있는 것이 눈에 들어왔다. 사람이 거주하는 마을을 멀리 뒤로하고 전진하는 우리 앞에 드문드문 떨어져 있는 가옥들은 완전 폐허로 변해 있었고, 발갛게 헐벗은 나무는 상처로 얼룩지고 사정없이 쪼개져 있었으며 주위는 온통 제멋대로 자란 풀과 잡초만 무성했다. 어둠이 내리자 사방이 고요한 가운데 행군하는 발소리와 간간히 터지는 포성만이 귀를 자극했다.

마침내 모두 일제히 멈춰 섰다. 당번병이 말들을 수습하고, 이 지점부터는 도보로 전진했다. 4개 중대는 도로를 벗어나서 각 방향으로 어둠이 짙게 깔린 진창길을 전선을 향해 3킬로미터나 조심스레 전진해 나갔다. 저 멀리 전선에서 이따금씩 쏘아 올리는 밝고 푸른 베리식 조명탄만이 유일한 길잡이 역할을 했다.

장병들은 에벤에젤 농장이라고 불리던 박살난 폐허 자리에 대대 본부를 설치했다. 남아 있는 벽돌 벽은 포탄과 총알을 막아줄 정도는 되었지만, 그렇다고 적군에게 사람이 거주하리란 생각을 떠올리게 할 정도는 아니었다. 이 허술한 벽 뒤로 모래주머니로 쌓아 만든 서너 개의 칸막이 방이 연대장의 본부사무실이었다. 숯불에서 나오는 화력이 생각보다 훈훈했다. 이곳까지 오는 데 대략 세 시간 정도 걸린 것 같았으니 지금 시간이 여섯 시 반은 족히 되었을 것으로 보였다. 연대장과 부관은 대대를 정렬시키고 우리가 교대하기로 되어 있는 콜드스트리머 부대의 교체상황을 점검하느라 분주하게 움직였다. 모든 업무가 끝나자 진한 차와 농축 우유를 곁들인 식사를 했는데 식사중에 일상적인 대화는 거의 없었다. 그러나 부하 장병들이 연대장에 대해 대단한 경외감을 품고 있다는 사실이 피부로 느껴졌으며, 대화 자체도 연대장이 주도한 주제 이외에는 거의 입을 다물다시피 했다.

여덟 시쯤 되어 근위보병연대 사병이 하나 죽어서 실려왔는데, 다음날 장사 지내기 위해서 폐농가로 일단 옮겨놓았다. 조금 있자 부사령관이 나에게 어디에서 잘 것인지를 물었다. 대대 본부에 있는 통신실 아니면 200미터 떨어진 지점에 있는 방공호 중 한 곳을 택해야 했다. 통신실은 사방 약 2.5미터 정도였는데, 네 명의 모스 무선 통신병들이 바쁘게 일하고 있었고 숨이 막힐 정도로 더웠다. 방을 둘러보고 나서 내가 방공호를 한 번 보자고 하니까 두말없이 진눈깨비 속에 흠뻑 젖은 풀밭을 지나 방공호 있는 곳으로 나를 안내했다. 방공호는 찾기가 무척 힘들었는데, 그렇다고 회중전등을 쓸 수도 없어

15분 가량을 헤매다가 겨우 위치를 찾아냈다. 잘 살펴보니 1.2미터 정도 되는 땅굴이었는데 한 자 정도 깊이로 물이 고여 있었다. 나는 이곳까지 따라와주는 수고를 아끼지 않은 부사령관에게 우선 고맙다는 인사를 하고 나서, 아무래도 이곳보다는 통신실이 낫겠다는 의사를 밝혔다. 우리는 잠시, 그 당시 만연했던 '참호 발병'에 대해서 이야기를 나누었으며, 그는 나에게 젖은 양말을 계속해서 말려서 다시 임자에게 돌려주는 일을 맡고 있던 참호 속의 방공호 '양말 건조실' 조직에 관해서 설명해 주었다. 에벤에젤 농장으로 돌아오는 동안에도 전선을 타고 오가는 총알은 연신 바람을 갈랐다. 나에 대한 근위보병연대의 환영은 이런 식으로 이루어졌다.

이들 장병들과 완벽하게 같이 어울려서 허물없이 지내는 데 성공하고, 지금까지 이어지는 우정을 쌓았다는 데 대해서 나는 큰 자부심을 느낀다. 그들이 품고 있는 정치인, 그것도 진보성향의 정치인에 대한 당연한 편견을 불식시키는 데에만 꼬박 48시간이 걸렸다. 직업 군인의 생리를 체험으로 알고 있고 또 다양한 인생 경험을 쌓아온 나로서는, 의도적으로 나를 골탕 먹이려고 애를 쓰는 그들의 모습이나, 전선에서는 오로지 계급과 자신의 행동 이외에는 기댈 곳이 없다는 진리를 나에게 깨우쳐 주려고 노력하는 모습을 모른 체하며 감상하는 일이 그렇게도 보기 흐뭇하고 즐거운 일이 아닐 수 없었다. 밖은 지독하게 추운 날씨가 계속되었지만, 연대장의 마음은 점차 눈에 띄게 풀어져갔다. 그는 부대의 근검한 분위기와 엄격한 규율에 대해 세세한 부분까지 자세히 설명하는 데에 많은 노력을 기울였다. 나는 그가 매일 밤과 낮에 한 번씩 참호를 순시할 때 같이 동행해도 괜찮은지 물어보았다. 그는 흔쾌히 승낙했고 그때부터 우리는 총알이 난무하는 들판과 미로와도 같은 참호 속을 눈길과 진흙에 미끄러지고, 흙탕물을 튀기면서 매일 함께 걸었다. 가끔 총알이 유난히도 많이 빗발칠 때면, 그는 더욱 상냥해졌다.

"알고 싶으신 것이 있으면 주저 마시고 언제든지 물어주십시오. 성실히 답변해 드리겠습니다."

"고맙습니다. 각하."

"최선을 다하겠습니다."

"대단히 감사합니다. 각하."

우리가 뇌브 샤펠 마을 근처의 '표지판 도로'를 걸을 때 네댓 발의 총알이 우리를 맞이했다.

"총알이 모두 너무 높군요." 내가 한마디 했다.

"매번 그렇길 바랍니다." 연대장이 받았다.

우리는 매일 낮과 밤 각각 두세 시간씩을 이런 식으로 걸었다. 그는 조금씩 내가 '정치인'이었다는 사실과, 사전에 일체의 상의도 없이 '그의 부대에 불쑥 나타났다는 사실'을 잊어가고 있었다.

우리가 잠시 전선에서 벗어나서 취하는 휴식이야말로, 근위보병연대의 엄격하고 힘든 규율을 잠시나마 잊고 재충전할 수 있는 유일한 시간이었다. 연대 장교식당에 불쑥 나타난

지 불과 열흘도 지나지 않아서, 나는 이미 완벽한 직업 군인으로 변해 있었다. 부사령관이 휴가차 자리를 비웠을 때, 임시로 그의 자리를 맡아달라는 제의를 받았는데 그 제의가 그렇게 자랑스러울 수가 없었다. 제의를 받자 용기를 얻은 나는 내친 김에 연대장에게 참호 생활을 보다 절실하게 체험해 보기 위해서는 대대 본부보다는 직접 일선 중대에서 대원들과 함께 생활해 보는 것이 낫겠다고 건의했다. 연대장은 나의 건의를 무척 기특하게 받아들이고 즉시 필요한 조치를 취해 주었다.

사실 내가 이러한 건의를 하게 된 이면에는 독자들의 눈에는 별로 온당치 못하게 보일 나름대로의 동기가 숨어 있었음을 고백하지 않을 수 없다. 전선에 배치되어 있는 동안, 대대 본부에서는 음료수라고 해야 고작 지겨운 차에다 농축우유가 전부였으며 술은 철저히 금지되어 있었다. 그러나 참호내의 중대 식당은 조금 융통성이 있었다. 나는 평소 적당량의 규칙적인 음주는 업무에 보탬이 된다는 신조를 갖고 있는 데다, 특히 겨울철의 전쟁터에서야 더 말할 나위가 없었으므로, 즐거운 마음으로 에벤에젤로부터 전선의 중대로 숙소를 옮겼다. 마침 전쟁이 일어나기 몇 년 전부터 알고 지내던 에드워드 그릭이라는 장교가 그 중대에 근무하는 덕분에 나는 당시로서는 상당히 따듯한 환대를 받았던 것 같다.

이 위대한 근위보병연대에 관해서 내가 가슴 깊이 간직하고 있는 존경의 마음을 독자들에게 제대로 전달할 수 있었으면 하는 것이 내 바람이다. 당시 내가 머물던 전선에서는 치열한 전투나 중요한 작전이 전개되고 있지는 않았지만 그래도 무척 활기에 차 있었다. 하지만 포격과 일제 사격은 끊이지 않았다. 변덕스러운 날씨는 금세 얼어붙을 듯하다가 어느새 후줄근한 비로, 다시 매서운 추위로 끊임없이 변하고 있는 터라서 몸이 따듯하게 말라 있을 겨를이 없었다.

인도군으로부터 넘겨받은 참호는 최악의 상태였다. 흉벽(胸壁)은 총알을 제대로 막아주지 못하는 곳이 많았고, 하수구는 물이 빠지지 않아서 흥건히 고여 있었으며, 통신선은 결함투성이였다. 장병들은 연일 밤을 새가며 흉벽을 보수하고 전선을 수리하느라고 정신이 없는 데다, 끊임없이 발생하는 사상자들을 병원으로 후송하느라 고역이 이만저만이 아니었다. 그러는 사이에 에벤에젤 농장의 묘지 면적은 계속 불어나기만 했다. 장교들은 병사의 작업을 돕거나, 완충지대를 정찰하거나 아니면 작업이 진행되는 동안 몇 시간이고 총알이 난무하는 차가운 밤하늘 아래 흉벽에 몸을 의지한 채 앉아 있어야만 했다.

날이 밝는 것을 신호로 적군의 포격은 다시 참호를 향해서 빗발치듯 날아들었으며, 우리가 본부에 요청한 아군의 대응 포격은 늘 불만스러웠다. 그럼에도 대대의 사기는 하늘을 찌를 듯했으며, 외부 인사들과 방문객들마저도 그들의 기백과 일사불란한 규율에 깊은 감명을 받았다.

누구나 나이가 들면 우연이란 것의 존재를 믿게 되며, 다른 한편으로는 인간사에 개입하는 이 전능한 요소가 단지 단순한 사건들의 상호작용에 의한 결과일 뿐이라고 간단히 믿기가 어려워진다. 우연이나 행운, 숙명, 운명, 운수, 섭리와 같은 말들은 같은 내용을 여러 가지로 달리 표현한 것에 지나지 않는다는 생각이 든다. 즉 인간의 의지적인 삶 자체가 끊임없이 외부의 초월적인 힘에 의해 이끌어지고 있다고 느낀다는 이야기이다. 누구든지 자신의 인생을 십 년만 돌이켜 보더라도, 하잘 것 없는 작은 사건이 결정적으로 자신의 삶을 바꾸어놓았던 기억을 하나쯤은 떠올릴 수 있을 것이다. 평상시와는 달리 전쟁이라는 삶의 격렬한 현장에서는, 우연이란 요소는 평소의 베일과 가면을 벗어던지고 매순간 모든 사건의 직접적인 중재자로써 자신의 모습을 분명히 드러내 보인다.

아침에 참호를 나와서 100미터쯤 걸어가다가 성냥을 가지러 되돌아오는 바람에 마침 15킬로미터 밖에서 날아온 포탄을 가까스로 피하고서는 놀란 가슴을 쓰다듬거나, 어느 외국 장교의 갑작스런 방문을 받고 30초 가량 인사를 나누고 있는 사이에 다른 사람이 내 대신 보급로를 따라 걷다가 참변을 당하는 경우도 있을 수 있다. 앞에 있는 나무를 왼쪽으로 비껴 가느냐 오른쪽으로 돌아가느냐가, 한 사람을 군 사령관으로 출세시키기도 하고 집으로 후송되어 평생 불구로 지내게 만들기도 한다. 바로 코앞에 있는 지점을 향해 건널 판을 막 건너려고 보니 30초 간격으로 포탄이 전방을 때리고 있어서, 그대로 직진을 했다가는 위험하다는 판단 아래 얼른 왼쪽으로

15미터 가량을 돌아서 가는데, 마침 포신도 같은 시각에 똑같은 방향으로 선회하면서 새로운 각도에서 당신을 정확하게 맞이할 수도 있는 것이다.

시인 라 퐁텐의 다음 글귀를 우리 모두 기억하자.

> 인간은 피해가려고 택한 바로 그 길목에서,
> 자주 운명적인 만남을 체험한다.

인류역사상 고대 이집트인만큼 죽은 사람에게 극진한 공경을 바친 민족도 없다. 그들의 최대 희망은 지상에서의 삶의 흔적을 훼손 받지 않고 영원히 품위 있게 보존하는 것이었다. 그들은 커다란 바위를 통째로 깎아서 그 속 깊이 무덤을 만들고, 무덤까지 이르는 수직갱도와 수평갱도를 미로와 같이 서로 얽히도록 설계하였으며, 여기에 시체 방부처리 기술까지 가세해서 그 방면에 있어서 인간이 생각해 낼 수 있는 최고의 걸작을 만들어내었지만, 결과적으로 그들의 목적과는 정반대의 결과를 빚어내는 아이러니를 연출하고 말았다. 4천년 동안이나 은신처에서 고이 쉬고 있던 이집트 왕과 왕자들의 시신이 발굴되면서 불락 박물관의 전시실로 끌려나와 일반 대중의 냉담한 눈초리를 받는 신세가 되어버린 것이다. 그들은 할 수 있는 모든 노력과 희생과 기술을 총동원해서 결국에는 그들이 그토록 기피했던 바로 그 상황을 연출해내고야 말았다. 이러한 역사 속으로의 산책을 하다가 문득 근위보병연대에서 생활하면서 겪었던 사소하기 그지없는 경험들을 떠올리게 되었다.

전선의 중대에 배치된 지 일주일 정도 되는 어느 날 오후, 나는 모래주머니로 벽을 쌓은 비좁은 은신처에 쪼그리고 앉아서 집에 보낼 편지를 쓰고 있었다. 이 지역은 물이 거의 지상까지 차올라와 참호 안에 들어갈 수가 없었기 때문에 주로 흙벽을 의존해서 몸을 숨겨야만 했다. 이를테면 정상적인 의미의 대피호가 없는 상황인 것이다. 얄팍한 모래주머니로 벽을 두르고 골함석을 한 장 얹은 다음 그 위에 모래주머니로 한 층 쌓은 것이 전부였다. 마침 오전 포격이 막 끝나고 관행대로라면 당분간 조용한 휴식이 이어질 시간이었다. 나는 부지런히 편지지와 만년필을 꺼내어 편지를 쓰기 시작했다. 한 15분 정도나 지났을까, 전령이 은신처 입구에 모습을 나타내더니 근위보병다운 멋진 폼으로 경례를 붙인 뒤 야전 전보를 전해 주었다.

"군단장께서 처칠 소령을 4시 정각 멜빌에서 뵙기 원함. 자동차가 3시 15분 정각 루즈 크로아 교차로에서 대기할 예정임."

군단장은 나의 오랜 친구였다. 그렇지만 근무중인 장교를 전선에서 불러낸다는 것은 흔치 않은 일이었기에 무슨 연유인지 궁금했다. 실은 대낮에 5킬로미터나 되는 진창길을, 그것도 적의 관측에 노출될 위험이 상당히 높은 길을 걸어갔다가 밤중에 그 길을 다시 돌아올 생각을 하니 기분이 영 내키지 않았다. 그러나 명령은 명령이니 무조건 따라야 했으므로 씁쓸한 기분으로 쓰던 편지를 접어두고 예복으로 갈아입은 후 출발 준비를 마쳤다. 나의 시중을 들기로 되어 있던 키가 큰 두 명의 근위대원이 은신처를 치우느라 바쁘게 움직였다.

"당신 코트도 들고 갈 겸, 부하를 꼭 데리고 가시오." 중대장이 말했다. "그리고 항상 혼자 떨어지지 않도록 조심하시오. 부하가 캄캄한 밤중에 돌아오는 길을 잘 알려줄 것이오."

나는 그의 충고를 따라 부하 한 명을 대동하고 루즈 크로아를 향하여 출발했다. 한 200미터쯤 걸어갔을까, 갑자기 우리 쪽을 향해 오는 포탄의 날카로운 금속성 소리가 들려 얼른 주위를 둘러보니 4~5발 정도의 포탄이 우리가 바로 떠나온 참호 쪽에서 터지는 모습이 보였다. 포격은 15분 가량 계속되다 멈췄다. 나는 진창길을 진땀을 흘리며 다시 헤치고 나아가느라 방금 있었던 포격에 대한 일은 까맣게 잊어버렸다. 도대체 장군은 무슨 일로 나를 보자고 하는 것일까? 뭔가 굉장히 중요한 일인가 본데, 그렇지 않다면 이런 식으로 나를 부르지는 않았을 텐데.

마침내 약속 장소에 도착해 보니 아주 초라하기 그지없는 여인숙 하나가 교차로에 서 있었는데 약속한 차는 보이지 않았다. 초조한 마음으로 한 시간 가까이 기다리고 있는데 참모

장교 한 명이 걸어오는 것이 보였다.

"처칠 소령이십니까?"

"그렇소만," 하고 내가 대답하자, "소령님한테 차를 보낸다는 게 연락이 잘못되는 바람에 그만 엉뚱한 곳으로 차가 가고 말았습니다. 장군님을 멜빌에서 만나 뵙기에는 시간이 너무 늦었습니다. 장군님은 이미 힌지에 있는 사령부로 돌아가셨으니까, 소령님은 귀대하시는 것이 좋을 것 같습니다."

"여하튼 고맙소. 그런데 한 가지만 물어봅시다. 장군께서 나를 전선에서 왜 불러내셨는지 혹시 알고 계신가요?"

"아," 그 장교는 아주 가볍게 대답했다. "별일은 아니었고요, 단지 장군님이 마침 이쪽으로 오시는 길에 소령님과 잠시 이야기라도 나누고 싶었던 거였습니다. 다음에 기회가 또 있겠지요."

나는 화가 치밀어 올랐다. 마침 그 참모장교의 계급도 소령이었으므로 그가 이 일에 대해 아주 무관심한 태도로 일관했듯이, 나도 울화가 치미는 것을 그대로 숨기지 않고 토해내버렸다. 벌써 날은 어두워졌고 참호까지 미끄러운 진창길을 자빠지고 흙탕물 튀기면서 비척비척 걸어갈 것을 생각하니 기가 막혔다. 돌아오는 도중 어둠 속에서 길을 잃어버리는 통에 표지판 도로까지 오는 데 두 시간 가까이나 걸렸다. 정장을 모두 차려입고 있던 나는 솟아나는 땀과 계속 쏟아지는 비로 완전히 범벅이 되어 온몸이 흠뻑 젖었다. 표지판 도로부터는 계속 탄환이 기분 나쁜 쇳소리를 내며 우리 주위를 날았는데,

드디어 길게 이어진 본대의 흙벽 진지가 눈에 띄자 그렇게 기쁠 수가 없었다. 하지만 내 거처까지는 아직도 미로와 같은 참호를 따라 1.5킬로미터나 더 걸어야 했다. 한 달 전까지만 해도 늘 앉아서 지내던 각료 생활을 하던 내가 이런 험한 환경에 완벽하게 적응하기에는 아직 조금 이른 것 같았다. 피로에 지친 데다 목이 타들어가는 듯한 갈증이 느껴져 아무데나 제일 가까운 중대 식당으로 불쑥 들어가서 마실 것을 찾았다.

"반갑습니다." 안에 있던 친구들이 나를 반겼다. "오늘 정말 운 좋은 날입니다."

"좋긴 뭐가 좋다고들 그러시오," 나는 퉁명스럽게 대답했다. "오늘 아주 농락당한 기분이오." 그리고 나서 군단의 사령관들이 부하들을 골탕 먹이면서까지 자신들의 사교적인 취미를 살리려고 한다는 투의 넋두리를 해댔다.

"그렇더라도 당신은 오늘 재수가 무척 좋은 거요." 근위보병 장교들은 그래도 계속 같은 말이었다. "당신 중대에 돌아가 보면 알 거요."

그때까지도 그들이 하는 말뜻을 전혀 이해할 수 없었던 나는 큰 잔으로 위스키 한 잔과 물을 기분 좋게 들이켠 후, 다시 비 내리는 진창길을 십 분쯤 걸어서 내가 속한 중대에 도착했다. 이제 내 은신처까지는 20미터밖에 안 남았는데 난데없이 중사가 경례를 붙이면서,

"소령님의 짐을 다른 대피호로 옮겼습니다" 하는 것이다.

"왜, 무슨 일이 있었나?"

"소령님 자리가 포격을 당했습니다."

"피해는 없었나?"

"짐은 무사합니다만, 사병이 한 명 죽었습니다. 들어가지 않는 게 좋으실 겁니다. 아직 엉망입니다."

이제야 중대 식당에서 들은 대화 내용을 이해할 수 있었다.

"그 일이 언제 일어났나?"

"소령님이 떠나신 지 5분 정도 지나서였습니다. 소형 초고속 폭탄이 지붕을 뚫고 들어와서 사병의 머리를 날려버렸습니다."

그 말을 듣는 순간 오늘 사령관에게 품었던 울화가 싹 가셨다. 울적했던 심사가 섬광처럼 사라지는 것을 느꼈다. 새로운 숙소로 걸어가면서 나는 다시 생각하기 시작했다. 그 바쁜 와중에도 나를 잊지 않고 지금은 자기의 부하인 나에게 예의를 갖추어 만나보자고 전갈을 준 그 사령관이 그렇게 고마울 수가 없었다. 이런 생각에 잠기면서, 한편으로는 누군가가 손을 뻗어서 절대 절명의 순간에 나를 치명적인 장소에서 끌어내주었다는 강렬한 느낌을 받았다. 그러나 그 손이 그 사령관의 손이었는지 아니면 다른 어떤 신비한 손이었는지 나로서는 알 도리가 없다.

'Plugstreet'

플러그스트리트 이야기

1928년 딸 다이아나와 함께.

"자신을 향해 똑바로 날아오다 바로 앞에서 터지는 포탄만큼
섬뜩한 경험도 없을 것이다. 흐느끼는 듯한 소리가 휘파람 소리로
바뀌면서 점점 강도를 더해 가며 위협적으로 접근해 오는데,
순간적으로 공포에 질려 눈을 떠보면 바로 코앞에서
짐마차 한 대분은 족히 될 만큼의 흙먼지를 공중에 흩뿌리는 모습이 보인다.
그러면 그제서야 아직 무사하다는 실감을 하게 된다."

'걱정을 사서 한다'는 말이 있다. 지금부터 내가 하려고 하는 이야기도 이런 범주에 들어가는 개인적인 경험담이라고 할 수 있을 것이다.

1916년 2월, 나는 플랑드르에 주둔하고 있던 제6 로열 스코틀랜드 퓨질리어 연대를 맡고 있었다. 당시 우리는 플러그스트리트* 근처의 유명한 전선을 몇 주일 간 장악하고 있었다. 전선의 상황은 비교적 조용한 편이었으며 참호를 지키는 대대 병력은 엿새를 주기로 해서 교대 근무하는 중이었다. 지역적인 포격 및 저격수들의 활동, 참호 공격 및 반격 등이 매일 매일의 일과처럼 이어지고 있

플러그스트리트
Plugstreet 플랑드르 지방, 현 프랑스 국경 지역에 있는, 1차 세계대전 당시의 격전지.

었다.

우리가 전선에서 물러나와 잠시 머물던 소위 '휴게소'라고 불리는 곳은, 아군의 최전방 참호로부터 불과 2.5킬로미터 정도밖에 떨어지지 않은 평지에 자리잡고 있었고, 최전방 참호는 독일군 참호와 겨우 300미터를 사이에 두고 있었다. 이렇듯 1.5제곱킬로미터 남짓한 공간 안에서 석 달 이상을 버텨야만 하는 것이 당시 우리가 처한 상황이기도 했다. 우리가 휴식을 취하는 동안 이용하던 본부는 전선에 배치되었을 때 내가 근무하던 장소에서 불과 1킬로미터밖에 떨어져 있지 않았으므로, 실제로 참호에 근무할 때나 밖에서 근무할 때나 큰 차이가 나는 것이 아니었으며, 적군의 포격으로 인한 희생자의 숫자에도 큰 차이가 없었다.

내가 군에 복귀할 당시인 작년 11월에, 나는 총사령관의 권유에 따라 적군에 대한 새로운 공격 방법에 관한 나의 의견을 정리한 서류를 작성했던 적이 있었다. '공격의 변형'이라고 제목을 붙인 이 서류에서 나는 특히 관심을 가지고 있었던 여러 비밀 프로젝트를 다루었는데, 그 중에는 나중에 탱크라고 불리게 되는 캐터필러 차량을 연기나 다른 수단과 병행하여 한꺼번에 대량으로 동원해서 기습공격을 감행하는 계획도 포함되어 있었다. 다음에 소개하는 발췌문을 보면 이 서류가 씌어졌던 당시(1915년 12월 3일) 이 서류가 얼마나 중요하게 취급되었는지 그때 상황을 엿볼 수 있을 것이다.

3. 캐터필러—이런 종류의 장비는 적군의 통신선을 절단하고 사격선의 우위를 일거에 무너뜨리는 데에 매우 효과적이다. 현재 영국에서 약 70대가 완성 단계에 있으며, 곧 검사를 받을 예정으로 있다. 전체가 동시에 투입되기 전에는 별개로 사용되어서는 안 된다. 이 병기는 전체 공격선을 따라 200 내지 300미터 간격으로 극비리에 배치되어야 하며, 돌격 개시 10 내지 15분 전에 아군 참호를 따라서, 혹은 미리 준비된 지점으로 참호를 건너서 적진으로 진격한다. 이 병기는 통상적인 장애물, 예를 들어 구덩이나 흉벽, 참호 등을 가로질러 갈 수 있으며, 2~3문의 맥심식 속사 기관포를 장착할 수 있고, 화염 방사기의 장착이 가능하다. 야전포를 직격탄으로 맞기 전에는 이들을 제지할 수 있는 방법이 없다. 일단 적진의 통신선을 만나면 좌 또는 우로 회전해서 적의 참호를 따라 평행으로 전진하면서 적진의 흉벽을 화력으로 박살내고 직선이나 약간의 곡선을 그리는 철조망을 절단하고 분쇄해 버린다. 캐터필러가 이런 작업을 하는 동안은, 이미 적군의 사격선에 너무 바짝 다가서 있는 관계로 적군의 포격으로부터 안전할 수 있으며 이렇게 해서 확보된 공간으로 아군 보병이 방패를 앞세우고 진격한다.

'만약 포격을 이용해서 적의 통신선을 절단하려고 시도하면 공격의 방향과 시기에 대한 정보가 미리 적에게 노출되는 반면, 이 방법은 공격과 거의 동시에 통신선을 절단할 수 있다. 즉 적군이 보강작업에 들어가기 전, 또는 별도의 특별한

방어대책을 세우기 전에 효과적으로 임무를 완성할 수 있게 된다.'

총사령관에게 타이프 친 원고를 보내면서 복사본 한 부를 제국 국방위원회에도 보냈는데, 그곳에서 극비리에 그 내용을 인쇄해서 그토록 중요한 문서의 교정쇄(校正刷)를 1916년 2월 초, 군사우편을 통해 프랑스 전선에 있는 나에게 전달했다. 극비문서를 전선에 반입하는 것은 분명한 규정 위반으로 매우 엄격하게 금지되어 있었으므로, 모래주머니로 담을 두른 반쯤 허물어진 농장에서 인쇄물을 쳐다보는 순간 1킬로미터도 떨어져 있지 않은 지점에 적군이 자리잡고 있다는 사실이 이상하게 자꾸 마음에 걸렸다. 하지만 동이 트는 대로 우리는 2킬로미터 이상 떨어진 '휴게소'로 떠나기로 되어 있다는 사실로 위안을 삼았다. 나는 '휴게소'에 도착하면 바로 교정쇄에 수정할 부분을 수정한 다음 장교를 시켜서 베이엘에 있는 군사령부를 거쳐 런던으로 보낼 참이었다.

플러그스트리트 마을의 중심에는 주로 견고하게 지은 벽돌집들이 길게 이어져 있었는데, 개중에는 4층짜리도 있어서 평평하고 질퍽한 들판 너머 적군을 빤히 바라보고 서 있었다. 다행히 교회 건물을 제외하고는 대부분이 큰 포격을 받지 않은 상태라서, 비록 포탄 자국은 나 있더라도 아직은 모든 건물이 완벽하게 비바람을 막아주었고 안락한 피난처를 제공해주었으며, 유리창도 대부분 멀쩡한 상태였다.

우리 대대가 속해 있던 제9 스코틀랜드 사단은 활발하게 전투를 벌이면서 끊임없이 적군을 괴롭히고 있었고, 독일군도 우리의 포격에 맞서 지속적으로 반격을 가해 왔기 때문에 전투가 벌어진 플러그스트리트 부근 시골의 풍경이란 폐허의 흔적도 남지 않을 정도로 포탄자국만이 무성한 황량한 벌판 그 자체였다. 나는 붉은 벽돌로 지은 작은 수도원 건물을 '휴게소' 본부로 사용했는데, 아직까지도 거의 손상받지 않은 채 고스란히 모습을 보존하고 있었다. 나는 일층에 가구가 제대로 갖춰진 안락한 방을 사용했으며, 이 방의 밖으로 내민 창을 통해 저 멀리 전선이 그대로 눈에 들어왔지만 적의 소총 사정거리는 약간 벗어나 있었다. 나는 조반을 들고 나서 열 시쯤 되어 창문 안쪽의 책상에 앉아 참호 근무 기간 동안 밀린 편지들, 그 중에서도 특히 '공격의 변형' 교정쇄를 검토하기 시작했다.

일을 시작한 지 한 삼십 분이나 지났을까, 우리가 머물고 있는 집의 앞집 약 300미터 전방의 들판에 두세 발의 포탄이 떨어지면서 터지는 소리에 정신이 번쩍 들었다. 훨씬 멀리 저쪽 플러그스트리트 숲 가장자리쪽 전선에서는 자그마한 흰 유산탄 연기가 이례적으로 많이 피어올랐다. 나는 마치 극장에라도 온 듯이 포격을 구경하였다. 다시 몇 분이 지나자 이번에는 바로 눈앞 200미터 지점에 커다란 폭음과 함께 두세 발의 포탄이 떨어지는 것이 보였다. 그리고 일 분여가 지나 다시 포격이 이어졌다. 경험해 본 사람은 알겠지만, 자신을 향해 똑바로 날아오다 바로 앞에서 터지는 포탄만큼 섬뜩한 경험도 없을 것이다. 흐느끼는 듯한 소리가 휘파람 소리로 바뀌면서 점점 강도를 더해 가며 위협적으로 접근해 오는데, 순간적으로 공포에 질려 눈을 떠보면 바로 코앞에서 짐마차 한 대분은 족히 될 만큼의 흙먼지를 공중에 흩뿌리는 모습이 보인다. 그러면 그제서야 아직 무사하다는 실감을 하게 된다. 이번에는 4.2인치 포탄이 기분 나쁜 굉음을 내며 길 맞은편 40~50미터 떨어진 지점에 떨어졌다. 모든 정황으로 보아 우리가 '크고 여윈 집'으로 부르는 내 집이 적군의 표적이라는 것과, 다음 포격은 틀림없이 과녁을 명중시킬 것이라는 생각이 퍼뜩 떠올랐다. 동시에 마을의 다른 지역에서 울려퍼지는 포성들로 미루어, 플러그스트리트 전체가 적군의 특별한 공격목표가 되어 있음을 짐작케 했다.

이곳에는 아무런 방어 수단이 없었으며, 단지 내가 글을 쓰고 있던 방 뒤쪽에 지붕을 벽돌로 가린 작은 지하 저장실이 하나 있는 게 고작이었다. 이 작은 방에는 수녀들이 수도원을 떠난 후에도 이곳에 남아 있던 나이 든 부인 한 분이 딸과 대대 통신병 두 명과 함께 피신하고 있었다. 이런 판국에 유리창 하나를 방패삼아 계속 버티고 앉아 있는 것은 무모하다는 생각이 들었지만 그렇다고 해서 지하 저장실로 피신할 기분은 전혀 아니었다. 저장실의 아치형 둥근 지붕은 꽤 단단해 보였지만 실은 겨우 벽돌 두 장을 포개 얹은 데에 불과했다. 게다가 장소도 너무 협소해서 더 이상 들어갈 여유도 없었으므로, 나는 얼른 책상에서 일어나 뒷문을 통해 대대 사무실로 쓰고 있던 옆 건물로 자리를 옮겼다. 이 건물도 마찬가지로 전방을 향해 커다란 창이 나 있었지만 뒷방까지 가려면 두 개의 벽돌담을 지나야 하는 것이 달랐다. 야전포를 막는 데는 두 개의 방어벽이면 충분하였다. 첫 번째 벽은 포탄이 뚫고 들어오는 것을 막아주고 두 번째 벽은 파편을 막아줄 것이기 때문이다. 나는 뒷방으로 물러나 포격이 끝나기를 기다렸다. 가만히 생각해 보니 편지와 서류들을 고스란히 창문 옆 책상 위에 놓아둔 채 몸만 빠져나온 셈이었다. 그렇다고 절대 서둘러서 급히 빠져나온 것도, 공연히 늑장을 부리다 나온 것도 아니었으며, 아주 절도 있게 확실한 판단하에 움직였던 게 사실이다.

바야흐로 플러그스트리트 마을을 점차 폐허로 만들어간 독일군의 조직적인 일제 포격의 첫 공세가 시작된 것이다. 일이 분 간격으로 줄기차게 포탄이 날아들어, 일부는 집 앞쪽에서 터지고 어떤 것은 지붕을 뚫고 들어오기도 하고 어떤 것은 뒤뜰이나 다른 사무실 건물에 맞아 폭발하였다. 포탄이 바람을 가르는 날카로운 소리에 뒤이어 울리는 폭발음, 벽돌 흩어지는 소리가 연이어 끊이지 않았다. 조금 있으니까 부관이 뒷방으로 달려와서 나와 같이 앉아, 그래도 처음에는 약간 상기된 표정으로 담배도 피우면서 잡담도 나누었으나 시간이 흐를수록 조용하고 침울한 분위기로 바뀌어갔다. 이따금씩 아주 가까이서 들리는 굉장한 폭음 소리는 이웃 건물들이 폭격당했음을 알려주었는데, 그때마다 굴뚝을 타고 시커먼 재가 구름같이 쏟아져 들어왔으며, 우리가 지금 향하고 있는 뒤뜰은 벽돌과 돌멩이 조각들이 낙엽처럼 흩어지고 있었다. 포탄 하나가 우리가 보는 바로 눈앞에서 뒷건물에 명중하면서 큼지막한 구멍을 만들어냈다. 우리는 불안하기는 하지만 그래도 두 개의 벽돌벽을 의지한 채 포격이 그치기만 기다리고 있었다. 한 달간 매일같이 포탄 세례를 경험해 본 사람은 이런 경험을 가지고 결코 과장할 마음이 생기지 않는 법이다. 그 당시에는 수백만 명이 매일같이 이런 경험을 하면서 지냈다.

포격은 한 시간 반 가량 계속되었다. 점차 포격의 간격이 길어지더니 마침내 정적이 다시 찾아왔다. 어디선가 부사령관이 잔뜩 기분이 좋아져서 나타났다. 적군이 마을을 폭격하기 시작했을 때 그는 마침 장병들의 숙소를 돌아보고 있던 중이었다. 그 바람에 그는 마을로 돌아오지 못하고 수백 미터 떨어진 곳에서 조용히 숨을 죽이고 구경하면서, 그의 표현을 빌면 '비가 그치기를' 기다렸던 것이다.

우리는 함께 '크고 여윈 집'으로 돌아왔다. 뒷문을 통해서 들어온 우리 눈앞에 펼쳐진 광경은 살벌했다. 내가 글을 쓰던 방은 완전히 부서지고 조각이 났다. 창문 위 벽돌벽에 난 커다란 포탄 구멍에서 대낮의 눈부신 햇살이 밀려들어왔다. 책상과 가구, 서류를 포함하여 모든 것들이 어지럽게 뒤섞여 나뒹굴고 있었으며 모두 미세한 붉은 벽돌 가루를 두껍게 뒤집어쓰고 있었다. 그때 집 뒤쪽에서 나이든 부인과 딸이 완전히 공포에 절은 모습으로 나타났고 그 뒤를 통신병 한 명이 히죽이며 따라 나왔다.

"소령님," 소녀는 나를 보자 울먹이면서 말했다. "이쪽으로 오셔서 지하실을 좀 보세요. 이게 우리 사이로 떨어져 들어왔어요."

우리가 따라가보니 지하실 지붕을 이루고 있던 벽돌 일부가 박살이 나 있었고, 바닥에는 족히 10킬로그램은 넘을 것처럼 보이는 포탄이 터지지 않은 채로 박혀 있었다. 이 포탄은 거실의 창문틀을 비스듬한 각도로 뚫고 들어와서 작은 지하 저장실의 지붕을 박살내고 문자 그대로 겁에 질려서 몰려 있는 사람들 사이에 박힌 것이다. 다행히도 통신병 한 명이 가벼운 상처를 입었을 뿐, 다른 사람들은 하나도 다치지 않은 것이 신기할 정도였다. 이 괴물이 자신들의 무릎을 스치면서 들이 닥칠 때 두 모녀가 겪었던 공포와, 더구나 포탄이 곧 터질 것이라는 두려움에서 오는 고통은 아마 죽는 것보다도 더 괴로웠을 것이다.

나는 두 모녀에게 당장 짐을 싸서 집을 떠나라고 지시하고 폐허가 된 서재로 돌아왔다. 다행히 포탄이 터지지 않았기 때문에 불에 타거나 심하게 망가진 것은 없었다. 나는 두껍게 쌓인 미세한 벽돌 가루를 털어내면서 조심스럽게 서류를 하나하나 주워 모았고, 그 밖에 짐과 물건을 챙겼다. 없어진 것은 하나도 없는 듯싶었다. 그런데 편지와 서류를 하나하나 챙겨가면서 이상하게 내가 가장 소중하게 생각하고 있는 서류한 장이 보이지 않는다는 느낌이 자꾸 드는 것이었다. 결국 모든 짐을 다 챙기고 당번병이 들어와서 청소까지 말끔히 마쳤는데도, 그 중요한 서류는 보이지 않았다. 그것 말고는 없어진 것은 아무것도 없었으나, 사실 그것 말고는 다른 것은 없어져 보았자 아무 문제 될 것도 없었다.

서류는 사라져버렸다. 감쪽같이 사라진 것이다. 도대체 어떻게, 어떤 공작원이 그 서류를 그토록 흔적도 없이 훔쳐갈 수 있단 말인가? 포격에 의한 것이 아님은 명백하다. 방이 폭파되었다면 서류의 실종에 대한 설명이 완벽하게 성립하겠지만, 다른 서류들은 모두 어질러져 있는데 유독 그 서류만 없어졌다는 것은 누군가에 의해서, 그것도 그 서류의 중요성을 이해하는 자에 의해서 도난당했다는 증거가 아니고 무엇이겠는가?

나는 무척 심각하게 모든 것에 대하여 의심을 품기 시작했다. 플러그스트리트는 벨기에에게 남아 있는 마지막 땅 조각이며 여기서 몇백 미터만 더 가면 바로 국경이다. 우리의 정보보고서에서도 아직 남아 있는 주민 중에 첩자가 끼어 있을 개연성에 대해 경고한 바 있다. 그렇기 때문에 늘 경계심을 풀지 말고 필요한 예방 조치를 취하도록 되어 있었다. 대여섯 가지 가능한 시나리오가 머릿속을 맴돌았다. 적군의 진짜 공작원이 우리 틈에 섞여 있다가 내가 주고받는 통신이 굉장히 중요한 내용을 담고 있다는 낌새를 채고, 매일 기회를 엿보고 있던 차에 마침 포격이 시작되자 혼란스러운 틈을 타서 내 방에 침입하여 붉은 글씨로 '이 문서는 폐하의 정부 소유임'이라고 인쇄되어 있는 서류를 발견하고는 번개같이 서류와 함께 사라졌을 것이라는 추측도 가능하다. 어쩌면 지금쯤 그 작자는 한밤중에 자신을 전선 너머로 실어다줄 비행기와 접선할 지점을 향해 부지런히 달려가고 있을지도 모르겠다. 여러 가지 끔찍한 상상이 떠올랐으나 그 어느 것도 뚜렷한 대책은 떠오르지 않았다. 나이 든 부인과 그녀의 딸은 주위에 이상한 사람을 본 적이 없다고 말은 하고 있지만 워낙 공포에 질려 있어서 제정신이 아니었으므로 자신할 수는 없었고, 통신병은 부상당한 동료를 돌보느라 경황이 없었다. 우리는 집안을 샅샅이 뒤져보았지만 아무런 흔적도 발견할 수 없었다. 그날 이후 사흘 동안을 나는 극도로 불안 초조한 가운데 보냈다. 전선에서 군사우편으로 그 서류를 받았을 때 왜 그 즉시 장교를 시켜 되돌려보내지 못했던가! 나는 이런 자책감으로 한없이 자신을 책망하지 않을 수 없었다. 왜 잠시나마 그 서류를 책상에 그대로 놓은 채 피해 있었던가?

이 경험 덕분에 나는 글 맨 처음에 인용한 옛말을 떠올리게 되었는데, 이제 곧 독자들의 마음 졸임도 풀어주고 또 내 자신의 빈틈없는 성격에 대해서도 자랑 아닌 자랑을 해보려 한다. 초조한 가운데 사흘째 되던 날, 나는 우연히, 평소에 거의 사용하지 않는 상의 오른쪽 안주머니에 손을 집어넣었다. 놀랍게도 그 안에 내가 그토록 찾던 서류가 안전하게 잠자고 있는 것이 아닌가! 위기일발의 상황에서 나는 본능적으로 방안에서 가장 중요한 한 가지를 재빨리 주머니에 집어넣었던 것이다. 손안에 다시금 그 서류를 거머쥔 나는 깊은 안도와 환희의 한숨을 한참 동안 내쉬었다. 그 순간, 비바람이 휘몰아치는 플러그스트리트의 허물어지고 초라하기만 그 건물이 더할 나위 없이 안전하고 편안한 내 집처럼 느껴졌다.

The U-Boat War

유보트 해전

독일 유보트 어뢰에 피격당해 불타고 있는 영국 유조선.

"이 전쟁은 거대한 선박들이 망망대해에서
아무런 도움이나 은총의 수단도 없이 바다 속으로 침몰하고,
수많은 승무원들이 바다의 원혼이 되어 떠도는 그러한 전쟁이었다.
이렇게 참혹한 과정이 되풀이되는 가운데
세계 역사는 새로운 전기를 맞는다."

 드디어 제1차 세계대전 해군 작전사의 마지막 권인 제5권이 출간되었다. 여기에서는 전쟁의 마지막 2년 동안 있었던 해군과 관계되는 모든 문제를 다루고 있다. 그러나 이 속에 담긴 방대한 기술적 자료 및 풍부한 사료와 전황의 전개에 따른 정밀한 정보들은 그 역사적 자료가치로는 더할 나위 없는 귀중한 보고임에 틀림없으나, 사건 당시의 생생한 상황전달이나 생동감 있는 사실의 증명에는 미흡한 감이 없지 않다. 이 점은 이 자료의 제작 과정상의 특수성에 기인하는 것으로써, 분야별로 유능한 역사가들이 집필한 전문적인 원고가 소관 부서의 담당자 손을 거치면서, 실제 등장인물들에 관한 사

항 중 적지 않은 부분이 변질 내지 윤색되는 경우가 발생할 수밖에 없었기 때문이다.

이 마지막 권에서 다루고 있는 주요 내용을 제대로 이해하기 위해서는 전쟁 초기 단계의 상황에 대한 이해가 우선 필요하다. 1914년과 1915년은 해군의 전략이 가장 돋보이는 해였다. 스트레스와 긴장의 나날을 보내고 있던 당시에, 우리 함대는 눈에 띄지 않으면서 방대한 임무를 너무나 훌륭하게 수행하고 있었다. 적군의 교역은 멀리 외해(外海)로 밀려나갔고, 식량과 군수물자 보급 라인은 연합국 선박이 독점하고 있었다. 1915년 4월의 영국 해군은 그 어느 때보다, 아마도 넬슨 제독이 활약하던 시절보다도 더 완벽하게 해상을 장악하고 있었다. 영국 해군이 지배하고 있는 지구 전 해상에서, 독일 해군의 활동수준이란 순양함 드레스덴 호가 티에라델푸에고* 빙하지대를 몰래 숨어다니는 것과, 쾨니스버그 호가 남아프리카 초호(礁湖)에서 잠자고 있는 정도가 고작이었던 것이다. 이러한 상황에서 당연히 바다는 연합국에게 있어서 위험한 지역이 아니었으며, 전쟁중임에도 전세계 어느 항구를 막론하고 상선에 의한 화물 운송에 적용되는 보험료가 1%에 지나지 않았을 정도였다.

> **티에라델푸에고**
> Tierra del Fuego 남아메리카 남단에 있는 군도.

이러한 절대적 우위를 보장하는 것은, 바로 저 멀리 북쪽 스캐파플로 항구에 거의 미동도 하지 않은 채 버티고 있는 대함대 덕분이었다. 전쟁의 운명은, 궁극적으로는 이렇듯 조용하고 거의 모습을 드러내지는 않지만 완벽하게 방비된, 움직이지 않고 있는 힘의 축에 달려 있다고 해도 과언이 아니다. 대 함대만 아니었더라면, 독일은 당장이라도 연합군의 모든 해상 통신을 두절시켰을 것이고, 프랑스의 전 해안을 위협했을 것이다. 독일군의 순양함과 그 밖의 다른 전함들도 대서양과 해협을 누비면서 몇 주일 만에 우리의 모든 항로를 완전히 차단하고, 나중에 유보트가 2년에 걸쳐서 그토록 절실하게 시도했지만 결국 실패하고 말았던, 무자비한 봉쇄작전도 무난히 이루어냈을 것이다. 전쟁 초기에 대 함대가 없었다면, 전반적인 연합국의 전쟁구도 자체가 무너졌을 것이다. 바다라는 확실한 방패를 뒤에 두고 프랑스는 자신을 지켜낼 수 있었으며, 2,200만에 달하는 병력을 확실하고 안전하게 연합군 전선으로 자유로이 이동할 수 있었던 것도 모두 그 덕분이었다.

전쟁이 선포되기 이전에 대 함대를 스캐파플로에 이동시켰던 전략적인 효과는 즉각적으로 완벽하게 나타났다. 1914년 8월 말경 영국 함대가 운 좋게도 헬리고랜드 만 공격을 성공시킴으로써, 독일 순양함이 바로 전쟁 시위항해에서 침몰당하는 수모를 겪으면서 잔뜩 열등감에 젖어 있던 독일 황제는, 해상에서의 영국의 패권을 인정하지 않을 수 없었던 것이다. 깊은 좌절을 맛본 독일 제독들은 필연적으로 잠수함 쪽으로 전략을 틀 수밖에 없었다. 그러나 이로 인해서 여태껏 그 어느 나라에서도 효력과 실용성이 검증된 바 없었던, 가공할 새로운 무기가 전쟁사에 등장하게 된다.

폰 폴
von Pohl 1855~1916, 당시 독일 공해 함대 총사령관.

드디어 1915년 2월, 이 새로운 무기는 민간 상선을 겨냥하게 되고 폰 폴*은 영국 제도(諸島)의 첫 번째 봉쇄작전을 선언하기에 이른다. 이 결정은 너무나 엄청난 사건이었다. 승객과 승무원에 대한 아무런 배려도 없이 민간인 상선이 침몰당하는 장면을 온 세계가 공포와 분노의 눈으로 바라보고 있는 시점에, 유독 영국 해군성만큼은 그 심각성을 크게 느끼지 못하고 있었다. 우리가 갖고 있던 정보로는, 독일은 당시 모두 합해서 25척의 유보트를 보유한데 불과했고, 그것도 동시에 바다를 누빌 수 있는 숫자는 전체의 삼분의 일을 넘지 못했다. 일주일에 수백 척의 배가 수많은 항구를 오가는 현실에서, 몇 안 되는 약탈자가 할 수 있는 일이란 별 것이 없었던 것이다. 이것은 마치 두세 명의 애꾸눈 밀렵꾼으로 수백 마리의 토끼가 길을 건너는 것을 막아보겠다는 것과 진배없는 일이었다. 매번 토끼들은 길을 건널 것이고, 밀렵꾼은 사냥터 관리인에게 쫓기는 신세가 될 것이다. 그래서 우리는 1915년도에, 매주 상선의 항해 숫자와 침몰 숫자를 공표하기로 선언하였고, 해군성의 신념이 옳았다는 사실이 곧 확인되기에 이르렀다.

이렇듯 독일의 첫 번째 잠수함 작전은 영국 상선에 경미한 손실을 입히는 데 그친 반면, 독일 정부에게는 심각한 타격을 주었다. 독일의 어뢰에 중립국 함정이 침몰된 사건은, 독일에 대한 중립국 세계의 신용을 완전히 파괴하기에 충분하고도 남을 만한 사건이었다. 결국 루시타니아 호*의 격침으로 말미암아 전세계의 분노를 자아내면서 미국의 강력한 항의 서한을 받은 독일은, 영국 해안을 봉쇄하려던 작전을 접고 말았다.

첫 번째 유보트 공격이 중지되었던 1915년 6월 이후 일 년, 전쟁이 발발한 시점으로부터는 거의 2년 동안 해상의 주도권은 완전히 영국으로 넘어갔고, 누구도 감히 그 지위를 넘보지 못했다. 육지로 둘러싸인 발틱해와 흑해를 제외하고는, 단 한 척의 적함도 바다에 모습을 드러내지 못했던 것이다. 만약 전쟁이 1915년이나 1916년에 막을 내렸다면, 주틀랜드 교전의 실패에도 불구하고 영국 해군의 세계 제패는 의심할 여지없는 역사적 사실로 기록되었을 것이다. 실은 이렇듯 태평했던 시기에, 육상과 해상 전투를 일거에 종식시킬 수 있는 황금 같은 기회가 해군에게 찾아왔었다. 그러나 이 기회는, 다르다넬스 해협의 제해권을 확보하려고 시도했던 이 웅대한 작전을, 해군이 1915년 4월 결정적으로 거부함으로써 영영 사라져버리고 말았다. 연합군이 숱한 고초를 겪었던 1915년 이후에도 해군은 계속 침묵을 지켰다. 만일 1916년 영국, 프랑스 및 러시아의 육상 공세가 결정적인 승리를 거두고 전쟁이 종식되었더라면, 역시 영국 해군의 능력은 의심받지 않았을지도 모른다.

반면 독일군은 이 기간 내내 유보트의 건조에 집착해 왔으며, 독일의 해군성 참모들은 이들 잠수함을 실전에 배치하려는 시도를 끊임없이 하고 있었다. 미국과 다른 중립국들을 자

루시타니아 호 Lusitania 1915년 5월 7일 독일의 어뢰 공격으로 침몰한 영국 호화 여객선. 이 사건으로 1,000명이 넘는 인명피해가 발생했다.

신의 적으로 전쟁에 끌어들이게 될 것을 두려워하고 있던 독일의 민간인 정치세력과, 조국과 동포를 영국의 해안 봉쇄작전에 의한 질식 상태로부터 완전히 해방시킬 수 있다는 자신감에 차 있던 독일 제독들 간의 길고도 치열한 논쟁은 한 편의 드라마를 방불케 하였다. 그러나 이 대립은 주변 상황이 절망적으로 흐르자 스스로 방향을 결정짓고 만다. 1916년 베르됭과 좀에서의 패전과 긴장, 브루실로프˙의 돌연한 공격, 그리고 루마니아의 적대적인 참전 등으로 인하여, 개전 이래 두 번째 위기를 맞게 된 독일은 힌덴부르크˙와 루덴도르프˙라는 강경한 장군들이 군을 주도하면서 최악의 상황으로 치닫게 된다. 그들에 의해 제독들의 건의는 전폭적으로 수용되었고, 총리를 비롯한 외무장관 등 민간 정치인들의 주장은 완전히 기세가 꺾이게 되었다. 미국을 적대국 진영으로 몰아붙이는 결과를 가져올 것이라는 정치인들의 경고는, 국가의 생존을 위하여 싸우겠다는 무자비하고 난폭한 무리의 주장 앞에서 설 땅을 잃고 만다.

1916년 10월을 기점으로 하여 독일의 잠수함 작전이 다시 활기를 띠기 시작하면서, 연합국 상선의 침몰 숫자도 급격히 늘어나기 시작했다. 1917년 1월 9일 독일 황제 참석하에 플레스에서 열린 회의에서, 정치인들은 그동안 극한적인 수단에 대하여 취했던 반대 입장을 철회하기에 이르렀다. 바야흐로 백 척에 이르는 잠수함이 숙명적인 임무를 완수하기 위하여

브루실로프
Brusilov 1853~1926, 러시아 장군.

힌덴부르크
Paul Von Hindenburg 1847~1934, 1차 대전 당시 독일군 원수. 후에 바이마르 공화국 2대 대통령을 지냈다.

루덴도르프
Erich Ludendorff 1865~1937, 1차 대전 당시 힌덴부르크와 함께 군 최고 지휘를 맡았으며, 독일의 군사 정책과 전략을 주도했다. 영국에 대해 무제한의 잠수전을 펼친 것으로 유명하다.

대기 상태에 돌입하게 된 것이다. 독일군 제독들의 주장에 따르면, 유보트는 무차별 공격으로 월 60만 톤에 해당하는 선박을 침몰시킬 수 있고, 그렇게 되면 5개월 만에 최대의 적이며 연합군의 핵인 영국을 완전히 굴복시킬 수 있었다. 그리고 이는 여러 가지 자료와 숫자가 동원되어 기정사실화되고 있었다. 드디어 황제의 최종인가와 더불어 공격 명령이 떨어지고, 2월 1일을 기해서 무차별적이고 전면적인 전쟁행위가 선포되면서 미국은 독일과 불구대천의 사이가 되었다.

그러나 플레스 회의에 참석했던 어느 누구라도, 불과 몇 개월 후에 러시아가 몰락하고 그로 인해 지상전에서 승리가 마련될 수도 있다는 사실만 미리 알았더라면, 그토록 터무니없는 도박을 하지는 않았을 것이다. 훨씬 적은 위험으로 안전하게 승리를 쟁취할 수 있는 길이 있다는 사실을 깨닫기 직전에 무모한 발걸음을 내딛게 되었다는 사실 자체가, 어쩌면 그들에게 미리 주어진 운명이었는지도 모르겠다.

해전의 첫 단계에서는 독일의 해상 함대가 영국의 월등한 해군력 앞에 조용히 무릎을 꿇었으나, 이어진 1916년 10월 이후의 제2단계는, 영국 해군과 독일의 유보트 간에 사활이 걸린 한 판 승부의 시기였다고 할 수 있다. 이 시기에 치러진 전투는 잔인하고 복합적인 성격을 띠었다는 점 이외에도, 이제까지 알려진 역학, 광학, 음향학에 이르기까지 모든 응용 가능한 과학적 지식이 총체적으로 동원되었고, 도표와 계산, 문자판과 스위치로 치러진 전쟁이었다는 점에서 이전의 전투와는 판이하게 달랐으며, 이러한 분야의 전문가들이 전쟁 영웅으로 대접받고, 거대한 선박들이 망망대해에서 아무런 도움이나 은총의 수단도 없이 바다 속으로 침몰하고, 수많은 승무원들이 바다의 원혼이 되어 떠도는 그러한 전쟁이었다. 이렇게 참혹한 과정이 되풀이되는 가운데 세계 역사는 새로운 전기를 맞는다.

1916년 11월과 12월에 접어들면서 선박의 침몰 소식이 다시 고개를 들기 시작했으나, 상선의 안전에 대한 일반 국민은 물론 정부의 믿음이 워낙 굳게 자리잡고 있었던 터라, 실질적인 위기감을 피부로 느끼기에는 아직 몇 개월을 더 기다려야 했다. 하지만 상선에 대한 새로운 공격은 신속한 대응을 필요로 하는 매우 중요한 사항이었음에도 불구하고, 일부 선전활동에 관심 있는 사람들은, 중립국 및 미국의 여론에 미칠 효과를 감안할 때 이 사건이 오히려 우리에게 도움이 된다는 식의 엉뚱한 생각까지도 갖고 있었던 게 당시의 분위기였다. 어쨌거나 공격은 계속됐고 침몰 선박의 숫자는 다달이 늘어만 갔다. 1917년 2월 3일, 독일이 무제한 전쟁행위를 선포하자마자 미국 대사는 바로 베를린을 떠났지만, 정작 미국이 선전포고를 한 것은 이보다 한참 뒤인 4월 6일의 일이다. 미국이 개입하자 연합군은 엄청나게 세가 불어 승리가 손에 잡힐 듯 확실한 것처럼 보였다. 이미 쪼들릴 대로 쪼들려 있는 게르만 제국이 무슨 수로 새롭게 달려드는 1억 2천만의 위력을 당해

낼 수 있겠는가? 그러나 만약 미군이 대서양을 건널 수가 없다면, 아니 석유와 전쟁물자, 심지어는 식량까지도 바다를 건너올 수 없는 상황이 발생한다면, 4천만 인구를 먹여야 하고, 비축이라고는 3주일치가 고작인 섬나라 영국의 운명은 도대체 어떻게 될 것인가?

이제껏 영국의 해군력 하면 부동의 세계 최강이라는 오랜 선입관으로 인해서, 숨쉬는 공기와도 같이 그 존재 자체를 인식조차 못하고 지냈던 것이 사실이다. 그러던 어느 날 갑자기 공기가 희박해지기 시작한 것이다. 포성이 플랑드르의 들판을 뒤흔들고 있는 와중에서도, 대부분의 영국 정부 인사들의 신경을 불편하게 사로잡고 있던 문제는 바로 이 새로운 상황의 전개였다. 1916년 10월과 11월, 두 달 동안 유보트의 공격에 의해 격침된 영국, 연합국 및 중립국 소속 상선은 이미 월 30만 톤에 육박했다. 이듬해 1월에도 28만 4천 톤을 기록했고, 무차별 전투행위가 공식적으로 시작된 2월에는 숫자가 급격히 늘어나 47만 톤을 기록했다.

독일군 해군 참모들의 계산에 따르면, 영국은 영국을 비롯한 연합군이 필요로 하는 군수물자의 수요를 충당하기 위하여 1,050만 톤의 수송 능력을 보유하고 있는데, 이 수치가 750만 톤 이하로 내려가면 도저히 버틸 수 없게 된다는 것이 그들의 결론이었다. 만약 독일 잠수함이 예정대로 월 60만 톤씩 격침시켜 나가면, 5개월 만에 750만이라는 수치에 도달하게 되고, 그들의 단순한 수치 논리대로라면, 독일의 최대적국은 당연히 항복하지 않을 수 없게 되어 있었다. 치명적인 위기가 바로 코앞에 닥친 셈이었다. 더 이상 해상에서의 결전이라든가, 다르다넬스 해협, 발틱해 연안 상륙, 헬리고랜드 공격 따위는 문제가 되지 않았다. 적군은 우리의 심장을 직접 겨냥하고 있었고, 그들의 팔은 우리 목을 점점 바짝 죄어오고 있었다. 그들의 예상은 적중할 것인가, 빗나갈 것인가? 이것이 지금 현재, 영국 정부가 당면하고 있는 문제의 핵심이었다.

4월은 또 하나의 잔인한 달이었다. 영국, 연합국, 중립국을 모두 합해 83만 7천 톤의 손실을 입었고 그 중 51만 6천 톤이 영국의 몫이었다. 이 수치는 당초 독일의 목표에서 겨우 5분의 1이 빠지는 수치였다. 유보트 앞에서 전쟁의 다른 모든 요소들은 왜소해져만 갔다.

해전사(海戰史)의 마지막 권은 당시 상황이 전시 내각과 해군성, 그리고 해군에 끼친 영향과 이 위험을 극복하기 위해 취해졌던 조치들에 대하여 기술하고 있다. 대응 방법은 세 개의 범주로 나뉘었는데 첫째는 기계적인 방법이었다. 실패로 끝난 독일군의 첫 번째 잠수함 공격이 감행되었던 1915년, 해군본부 위원회가 계획했던 대응책들은 그 이후에도 후임자들에 의해서 계속 추진되어 오고 있었다. 수많은 소형 선박이 이미 건조 완료되었거나 건조중에 있었다. 잠수함 공격을 피하기 위한 속임수나 기구들도 훨씬 정교해지고 다양해졌다. 미리 설정된 깊이에서 폭발하게 되어 있는 수중 폭뢰(爆雷),

잠수함의 미세한 엔진 소리까지도 감지해 내는 수중 청음기, 소함대 수색 작전, 폭약, 수중 어뢰 방어 장치, 부표가 달린 그물, 큐보트*, 지그재그 항해법, 이 모든 것들이 계획대로 추진되고 있었다. 두 번째는 해군 참모 조직의 개편과 대 잠수함 부서의 신설이었다. 그러나 정작 문제 해결의 실마리는, 군함이 직접 선단을 호송한다는 세 번째 수단을 채택함으로써 비로소 풀리게 되었고, 대전의 운명 또한 결정되었다.

> **큐보트**
> 1차 세계대전 당시 독일군 잠수함을 격침하기 위해 어선이나 상선으로 가장한 영국의 무장선.

세계대전과 관련된 어떤 이야기도, 지금부터 하려고 하는 이야기만큼 후세에 커다란 지침을 주는 내용을 담고 있는 것은 없다고 단언할 수 있다.

길고도 격렬했던 논쟁의 한편에는, 민주적인 의회제도에 의해서 사안을 담당하게 된 아마추어 정치인들이 포진하고 있었고, 그 상대방은 제대로 훈련받은, 유능하고 경험 있는 해군성의 전문가들과 숱한 전투경험을 갖춘 훌륭한 장군들이었다. 그런데 놀라운 일은, 정치인의 판단이 옳았고 해군성이 틀렸다는 엄연한 사실이다. 분명 자신들의 전문영역이 아닌 기술적이고 직업적인 문제들에 관해서, 정치인의 판단이 옳았고, 소위 전문가일 수밖에 없는 해군성의 핵심 권위자들의 판단이 틀렸다는 것은, 한편 대단히 놀랍기도 하지만 많은 것을 우리에게 생각하게 해주는 대목임에 틀림없다.

또한 그에 못지않게 주목해 보아야 할 사항은, 국가의 명운을 건 투쟁에서, 자신들의 최고 권위를 내세우며 해군성이 제안하고 뒷받침했던, 편견에 치우친 잘못된 주장들을, 궁지에 몰린 민간 세력을 대표하는 정치인들이 줄기차게 물고 늘어져서 마침내 그 두터운 벽을 허물었다는 사실이다. 영국 이외의 다른 나라에서는 도저히 일어날 수 없는 사건이었다. 독일의 예에서 보듯이 황제와 그의 대신들은, 해군 전문가가 제시하는 자료 및 숫자와 전문가의 견해를 최종적인 결론으로써 받아들이는 것이 보통의 흐름이다. 홀첸도르프 제독이 1916년 12월 22일자 메모에서 밝힌 건의 내용인, 무제한적인 전쟁 행위의 필요성과 월 60만 톤 상당의 영국 함정을 격침할 수 있다는 계획 및 5개월 내로 영국의 항복을 받아낼 수 있다는 계산은, 그가 독일 제국의 해군참모장의 명예와 자존심을 걸고 내세웠던 것으로, 어느 누구도 감히 반론을 펼 생각을 품지 못했던 것이다. 힌덴부르크와 루덴도르프는 해군 동료들의 견해에 대해 같은 군인의 입장에서 전폭적인 지지를 보낸 반면, 수수께끼와도 같은 주장 앞에 말문이 막힌 민간 정치 세력은, 만약 전문적인 충고를 받아들이지 않을 경우, 국가의 운명과 국민의 생명이 걸린 중대한 사안을 앞에 놓고 나약함과 소심함으로 일관했다는 비난을 면치 못할 것이라는 생각에 짓눌릴 수밖에 없었다. 결과적으로 그들은 군부의 의견에 굴복하고 말았고 그 이후로는 모든 것이 일사천리로 재앙을 향해 줄달음쳤다.

면전에서 이런 말을 하긴 쑥스러운 감이 없진 않지만, 그래도 영국의 정치인들은 영향력이 있었으며, 자신의 지위가 어느 개인의 호의에서 유래된 것이 아님을 철저하게 인식하고 있었다. 그들의 질문에는 어떠한 제약도 있을 수 없었으며, 그렇다고 항상 '아니오'라는 답변만을 취하는 것도 아니었고, 아무리 전문가에 의해서 제시된 자료나 수치라 하더라도 아무 검증도 없이 그대로 당연한 것으로 받아들이는 적이 없었다. 비록 아무리 전문적인 권위가 실려 있다손 치더라도, 보통인의 상식에 비추어 볼 때 합리적이지 않다고 느껴지면 절대 수용하지 않았다. 그들은 당면 문제와 관련된 하급 해군 장교들의 견해를 비밀리에 수집해서, 그들의 견해를 기초삼아 해군 지도부와 논쟁을 벌이고, 문제의 핵심을 추궁해 들어가는 면밀함을 보였다.

정치인 탐정으로는 바로 제국 방위위원회 장관 겸 전쟁내각의 일원인 모리스 행키 경을 꼽을 수 있다. 그는 해군과 육군, 전문직, 정치그룹 등 모든 진영과 업무상 긴밀한 유대를 맺고 있을 뿐 아니라, 업무 스타일에 있어서도, 공식적인 정확성을 따지는 것은 물론이고 무지비할 정도로 집요하게 해답을 추구하는 인물이었다. 그의 윗자리에는 로이드 조지가 보나 로와 함께 있었는데, 그들 모두 자료와 숫자를 중시하면서도 직업적인 관례에 얽매이는 성격이 아니었으며, 개인적인 명성 따위에 기죽을 위인들이 아니었다. 특히 로이드 조지 경의 경우는 힘과 계략을 적절히 조합하는 탁월한 재능을 발휘해서 권좌에 오른 경력에다, 만약 전쟁에서 패할 경우 교수형에 처해질 수도 있음을 잘 알고 있었고, 그러한 긴장과 조건을 소화해낼 만한 배포와 자세를 갖춘 인물이었다.

이들 두 각료들은 격침된 선박의 숫자가 늘기 시작한 1916년 11월에 이미 군함이 상선을 호송하도록 해군성에 건의한 바 있었다. 이들의 건의는 결코 새로운 것이 아니었으며, 이미 예전부터 통상적으로 쓰이는 수법이었다. 대전 초기에도 군 수송선을 독일 순양함의 공격으로부터 보호하기 위해서 군함이 호송한 적이 있었고, 그렇게 함으로써 한 척의 손실도 없이 성공적으로 임무를 완수하기도 했었다. 대 함대나 파견된 소함대의 전함들은, 예외 없이 유보트의 공격으로부터 보호하기 위해서 구축함의 호위를 받는 것이 상례였다.

이제부터 이 제안에 대해서 해군본부위원회와 전문 부서의 책임자들이 펼친 반대 논리가 얼마나 공고하고 넘기 힘든 벽이었던가를 살펴보려고 한다. 해군성은 우선 호송 자체가 잠수함의 공격에 대해 아무런 보호 수단이 되지 못한다는 주장을 폈다. 첫째, 물리적으로 실효성이 없다는 것이다. 상선들은 호송중에 자신들의 위치를 유지하는 일 자체가 불가능하다. 그들은 지그재그식의 항해가 불가능할 뿐 아니라, 항해 속도가 각각 다르기 때문에 전체 선단의 항속을, 가장 속도가 느린 배에 맞출 수밖에 없다. 그렇게 되면 시간적으로도 물론 낭비일 뿐 아니라 위험은 오히려 증가하게 되며, 수송능력으로 보아도 엄청난 낭비이다. 적의 잠수함이 호송중인 선단에 기습공격을 가해 올 경우 걷잡을 수 없는 혼란에 빠질 것이 틀림없다. 마치 한 바구니에 너무 많은 달걀을 담는 우를 범하는 꼴이 된다. 해군성의 통계에 따르면 영국의 항구를 드나드는 상선의 숫자는 일주일에 최소 2,500척이 넘는다고 한다. 하지만 호송이 안전하게 이루어지려면, 군함 1척당 상선 3~4척을 초과하면 실효성이 없다. 이 많은 상선들을 보호할 구축함과 소형 선박을 어떻게 구할 것인가? 도저히 불가능한 숫자다. 더구나 전투함대 호송 및 도버해협과 영국해협, 아일랜드해협의 순찰에 투입하고 나면, 남는 구축함이 몇 대 되지도 않아 상선 호송을 하기에는 턱없이 부족하다.

대충 이상이, 유보트의 무차별 공격에 대해 상선 호송체제를 채택하자는 건의에 대해서 해군성이 반대이유로 내세운 근거이고, 이보다 더 강력한 반대 논리도 문서상으로 제기된 바 있었다. 어쨌든 평생을 바다에 몸 바쳐왔고, 육지 사람들은 도저히 알 수 없는 바다의 독특한 어려움이나 불가사의한 문제점들을 충분히 이해하고 있는 유능하고 경험 있는 선원들이 진심으로 이러한 논리의 타당성을 뒷받침하고 있는 상황에서, 이러한 주장을 뒤엎는 명령을 내리고 실험에 의해 그들의 주장을 번복시킬 수 있는 세력이 영국이란 체제 내에 버티고 있었다는 사실이 너무나 신기한 일이 아닐 수 없었다. 하지만 바로 그 놀라운 일은 현실로 이루어졌으며, 만약 그렇지 못했더라면 미국은 유럽으로부터 완전히 차단될 수밖에 없었고, 영국은 굶주림 끝에 항복하였을 것이며 전쟁은 독일의 승리로 막을 내렸을 것이다.

호송체제의 채택 여부를 둘러싸고 당시 전시내각과 해군성 간에 벌어졌던 대립의 구체적인 동기에 관하여 공식적인 역사는 세심한 배려하에 너무 신중하게 기술되어 있어서, 그 부분의 역사를 읽는 비전문가들은 당시 사정의 긴박성에 대하여 전혀 감을 잡기가 힘들 것임은 물론, 실제로 무슨 일들이 벌어졌었는지조차도 정확히 파악하기 어려울 것이다. 중요한 사실 자체는 모두 언급되어졌다 하더라도, 의도적으로 순서를 뒤바꿔놓은 경우도 있고, 강조되어야 할 부분을 일부러 누락시킨 부분도 있어서, 실제로 그들이 지향했던 결론 부분을 연막으로 가린 채 사실의 열거로 일관한 감이 없지 않다. 오로지 이 암호문을 연대순으로 다시 해독해 냄으로써만 정확한 진실이, 비록 많은 사람들에게는 원치 않는 진실이 되겠지만, 드러날 수 있을 것이다.

1916년 11월 2일의 토론에서, 전시내각(애스퀴스*가 아직 총리로 재직 중이던)의 로이드 조지는 총사령관 존 젤리코 경*에게, 우리 무역 루트가 독일 잠수함의 공격을 받는 것에 대한 해군의 대책은 무엇이냐고 질문했다. 총사령관은 솔직히 아무런 대책이 없다고 시인했다. 곧이어 보나 로는 그렇다면 왜 호송체제를 채택하지 않느냐고 따졌다. 그 질문에 대해 해군참모장은 한 번에 한 대씩밖에는 호송할 수 없다고 답변을 했다. 해군본부위원회의 제1군사위원인 헨리 잭슨 경은 여기에 덧붙여서, 상선들은 몇 대의 구축함이 보호해 줄 수 있도록 충분히 서

허버트 애스퀴스
Herbert Henry Asquith 1852~1928, 자유당 출신의 영국 총리. 1908~1916년 재임.

존 젤리코
Sir John Jellicoe 1859~1935, 영국의 해군 제독.

로 협조하며 항해할 능력이 없다고 했다. 반대 의견이 일단 우세했다.

격침되는 상선의 숫자가 지속적으로 늘어나면서 불안이 고조되어 갔음에도 불구하고, 해군성의 주장은 변하지 않았다. 제1 군사위원으로 존 젤리코 경이 위촉된 사실만 보아도 그것을 확인할 수 있었다. 해군성 참모는 이듬해 1월 정교한 이론을 덧붙여서 호송체제를 비난하는 내용의 내부 의견들을 수집한 메모를 작성했다. 그리고 우리에게는 그 메모의 내용이 전체 해군성의 의견을 대변하고 있다고 설명했다.

> 교역의 방어에 특별히 관심을 쏟고 있는 모든 고급 장교들이, 의사록을 통해서 거의 동일한 견해를 표명하였다.

1917년 2월 1일을 기해 독일은 무차별 유보트 공격을 개시했고, 격침되는 함정의 숫자는 급속도로 증가했다. 바로 이 시점에 모리스 행키 경은 호송체제에 반대하는 그 때까지의 모든 주장을 논박하는 유명한 글을 쓰게 되며, 이 논리로 무장한 로이드 조지(당시 총리)는 2월 3일, 해군성의 지도부를 상대로 전반적인 질문 공세를 재개한다. 하지만 이러한 획기적인 논설도, 새로운 정부 수반이 퍼부어대는 신랄한 공세도 해군성의 주도적인 고급 장교들의 견해를 바꾸지는 못했다. 물론 정부 논리에는, 해군성 내의 유보트 문제를 다루는 담당 부서 하급 장교들의 견해가 많이 반영되어 있었던 것이 사실이지만, 해군의 의사계통에 관한 군기가 워낙 엄격했었다. 만약 제국 방위위원회라는 별도의 의사 전달 경로, 혹은 배출구가 없었더라면 하급 장교들의 견해는 결코 결실을 맺을 수 없을 뿐 아니라, 햇빛을 받아 볼 기회마저 갖지 못하는 것이 현실이었다. 제독의 견해가 함대 부관의 견해보다는 옳을 확률이 높고, 함대 부관이 부함장보다는 낫다는 식의 이론이 뿌리 깊이 심어진 토양에서, 본질적으로 전혀 새로운 문제를 해결하기 위해서는 인습에 물들지 않은 자유로운 사고와 예민하고도 대담한 발상이 필요하다는 주장이 시험대 위에 오른 것이다.

하지만 현실적인 경험이 이론적인 논쟁을 압도하기 시작한다. 1916년이 저물어가는 시점에 프랑스와의 석탄 교역에 투입된 배들이 심각한 손실을 입게 되자 프랑스는 즉각 호송체제를 거론하고 나섰으며, 해군성은 2월 7일 그들의 요구에 응하기로 결정한다. 이제 석탄선들은 군함의 호위하에 공동으로 항해를 하게 되었고, 새로운 호송체제는 즉각적인 효과를 거둔다. 3월 한 달간 호송을 받으며 항해한 총 1,200척의 석탄선 중 불과 3척만 침몰 당하는 기록이 나온 것이다. 그러나 아직도 해군성의 참모들은 고집을 꺾지 않았다. 하지만 그들의 주장을 뒷받침하고 있는 데이터를 잘 살펴보면 그들이 왜 그렇게 끈질기게 고집을 부리는지 이해가 간다.

전쟁 초기에 선박의 통행량 대비 유보트로 인한 피해를 공표할 당시, 우리는 영국의 항구에 출입하는 선박의 숫자를 일주일을 기준으로 해서 2,500척이라고 발표한 적이 있었는데, 이 숫자가 터무니없이 과장된 것임이 밝혀진 것이다. 기껏해야 70~80척 정도에 불과한 구축함과 무장한 트롤 어선 및 소형 선박들의 지원을 받는 게 고작인 현 상황에서 어떻게 2,500척이나 되는 선박의 호송을 소화해 낼 수 있을 것인가? 하지만 지금 문제 삼는 것은 이 말도 안 되는 2,500이라는 숫자였다. 대 잠수함 부서에서 근무하면서 해운성과 긴밀한 협조관계를 유지해 오던 하급 장교인 R. G. 헨더슨 중령은 오랫동안 길들여져 왔던 이 괴상한 숫자에 정면으로 도전하고 나섰다. 2,500이라는 항해 숫자는 300톤급 이상의 모든 연안 무역선과 단거리 무역선의 반복되는 입출항 숫자까지 포함시켜서 산출된 수치였음이 밝혀진 것이다. 그러나 이 모든 항해가 우리의 생명을 좌우할 만큼 중요한 것은 결코 아니었던 것이다. 우리에게 정작 문제되는 부분은, 대양을 가로질러 세계 각지를 오가는 무역선이었다. 4월 초순, 헨더슨 중령이 조사하여 발표한 내용에 따르면, 문제가 되는 1,600톤급 이상의 원양항해 선박의 최소 입출항 숫자는 일주일에 120에서 140회에 지나지 않았다. 2,500이라는 허수가 무너지자 이를 기초로 해서 쌓아올렸던 모든 논리적인 쟁점이 하루아침에 설 땅을 잃고 말았다.

4월 들어 잠수함전이 극성을 부리면서, 내각의 곳곳에서 비밀리에 작성되는 도표들은, 점점 고갈되어가는 본토의 식량 비축 상황 및 도처에 깔린 작전지역의 군수물자 재고 현황을 시시각각 알려주고 있었다. 아직도 해군성은 자신들의 허구에 기초한 논쟁에 매달린 채 호송작전을 거부하고 있었다. 아마 해군의 전함뿐 아니라 항해하는 모든 상선의 안전까지 책임져야 한다는 부담이 그들에게는 너무 무겁고 두렵게 느껴졌는지 모르겠다. 근거가 어찌 되었든 그들은 좀체 움직이려 들지 않았다.

1917년 4월 10일, 미국이 참전을 개시했고 심스 제독은 제1 군사위원과 회의를 가졌다. 회의에서 미군 제독은 잠수함 공격과 관련된 침통한 자료들을 접하게 되었으며, 더불어 소형 선박에 필요한 모든 가능한 보조 장비들을 시급히 구입하라는 압력을 받는다. 동시에 호송은 절대 불가하다는 해군성의 견해를 수용하라고 설득당한다. 그는 본국 정부에 대고, 영국 해군의 가장 권위 있는 곳으로부터 나온 견해라고 하면서, 호송불가 방침을 그대로 통보하고 만다. 누적되어가는 사태의 심각성과 이론적인 압력에 더하여, 이번에는 드디어 대함대의 장교위원회 결정이 전해졌다. 당시 몇 주일째 오크니 제도의 롱호프에 정박중이던 대 함대가 스칸디나비아 무역로의 상선 침몰 사건과 관련해서 만장일치로 호송을 건의했던 것이다. 그럼에도 불구하고 제1 군사위원은 이 특별 항로에 대한 시험적인 호송을 승인하면서도, 전시내각에 보낸 보고서에서, 호송체제를 전 해역으로 확산하는 문제는 '고려 중' 이라고만 밝히고 있다.

이런 식으로 몇 개월을 불안에 떨며 지내야 했다. 그러다

드디어 사태는 결정적인 순간을 맞게 된다. 4월 23일, 전시내각은 해군 상담역들과 또 한 차례 전반적인 문제를 놓고 격론을 벌이지만, 토론은 완전히 실망으로 끝나고 만다. 그러자 전시내각은 4월 25일 단독으로 결정적인 행동에 돌입할 것을 결의한다. 이 회의에서 결의한 내용은, '최근 실시한 질의를 분석해본 결과, 잠수함 공격을 다루는 현재의 노력이 관련부서 간에 충분한 사전협조가 이루어지지 못한 가운데 진행되고 있다고 밝혀졌기 때문에 현재 대 잠수함전에 동원되고 있는 모든 수단에 대하여 조사하려는 목적으로' 총리가 개인적으로 해군성을 방문한다는 것이었다.

이러한 위협적인 절차가 의미하는 바가 무엇인지는 너무나 명백하였다. 책임 있는 관련부서나 군 직책에 이보다 더 큰 충격요법은 찾기 어려울 것이다. 해군 지도부는 이것이 '따르든지 아니면 떠나라' 라는 의미임을 실감했다.

4월 26일, 대 잠수함 부서의 책임자는 젤리코 제독에게 보낸 초안에서 "즉각 시행에 옮길 수 있는 포괄적인 호송계획을 도입할 때가 되었다고 판단됩니다"라는 메모를 달았고, 4월 27일 젤리코 제독은 결국 그 안을 승인한다. 4월 30일 로이드 조지가 전시내각의 결정에 따라 해군성을 방문했을 때, 그는 민간 정치인들의 요구사항이 100퍼센트 받아들여졌음을 확인하게 된다. 그는 동료들에게 다음과 같은 보고를 할 수 있게 된 것이다.

당면 문제에 관하여 이제 해군성은 우리 전시내각과 완전히 일치된 견해를 갖고 있으며, 몇몇 항로에 호송작전이 이미 전개되고 있고, 다른 지역에서도 구체적인 조직에 들어갔으므로, 더 이상 이 문제에 대한 발언은 불필요하다고 사료되니……

누구나 알고 있는 바와 같이, 호송체제의 도입으로 인하여 독일의 유보트 공격은 실패로 돌아가고 말았다. 1917년 7월이 그들이 설정했던 임무를 완수할 것으로 예상했던 달이다. 5개월에 걸쳐 무제한 잠수함 공격이 진행되었지만 대영제국은 결코 무릎을 꿇지 않았다. 9월에 접어들면서 먹구름이 걷히기 시작했다. 월 80만 톤까지 치솟았던 격침 톤수가 30만 톤으로 떨어졌다. 1918년 2월이 되자 신함 건조 톤수가 침몰 톤수를 앞지르기 시작했다. 1918년 10월까지 모두 1,782척의 대형 선박이 호송을 받으며 대양을 항해하였지만 피해를 입은 것은 고작 167척이었다. 연합군의 전쟁 수행이 지장받은 일도 없었다. 미군은 안전하게 대양을 오갔으며, 독일의 멸망은 이제 몇 개월 상관의 시간 문제였다.

이 놀랄 만한 이야기에는 이어지는 두 편의 뒷이야기가 있다. 해군성이 호송체제의 도입을 결정하는 순간, 제1 군사위원은 그 대가로 해군의 임무를 경감시켜주기 위해 살로니카 작전의 포기와 발칸반도에서 작전 중인 연합군의 철수를 전시내각에 요구하면서, 그로 인해서 40만 톤의 수송능력이 절감될 수 있다는 주장을 폈다. 살로니카와 발칸 작전은 로이드 조지가 각별한 관심을 쏟고 있던 군사행동이었는데도 불구하고, 해군성으로부터 호송계획을 얻어낸 전과에 너무 안도한 나머지 로이드 조지는 1917년 4월 30일 그 두 가지 작전을 희생하기로 합의해 주고 만다. 프랑스 역시 합의를 강요받았다. 그러나 당시 해외무역부에서 근무하던 레오 키오자 모니경이 작성하고 해운성에서 서명한 서류에 의하면 문제의 40만 톤은 연합군의 모든 보급물자를 기타 지역이 아닌 미 대륙으로부터 집중적으로 공급받음으로써 달성할 수 있는 양이며, 미 대륙으로부터 곧 공급될 것이라는 사실도 밝혀졌다.

이 방안은 즉시 채택되었고 살로니카의 병력은 계속 잔류하여 임무를 수행할 수 있게 되었다. 이제 와서 밝혀진 일이지만, 1918년 10월의 불가리아의 항복이 게르만 제국의 붕괴에 결정적인 역할을 하였다는 것은 천하가 다 아는 사실이다. 만약 불가리아가 버텨주었다면 독일군은 뮤즈나 라인강으로 후퇴해서 다가오는 새해를 또 하나의 피비린내 나는 참극으로 장식했을 것이며, 그로 인한 피해는 200내지 300만에 달하는 고귀한 인명과 그러지 않아도 바닥이 나 있는 우리 경제에 1,000에서 1,200만 파운드에 달하는 추가 부담을 안겨주었을 것이다.

두 번째 사건은 훨씬 규모가 작다. 1917년 5월 초순, 전시내각의 호송작전을 수용하기로 한 해군성은 워싱턴의 해군부에도 이를 수용할 것을 요청하였다. 그러나 미국 해군 수뇌부는 이미 심스 제독의 보고서를 통해서, 영국 해군이 자신들의 앞선 판단에도 불구하고 정치적인 압력에 굴복해서 호송작전을 수용하게 되었다는 최근의 상황변화를 훤히 꿰뚫고 있었다. 당연히 그들은 자신들의 선박을 그런 비전문가들에 의한 비전문적인 충고에 따라 움직이기를 거부했다. 그들이 깊은 의혹을 떨쳐버릴 수 있게 된 것은 호송작전이 명백하고도 광범위한 승리를 확실히 안겨준 몇 달 후의 일이다.

호송작전에 대해서 모든 연합군의 해군 수뇌부들이 주저와 망설임을 보였듯이, 탱크의 중요성에 대하여도, 아군과 적군을 가리지 않고 모든 육군 수뇌부들은 똑같은 반응을 나타냈다. 두 가지 경우 모두, 구원은 언제나 내부로부터 성숙되어 이루어지는 것이 아니고, 외부와 바닥으로부터 강요된다는 사실을 보여주고 있다.

The Dover Barrage

도버해협 봉쇄작전

영국군의 공격을 받고 급속 잠항하는 유보트 함내에서
독일군 기관장(오른쪽)과 부하가 심각한 얼굴로 심도계를 보고 있다.

> "우리는 여기에서 또 한번, 해군의 신진 세력이
> 기성의 권위와 충돌하는 장면을 목격하게 되는데,
> 이러한 현상은 군뿐만 아니라 민간 생활 및 정치 현장에서도
> 늘 벌어지고 있는 하나의 보편적인 흐름으로
> 이해하여야 할 것이다."

독일 잠수함이 오크니 제도를 돌아 영국해협의 입구까지 도달하는 데는 약 일주일 가량이 소요된다. 하지만 만약 도버해협을 가로지르게 되면 하루만에 도착할 수 있고 그렇게 되면 잠수함이 한 번 출항해서 최대한 버틸 수 있는 14일 중 7일을 벌게 되는 셈이 된다. 그러니 만약 소형 유보트가 안전하게 도버해협을 빠져나갈 수만 있다면, 독일은 실질적인 효율로 따질 때 잠수함 보유 대수가 두 배로 늘어난다는 계산이 나온다. 도버해협과 인접해 있는 벨기에 항구들을 봉쇄하는 일이 왜 그토록 중요했는지 그 이유가 바로 여기에 있는 것이다. 전쟁이 발발하자 적국 선박의 통행을 차단할 필요가 절실

해지고, 도버해협이 중요한 관할 지역으로 떠오르면서, 1915년 베이컨 제독이 사령관으로 부임해 왔고, 이듬해인 1916년에는 해협을 가로질러, 굿윈스와 벨기에 연안 모래사장을 잇는 그물댐을 설치하기에 이르렀다.

큰 기대를 걸고 설치했던 그물댐은, 기묘한 인연으로 명성을 얻게 된다. 하필이면 공교롭게도 댐이 설치된 1916년 4월 24일, 독일의 총사령관 쉐르 제독은 잠수함의 전투행위를 자제하라는 명령을 상부로부터 하달받았다. 배를 침몰시키기 전에 상인들을 다른 배에 옮겨 태우도록 하라는 결정을 독일 정부가 내린 것이었다. 쉐르 제독은 이에 반발하여 유보트의 활동을 전면 중지시켜버렸고, 당연히 몇 달 동안 해협을 통과하려는 잠수함은 한 척도 없었다. 이를 두고 도버 사령부는 새로 설치한 그물댐의 덕이라는 생각을 하게 되었던 것이다. 유능하다고 생각되던 사람들조차도 이러한 잘못된 생각을 확고한 진실로 받아들였으며, 베이컨 제독과 같은 다채로운 경력을 가진 유능한 지휘관까지도 자신이 고안한 그물댐이 유보트를 저지했다는 환상을 갖게 된 것이다. 그는 원래 기술적인 분야에 관심이 많았으며 복잡한 구상이나 계획 등에 탁월한 재능을 보였는데, 그가 주도한 벨기에 해안 포격은 마치 고등수학을 풀 듯 치밀하게 계산된 것이었다. 전쟁 초기에는 믿기 어려우리만치 짧은 기간 내에 15인치 곡사포를 만들어 내기도 한 장본인일 뿐 아니라, 군 내부에서 기계나 발명, 조직, 정밀도 등에 관해 그를 따를 사람은 아무도 없었다. 말하자면 정교한 기계주의자라고 할 만한 인물이었다.

그러던 차에 1917년 가을, 새로 조직된 해군성 기획부에서는 유보트가 무시로 도버 그물댐을 넘나들고 있으며, 그 장치가 유보트에게 장애물이나 억제책으로서의 구실을 전혀 하지 못하고 있다는 확신을 갖기에 이르렀다. 기획부 책임자로 있던 키스 소장은 해군성 내의 상관들을 상대로, 현재 벌어지고 있는 위기 상황 및 그에 대한 몇 가지 구체적인 대응책을 설명해 가면서 적극적으로 설득 작업을 벌이고 있었.

원래 방어 계획은 그물을 수면 위에 띄우고, 수시로 순찰을 돌며, 정교하게 기뢰(雷機)밭을 설치하여 보완하는 것이었다. 전쟁이 터지기 전에 해군이 수립해 놓은 이러한 방어 계획에 대하여, 당시 비평가들은 해군성의 기뢰 성능에 대하여 혹독한 비난을 퍼부었다. 당시로서는 이유 있는 적절한 평가였을 것이다. 평화시 행정을 총괄했던 피셔 경도 기뢰에 대해서는 부정적인 견해를 갖고 있었다. 하지만 철저히 비밀에 가린 채 개발을 추진해 오던 해당 부서에서, 전쟁 초기, 깊이도 제대로 유지하지 못하고 물체가 부딪혀도 잘 터지지도 않는 기뢰를 생산한 것은 틀림없는 사실이다. 이렇게 결함투성이인 기구나마 수량마저 넉넉하지 못했다.

한마디로, 정교한 기뢰와 적의 기뢰를 폭파하기 위한 역(逆)기뢰의 개발은 해군성의 주된 전략목표에서 벗어나 있었던 것이다. 하지만 전쟁이 시작된 지 3년이 다 되어가도록 별반 뚜렷한 해군의 공격 전략이 마련되고 있지 못하고 있던 당시의 시점에서, 기뢰의 역할이 차지하는 비중은 점점 커지고 있었다. 1917년 중반에 이르러서는 완벽한 기능을 갖춘 신형 기뢰가 공장에서 쏟아져 나오기 시작했고, 같은 해 11월, 도버해협은 깊숙한 곳까지 망라하는 새로운 기뢰 밭으로 단장하기에 이르렀다.

1917년 겨울, 드디어 해군성의 기획부와 도버 사령부 간에 첨예한 논쟁이 불붙었다. 키스 제독은, 베이컨 제독의 현재 방어 장치로는 유보트의 침투를 막을 수 없다고 강력하게 몰아붙였다. 그의 주장에 따르면 기뢰 밭은 트롤선과 유망(流網)어선들이 항상 감시하고 있어야 하며, 그 위를 동원 가능한 모든 소형 선박들을 동원해서 순찰하여야 하는 것은 물론이고, 반드시 아주 밝게 조명해 놓고 적극적으로 방어하지 않으면 아무 쓸모가 없는 것이라고 단언하고 나섰다. 그렇게 해야만 항시 잠수할 준비를 한 채 수면 위에 떠올라서 살금살금 전진하고 있는 유보트를 발견할 수 있다는 것이었다. 일단 발견하게 되면 경적을 울리고 대포를 발사하면서 따라 붙으면 당황한 잠수함은 잠수하게 되고, 잠수하면서 우리가 설치해 놓은 기뢰와 충돌함으로써 우리의 임무가 완수되는 것이다. 반면 베이컨 제독의 주장은, 조명을 해놓으면 잠수함들로 하여금 피해 가라는 것밖에 더 되겠는가, 또한 구축함들이 계속 도버해협을 순찰할 경우, 강력한 독일 함대가 들이닥쳐 순찰대를 박살내는 것은 시간문제라는 논리였고, 더구나 독일 잠수함이 도버해협을 통과했다는 이야기는 사실이 아니라고 정면으로 반박하고 나왔다.

누가 보아도 양측의 주장은 각각 일리가 있어 보였지만, 해군 정보국이 제시한 증거를 보면 기획부의 견해에 훨씬 신뢰가 갔다. 한 번은 여울목에 가라앉은 유보트(U.C.44) 한 척을 건져 올렸는데, 그 안에서 유보트들이 해협을 통과한 정확한 날짜까지 기재되어 있는 선장의 항해일지가 발견된 것이다. 실제로 유보트 지휘관들은, 도버해협 그물댐을 위로 넘어가든 밑으로 잠수해서 넘든 마음 내키는 대로 알아서 선택하라는 지침을 받고 있을 정도였다. 물론 독일군의 기록에 의심을 품을 수도 있겠으나, 기획부가 기록의 정확성을 확신하고 있었는데 반해 도버 사령부는 계속 완고하게 주장을 굽히지 않았으며 자기도취에 빠져 있었다.

바로 얼마 전인 1917년 가을, 기획부가 도버 그물댐의 실효성을 비판하면서 독일 잠수함들이 베이컨 제독의 관할 구역을 자유로이 넘나들고 있다고 주장하고 나왔을 때, 제독은 매우 불쾌한 반응을 보였고, 그에 대한 후속조치 또한 매우 거칠었다. 양측은 공식문서를 통해서 서로 냉랭한 논쟁을 주고받았는데, 결국은 기뢰 밭을 밝게 조명할 것인가 아닌가 하는 문제로 논쟁은 그 절정을 이루게 되었다. 밝게 조명을 한 광활한 기뢰 밭 지역을, 무장도 하지 않은 채, 어부들을 싣고 트롤선이 감시하는 그림은, 가장 전쟁답지 않은 발상으로 비칠 수밖에 없었다. 상식이 있는 사람이라면 누구나 그런 처방은 받아들이지 않을 것이다. 그럼에도 불구하고 바로 이 점에서 해군성의 참모가 옳았으며, 현장의 제독이 잘못 판단한 것이었다. 방어용 댐이나 기뢰 밭은, 해상에서 적극적으로 방어하지 않는 한 자체로는 무용지물에 지나지 않는다는 단순하고도 명쾌한 진실을 간과하고 있었던 것이다.

젤리코 제독(지금은 제1 군사위원)은 처음부터 베이컨 제독의 편을 들었다. 그러나 결국 기획부의 설득을 받아들여 1917년 12월 18일 해군장관 에릭 게데스 경의 결재를 받아, 베이컨 제독에게 기획부가 건의한 순찰체제를 갖추도록 지시를 내린다. 요행히도 순찰을 개시한 12월 19일, 유보트 한 척을 격침시키는 개가를 올리게 되는데, 이때를 즈음해서 함대 지휘에 이어 해군성을 담당해서 장기간 몸을 아끼지 않고 헌신해 오느라 완전히 기진한 젤리코 제독이 사임을 하고, 그의 부관 웨미스 제독이 제1 군사위원 자리를 이어받는다. 그는 매우 강인한 성격의 소유자로 부하 직원들을 강력하게 몰아붙이는 스타일로 정평이 나 있었는데, 부임하자 곧 베이컨 제독을 도버 사령관직에서 해임하고 그때까지 베이컨 제독의 가장 강력한 비판자였던 기획부의 키스 제독을 그 자리에 앉힌다.

이번 인사이동의 결과는, 운이 따랐는지는 모르지만, 여하튼 대단히 만족스러운 것이었다. 이후 6개월 동안 도버의 기뢰 밭과 그 입구에서 괴멸된 적의 잠수함이, 확인된 것만 해도 11척이나 되었던 반면, 영국해협에서 격침된 상선의 숫자는, 호송작전의 덕도 있었겠지만 급격히 줄어들었다. 독일 잠수함이 도버해협을 통과하는 일은 목숨을 건 도박이었으며, 1918년도에 들어오면서, 기뢰에 의하여 침몰당할 위험을 무릅쓰고 해협을 통과하려 하던 제브루게 항 주둔 독일 잠수함들은 6회를 넘기지 못하고 모두 가라앉고 말았으며, 그나마 여름이 되자 더 이상 해협을 통과하려는 시도 자체를 아예 중단하기에 이르렀다.

공식적인 역사의 기록은, 이러한 사실들 자체보다는 하나의 큰 흐름을 부각시키는 데에 역점을 두는 경향이 있는 것이 사실이나, 모든 역사의 진리는 이러한 구체적인 사실 속에 포함되어 있다는 점 또한 간과해서는 안 될 것이다. 우리는 여기에서 또 한번, 해군의 신진 세력이 기성의 권위와 충돌하는 장면을 목격하게 되는데, 이러한 현상은 군뿐만 아니라 민간 생활 및 정치 현장에서도 늘 벌어지고 있는 하나의 보편적인 흐름으로 이해하여야 할 것이다. 대기업의 경영이나 정부 조직과 운영의 경우도 마찬가지다. 도버 그물댐 사건은 해군의 호송체제 채택과 관련하여 벌어졌던 일련의 사태 흐름과 너무나 흡사한 모습을 보여주었다. 총리와 전시내각, 그리고 해군장관은, 완강하게 버티는 선임자의 권위보다는, 새롭고 전문적인 사고가 자유롭게 날개를 펼 수 있도록 옹호하고 나섰다. 두 경우 모두 민간 세력이 집요하게 물고 늘어지는 바람에 결국 제대로 대세의 흐름을 잡아갈 수 있었던 대표적인 경우에 해당한다.

그러나 새로운 도버 사령부에게도 시련의 순간은 찾아왔다. 불을 밝힌 기뢰밭을 순찰하는 선박들은 독일 군에게는 더 없이 좋은 공격 표적이었다. 동원된 어선들은 완전 무방비 상태였다. 전투에는 부적합한 백 척에 달하는 선박들이—불을 밝힌 트롤선, 유망 어선, 모터보트, 소해정(掃海艇), 석탄을 때는 구식 구축함, 순찰함—이 모니터함을 에워싸고 서치라이트 불빛을 받아가며 움직이고 있었는데, 그들이 항해하는 일대는 마치 평화시의 피커딜리만큼이나 밝았다. 동쪽으로 몇 마일 떨어지지 않은 곳을 순찰하는 구축함으로 편성된 5개조의 분함대(分艦隊)가 그들의 유일한 보호막이었다. 그러나 일단 이 저지선이 뚫리는 날에는 대량 학살을 피할 길이 없었다. 하지만 이러한 끔찍한 부담을 안는다는 것 자체가 키스 제독의 핵심 논리였다. 확률의 가능성을 비교하여 볼 때, 그래도 이 방법이 가장 위험이 적다고 판단했던 것이다. 그러나 그 계산은 완전히 빗나가고 말았다.

1918년 2월 14일, 독일군이 헬리고랜드 만에서 최신형의 대형 구축함 네 척과 가장 우수한 소함대 사령관을 차출해서, 도버해협의 트롤선들에게 무자비한 공격을 가해온 사건이 발생했다. 칠흑 같은 어둠 속에서 신호를 잘못 해독한 데다 그 밖에 다른 여러 가지 실수가 겹치는 바람에, 순찰중이던 여섯 척의 영국 구축함은 그들을 아군으로 오인하는 치명적인 실수를 범하고 만 것이다. 저지선을 통과한 적군은 의기양양하게 북쪽을 향했고, 그 결과는 참담 그 자체였다. 어민들의 분노는 극에 달했다. 그들은 당연히 받아야 했고, 또한 보장까지 받았던 영국 해군의 보호를 전혀 받지 못했다고 생각했다. 일시적이기는 하였으나, 그들은 새로운 도버 사령부를 철저히 불신했고 나아가서 영국 해군 자체를 불신하기에 이르렀다.

　이러한 사태를 일찍이 예견했던 베이컨 제독은, 자신의 주장이 검증되는 순간, 아마도 "그것 보시오, 내가 뭐라고 했소?"라고 말하고 싶었을 것이고, 반면 키스 제독의 명성은 벼랑 끝에 서게 됐다. 다행히도 공통된 현실 감각과 새로운 사고로 무장된 일단의 인사들이 해군성을 장악하고 있었던 덕분에 키스 제독은 위기를 모면하였고, 성 조지의 날(1918년 4월 22/23일), 전사(戰史)에 길이 남을 제브루게 공격을 주도하면서 일거에 해군성과 어민들의 신뢰를 회복하는 계기를 마련했다. 그가 이루어낸 이 성공적인 작전은 일반의 갈채는 물론 언론으로부터도 대단한 호평을 받았으며 그는 이 공로로 작위까지 받게 되었다.

Ludendorff's 'All-or Nothing'
루덴도르프의 사생결단

연합군의 대량학살 작전으로 전멸한 독일군.

> "인명의 손실을 무릅쓰고 감행된 이 공격을
> 지탱해 주던 영국군의 사기도,
> 드디어 파샹델의 겨울전투를 맞으면서 플랑드르의 늪과
> 독일군의 기관총 세례 아래 그 명운이 다해가는 듯싶었다.
> '비는 늘 우리 독일군 편이었다'고 독일군 장교는 회상했다."

 개전 이래 독일에게 평화를 주도할 수 있는 유일한 기회가 있었다면, 그것은 1917년 겨울이었을 것이다. 러시아가 붕괴되고 브레스트-리토프스크 조약*이 체결되면서, 최초로 동부전선의 부담을 덜 수 있는 기회가 찾아왔기 때문이다. 루덴도르프는 일백 만이 넘는 병력과 수천 문의 대포를 서부전선으로 이동해서, 1914년 전쟁을 일으킨 이래 처음으로 영국과 프랑스 연합군을 수적으로 압도할 수 있게 되었다.

 그러나 한편으로는 미국이 전쟁을 선포함으로써, 거의 무한대의 신규 병력을 연합군 전선으로 계속

브레스트-리토프스크 조약
1918년 3월 3일, 러시아 혁명으로 탄생한 소비에트 정부가 제1차 세계대전 교전국인 독일, 오스트리아, 불가리아, 터키와 단독으로 맺은 강화 조약.

수혈할 수 있는 길이 트였다. 하지만 그들은 지리적으로 워낙 멀리 떨어져 있는 데다가, 조직하고 훈련시키는 데 적지 않은 시간이 소요될 뿐 아니라, 한 번에 대서양을 건너 이동할 수 있는 병력의 숫자에는 한계가 있기 때문에, 대규모의 새로운 전투부대가 전선에 배치되려면 최소 수개월은 걸리는 상황이었다. 요컨대 러시아의 몰락과 실질적인 미국 세력이 등장하기까지에는 상당한 간격이 있었는데, 바로 이 공백기간에 진정한 위기가 머리를 들고 있었다.

니벨* 장군이 1917년 4월에 주도한 대대적인 공격이 참담한 결과를 빚으면서 벌어졌던 프랑스군의 반란사태 이후, 프랑스군은 그 해가 다 가도록 철저한 방어작전으로 일관했다. 반면 영국이 전쟁의 주도적인 부담을 떠안게 되었는데, 프랑스의 붕괴가 임박했다는 프랑스군부의 호소와 해군성의 어두운 비관론에 자극받은 영국군 수뇌부는, 요새화 되어 있는 독일군 전선에 대해서 필사적인 공세를 거의 쉴 틈 없이 퍼붓고 있었다. 당시 영국군 사령부는 독자적으로도 독일군 전선을 무너뜨릴 수 있다는 잘못된 환상을 갖고 있었으며, 프랑스의 일시적인 쇠퇴현상을 보고 더욱더 자신들의 신념을 다져나갔다. "우리는 돌파할 수 있다. 설사 전선을 뚫지 못하는 한이 있더라도, 프랑스가 처한 현재의 어려운 상황으로부터 짐을 덜어주기 위해서라도 우리는 공세의 고삐를 늦추어서는 안 된다." 4월의 아라 전투, 6월의 메씬, 그리고 그 가을의 파샹델에서 있었던 조직적이고 단호한 영국군의

니벨
Nivelle 1856~1924,
프랑스의 장군.

집요한 공세는 모두 이러한 신념의 산물이었다. 인명의 손실을 무릅쓰고 감행된 이 공격들을 지탱해 주던 영국군의 사기도, 드디어 파샹델의 겨울전투를 맞으면서 플랑드르의 늪과 독일군의 기관총 세례 아래 그 명운이 다해가는 듯싶었다. "비는 늘 우리 독일군 편이었다"고 독일군 장교는 회상했다.

포격으로 인해서 분화구처럼 파이고, 미로와도 같아진 늪지를 건너 고독하게 치러진 마지막 총공격은 영국군에게 말할 수 없이 커다란 희생을 안겨주었다. 30만에 달하는 병사가 죽거나 부상했다. 메냉의 기념문에는 대대적인 포격이 만들어낸 광활하게 펼쳐진 늪지에서 시신조차 수습하지 못한 채 사라져간 수천 명의 병사 이름이 새겨져 있다.

이렇게 한 해가 저물었으나, 프랑스는 회복이 덜 된 상태였고, 영국은 물에 흠뻑 젖어 있었으며, 미국은 아직 멀기만 했다. 이런 와중에 벌어진 러시아의 몰락은, 독일군 수뇌부에게는 서부전선을 막강하게 보강할 수 있는 절호의 기회였던 반면, 독일 정부에게는 협상을 유리하게 이끌 수 있는 마지막이자 유일했던 천금 같은 기회였다. 유럽 쪽의 러시아는 독일의 손아귀에 완전히 장악되어 있었고, 볼셰비키는 연합국과의 모든 유대를 단절했다. 그들은 연합국이 러시아에 대해 부담할 채무까지도 포함해서, 과거 러시아가 맺은 모든 약정을 부인하고 나섰다. 지금 와서 어느 누가 러시아에 신경을 쓰겠는가? 황제는 살인자들의 손에 잡혀 있는 몸이고, 충성스러운 장교들과 군대는 뿔뿔이 흩어졌든지 아니면 이미 죽고 없었으며, 나름대로 최선을 다해 의무를 수행하려고 노력했던 자유주의자 및 지식층은 학살당하거나 망명의 신세를 면치 못했다. 러시아와 서방 연합국간의 모든 인연은 끊어졌다. 독일의 군부가 조국을 전장에서 구해냈으니, 이제는 독일의 정치력이, 제국을 더 이상 파멸의 구렁텅이에 빠져들지 않도록 수완을 발휘해야만 할 때가 온 것이다.

파샹델의 포성도 멎고 영국군의 공세도 겨울의 정적 속에 꽁꽁 얼어붙은 지금이 바로 교전중인 양측 정부가, 각자 스스로가 처한 상황 및 의지를 점검해 보기 위하여 자신의 맥박을 짚어볼 찬스였다. 단호한 결의의 상징인 영국조차도 정상적인 맥박이 아니었다. 전투가 멎자 오랜만에 자신들이 입은 상처에 정신이 쏠린 사람들의 눈에 비친 참상은 정말 심각하고도 처절하기 그지없었다. 만약 1918년 늦은 1월이나 아니면 2월에라도, 독일이 벨기에를 완전히 포기하고, 프랑스에게 알자스-로렌 지방을 양보하며 이에 덧붙여서 러시아에게서 취한 이득을 포기하는 선에서 협상을 제안했더라면, 최소한 협상의 토대는 충분히 마련되었을 것이다.

그러나 제3 최고사령부의 지도자로서, 군사뿐 아니라 정치 분야까지 장악하고 있던 병참감 루덴도르프는 전혀 다른 생각을 하고 있었다. 전쟁이라는 현실세계에서 황제의 역할이란 단지 명목상의 기능에 지나지 않았다. 독일의 정치구조는 영국이나 프랑스에서와 같이 의회가, 실권을 잡은 도발적이고 위엄 있는 인물에 대해 신랄한 비판을 가하고 갈아치울 수도 있는 그런 종류의 체제가 아니었다. 독일에서는 군사적인 견해가 모든 것에 우선했다. 독일군 참모부의 결정은 곧 법이었다. 독일제국의 힘의 상징이자 유물이기도 한 이 막강한 조직은, 이제 실질적인 현실 문제를 다루는 데 있어서 루덴도르프 개인의 절대적인 권력의 독무대였던 것이다.

여기에서 우리는 이 걸출한 인물의 근본적인 성향을 한번 살펴볼 필요가 있다. 그는 자신의 조국을 깊이 사랑했으나, 그가 정작 그보다 더 사랑한 것은 그에게 주어진 임무였다. 그의 임무는, 무슨 대가를 치르더라도 승리를 쟁취하는 일이었다. 하지만 만일 패배가 확실해졌을 때 그가 해야 할 일은, 모든 자원을 총동원했는지, 혹시 시도해 보지 않은 기회는 없었는지, 마지막 한 방울의 피까지도 다 흘렸는지를 확인하는 것이었다.

그러나 아직도 남아 있는 기회가 있었다는 것을 그가 몰랐다니, 참으로 안타까운 일이 아닐 수 없다!

백만의 여유 병력과, 삼천 문의 대포가 추가로 서부전선에 투입되었다. 그가 힌덴부르크와 함께 1917년 내내 공들여 만들어낸, 거대한 대포 행렬과 특공대에 의한 잠입 및 새로운 기습 공격 전략들은 과연 성공을 거둘 수 있을 것인가? 아니면 혹시 독일은 자신들이 가지고 있는 마지막 카드이자 최상의 카드를 써보지도 못한 채, 게임을 포기했다는 오명을 남기는 것이나 아닐까? 그래서는 안 된다. 참모본부의 책임은 민간 정부에게, 할 수 있는 모든 기회를 다 시도하여 보았으며 있는 힘을 남김없이 다 소진했노라고 보고함으로써 끝나는 법이다.

"다른 사람들의 마음을 얼어붙게 만드는 발상을 보고, 독일인들은 피가 끓는다"는 말이 있다. 규모나 강도의 면에서 상상을 초월하며, 방법과 전술적인 측면에서도 그 예를 찾아볼 수 없는 '황제의 전쟁'이란 웅대한 작전으로, 독일은 서서히 목을 죄어오는 재앙으로부터 간발의 차이로 승리를 낚아채는 듯싶었다. 작전 자체만을 놓고 볼 때 이것은 유례를 찾기 힘든 대단한 걸작이었으며, 그런 작전을 기획하고 실행에 옮겨서 예상대로 성과를 거두어들인다는 것과, 이런 엄청난 모험을 감행한다는 것, 이 모든 것은 그 자체로서는 나무랄 데 없는, 어쩌면 가상한 일일 수도 있을 것이다.

바야흐로 시기는 무르익어 이 모든 드라마가 막을 내리기 정확하게 일년 전인 운명의 11월 11일, 루덴도르프는 몽스에서 회의를 개최했는데, 마침 이 장소는 영국군이 대전의 첫 총성과 마지막 총성을 울린, 기묘한 운명을 가진 장소이기도 하다. 이 비밀회합은 실질적인 전쟁 수행자들만의 모임으로, 황제 및 왕과 왕자, 각 군의 사령관 및 일단의 군인들, 제국의 총리와 외무장관, 그리고 제국의회의 지도자들은 모두 배제된 채 진행되었다.

이곳에서는 거대한 전쟁사업을 정밀하고 냉정하며 단호한 태도로 다루어가고 있었다. 긴밀하게 유대를 맺고 있는 참모

장성, 자신들이 무엇에 대해 말하고 있는지를 정확하게 알고 있는 사람, 같은 기술적인 언어를 구사하는 사람, 다른 모든 잡념을 배제한 채 오로지 전쟁계획만을, 전쟁 식의 발상법으로 생각하는 사람들만이 모였다. 극도로 제한된 소수정예로서 주변 사정에는 어둡지만, 자신의 분야와 직업에 대해서만큼은 최고의 지식을 갖춘 사람들의 극히 폐쇄된 모임이었다.

루프레히트*의 군 참모장 쿨, 황태자의 측근으로 그의 군대를 총괄하는 슐렌버그, 루덴도르프의 고급 기획참모 벤젤, 그리고 루덴도르프 자신이 이 모임의 참석자들이다.

회의의 대 전제는 다음과 같았다.

"우리는 서부전선의 공략을 재개할 만한 충분한 대포와 탄약 및 병력을 갖추게 되었다. 우리는 미군이 도착하기 전에 프랑스와 영국군을 궤멸시킬 수 있다. 우리에게 주어진 시간은 6개월이다."

이로부터 귀결되는 질문은 이러했다.

"임무를 완수하기 위해서 우리는 어떻게 해야 되는가?"

루덴도르프는 선언하였다. "영국군을 격퇴해야만 한다."

이어지는 질문은, "플랑드르 쪽을 공격해서 하즈브룩을 향해 나갈 것인가 아니면 남쪽으로 생캉탱 근처를 공격할 것인가?"였다. 북쪽을 공격하는 것은 여러 가지 면에서 이점이 많으나, 한 가지 결정적인 문제점이 있다. 3월의 이곳 날씨는 너무 나쁘고, 땅도 너무 질어서 공격을 감행하기에는 매우 불리하다. 그렇다고 4월이나 5월까지

루프레히트
1869~1955, 바바리아의 왕위계승권자, 독일 육군 원수.

기다릴 수는 없는 일이다. 우리는 시간과의 싸움을 벌이고 있는 중이다. 미군은 몰려오고 있고, 연합군은 우리한테 독가스 제조법을 이미 배웠다. 그러므로 우리는 하루빨리, 가장 남쪽 전선에 포진해 있는 영국군을 공격해 들어가는 것이, 날씨에 영향받지 않고 시간을 버는 방법이다. 루덴도르프는 이런 논리에 따라 솜 전선을 우선 공격 목표로 설정하고, 이곳을 확보한 다음, 주공격은 방향을 북서쪽으로 틀어서 영국군을 '바다로 쓸어 넣는다'는 작전을 제안한다.

쿨은 플랑드르 공격을 지지했으며 필요하다면 한 달이라도 기다리겠다는 입장이었고, 벤젤은 베르덩 공격을 재개하자는 안을 선호했다. 11월 11일의 회의 이후 6주째 이어지는 토론에서, 그는 줄곧 최적의 공격목표로 특별한 전략이 필요 없는 베르덩을 내세웠다. 그는 지적하기를, 플랑드르가 전술적이나 전략적으로 매우 중요한 요충지이기는 하지만, 시기적으로 볼 때 대 연합 공세의 막바지 단계에 가서 공략하는 것이 더 바람직하다는 것이었다. 만약 플랑드르의 영국군이 3월에 공격을 받게 되면, 프랑스군이 남쪽에서 구원 공세를 펼칠 가능성이 매우 높지만, 베르덩을 공격할 경우 3월의 지면 상태로 보아, 영국군이 지원의 손길을 뻗치기는 거의 불가능하다는 것이 그가 베르덩 공격을 주장하는 주된 논리였다. 그는 또한 생캉탱 공격에 대해서도 신랄한 비판을 가했다. 왜냐하면 기습공격이 불가능하다는 것인데, 그 이유는 그곳이 "매우 조용한 전선으로, 적들이 이쪽의 준비상황을 쉽게 파악할 수 있다"는 것이었다. 그곳을 공격하려면 독일군은 솜의 황량한 격전지를 가로질러 예전의 독일군 및 연합군 방어선을 몇 개나 넘어야 하는 부담을 안고 있었다.

벤젤은 그러나, 당연한 일이지만, 자신의 주장을 뒤엎고 상관의 견해에 따르면서, 최종적으로 자신의 과거 주장과는 전혀 어긋나는 이중공격 안을 제안했는데, 첫째가 생캉탱 공격으로, 3월의 셋째 주(그 회의에서 통용되는 은어로는 "미카엘과 마르스")에 감행하고 둘째는 2주 후 하즈브룩(은어로는 "성 조지")을 향하여 진격한다는 내용이었다.

반면 루덴도르프는 두 명의 참모장을 대동하고 모든 전선을 직접 돌아보고 난 후, 공격에 가담할 것으로 예상되는 다섯 명의 사령관들과 공격방법 등을 논의한 다음 1월 21일 단안을 내렸다. 베르덩과 하즈브룩에 대한 공격은 불가하고, 여러 가지 있을 수 있는 반대에도 불구하고 생캉탱 지역에 대한 공격을 최종적으로 확정한다. 이 선택은 그의 선택이었고 또한 오로지 그가 혼자서 내린 결정이었다.

영국군 공격에 동원될 포병대의 구성 내용을 보면, 375개 야전포병 중대, 297개 중포 및 28개 초(超)중포대가 동원되며, 대포의 숫자로 보면 18군의 2,500문, 2군의 1,800문, 17군의 1,900문 도합 6,200문의 대포가 동원된다.

공격의 상세 일정은 다음과 같다.

오전 4시 40분에 시작해서 두 시간 동안, 영국군 포대, 참호 박격포, 사령부, 전화 교환국 및 무기, 탄약 등의 임시 집적소에 대하여 50분간 독가스 공격을 가한 다음, 10분간 보병 진지에 대한 기습 포격을 가하고, 같은 방식으로 다시 한 번 되풀이해서 공격한다.

10분씩 3회에 걸쳐서 사정거리 조정을 위한 포격.

70분간 보병 진지에 대한 조준포격.

75분간 추가 포격을 하고, 이어서 15분간 및 10분간 집중 포격.

최종적으로 보병의 돌격을 위해서 5분간 준비.

이러한 대규모의 포병 지원 아래 독일군 66개 사단이, 19개 사단 병력으로 구성된 영국군이 진을 치고 있는 전선을 향해서, 3월 21일 새벽에 총 진군하는 것으로 되어 있었다.

독자들은 전쟁행위라는 것이 도대체 얼마만큼이나 깊숙이 타락했는지 실감할 수 있을 것이다. 아무리 좋은 말로 표현한다 하더라도, 이제 이 음울한 시대에 전쟁이란, 인간의 대량 살육을 위한 모든 기계적인 수단의 총집합 이외에는 별다른 의미를 찾아보기 힘들게 되었다. 전쟁터가 마치 시카고의 도살장에 보내기 전에 일시적으로 거치는 가축우리로 전락한 감이 없지 않다. 전체적으로 볼 때, 헤이그-파샹델 부류의 초대형 공격에 속하지만 규모에 있어 훨씬 더 큰 이번 공격은,

전사에 기록된 모든 전투 중에서도 가장 치열하면서도, 개인적이 아니라는 의미에서 가장 비인간적인 전쟁으로 기록될 것이다. 하지만 바로 그 엄청난 규모와 비인간적인 구조 자체가 루덴도르프의 마음을 사로잡았던 특성이기도 했다. 그는 평생을 이런 계산을 하며 살아온 사람이었으며, 그가 배우고 익힌 모든 것의 진수가 여기 담겨져 있었던 것이다.

치열하고 정확하며 손에 확실히 잡히는 방안을 놓아두고서, 아직 시간이 남아 있는 동안 연합군과 화평을 시도한다거나, 비겁한 러시아를 희생양으로 삼아 서부전선에서 타협을 유도한다는 식의 발상은 그에게는 전혀 먹혀들지 않는 사고였다.

겨울철에 접어들면서, 전쟁을 지속함으로써 닥쳐올 위험에 대한 저명한 독일 실업가들의 실질적인 경고가 그에게 전달되었지만, 완전히 묵살되고 만다. 지금 그의 눈에는, 이러한 주장들은 단지 막연하고 불투명한 시시하기 그지없는 안개와도 같은 것들로써 오로지 시뻘겋게 활활 타는 자신의 붉은 대포알 이외에는 아무것도 보이지 않았다. 이 탄환을 발사하기 위해서, 이 모든 사태를 배후에서 조종하기 위해서, 또 억제된 에너지를 방출시키기 위해서는 목적 그 자체만을 본질적으로 추구하여야만 하였다. 이러한 심리상태는 군인에게는 아주 잘 어울리는 것으로써 전문적인 집단일수록 주제를 철저히 격리시켜 생각하는 태도가 요구되기도 한다. 장군이 장군으로서 사고를 하고, 자기 자신의 업무를 생각한다 해서 비난할 수는 없는 것이다. 이 문제는 루덴도르프 개인의 문제이지 독일의 문제가 아니다.

그러나 독일은 실상, 전쟁을 선포하는 순간부터, 자신들이 얼마나 많은 적을 상대해야만 하는지를 깨닫고서는 공포에 질려 있었다. 더구나 적들이 보여주는 식을 줄 모르는 호전적인 성향과 강철 같은 의지, 치솟기만 하는 자신들에 대한 적개심을 확인하고는 끊임없이 불안에 떨고 있었으며, 내부적으로는 곡물과 육류, 채소 등이 고갈되어 가면서 항상 탈출구를 모색하고 있었던 것이다. 정말로 안타까운 일은 그 탈출구가 분명히 있었다는 사실이다.

겨울철에 접어들면서 파샹델의 포성이 멎자, 온갖 비명소리와 구슬픈 협상의 목소리가 연합국 측으로 들려오기 시작하였다. 이제 희망은 없는 것인가? 독일 국민들은 독일이라는 집에 불이 났다고 생각했다. 강대했던 독일이라는 저택이 화염에 휩싸였고, 소방수들이 최신 장비를 동원해서 영웅적인 노력을 기울이며 불길을 잡으려고 애를 쓰는 데도 불구하고, 불길은 자꾸 커지면서 끝없이 번지기만 한다. 당장이라도 건물은 무너져 내릴 듯이 보였고 그 안에 있는 모든 것은 잿더미로 화할 운명에 처한 바로 그 순간, 동쪽 출입구 위에 분명한 글씨로 '비상구'라는 사인이 조명을 받고 반짝이며 나타났다. 그러나 애석하게도 그들은 그 비상구를 이용할 수가 없었다.

독일제국이 안고 있던 치명적인 약점은, 직업에 관한 전문지식 이외의 세계에 대해서는 전혀 문외한인 군 지도자들이, 국가의 모든 정책에 관하여 조정자로서 행세할 수 있었던 데 있었다. 프랑스의 민간 정부는 전쟁 기간을 통틀어서 가장 어둡고 처절했던 시기에도, 국가 존립의 뿌리가 흔들리는 가운데에서도, 항상 국정운영의 최고 기관으로 기능해 왔다. 대통령, 총리, 전쟁 장관, 의회, 그리고 이 모든 것을 하나의 총체로서 지칭하는 '파리'는 항상 통치의 중심에 자리잡고 있어서, 제아무리 큰 공을 세운 군인이라도 그 명령을 따르지 않으면 안 되었다. 한편 영국에서는 의회의 기능이 거의 중지된 상태였다. 언론은 스스로를 '군인들'이라고 부르던 장군들을 한껏 치켜세웠다. 그러나 영국에는 강력한 정치 계급제도와 서열이 존재하고 있어서, 그들이 일단 자신의 존재를 걸고 문제 해결에 나설 경우, 여하한 고급 장교와도 정면으로 맞붙어 꺾을 수 있는 저력을 갖추고 있었다. 반면 미국은 모든 분야에서 민간적인 요소가 워낙 막강한 나라라서, 오히려 상대적으로 미숙한 군부의 실력자들을 키워주고 북돋아주어야 할 필요가 있을 정도였다. 독일의 경우는 군부에 맞서 국가를 구제하는 의사결정 과정에 자신들의 의지와 특수한 관점들을 조화시켜 이끌어갈 만한 민간 세력이 형성되어 있지 못하였다.

거대한 군함이 전장을 향해서 항해해 가는 장면을 한번 떠올려보자. 지휘소에는 화려한 제복차림의 비전문가들이 절도 있는 제스처를 섞어가며 웅변조의 변설을 토하고 있고, 선박의 운항을 책임지고 있는 기술자는, 선박의 운항을 통해서 전 함대의 운명을 책임지고 있는 형상이다. 그는 세상이 어떻게 돌아가는가에 대해서는 하나도 아는 바가 없다. 수면 저 밑에 위치한 기계실과 무장된 갑판에 쑤셔박혀 있는 그가 어떻게 알 수 있겠는가? 그는 모든 보일러에 불을 지피고 안전 밸브를 다 풀어놓은 상태에서 키는 중앙에 고정시켜놓는다. 그의 입에서 나오는 명령은 오로지 "전속력으로 전진" 그 한마디다.

알렉산더나 한니발, 시저, 말버러, 프레데릭 대왕, 나폴레옹, 그들은 모두 이야기의 전체적인 흐름을 이해하고 있었다. 그러나 루덴도르프는 단지 한 단원만을 배웠을 뿐이고 그 단원에 대해서만큼은 정통했다. 누구든지, 승리를 쟁취하기 위해서 모든 것을 걸고 덤벼드는 지독히 숭고한 성품을 헐뜯을 수만은 없다. 하지만 국가의 명운이 걸린 대 격전을 치르는 마당에는 그것만 가지고는 안 된다. 독일의 경우는 그밖에 갖췄어야 할 요소들이 아예 존재하지 않았거나, 아주 철저히 억제되어 있었던 것이다.

여기서 1918년 3월 21일의 치열했던 격전에 대하여 자세한 설명을 하는 것은 적절치 않은 일로 보인다. 영국의 제5군이 1,000문의 대포와 15만에 달하는 인명의 손실을 입으면서 전선을 뒤로 깊게 물린 사정이나, 독일군의 아미앵을 향한 전선이 계속 돌출선을 그리며 부풀어 나갔던 저간의 사정은 이미 여러분이 알고 있는 대로이다. 페탱*은 영국군과 연락을 끊고 오로지 파리의 방어에 전 프랑스군을 투입했지만, 그럼에도 불구하고 영국군의 엷은 전선은 결코 뚫린 적이 없었다. 영국군의 오른손을 잡은 프랑스군의 왼손은 4년간의 엄청난 시련과 인내의 시간을 끝내 버티어내고 승리의 순간을 맞는다. 이러한 이야기들은 이곳에서 지금 내가 다루고 있는 주제를 훨씬 뛰어넘는다.

> **페탱**
> Philippe Pétain 1856~1951, 프랑스의 장군. 1차 대전 당시 베르덩 전투에서 승리하여 국민적 영웅으로 추앙받았으나, 2차대전 중 비시정부 하에서 국가원수직을 맡아 명예가 실추되었다.

  루덴도르프의 공세로 조성된 위기와 절박감으로 인하여 연합군과 미국은 보다 긴박한 행동을 취하지 않을 수 없었다. 독일군의 요새화된 전선에 대해서 장기간에 걸쳐 퍼붓던 진력나는 공세는 막을 내리고, 이제는 살아남기 위한 가혹한 싸움을 눈앞에 두고 있었던 것이다. 하지만 한편으로 연합군은 마른 전투 이후, 이 전쟁의 승리를 당연한 것으로 인식하고 있었다. 늦어지거나 값비싼 대가를 치르는 한이 있을지라도 여하튼 승리 자체는 자신들의 것이라는 데에 대하여 의심하지 않았다. 전쟁에 이기기 위해서가 아니라(왜냐하면 이미 승리를 확신하고 있었으므로) 오로지 화평을 갈구하는 적에게서 가혹한 조건을 끌어내기 위해서, 불필요한 공격에 의한 대량 살육이 자행되었다. 이러한 사태는 전쟁 참여국들 사이에서조차 많은 이견을 자아냈는데, 1917년 가을 랜스다운 경*의

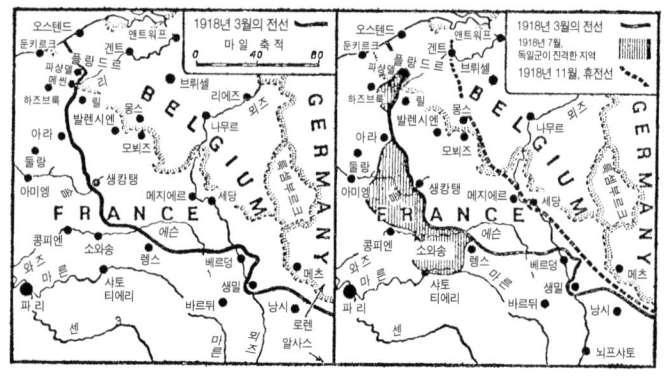

편지가 〈데일리 텔레그래프〉지에 실렸고, 사회주의자들의 스톡홀름 회의가 열렸으며, 부르봉 6세 왕자의 교섭 및 스뫼츠 장군*과 멘스도르프 백작 사이의 대화가 스위스에서 진행되기도 했다.

그러나 돌연, 모든 의혹은 사라지고, 더 이상 전투행위는 적군에게서 가혹한 조건을 끌어내기 위한 수단이 아니었다. 실제로 미군이 개입하기도 전에 연합군의 패배가 목전에 다가온 것이다. 하지만 닥친 재앙이 비록 가혹한 것이기는 하였으나, 이로 인해서 오히려 영국과 프랑스의 군사력이 활기를 되찾고 다시 살아났으며, 특히 미국이 크게 분발하는 계기를 마련해 주기도 하였다. 이제 아무도 평화니 평화회담이니 하는 것을 거론하지 않았다. 독일에 대항하는 전쟁 의지로 뭉쳐진 강력한 연대관계가 이때처럼 격렬하고 공고한 적도 일찍이 없었다.

랜스다운
Lord Lansdowne 1845~1927, 아일랜드의 귀족이자 영국 외교관.

스뫼츠
Jan Christian Smuts 1870~1950, 남아프리카 공화국의 정치가, 군인.

모든 군수품 공장, 광산, 작업장을 망라해서 영국 전역에 걸쳐 19세 이상 55세 이하의 인원을 강제적으로 긁어모은 결과, 대략 25만 명에 달하는 신병이 신속하게 해협 건너 전선에 투입될 수 있었다. 대포 1,000문을 교체하는 데 한 달이 채 걸리지 않았으며, 독일군의 이어지는 대량 공세에도 불구하고 영국군은 끈질기게 버티어냈다. '마르스와 미카엘'의 폭풍이 지나가고 '성 조지'가 영국군이 주둔하고 있는 하즈브룩의 코앞에 들이닥쳤으나, 방어선은 끝내 무너지지 않았다.

3월 21일이 될 때까지도, 미국은 조직적이고도 정교한 방식으로 충분한 시간을 들여가며 군대를 준비시키고 있었다. 이 위대한 공화국이 전쟁에 발을 들여놓은 지가 벌써 일년이 넘었지만, 고작 6개 사단만이 프랑스에 건너왔고 그나마 전선에 투입된 병력은 2개 사단뿐이었다. 미군 사령부의 속셈은, 가능하면 군대를 군단(軍團)과 군(軍) 단위로, 그렇지 못하면 최소한 사단(師團) 규모로 전장에 투입시켜서, 종국적으로는 모든 미군 단위부대들을 한데 모아 하나의 위대한 미합중국 군대를 편성하는 것이었다. 그들이 대서양을 사이에 두고 양쪽에서 훈련과 준비에 몰두해 있는 동안, 연합군은 독일군의 대지뢰(對地雷) 전차(戰車)를 앞세운 무자비한 공세 앞에 함몰될 위기를 맞고 있었다. 로이드 조지와 클레망소˚는 불같이 들고 일어나서 미군의 조속한 전선 투입을 촉구했다. 우선 보병을 사단 규모가 될 때까지 기다릴 것 없이 당장 파병해 줄 것을 강력하게 요구하면서, 아울러 파견된 미군을 영국

클레망소
Georges Clemenceau 1841~1929. 프랑스 정치가. 1차 대전 당시 프랑스 총리를 역임했으며 (재임 1917~1920), 연합군이 승리하는 데 크게 기여했다. 전쟁 후에는 베르사이유 조약의 골격을 구성하는 데도 큰 역할을 했다.

퍼싱
John Joseph Pershing 1860~1948, 1차 대전 당시 미국의 유럽 원정군 사령관.

리딩
Reading 1860~1935, 영국의 법관, 외교관.

군과 프랑스군의 여단(旅團), 심지어는 대대(大隊) 단위에까지 편입시킬 것을 주장했다.

퍼싱* 장군은 군 및 민간인 동료들과 함께 프랑스 정부에, 프랑스에 주둔하고 있는 미군을 훈련과정의 이수 여부를 불문하고, 그들이 역할을 할 수 있는 곳이면 지역을 가리지 않고 어느 전선에라도 투입하겠다는 내용을 통보해 왔다. 보병 수십만 명을 파병해 달라는 요청과 함께 아직 훈련이 채 끝나지도 않은 미군 사단 병력을 당장 보내달라는 요구에 대해 윌슨 대통령은 리딩 경*에게, 두고두고 영국인들의 입에 회자되던 다음과 같은 유명한 답변을 한다. "대사, 최선을 다해 보겠소." 이 말이 얼마만큼 제대로 지켜졌는지는 그 후의 기록을 보면 알 수 있다. 2월, 3월, 4월 석달 동안 대서양을 건넌 미군은 겨우 4개 사단에 지나지 않았다. 그러나 5월에 접어들면서 전 국가적인 호응 아래 대통령의 의지가 결실을 보기 시작한다. 1개 사단에 거의 3만 명이 편성되어 있는 총 8개 사단 병력이 5월 한 달 동안 대서양을 건넜고, 6월에도 8개 사단, 7월에 4개 사단, 8월에 6개 사단, 9월에 5개 사단이 파병되었다. 거의 백만 명에 가까운 병력이 4개월에 걸쳐서 구대륙을 돕기 위해 신대륙을 출발하여 영국 해군의 호위 아래 대서양을 횡단했다. 비록 극소수의 미국 철도 기술자들만이 영국군 전선에 배치되어 싸웠고, 영국군에 대한 루덴도르프의 공격이 결정적인 타격을 입기 이전에 전선에 투입되어 있던 미군의 숫자는 겨우 4개 사단 규모에 불과했지만, 계속 이어지는 활기 넘치는 대규모의 신규 병력의 유럽 진출은, 사력을 다하고 있던 연합군에게 마지막 승리에 대한 확신을 더욱 굳건하게 심어주었다.

하지만 영-불 연합군이 회생하게 된 결정적 계기는 3월 26일 두앙에서 이루어진다. 프랑스의 클레망소, 포앙카레, 포슈 그리고 페탱이 영국의 밀너, 헤이그와 윌슨을 만났다. 분위기는 침울했고, 바람은 살을 에는 듯했다. 전쟁으로 이미 단련된 이들 군인과 정치인 앞에는 암울한 현실이 버티고 있었다. 프랑스 측은 자신들이 그 많은 희생을 치르면서 탈환했던 땅을 다시 적군의 손아귀로 넘겨준, 동맹국이 겪은 엄청난 패배에 대해 우울한 눈길을 주며 깊은 생각에 잠겼다. 프랑스 측 군인들은 동맹국의 명백한 실패에 대해 혹독한 평가를 내렸다. 독일군의 압도적인 공세에 밀려난 기진맥진하고 초췌하기 이를 데 없는 영국군 제5군 장병들의 몰골은, 그들의 눈에는 거의 군사적으로는 쓸모없는 존재로 비쳐졌다. 언젠가 클레망소는 나에게 다음과 같은 이야기를 들려준 적이 있는데, 이 이야기는 나중에 그의 회고록에도 등장한다. 프랑스군의 최고위 인사가 헤이그 장군을 가리키면서 "저기 서 있는 저 사령관은 2주일 내로 적군에 투항하든지, 아니면 자기 군대가 전장에서 박살나는 꼴을 보게 될 것 같습니다" 하고 말했다는 것이다. 도대체 최고위

> 헤이그
> Douglas Haig 1861~1928, 제1차 세계대전 당시 프랑스 주둔 영국군 총사령관, 육군 원수.

장군이라는 사람이 어떻게 그런 망발을 할 수 있었을까!

영국은 나름대로 1917년에 독자적으로 벌였던 대규모 살상 공세와 거기 쏟았던 노력을 생생하게 기억하고 있었으며, 상처투성이인 영국군 사단들이 프랑스의 압력에 못 이겨 이토록 참혹한 전선에까지 뻗치게 되었던 저간의 사정과, 페탱이 지원군이라고 프랑스군을 보내면서 얼마나 늑장을 부리고 인색하게 행동했는지를 모두 기억하고 있었다. 그들은 지원을 약속한 날을 겨우 이틀 앞두고서, 약속을 철회함으로써 자신들을 고립무원의 지경으로 몰아넣었던 그의 냉혹함에 치를 떨고 있었다.

하지만 지금은 비난 따위나 하고 있을 때가 아니었다. 회합에 모인 양측간에 몇 마디만이 오간 뒤 한동안 침묵이 흘렀다. 헤이그는 프랑스로부터 조금이라도 더 많은 협조를 얻어낼 수만 있다면, 오랫동안 독자적으로 행사해 오던 지휘권마저도 넘겨줄 각오가 되어 있었다. 한편 어떠한 수단을 써서라도 이 난국을 타개해야만 하겠다는 클레망소의 결심은 확고했다. 그는 단호하게 말했다. "프랑스 전선에서 어떤 사단들을 차출하느냐가 문제가 아니고, 어떻게 하면 빨리 그들을 현재 전투가 벌어지고 있는 전선으로 이동시키느냐가 문제다." 냉정하고 침착하기 이를 데 없는, 완벽한 훈련을 거친 사령관인 페탱은 '호랑이'(클레망소의 별명)의 눈빛에서 모든 것을 읽어내고서는, 자신의 생각을 그의 생각에 맞춰서 이미 수정해 놓고 있었다. 그는 이제까지의 주장과는 달리, 아미앵의 방어가 현재로써는 가장 시급한 과제라고 선언하고 나섰지만, 지금과 같은 상황에서 그러한 역할을 수행하기에는 지칠 줄 모르는 투쟁 정신의 소유자인 포슈 장군이 적격이었다. 마침내 어떤 난관이라도 같이 헤쳐 나가자는 결의와 더불어 프랑스와 플랑드르에 걸친 모든 전선을 통괄하는 통합사령부를 설치하자는 데에 의견이 모아졌다.

포성의 굉음이 끊임없이 고막을 때리는 신음하는 전쟁의 위기 속에서, 오직 영광스러운 승리만이 요구되고 그 임무와 명운을 같이 해야만 할 엄숙한 임무가, 포슈 장군의 어깨에 지워졌다.

A Day with Clemenceau

클레망소와 보낸 하루

1944년 노르망디의 영국군인들과 함께. 오른쪽은 몽고메리 장군.

> "소란스러운 아비규환의 격전장 모습과는 너무도 대조적으로,
> 군 최고 신경중추의 분위기는 졸음이 올 정도로 고요하고 차분했다.
> 최고 사령관은 오후 승마를 하느라 자리를 비우고 없었다.
> 세계대전의 조건과 그 요체를 이해하지 못하는 사람은,
> 역사상 가장 규모가 크며 잔인한, 중요하기 이를 데 없는 전투들이
> 실제로는 이 조용한 지점에서부터
> 능숙하게 효과적으로 처러지고 있다는 사실을 믿기 어려울 것이다."

 독일이 결행한 1918년 3월 21일의 대공세로 아군의 전선이 무너지기 시작한 이후, 나는 업무의 맥을 끊지 않기 위해서 아예 군수성(軍需省) 내의 내 사무실에 기거하고 있었다. 28일 이른 아침, 총리로부터 다우닝가로 와달라는 전갈을 받고 달려가 보니, 총리는 아직 침상에 몸을 묻은 채 보고서와 전문 속에 파묻혀 있었는데, 그리 편안한 기색이 아니었다. 그는 어제 낮부터, 세계 곳곳으로부터 날아드는 갖가지 서로 상충되는, 나름대로 권위 있는 정보들을 놓고, 특히 관심 있는 부분에 밑줄을 긋기도 하고 지워가기도 하면서 실체를 파악하려고 씨름하는 중이었다. 전세계에 뻗어 있는 수많은 경로

를 통하여 수집된 정보들이 제각기 여러 과정을 거치면서, 최소 단위 구역별로, 가장 확실한 사실과 극비에 해당하는 정보만을 추려서, 그것도 주된 흐름을 파악하여 취사선택된 최고급 정보들만이 그에게 도달하는 것이다. 그러나 내용을 엄선하고 요점만을 정리했다고는 하지만 최정상까지 도달하는 정보의 양은 워낙 방대하기 때문에, 아무리 속독에 숙달된 사람이라 하더라도 매일 배달되는 문서 뭉치를 훑어보기만 해도 두세 시간은 족히 걸릴 정도였다.

로이드 조지는 나를 보더니, "당신 며칠간 사무실을 비우고 프랑스에 좀 다녀올 수 있겠소?" 하고 물었다.

나는 마침 군수품 대체 작업에 필요한 기본적인 조치를 막 끝낸 상태라서, 그 업무가 진행되는 동안은 특별히 바쁠 일은 없을 것 같다고 대답했다.

"좋소, 잘됐구려" 하더니, 그는 곧 이어서 "도대체 프랑스 사람들 무슨 꿍꿍이속인지 알 수가 없단 말이야. 지난번에 분명히 독일군 진입을 저지하는 데 총력을 기울이겠다고 하지 않았소? 그들이 움직여 주지 않는 날에는 독일군이 틀림없이 우리 양측 전선 사이를 뚫고서 바다까지 진출할 것이 뻔한데도 말이오. 우리 사령부에서는 그들이 어떻게 나올지 감을 못 잡고 있는 것 같소. 보고서를 보면 프랑스군은 여기 몇 개 사단, 저기 몇 개 사단하는 식으로 굼벵이 걸음을 하고 있는 중이라니, 도대체 후방의 움직임은 어떻게 되어가고 있다는 이야기인지, 이것만 봐서는 도저히 알 수가 없단 말이오. 군 단위의 움직임은 어떻게 되어가고 있는지, 수십만 병력이 정말로 올라오고 있는 건지, 어디에 있는 병력을 움직이겠다는 건지, 또 언제 도착시키겠다는 건지, 내가 알고 싶은 것들은 바로 이런 것들이란 말이오. 당신이 좀 가서 알아내주구려. 가서 하여튼 만날 사람은 모조리 만나보시오. 내가 필요한 권한을 모두 줄 테니, 포슈*도 만나고 클레망소도 만나시오. 그들이 정말 대 이동을 시작하고 있는지 아닌지를 당신이 직접 확인하시오."

> 포슈
> Ferdinand Foch 1851~1929, 제1차 세계대전이 종전될 무렵 프랑스의 육군원수이자 연합군 사령관. 연합군 승리에 가장 큰 공을 세웠다.

나는 웨스트민스터 공작 단 한 명만을 대동한 채, 11시를 전후해서 출발을 서둘렀다. 구축함에 몸을 싣고 해협을 건넌 우리는, 파리로 가는 도중에 영국군 총사령부가 있는 몽트뢰이에 잠시 들렀다. 평화롭기만 한 구대륙의 작은 도시의 텅 빈 도로에, 비는 진작부터 을씨년스럽게 내리퍼붓고 있었다. 이 지점에서부터 영국군 60개 사단이 죽 뻗어 있었으며, 그중 절반 이상은 피비린내 나는 작전을 수행하고 있는 중이었다. 특히 라 바쎄를 기점으로 하여 남쪽지역에서 가장 격렬한 전투가 벌어지고 있었으며, 포탄 자국으로 엉망이 되어 있는 솜 지역의 들판을 지나 아미앵을 향해서, 제5군 잔존자들의 행렬이 길게 이어지고 있었다. 빙 장군의 제3군은 지금 한창 격전을 치르고 있는 중이었다.

이제 영국군은 모든 전선으로부터 차출할 수 있는 여유병력이란 병력은 모두 그러모으고, 이동할 수 있는 사단을 총동원하는 것은 물론, 후방의 보충대와 훈련소에서까지, 소총을 걸머질 수 있는 사람이라면 모두 기차와 차편을 통해 일선에 투입하면서, 물밀 듯이 밀려오는 독일군의 진격을 저지하는 데 사력을 다하고 있었다. 이 모든 상황은 이미 익히 알고 있는 것들이었다. 하지만 5만 미터에 걸쳐서 뻗어 있는 전선과, 불과 50 내지 60미터밖에 떨어지지 않은 지점에서 벌어지고 있는 소란스러운 아비규환의 격전장 모습과는 너무도 대조적으로, 군 최고 신경중추의 분위기는 졸음이 올 정도로 고요하고 차분했다. 흔히 볼 수 있는 법석과 긴장된 모습은 보이지 않고 일상적인 업무만이 조용한 가운데 소리 없이 진행되고 있었으며, 최고 사령관은 오후 승마를 하느라 자리를 비우고 없었다. 세계대전의 조건과 그 요체를 이해하지 못하는 사람은, 역사상 가장 규모가 크며 잔인한, 중요하기 이를 데 없는 전투들이 실제로는 이 조용한 지점에서부터 능숙하게 효과적으로 치러지고 있다는 사실을 믿기 어려울 것이다.

나는 참모총장을 육군 사관학교에 있는 그의 집무실에서 만났는데, 그가 가진 정보는 이미 런던에 다 보고된 것들이었다. 그는 나와의 대화중에도 간간이 주요 전선과 떨어져 있는 지역에서 작전중인 몇몇 사단들의 활동에 대하여 전화상으로 지시를 내리기도 하고, 보고도 받았다. 그의 모습에서 자신의 운명을 담담하게 받아들이려는 달관한 사람의 체취를 느낄 수 있었다. 전투가 지속되면서 아군의 예비 병력은 눈에 띄게 줄어들고 있는데 반해, 적군은 지속적으로 충원이 이루어지고 있었으며 끊임없이 아군의 전선을 죄어들어오고 있었다. 비교적 한가한 지역에서 차출되어온 적군 사단은 그렇지 않아도 허약해진 아군의 전선에 새로운 타격을 가하곤 했다. 이즈음, 대규모의 독일군 병력과 대포가 영국군의 북부전선에 집중되고 있다는 증거가 많이 나타나고 있었다. 머지않아 그쪽에서 독일군의 대규모 공세가 펼쳐질 것임을 예고하고 있었던 것이다. 아군은 이미 십만이 넘는 병사가 죽거나 아니면 적의 포로가 되었으며, 1,000문이 넘는 대포를 잃은 데다, 야전병원을 거쳐 영국으로 후송되는 부상자의 숫자가 하루가 다르게 늘어가는 바람에 나라 전체가 몸살을 앓고 있는 중이었다.

프랑스는 지금 무슨 생각을 하고 있는 것일까? 과연 결정적인 반격을 구상하고는 있는 것인가? 남쪽으로부터 치고 올라와서, 계속 불거져가는 독일군의 남부전선을 측면에서 강타할 수 있을 것인가? 만약 그렇게 하지 못하는 날에는, 영국군과 프랑스군은 필연적으로 찢어질 수밖에 없다. 참모총장은 지도 위에 현재 작전중인 프랑스군 몇 개 사단의 움직임을 표시해 놓은 다음, 그들이 실제 무엇을 노리고 있는지 알 수가 없다고 실토했다. 그 순간 몽디디에가 독일군의 수중에 넘어갔다는 비보가 날아들었다. "그들은 총력을 다 해서 공격하고 있음이 틀림없습니다." 참모총장이 그 순간 할 수 있는 말은 이 한 마디뿐이었다.

밖은 아직도 계속 비를 뿌리고 있었다. 우리는 다시 파리를 향해 여행을 계속했다. 아미앵은 심한 포격을 받고 있었지만 우리가 지나는 동안은 잠잠했고, 아미앵-보베 간의 도로를 달리는 중에도 포탄 세례는 없었다. 대포들이 뿜어내는 섬광은 비와 안개에 싸인 채 희미하게 비칠 뿐이었고 멀리서 울리는 포성마저 자동차 엔진의 진동소리에 파묻히고 말았다. 보베의 거리는 온통 프랑스군으로 가득 차 있었고, 호텔은 장교들로 북적거렸다. 군단 사령부가 막 도착한 것이다. 역에는 군용열차가 쉴 새 없이 병사들을 토해 내고 있었다. 우리는 자정이 다 되어서야 파리에 도착했으며, 거의 텅 비다시피 한 리츠 호텔의 화려한 방에서 하룻밤을 보냈다.

다음날 아침 일찍 나는 우리측 군사 사절단장 색빌 웨스트 장군에게, 클레망소 총리를 만나서 내가 방문한 목적과 성격을 설명해 달라고 부탁했다. 정오쯤 되어 돌아온 그가 가지고 온 '호랑이' 클레망소의 답변은 다음과 같았다.

"윈스턴 처칠 씨께 원하시는 곳을 모두 다 보여드리는 것은 물론, 내일 내가 직접 일선으로 모시고 가서, 관련된 군과 군단의 사령관들을 만나게 해드리겠습니다."

나는 그날 오후 내내 우리의 파리 상주 인원들과 함께, 이제 규모가 커질 대로 커진 군수품 수급관계의 일을 처리하면서 보냈다. 독일군의 장거리포는 30분 간격으로 도시에 포탄을 퍼부어댔고, 저녁이 되자 보다 생생하고 시끄럽지만, 비교적 덜 위험한 공습광경을 구경하면서 우리는 기분을 풀었다. 다음날 아침 8시 정각에, 우리 일행은 전쟁성을 들렀다가 전선으로 출발하기로 되어 있었다.

다음날인 3월 30일 아침, 최고 권위를 상징하는 작은 삼색 깃발로 장식한 다섯 대의 차량이 생 도미니크가의 안마당을 꽉 메웠다. 클레망소씨는 일초의 어김도 없이, 수행 장군과 두세 명의 고급 장교를 대동하고 전쟁성의 널찍한 계단을 내려와서 유창한 영어로 나를 따뜻하게 맞아주었다.

"윌슨 처칠 씨(그는 나를 이렇게 불렀다), 이렇게 와주셔서 정말 반갑습니다. 우리는 모든 것을 다 보여드릴 예정입니다. 함께 가서 포슈도 만나고 드브네˙도 만납시다. 군단장들도 전부 만나보고, 존경하는 헤이그 장군도 만나고 롤린슨˙도 만나봅시다. 내가 알 수 있는 모든 것을 당신도 알게 될 것입니다."

그와 수행 장군을 태운 차가 맨 앞에서 쏜살같이 내달았다. 그러자 연합국 내에서 나와 같은 서열인 군비 장관 루셰르˙ 씨가 나를 불러서 두 번째 차에 같이 탔고, 참모장교들은 나머지 차에 나누어 탔다. 우리를 태운 차는 파리의 방벽을 통과하자 곧바로 시속 70킬로미터 이상으로 달리기 시작했다. 차가 요동을 쳐 대며 북쪽을 향해서 진창길을 질주하는 동안, 이어지는 참호 선으로 보기 흉하게 일그러진 시골 풍경이 주마등과도 같이 연신 뒤로 사라져갔다. 우리가 속력을 내면서 달리는 동안 시야에서 파리가 점점 멀어져가듯이, 우리를 짓누르던 불안감도 차츰 마음에서 떨어져 나갔다.

루셰르와 나는 서로 협의할 일들이 많았다. 우리

> 드브네
> Debeney 1864~1943, 프랑스 장군.
>
> 롤린슨
> Rawlinson 1864~1925, 영국의 장군.
>
> 루셰르
> Louis Loucheur 1872~1931, 프랑스 정치인, 사업가.

의 보급 문제는 복잡하기 이를 데 없이 서로 얽혀 있었다. 만약 독일군이 파리의 통상적인 유효 사정거리 이내로 진군할 경우, 양국은 모두 매우 심각한 사태를 맞게 될 것이다. 비행기 제조공장을 포함한 모든 중요한 산업설비들이 제때에 보다 안전한 남쪽으로, 어쩌면 150킬로미터 이상 자리를 옮겨야 할 판이었다. 더욱 골치 아픈 일은, 새로 이전될 장소에서 근무할 근로자들만큼은 마지막 순간까지 철수하지 않고 예정대로 생산목표를 완수해야만 한다는 사실이다. 만약 그렇지 못할 경우, 기존의 수급계획에 따라 움직이고 있는, 연합군의 비행작전을 포함한 모든 작전이 심각한 혼란에 빠지게 될 것이기 때문이다. 이미 전선은 수도에 너무 가까이 바짝 다가와 있었고 이러한 복잡한 문제들은 바로 코앞에 닥친 실제 상황이었으므로, 우리 둘은 이런저런 문제에 몰두하느라, 최근 며칠 동안 마음을 짓누르고 있던, 임박한 재앙에 관한 위기감마저 잠시나마 잊고 있었다.

두 시간도 채 못 되어 보베 성당의 첨탑들이 시야에 들어오기 시작했고, 얼마 지나지 않아 우리 일행은 시청 앞에 곧바로 차를 멈췄다. 차에서 내린 클레망소와 우리 일행 모두는 급히 돌계단을 올라 2층에 있는 큰 방으로 향했다. 양쪽 문이 열리면서 서부전선의 연합군 최고사령관에 새로 취임한 포슈 장군이 반갑게 우리를 맞았다. 간단한 인사를 서로 주고받은 뒤, 우리는 곧바로 안으로 들어갔다. 포슈 측의 웨강* 장군과 두세 명의 장교까지 합해서 전

웨강
Maxime Weygand
1867~1965, 벨기에 출신의 프랑스 육군장교.

체 인원은 열두어 명쯤 되었다. 방문이 닫히고 모두 자리를 잡았다. 벽에는 가로 세로 2미터 가량 되는 지도가 걸려 있었는데, 독일군의 방어선 돌파작전에 의해 직접, 간접으로 영향을 받고 있는 지역만을 확대해 놓은 것으로써, 북쪽의 아라에서부터 랑스 입구에 이르는 전선까지를 포함하고 있었다. 포슈 장군은 큰 연필을 마치 무기라도 되듯이 손에 쥐고는 지도 앞으로 다가가더니, 단도직입적으로 상황을 설명해 들어가기 시작했다.

나는 일찍이 그의 독특한 강연 모습에 대해서 들은 적이 있었다. 그가 교수 또는 교장으로 근무했던 각종 군사학교 시절, 그의 강연을 들어본 사람들은 그의 활력에 넘치는 제스처와 온몸을 써가며 자신의 주장을 강조하는 모습, 현장감 넘치는 생생한 묘사와 격렬한 어휘 구사에 많은 갈채를 보냈으며 또한 깊은 감명을 받았다는 소문이 자자했다. 그날따라 그의 말은 굉장히 빨랐을 뿐 아니라 주제도 하도 왔다 갔다 하는 바람에, 그가 하는 말을 정확히 옮기기는 힘들 것 같다. 하지만 쉴 새 없는 과장된 몸짓과 핵심적인 말 몇 마디만 가지고도, 전체적인 의미는 완벽하게 전달되었다. 그의 장광설을 그대로 옮기지는 못하지만 대강 다음과 같은 말투였다.

"21일의 전투에 이어서 22일, 독일군은 우리의 방어선을 이만큼이나 밀고 들어왔습니다. 그들이 진격해 들어온 이 선을 보십시오. 첫 번째 공격의 성과가 이렇게 클 수가, 오! 오! 오! 너무나 크지 않습니까?" 그는 지도상에 그어진 선을 가리

컸다.

"23일에도 그들은 다시 쳐들어왔지요. 침략 이틀째 되는 날, 아! 아! 또 이만큼이나, 그리고 셋째 날인 24일, 와! 와!"

그러나 넷째 날은 분명히 달랐다. 지도상에 표시된 적군 점령지역의 크기가, 넷째 날에는 셋째 날에 비해 많이 줄어들어 있었다. 최고 사령관은 우리 쪽으로 돌아서더니 양손을 사용해서 마치 저울이 균형을 맞추기 위해 좌우로 흔들리듯 과장된 몸짓을 하면서, "오호! 넷째 날, 오호! 오호!" 하였다.

우리 모두, 넷째 날에 접어들면서부터는 공격해 들어오는 적에 대해 무언가 만만치 않은 반격이 시작되었음을 금방 눈치챘다. 닷새째가 되자 그 크기는 훨씬 더 작아졌고, 엿새와 이레가 되면서 적의 진격 속도는 점점 더 줄어들었다. 포슈의 목소리도 그에 비례해서 점점 작아지더니, 이제는 아예 속삭임에 가까웠다. 적군 점령지역이 얼마나 작아졌는지를 표시하는 데는 이것으로 충분했으며, 그 외에도 손을 흔든다든지 어깨를 들먹이는 동작으로 하고 싶은 말을 다 했다.

드디어 "자, 이제 침략의 마지막 날" 하더니 적이 마지막 공격에서 얻은, 지도상으로는 거의 표시도 나지 않을 정도의 작은 지역을 표현하느라, 온몸으로 안됐다는 식의 연기를 해 보였다. 그의 연기를 보고 있노라니 과연 첫날에 비해 비참할 정도로 작아진, 적군의 마지막 날 성과에 동정이 갈 정도였다. 드디어 기세등등하던 공세 초기의 열기와 긴장이 바닥난 것이다. 마치 무대 위에 선 대 배우가 토해내는 열정과 감동에 찬 연기를 보는 듯한 착각을 불러일으킬 정도로, 격렬한 몸짓을 섞어가며 해대는 장군의 설명을 듣고 있던 우리 모두는, 이제 최악의 상황은 벗어났구나 하는 생각과 함께 안도의 한숨을 내쉬었다.

그러자 돌연 커다란 목소리로 "소강(小康) 상태로 돌입! 자, 이제 바야흐로…… 앞으로 남은 일은……, 아! 이제부터는 내가 할 일만 남았소"라고 하면서 그는 말을 멈췄고, 우리 모두는 숨을 죽였다.

클레망소는 일어나서 앞으로 걸어 나가더니, "오오, 장군! 당신을 껴안지 않고는 못 배기겠소!" 하면서 둘은 꼭 껴안았는데, 그곳에 있던 영국 친구들의 눈에도 그 모습이 전혀 어색하거나 이상스럽게 보이지 않았다. 그러나 실은 이 일이 있기 몇 주 전부터, 두 사람은 서로 심한 말을 주고받으면서 다투어 왔었다. 그들은 과거에도 그랬듯이 앞으로도 또 다툴 수밖에 없는 사이였으나, 하늘의 도우심인지 이 중차대한 시기에 이 위대한 두 프랑스인은 서로 화해했고, 멋진 친구가 됐다. 더 이상 무슨 말이 필요하겠는가? 우리는 모두 우르르 몰려나가서 계단을 내려가, 대기하고 있던 차에 나누어 타고 엔진 소리도 요란하게 북쪽을 향해 달렸다.

다음 목적지는 롤린슨 장군의 사령부였다. 그가 지휘하는 영국군 제4군 사령부는 아미앵에서 남쪽으로 약 20킬로미터 떨어진 아미앵-보베 도로에 위치한 작은 건물에 자리잡고 있었다. 롤린슨 장군은 흩어진 제5군 병력을 재정비해서, 취약해질 대로 취약해진 전선을 최선을 다해서 사수하고 있는 중이었다. 주위 들판에 새롭게 깊이 팬 커다란 포탄 자국들로 보아서 적군이 이미 상당히 가까운 지역까지 밀고 들어온 사실을 피부로 느낄 수 있었다.

롤린슨 사령관은 바위와 같은 성격의 소유자였다. 어떠한 위기가 닥쳐도, 아무리 큰 전과를 올려도, 제아무리 심각한 재앙이 다가와도 그는 전혀 위축되거나 흥분할 사람이 아니었다. 항상 유머를 잃지 않고, 분위기를 침착하게 이끌어 나가면서 절대 허세부리지 않는, 전형적인 영국 시골 신사였고 스포츠맨이었지만, 군사적인 문제에 있어서만큼은 어느 누구에게도 뒤지지 않는 전문적인 소양을 갖춘 인물이었다. 그는 전쟁을 치르면서 그가 맡고 있는 전선이 맥없이 무너져 나가는 최악의 순간과, 반대로 그의 작전이 눈부신 승리를 거두는 모습을 모두 지켜보았지만 이 두 가지 극단적인 순간에 그가 보여준 표정과 반응에는 전혀 변함이 없었다.

오늘은 그 중 최악의 날이었다. 클레망소를 맞이하는 그의 태도에는 진심에서 우러나오는 존경과 애정이 듬뿍 담겨 있었는데, 이는 영국군 고위 장성들 모두가 클레망소에게 공통적으로 느끼고 있는 '호랑이'의 독특한 매력적인 개성 때문인 것 같았다. 우리 일행은 즉흥적이기는 하지만 그래도 고기와 빵, 피클, 위스키와 소다수가 곁들여진 꽤 푸짐한 식탁을 대접 받았는데, 클레망소는 같이 따라온 차에서 따로 준비한 최상급 닭고기와 샌드위치가 식탁에 도착할 때까지 손도 대지 않고 기다렸다.

  우리가 점심식사를 하는 동안 롤린슨이 "조금 있으면 헤이그 장군이 도착할 겁니다" 하고 알려줬다. 그 말이 떨어지기 무섭게 영국군 총사령관의 긴 회색 차가 문 앞에 멈춰 섰다. 클레망소와 헤이그는 루세르와 나, 롤린슨 셋만을 남겨두고 곧바로 옆방으로 사라졌다.

  "무슨 일이오?" 내가 물었더니, "좋은 소식입니다" 하고 롤린슨이 대답했다. "잭 실리* 장군이 캐나다 기병 연대를 이끌고 방금 보아 드 모뢰이를 공격해서 숲을 탈환했다고 합니다."

  "전선의 상황을 좀 설명해 줄 수 있겠소?"

  "아무도 자신 있게 설명할 수 없는 상황입니다. 지금 여기 우리와 적군 사이에 버티고 있는 아군 병력은 극도로 지쳐 있고 지리멸렬한 상태에 있습니다. 캐리라는 친구가 훈련소와 보충대에서 긁어모은 기천 명의 장병들을 이끌고 이곳 10킬로미터에 달하는 전선을 담당하고 있는 실정입니다." 그는 지도를 가리키며 설명했다. "기병대가 저지선 방어에 최선을 다하고 있고, 몇 개의 포대만이 겨우 버텨주고 있습니다. 제5군의 전 보병들은 몇 개월째 수면과 휴식 부족으로 거의 기진맥진한 상태입니다. 모든 대형이 뒤섞이거나 와해되어버린 상태지요. 장병들은 모두들 그저 벌벌 기다시피 일방적으로 밀리기만 하고 있을 따름입니다. 완전히 지쳐 있습니다. 현재 D.H.(더글러스 헤이그 경을 지칭)

잭 실리
Jack Seely 1868~1947, 영국의 군인, 정치가.

가 클레망소로부터 지원을 얻어내려고 안간힘을 쓰고 있는 중이지요. 그들 프랑스 지원병들은 주로 우리 우측과 후방에 쏟아져 들어오고 있는 중이기는 합니다만, 그들이 계획을 앞질러서 차질 없이 우리 쪽에 투입되어주기만 한다면, 우리 자체 보충병이 도착할 때까지 버틸 수 있을 것 같기는 합니다만…… 이제 우리 보급품도 거의 바닥이 난 형편입니다." 물론 이것은 그와의 대화 내용을 요점만 발췌한 것이다.

"당신 판단으로는 내일 저녁까지 여기서 버틸 수 있다고 보시오?" 나는 긍정적인 대답이 나오기를 고대하면서 물어보았으나, 그의 찌푸린 인상에서 그것이 그리 만만치 않은 일임을 직감했다.

곧 클레망소와 헤이그 경이 돌아왔는데, 그들의 표정에서 모든 일이 순조롭게 풀렸다는 것을 쉽게 알아챌 수 있었다. '호랑이'는 최상의 기분이었고 더글러스 경도 조심스럽지만 그런대로 만족한 표정이었다. 옆방에서는 참모들이 전화통에 매달려 분주하게 연락을 취하느라 부산했다.

"자, 이제 모든 것이 다 해결되었소." 클레망소는 우리 일행을 보고 영어로 이야기했다. "당신들이 원하는 것을 다 들어준 셈이오. 이전까지 진행되었던 계획들은 다 잊어버리시오. 당신 병사들이 그토록 지쳐 있다면, 바로 가까이에 있는 우리 팔팔한 병사들이 당장 와서 도와줄 테니 조금도 염려 마시오." 그러면서 그는 덧붙였다. "이제는 내가 대가를 요구할 차례요."

"어떤 분부라도 내리시지요, 각하." 롤린슨이 정중하게 말했다.

"강을 건너가서 내 눈으로 전장을 직접 돌아보고 싶소."

사령관은 고개를 절레절레 흔들었다.

"강은 건너시지 않는 게 좋습니다."

"왜 안 된다는 말이오?"

"예, 그것은…… 강 건너편의 상황이 너무 불확실하기 때문에 매우 위험합니다."

"알았소." 클레망소는 소리를 버럭 질렀다. "다시 시작합시다. 여기까지 먼 길을 달려와서 2개 사단을 당신들한테 파견해 주었는데도 강을 건너지 못한다면 나는 돌아가지 않겠소. 당신은 나와 함께 갑시다, 윈스턴 처칠 씨(이번에는 제대로 불러주었다), 그리고 루세르 당신도. 포탄 몇 발쯤이야 장군에게는 오히려 없는 것보다 나을 테고" 하면서 유쾌한 듯 국방장관을 가리켰다.

이렇게 해서 우리 일행은 모두 차에 올라 강을 향해서 포화 속을 달렸다. 조금 달리다 보니 곧 피로에 절어 금방이라도 쓰러질 듯이 보이는 영국군 보병들의 긴 행렬을 지나치게 되었다. 장교와 사병들이 대오를 이루어 행군하는 경우도 있었지만, 대부분은 서로 뒤섞인 채 마치 꿈길을 걷는 듯 휘청거렸다. 그들 대부분은 깃발을 휘날리며 달리는 우리 일행을 실은 차량 행렬에 관심조차 두지 않았으나, 개중에는 나를 알아보고 손을 흔들거나 미소짓는 친구들도 있었고, 심지어는 유명한 뮤직홀 배우인 조지 로비나 해리 로더, 아니면 이미 옛 이야기가 되어버린 조국 영국의 좋았던 시절을 상기시켜줄 유명한 스타들에게나 어울릴 발작적인 환호를 보내는 친구들도 가끔 있었다.

드디어 강가에 도착했다. 이제 포성은 아주 가깝게 들렸다. 다리 근처에는 커다란 여관이 한 채 서 있었는데, 프랑스 육군 준장이 일찌감치 부하들을 앞세우고 밀고 들어와서 방 몇 개를 차지하고 있었고, 나머지 장소는 20개의 서로 다른 부대에서 모인 영국 장교들로 꽉 차 있었다. 그들 대부분은 지쳐서 죽 뻗어 있었고 잠에 취한 채 멍한 상태였다. 헌병사령관으로 보이는 장교 한 명이 그들에게 위스키를 돌리면서, 가능한 한 깨어서 일어나 있도록 하기 위해서 안간힘을 쓰고 있는 모습이 눈에 띄었다. 클레망소는 프랑스군 준장과 잠깐 대화를 나눈 다음 차로 돌아와서 나를 불러 말했다. "자, 윈스턴 처칠 씨, 이제부터는 영국군 전선이니 당신이 앞장서시오. 우리는 당신이 시키는 대로 따르겠소."

"도대체 어디까지 가보실 생각이십니까?" 하고 물었더니, 그는 "갈 수 있는 데까지 가봅시다. 하지만 판단은 당신이 내리시오" 하는 것이었다.

나는 내 차로 돌아와서 운전석 옆자리로 옮겨 탄 뒤, 그때까지 세 번째로 달리고 있던 내 차를 제일 선두에 서도록 지시한 다음, 손에 지도를 펼쳐들고 다리를 건너기 시작했다. 건너편에 뿔뿔이 흩어져 있던 집들을 뒤로하자, 곧이어 텅 빈 들판이 시야에 들어왔다. 첫 번째 교차로에서 우리는 방향을 오른쪽으로 틀어서 남쪽으로 향했는데, 이 가로수 길은 루스강과 대충 평행을 이루면서 뻗어 있었으며 위치상으로는 이제 루스강의 적군 측 지역으로 들어선 셈이었다. 이 길은 보아 드 모레이에 이르는 길로, 잘하면 실리의 캐나다 기병대와 만날 수 있지 않을까 하고 기대했다.

이제는 대포가 사방에서 터졌다. 강 뒤편 언덕 위 숲 속에 숨어 있는 영국군과 프랑스군의 포대로부터 터져나오는 섬광이 갈수록 잦아졌고 포탄들이 바람을 가르며 머리 위를 오가고 있었다. 왼쪽으로 적진을 향해 약 300미터쯤 떨어진 곳에 나무들을 이고 있는 야트막한 능선이 보였다. 그 나무들 사이로 검은 물체들이 움직이고 있는 것이 보였는데, 롤린슨의 사령부를 떠나기 전에 지도를 보고 연구해 놓은 바에 따르면, 아마도 그 검은 물체들이 바로 캐리 중령이 이끌고 있는, 여러 신병 훈련소에서 끌어 모아온 병력이 아닌가 싶었다. 그 가정이 맞는다면 이곳이 아군의 마지막 최전선인 셈이다. 그 너머 저편에 무엇이 있는지는 알 도리가 없었다. 이제는 숲 속에서 터지는 소총 소리도 다 들렸다. 포탄이 날아와 우리 바로 앞쪽 도로와 물이 흥건한 도로 양 옆 풀밭에 떨어지면서 터지기 시작했다. 언제나처럼 하염없이 비는 뿌려대고, 빗속에서 피어오르는 저녁 안개가 뭉게구름처럼 온 공기를 감싸고 있었다.

대체적으로 보아 이만하면 충분히 들어왔다는 생각이 들

었다. 만약 언덕 위의 저 엷은 선이 무너지는 날에는, 저 너머에 적군이 얼마나 가까이 접근해 와 있는지, 무슨 일이 벌어지고 있는지 전혀 알지도 못하는 지금 상황에서 전선을 따라 우리가 왔던 길을 되돌아간다는 것은 너무나 위험해서 불가능할 것으로 보였다. 만에 하나 상황이 급박하게 돌아가서, 프랑스 총리께서 들판을 가로질러 강을 건너지 않으면 안 될 사태라도 발생하게 된다면(그나마 건널 수 있기나 한지도 모르겠지만) 매우 난처한 일이 아닐 수 없었다. 생각이 이에 미친 나는 차량 행진을 중지시킨 다음, 클레망소에게 이쯤에서 길 옆으로 나와 죽 둘러보는 것이 좋을 것 같다는 의견을 제시했다. 보아 드 모레이나 그 인접 삼림지대는 이곳에서 그리 멀리 떨어져 있지 않았다. 그 사이의 들판에는 낙오한 병사들의 모습과, 아마도 실리 장군의 기병대 소속일 것으로 추정되는 잘 길들여진 말들이 이곳저곳에 떼를 지어 꼼짝도 않은 채 그림같이 서 있는 모습이 눈에 띄었다. 유산탄은 두세 개씩 무리를 이뤄 평원 위를 날아다니면서 계속 터져댔고 고성능 폭약은 들판 여기저기에 시커먼 흙무덤을 만들어내고 있었다. '호랑이'는 차에서 내려 길 옆에 있는 약간 높은 지대로 올라갔다. 우리는 그곳에서 아주 극히 일부분이긴 하지만, 실제로 사격선에 서지 않은 채, 현대전이 치러지는 전투장면을 생생하게 목격할 수 있었다.

우리는 약 15분 가량 그곳에 머물면서 낙오병들에게 질문도 던지고, 눈앞에 벌어지는 생생한 전투광경도 감상했다. 다행히 폭탄은 100미터 이내로는 침범하지 않았다. 루셰르와 클레망소는 마치 휴일날 소풍 나온 학생마냥 신이 나 있었다. 하지만 프랑스군 참모 장교들은 총리의 안전에 점점 신경이 쓰였던지 나더러 총리에게 빨리 돌아가자고 설득해 달라고 졸라댔다. 이제는 더 이상 볼 것도 별반 없었고, 우리의 시찰 업무를 마치려면 아직 갈 길이 멀었다. 늙은 '호랑이'는 그를 알아보고 경례를 하는 지친 표정의 영국군 장교들의 손을 잡고 악수를 나누고 있었다. 우리는 그들 장교들에게 우리가 가진 담배를 몽땅 나누어주었다. 내가 마침내 출발할 때가 되었다고 알리자 그는 아주 기분 좋게 따랐다. 우리 일행이 차가 서 있는 길가에 막 도착할 즈음, 얼마 멀지 않은 곳에 무리지어 있던 훈련된 말들 한가운데에 포탄이 떨어졌다. 말들은 흩어지고, 주인도 없는 부상당한 말 한 마리가 쩔뚝거리면서 길을 따라 우리가 있는 쪽을 향해 달려왔다. 불쌍하게도 그놈은 피를 철철 흘리고 있었다. 바로 그 순간, 74세 노인인 '호랑이'가 앞으로 나서더니 번개같이 빠른 솜씨로 고삐를 낚아채면서 말을 정지시켰다. 도로에는 말이 흘린 피가 홍수가 되어 흘렀다. 프랑스 장군이 애를 태우며 충고하자 그제서야 그는 못내 아쉬운 표정을 지으면서 차 있는 쪽으로 돌아섰다. 그는 내게 곁눈질을 보내며 목소리를 낮게 깔고서는 "굉장한 순간이었어!" 하고 한 마디 덧붙였다.

우리가 교차로까지 차질 없이 되돌아오자 그곳에 롤린슨의 사령부에서 나온 참모 장교 한 명이 우리를 기다리다가,

클레망소가 강을 건너서 돌아가는 길에 박살 난 독일군 포대를 구경할 수 있도록 아미앵 지역을 통과해서 집으로 돌아가는 코스를 잡아놓았다고 말했다. 그들은 클레망소가 강을 건너서 우리가 오늘 택했던 남쪽 방향이 아니라 북쪽 방향으로 갈 것으로 기대했었던 모양이었다. 이제 다리의 남쪽 북쪽을 모두 보게 되었으니 클레망소로서는 소원 성취한 셈이었다. 그의 얼굴은 기쁨으로 환하게 밝아 졌으나 그날은 그가 기대하던 스릴 넘치는 독일군 포격은 더 이상 없었다.

우리가 아미앵을 벗어나서 드브네 장군의 사령부로 가는 도로에 접어들었을 때는 이미 날이 어둑해져 있었다. 장군이 지휘하는 프랑스군은 롤린슨 장군의 취약해 보이는 전선 바로 우측에 연이어 전선을 이루고 있었다. 사령관과 두 명의 프랑스 각료 간에 활기찬 토론이 길게 이어졌다. 장군은 프랑스인 특유의 명쾌한 어투로 현지 상황을 설명해 나갔다. 롤린슨 장군의 경우와 마찬가지로 그의 부대도 진격해 들어오는 독일군과의 사이에 완충 역할을 해 줄 이렇다 할 병력이 전혀 없는 상황이었으므로, 비록 그의 부대가 펼치고 있는 진형이 비교적 두텁게 형성되어 있다고는 하지만, 내일까지 버틸 수 있으려면 신규 병력이 더 투입되어야 한다는 것이 그의 판단이었다.

우리 일행은 다시 보베역 측선에 자리잡고 있는 페탱 장군의 프랑스군 사령부를 향하여 출발했다. 그곳은 조용했고 모든 것이 잘 정돈되어 있었다. 페탱과 그의 참모들은 최대의 예의를 갖춰 자신들의 총리를 영접하였다. 우리 일행은 이 달리는 군용 궁전열차 안의 호화스럽게 꾸며진 객실로 안내되어 조촐하지만 나무랄 데 없는 최상의 저녁식사를 대접받았다.

열두 시간을 계속해서 중간에 휴식도 없이, 전속력으로 달리는 차 안에 있거나 아니면 제법 중요한 인물들을 만나서 밀도 있는 대화를 나누면서 보냈더니 꽤 피곤했다. 그러나 강철같이 다부진 모습을 한 '호랑이'에게서는 도대체 피곤한 기색이라고는 찾아볼 수가 없었다. 그는 루셰르와 장군들을 상대로 심각한 주제들을 놓고, 때때로 농담과 재담을 섞어가면서 쉴 사이 없이 대화를 이끌어갔는데, 그러면서도 항상 냉철하게 현실을 직시하고 있었다.

내가 기회를 보다가 그에게 다가가서 "오늘과 같은 소풍은 하루로 족할 것 같습니다. 앞으로는 포탄이 쏟아질 때는 너무 자주 나다니시지 마십시오"라고 했더니, 그는 다음과 같이 대답하는 것이었다.

"별 말씀을! 그건 내가 아주 즐기는 일인데."

페탱은 이런 말을 했다. "이런 유의 전쟁은 대개 몇 단계의 과정을 거치는 법인데, 첫 단계는 어떤 형태든 전선을 형성하는 단계로써, 우리가 처해 있는 단계는 바로 여기에 해당됩니다. 다시 말하자면 사람의 단계이지요. 두 번째 단계는 대포의 단계로, 우리가 이제 막 들어가려는 참입니다. 48시간 내로 강력한 포병 조직이 갖춰질 것입니다. 그 다음은 탄약 공급의 단계로써 완벽하게 준비하는 데 나흘이 소요되지요. 그 다음은 도로입니다. 일주일 내로 소통이 가능한 완벽한 도로가 완성될 수 있습니다. 그러나 우리는 오늘 도로를 닦기 시작한 셈입니다. 만약 지금의 전선을 고수해 줄 수만 있다면 시간에 맞춰서 도로를 완성시킬 수 있겠지만, 만약 고수하지 못한다면 처음부터 다시 시작하는 수밖에 없지요."

우리는 무려 17시간에 걸친 강행군을 마치고 다음날 새벽 한 시가 되어서야 파리에 도착했다. 아직도 처음 출발할 당시와 조금도 변함없이 활기에 차 있는 클레망소는 나에게 따뜻한 작별인사를 보냈다.

"내일은 일을 좀 해야 할 것 같소. 하지만 페탱이 당신이 원하는 곳 어디든지 다 볼 수 있도록 조치해 줄 것이오. 그리고 그의 기차에서는 항상 당신의 저녁식사를 준비해 놓고 있을 것이오."

In the Air

나의 비행 기록

비행기에서 내리는 처칠. 1939년 4월.

> "비행기는 시속 약 80킬로미터의 속도로 땅바닥을 들이받았다.
> 왼쪽 날개가 산산조각이 나면서 프로펠러와 앞대가리를 땅에 박았다.
> 다시 한 번 어마어마한 힘으로 마치 새로운 차원의 세계로
> 빨려들어가는 듯한 느낌을 받았지만,
> 벨트에 묶여 있는 가슴을 옥죄는 참을 수 없는 압박감으로
> 숨을 쉴 수가 없었다."

항공대가 발족한 지 11년 동안, 나는 1916년 한 해를 제외하고는 계속해서 그 중 한 분야를 맡아서 책임지고 운영해 왔다. 1911년부터 1915년까지는 해군성에서 영국 해군 항공대를 창설하고 육성하는 데 힘썼고, 1917년 7월부터 세계대전 종전까지는 전쟁에 필요한 항공기를 설계하고 제작하는 일과 항공 물자를 조달하는 일을 맡았으며, 1919년에서 1921년까지는 공군장관과 전쟁장관을 겸임했다. 이러한 연유로 해서, 종전의 육지와 바다에서의 전쟁에 대한 개념을 혁명적으로 변화시키고 마침내는 육군과 해군을 압도하여 그 역할을 대신해 갈 새로운 병기의 출현을 지켜보면서 어느 정도 이러

한 변화를 이끌어가는 데 한몫을 하게 되었던 것 같다.

1911년 초까지만 하더라도 영국 해군은 항공기 6대와 그 정도 숫자의 조종사를 보유하는 데 그쳤고, 당시의 비행기술은 여전히 유치한 상태였으며, 전쟁에서 항공기의 역할에 관한 개념 자체도 아직 뚜렷하게 정립되지 않은 상태였다. 마찬가지로 조종사의 비행기술과 엔진 및 비행기의 성능도 초보적인 단계에 불과했으며, 용어의 정비 또한 시급한 과제였다. '비행정(飛行艇, seaplane)'과 '편대(編隊, flight of aeroplanes)'는 내가 처음 사용하기 시작한 단어이다.

나는 애초부터 비행에 깊은 관심을 갖고 있었으며, 앞으로의 전쟁에서 하늘이 차지할 역할에 대하여 일찌감치 주목하고 있었으므로, 처음 해군성에 갈 때부터 모든 역량을 다 동원해서 해군 항공대의 역할을 개발하고 발전시키는 일에 최선을 다하기로 마음을 다져먹고 있었다. 이러던 차에 샘슨 사령관을 필두로 하는 일단의 젊고 모험심 강한 해군 항공대 선구자들과의 만남이 이루어졌다. 그 당시 나는 비행에 대하여 무척 강한 호기심을 가졌으나, 그렇다고 하늘을 나는 것에 대한 공포감마저 없을 수는 없었다. 실제로 나는 해군성으로 간 지 서너 달 만에 첫 비행을 하게 되었다. 그때는 이미 몇 건의 비행 사고가 발생한 후였는데, 평화시임에도 불구하고 목숨을 걸고 비행에 도전한 이들 젊은 장교들에 대하여 나는 깊은 동정심과 애착을 품고 있었다. 당시 나는 해군장관인 내가 직접 비행을 한다는 사실이 전반적으로 항공대의 발전에 도움이 되지 않을까 하는 점도 고려하고 있었는데, 이러한 생각은 항공 업무를 책임지고 있는 다른 각료들에게도 공통적인 것이었다.

예정대로 1912년 초, 드디어 나는 스펜서 그레이 사령관이 조종하는 수상 비행기에 올라 당시로서는 아주 신기하고도 스릴 만점이었던 첫 비행을 경험하게 되었다. 약간의 어려움을 겪은 뒤 드디어 비행기가 수면을 차고 200~300미터 상공으로 떠올랐는데, 밑을 내려다보면서도 이상하리만치 전혀 어지러움을 느끼지 않았다. 솔직히 고백하지만 그때만 해도 매 순간 추락하는 상상이 머리를 떠나지 않았으므로, 기왕 떨어지려면 단단한 땅이 아니라 부드러운 물 위에 떨어지기를 바랐을 정도로 무지한 생각을 품었던 것이 사실이다. 하지만 나의 첫 비행은 완벽하고도 안전하게 끝을 맺었다. 내가 첫 비행과 관련하여 속으로 겪었던 두려움에 관한 부끄러운 이야기를 스스럼없이 할 수 있는 것은, 거의 모든 사람들이 공통적으로 그러한 경험을 갖고 있다는 사실을 너무나 잘 알고 있기 때문일 것이다.

첫 비행을 경험한 지 몇 주일이 지난 뒤, 이번에는 3인승 비행기를 탈 기회가 생겨서 젊은 장교 한 명에게 같이 동승해 보지 않겠느냐고 제의한 적이 있었다. 그는 내 제의를 아주 시원스럽게 받아들였는데, 비행이 끝난 다음에 내게 고백하기를, 그날 아침을 온통 유서 쓰는 데 보냈다는 것이었다. 이 장교는 나중에 가장 용맹스러운 사람들에게 수여하는 빅토리아 십자훈장을 받게 된다. 이 사실로 인해서 나의 소심했던 공포심도 어쨌든 그 정당성을 확인 받은 것은 아닐까?

하늘은 극단적으로 위험하고 질투가 강하며, 가혹하기 이를 데 없는 연인에 비유할 수 있다. 한 번 그녀의 주술에 말려들면 일생을 바치게 되는데, 그렇다고 항상 늙어 죽을 때까지 그렇다는 건 아니다. 세계대전을 치르는 동안, 온갖 역경 속에서 공중전이라는 치명적인 고공의 결투를 50번이나 치르고도 상처 하나 없이 살아남은 역전의 영웅들과 대가들조차 번번이 연인에게 돌아와서는, 그저 즐기려고 해본 평범한 싸움에서 소중한 목숨을 바쳐야 했던 경우가 얼마든지 있었다. 실제로 1919년, 조그만 비행기로 대서양을 횡단하여 아일랜드에 무사히 도착한 두 명의 영국 비행사들을 위해 베푼 연회 석상에서, 당시 그 일로 작위까지 받은 조종사 존 올콕 경에게, "이제 비행을 그만 두고, 승자로서 떠나야 할 때인지 모르겠소. 당신이 가진 운을 이번 비행을 하는 데에 다 써버린 것이 아닐지 걱정이오"라는 충고 아닌 충고를 해준 적이 있었는데, 과연 불과 몇 달이 지나지 않아서 이 경고가 너무나 정확히 들어맞은 사건이 벌어지고 만 것이다.

흥분과 호기심 못지않게, 일종의 의무감에서 시작한 비행이었지만, 그 이후에도 순수한 즐거움과 오락을 위하여 나의 비행 경력은 계속되었다. 해군성 산하에 있는 모든 기종의 비행기를 타보았고, 이용해 보지 않은 비행장이 없을 정도였다. 그 당시만 해도 글라이딩, 또는 엔진을 끈 상태에서 미끄러지듯 활강해 내려가는 것은 비교적 새로운 비행기술이었는데, 부드러운 하늘 아래 지도와 같이 펼쳐진 대지 위를, 황홀한 저녁노을 속으로 조용히 미끄러져 내려가는 기분이란, 정말 환상적이었다. 나는 얼마 지나지 않아 곧 스스로 조종간을 잡아보겠다는 야심을 품고, 해군과 육군 사관학교에서 집중적인 훈련을 쌓기 시작했다. 1912년 당시는 조종사와 승객 두 사람이 나란히 앉아 번갈아 가며 함께 조종할 수 있는 이중 조종 장치를 장착한 비행기의 개발이 한창이었는데, 이 장치는 비행 교육훈련에 아주 효과적이어서 나도 이 기종을 이용하여 많은 비행을 즐겼다. 하지만 이 기종은 방향타와 나선식 강하에 결함을 드러내는 바람에, 그 후로는 이용하지 않았다.

비행 횟수가 많아지면서 일련의 치명적인 사고가 잇달아 일어나자, 내가 처음 비행하면서 느꼈던 불안감이 단순한 기우만은 아니었던 것으로 밝혀졌으나, 요행히도 나는 그때마다 마지막 순간에 위기를 모면하곤 하였다. 이스트처치에서 나에게 맨 처음 비행훈련을 가르쳤던 젊은 조종 교관은 나와 함께 비행한 바로 다음날 사고를 당하고 말았다. 바로 어제 같은 비행기를 타고 두세 시간을 함께 비행 연습하던 친구의 죽음을 알리는 쪽지를 받은 것은, 재무장관과 1912년도 해군 예산안을 놓고 토의하던 재무성 회의실에서였다. 그로부터 몇 주일이 지난 후, 사우샘프턴 워터에서 새로운 실험용 비행정이 개발되어 시험 비행에 들어갔는데, 이때 나도 긴 시간 동안 이 시험비행에 참여했었다. 새로운 비행기는 어떤 조건하에서도 아주 완벽하게 작동하면서 우수한 성능을 보여주었는데, 내가 시험 비행을 마친 뒤 해군성 소속의 유람선 인챈트리스 호를 타고 쉬어니스 항으로 돌아오기가 무섭게, 바로 그 비행기가 수직으로 추락하면서 탑승하고 있던 세 명의 장교가 모두 목숨을 잃었다는 소식을 접하기도 했다.

또 한 번은 이미 언급한 바 있는 2인승 이중 조종 비행기를 타려고 외출을 하려다가 공무로 인해서 포기한 적이 있었는데, 아침까지만 해도 버젓이 잘 날던 비행기가 갑자기 원인 불명의 이유로 나선식으로 강하하면서 바닥에 추락해 산산조각이 되어, 내 개인적인 친구들이기도 했던 두 명의 장교가 중상을 입은 사건이 발생하기도 했다.

비행에 관하여 차츰 알게 되면서, 얼마나 많은 위험 요소가 비행의 매 순간에 도사리고 있는지(물론 지금은 많이 바뀌었겠지만) 이해하기 시작했다. 한 번은 안전하게 육지에 착륙한 뒤, 방금 우리가 탑승했던 비행기에서 절단된 전선이나 손상된 날개, 또는 버팀목에 금이 간 것을 발견하고는 조종사와 내가 얼마나 서로를 축하해 주었는지 모른다. 그렇지만 그렇게 혼이 나고서도, 사정이 허락하기만 하면 다시 비행을 계속했으니 내가 생각해도 참 모를 일이다.

그러던 중 1914년 봄, 구스타브 하멜이라는 비행의 천재가 등장한다. 그는 날기 위해서 태어난 사람답게, 당시의 원시적인 비행기를 아무도 흉내조차 낼 수 없을 정도로 자유자재로 조종해 냈다. 그는 민간인 신분이었지만 비행기술에 있어서

만큼은 우리 해군 조종사 중 누구도 따라갈 수 없을 만큼 앞서 있었다. 당시 우리 조종사들의 목숨을 앗아간 큰 원인 중의 하나가 바로 비행기의 나선식 강하였지만, 아직 그 원인을 규명하지 못하고 있는 상태였다. 그런데 그가 나타나더니, 고도를 1만 피트로 올리고 나서는 자신의 비행기를 그 치명적인 나선식 강하동작으로 정교하게 몰고 가는 것이었다. 그를 태운 비행기는 시속 160킬로미터의 속도로 크게 소용돌이치면서 지상을 향해 돌진하다가 결정적인 순간에 끔찍한 회전동작에서 벗어나면서 아주 부드럽게 착륙하는 것이 아닌가! 이런 식으로 알려지게 된 새로운 비행기술은 즉시 모든 조종사가 습득해야 할 필수적인 항목이 되었다. 1912년 한때 치명적인 동작으로 알려져 있던 나선식 강하가 졸지에 공중전의 가장 기본적인 비행기술로 탈바꿈하면서, 고공에서 2,000~3,000피트를 급강하할 때나, 지상에 있는 적군의 대공포화를 피할 때 통상적으로 이용하는 수단이 되었다.

나는 우리 해군 조종사들에게 그의 탁월한 비행솜씨를 보여주고 소개시키기 위하여 쉬어니스 항구로 하멜을 초청했다. 그는 나의 손님 자격으로 인첸트리스 호를 타고 도착했는데, 그때 마침 태풍이 몰아치고 있었다. 당시만 해도 태풍 속을 비행하려고 도전하는 조종사는 찾기 힘든 때였다. 그러나 그는 그날 오후와 다음날 오전 두 번에 걸쳐서 시범비행을 선보이면서 그때까지 영국 땅에서는 구경도 해보지 못한 현란한 곡예비행을 펼쳐 보여주었다. 그는 당시만 해도 끔찍스러운 기술로 여겨졌던 '옆으로 미끄러져 내려가는' 기술을 선보이면서 1,000피트를 마치 돌멩이가 떨어지듯 바람을 가르며 급강하하다가, 땅바닥이나 바다 수면에 바로 닿을 듯한 지점에 이르러서 장난치듯 방향을 틀어 벗어나오면서 잔잔하게 우아한 원을 그리며 급선회하는 기술을 보여줬다. 당시 미지의 세계를 탐험하고 있던 낙후한 우리 조종사들에게, 그의 실연 장면이 커다란 보탬이 되었음은 두말할 나위도 없다.

하멜은 또한 페구*에 의하여 최근 개발된 공중제비 비행기술을 수차례 되풀이해서 실연해 보였는데, 어찌나 낮은 지점까지 공중제비를 하며 내려왔던지 '누구나 다 그 기술이 어떻게 실행되는지를 알아볼 수 있을 정도'였다.

나는 그와 함께 비행하면서 신나는 하루를 보냈다. 아침, 오후, 저녁 내내 우리는 그의 작은 '보아쟁' 단엽(單葉)비행기를 타고 함께 지냈다. 나도 비행 횟수가 수백 회에 달하고, 적어도 백 명 이상의 조종사들과 함께 비행해 본 경험이 있었으나, 하멜이 함께 탄 동승자에게 심어준 것과 같은 시적인 비행 인상은 처음이었다. 그의 비행은 마치 은반 위에서 완벽한 스케이터가 연출해 내는 동작과도 같은 곡예를 삼차원의 세계인 하늘에서 펼쳐 보이기라도 하듯, 갖가지 곡선과 방향전환을 완전무결하게 연출해 내었는데, 그 완벽한 아름다움이 단순한 기계적인 공식에 따른 동작에서가 아니라 타고난 직관으로부터 나오는 것이라는 인상을 강하게 받았다. 그는 워낙 큰 각도로 비스듬히 비행기를 몰아, 마

페구 Pégoud
1889~1915, 프랑스의 비행사.

치 우리와 저 밑 세상과의 사이에 아무것도 존재하지 않는 듯한 착각을 불러 일으켰으며, 하도 부드럽고 조용히 지속적으로 원을 그리면서 하강하는 바람에 마치 날개 한쪽 끝을 축에 고정시켜놓지나 않았나 하는 생각이 들 정도였다. 잔인한 중력의 힘조차도, 그에게는 마음먹은 대로 부릴 수 있는 노예에 지나지 않았다. 그가 비행하는 것을 보면, 힘들여서 무엇을 한다는 느낌을 조금도 받지 않을 뿐 아니라, 그와 다르게 비행하는 방도는 애초에 없었던 것 같다는 인상을 받게 된다. 그는 이 모든 것을 마치 물병에서 물을 따르듯 아주 쉽게 처리하고 있었다.

그러나 우리의 만남은 결국 비극으로 종말을 맺고 만다. 나는 그에게 쉬어니스에서 보여주었던 것과 같은 시범을 다시 한 번, 이번에는 캘샷(포츠머스) 비행장에서 보여 달라고 부탁하고는, 사우샘프턴 워터에 있는 인챈트리스 호에서 선발된 우리 조종사들과 함께 그를 기다렸다. 그는 파리에서 날아와서 저녁 무렵이면 우리와 합류할 수 있을 것이라고 말했었다. 당시로서는 해협을 비행하는 것 자체도 굉장한 모험이었다. 그는 어둠이 내렸는데도 아직 도착하지 않았다. 한참을 기다리던 우리 일행은, 우리끼리 저녁식사를 마치고 그가 틀림없이 어딘가에 불시착했으려니 생각하면서 잠자리에 들었다. 아침이 되었는데도 전보가 없었다. 한낮이 다가오자 점점 초조해지기 시작했다. 오후가 되어서야 그가 어제 안개와 폭풍을 뚫고 해협을 향해 출발했으며, 프랑스 쪽 해안으로도 되돌아오지 않았다는 사실을 알게 되었다. 저녁이 되자 그가 실종되었다는 보도가 나왔다. 다음날 아침에는 그가 영원히 실종되었다는 사실이 확실해지는 것 같았다. 결국 그것은 사실로 드러났다. 그는 사라져가는 불빛 속에서 질풍과 안개가 자욱한 해협을 향하여, 극복할 수 없는 어려움이란 이 세상에 존재하지 않는다는 확신을 되씹으면서 비행을 시작했고, 바로 그 순간 우리의 시야에서 영영 사라져버리고 말았던 것이다.

대전이 발발하자 삶의 가치에 대한 척도도 달라졌다. 죽음은 이제 일상의 일이 되어버렸고, 모든 사람들은 언제 죽을지 모른다는 불안 속에서 매일의 삶을 영위해 나가고 있었다. 아마 석기시대의 어두운 혼돈과 살육의 시기에서도, 아니면 한 방울의 물방울 속에서 살아남기 위해 미세한 생명체가 벌이는 처절한 투쟁에서도, 아니면 다른 모든 역사를 통틀어서 보더라도, 이 시기의 전투 비행사들처럼, 살아 있는 생명체가 매일같이 무모하기 이를 데 없는 위험 속으로 자신의 몸을 스스로 내던져가며 도전하여 갔던 경우는 없었을 것이다.

내가 해군장관으로 근무하던 동안에는 비행기를 탈 시간적인 여유가 없었으나, 군수장관 시절인 1917년과 1918년에는 해협의 양쪽을 오가며 업무를 수행하여야만 했기 때문에, 필요할 때마다 늘 비행기를 이용해서 전선의 정확한 지점에 착륙하여 사람들을 만나거나, 특정 작전이 진행되고 있는 상황을 직접 내 눈으로 확인하곤 했었다. 그 당시 내 비행기를 조종하던 젊은 장교는, 갈리폴리와 솜 전투에서 입은 심한 부상 때문에 폭발음을 견뎌내지 못했다. 그러나 그 이외에는 어떠한 형태의 두려움도 모르는 조종사로서, 누구나 한번, 같이 비행해 보고 싶은 충동을 느낄 만큼 우수하고 탁월한 비행기술을 지닌 장교였다.

그 시기에 전선에 투입되는 모든 비행기는 당연히 최상의 정비 상태를 유지해야만 했고, 우리도 전선에 공급하는 모든 물자에 그 원칙을 충실하게 따랐다. 하지만 언젠가 오후, 총사령부에서 런던으로 돌아오는 비행 도중에 겪었던 예상치 못한 사고를 생각하면 지금도 아찔해진다. 우리는 비행 도중, 고장으로 인해서 두 번이나 난처한 상황에 빠졌는데, 첫 번째는 해협을 건너는 도중에 일어났다. 처음에는 기체가 찢어지는 듯한 날카로운 소리가 들리더니 곧 이어서 엔진이 푸드덕거리는 것이었다. 밸브가 터진 것이다. 하강하기 시작하는 우리 눈에 흐릿한 오후의 부드러운 잿빛 해협이 성큼 다가왔다. 프랑스 해변을 벗어난 지 8킬로미터 남짓 되는 지점이었고, 고도는 겨우 2,000피트밖에 되지 않았다. 만약 엔진이 다시 가동하지 않을 경우, 3킬로미터를 채 못가서 비스듬히 바다에 내려앉지 않으면 안 되는 상황이었다. 통상 해협은 통행하는 선박들로 붐비는 편이었지만 그날따라 증기선도, 트롤선도, 작은 고깃배조차도 눈에 띄지 않았고 보이는 것이라고는 저 멀리 수평선 위를 오가는 희미한 그림자뿐이었다. 우리는 물에 뜰 수 있는 장비를 하나도 갖추지 않았고, '수영복'

이라고 우리가 부르던 부풀릴 수 있는 구명대도 없었다.

조종사는 나에게 뾰족한 방법이 없다는 의미의 손짓을 해 보였으며, 나는 나대로 지금 걸치고 있는 두꺼운 옷과 무거운 장화 차림으로 얼마나 오래 물 위에 떠 있을 수 있을까, 아니면 이것들을 다 벗어버리는 게 나을까 하는 생각들로 머리가 꽉 차 있었다. 죽음이 확실히 다가왔다는 생각을 실제로는 한 30초, 아니면 1분 가량 한 것 같은데 그 시간이 왜 그리 길게 느껴졌는지……

그런데 갑자기 낡은 엔진이 몇 차례 덜컹거리더니 다시 푸드덕 소리를 내며 불이 붙는 것이었다. 조종사는 즉시 기체의 방향을 프랑스 해안 쪽으로 틀었고, 10분간의 마음 졸이는 비행 끝에 그리 네 곳 상공을 통과해서 영국과 미국의 출격용 비행기들의 전시 기착지인 거대한 마키즈 비행장에 무사히 착륙했다. 물자가 풍부했던 마키즈 비행장은 곧 우리에게 또 다른 비행기 한대를 마련해 주었고, 우리는 두 번째 비행에 바로 나섰다. 해가 떨어지기에는 아직 한 시간 남짓 남아 있었다. 우리는 바람을 안고 비행을 해야 했는데 영국 해안을 향해 40분 정도 비행을 한 지점에서 엔진이 또다시 말썽을 부리기 시작했다. 약 15분쯤 지나자 엔진은 완전히 멈췄고 조종사는 예의 '대책 없음' 사인을 보냈으며, 남은 길이라고는 아무 데고 착륙하는 방법밖에 없었다. 조종사는 두 그루의 키 큰 느릅나무 사이를 환상적인 곡예비행으로 빠져나가서 조그마한 땅 위에 기체를 안전하게 내려놓았다. 그날 런던에서 있었던 약속은 물론 지키지 못했다.

 교전중인 전선의 상공을 비행하는 스릴은 각별하다. 비행에 따른 통상적인 위험에 더하여, 지나치는 모든 구름덩이까지도 세심하게 살펴야 하는데, 언제 갑자기 독일군의 포커 전투기가 튀어나와서 덮칠지 모르기 때문이다. 여기저기서 고사포가 터지면서 뿜어내는 흰 연기는 항로를 바꾸라는 신호이기도 하다. 나는 총공세가 진행중이던 1918년 8월인가 9월에 딱 한 번 이러한 장면을 직접 경험해 본 적이 있다. 당시 나는 아군의 진격 상황을 직접 확인해 보고 싶은 강한 충동을 느꼈으나, 7,000피트 상공에서 볼 수 있는 것이라고는 오로지 저 멀리 밑에서 터지는 불룩한 포탄 모습이나 유산탄의 탄막뿐으로, 그것만 가지고는 지상에서 무언가 심상치 않은 사태가 벌어지고 있다는 것 이상은 알 도리가 없었다. 게다가 시속 130킬로미터로 날아가면서 지상에서 이루어지는 전선의 변화를 읽어내기란 거의 불가능했다. 비행 중대를 이끌고 있던 내 조종사는, 조금 더 자세히 관찰하기 위해 고도를 낮추기를 원하는지 사인을 보내왔으나, 나는 여러 가지를 고려해서 이런 정도에서 만족하기로 결정하고 40~50분간 더 비행한 후 아라 근처의 아군 비행장으로 돌아왔다.

 전시에 비행장교들이 얼마나 냉혹한 현실을 살아가고 있는지 이해를 돕기 위하여, 그날 오후에 내가 직접 목격한 한 사건을 기록에 남겨두지 않을 수 없을 것 같다. 우리가 전선

시찰을 끝내고 막 돌아오자마자 상처투성이인 비행기 한 대가 비행장을 향해 날아오는 것이 보였다. 자세히 보니 탄환으로 벌집이 된 상태로, 동체와 날개에 나 있는 탄환구멍이 서른 개는 더 되어 보였다. 다행히 엔진은 말짱한 듯했고 중요한 전선(電線)들도 손상을 입지 않은 것 같았다. 비행 정찰자(偵察者)는 다리에 총상을 입고 피를 철철 흘리고 있었다. 다음 대화 내용은 내가 직접 청취한 것이다.

    비행 중대장: "헤이, 착륙 목적이 무엇인가?"
    조종사: "지난 주에도 정찰자 한 명을 출혈로 잃었다. 내 판단으로는 가능한 한 빨리 응급처치를 하는 것이 좋을 것 같다."
    비행 중대장: "당신 비행장은 어딘데?" (그러자 조종사는 비행장 이름을 밝혔고) "음, 15분 비행거리구먼."
    조종사: "당신이 그곳까지 교통편을 내주면, 우리가 내일 아침에 비행기를 가지러 오겠다."
    비행 중대장: "좋다, 하지만 다음에는 이런 귀찮은 일 시키지 말고 당신 집으로 가도록 하라."

사람들이 부상당한 장교를 자리에서 끌어내는 동안, 나는 몇 분 전까지만 해도 고통스러운 시련 속을 헤매고 있던 조종사에게 동정과 찬사의 몇 마디를 건네고자 그의 손을 붙잡으면서, "당신 정말 멋졌소" 아니면 이런 비슷한 취지의 말을 던졌다. 그러나 그가 보인 냉랭한 반응으로 보아 그는 전혀 감동받은 눈치가 아니었다. 오히려 이 모든 상황이 그에게는 당연한 듯이 보였다. "사상자들이 전부 여기 착륙하려고 들면 그들 업무는 엉망이 되고 말 거요."

여태껏 인류가 이토록 의연한 기상을 보여준 적이 있었던가? 그러나 대전 중에는 이 정도의 의연함은 일상적인 습관에 불과했다.

전쟁이 끝나고 공군장관의 직책을 맡게 된 나는 전보다 훨씬 자주 비행할 기회를 갖게 되었다. 내 비행기를 조종한 잭 스코트는 전쟁 초기에 비행기 사고로 엄청난 부상을 당했음에도 불구하고, 38세라는 나이에 탁월한 비행기술과 용맹성으로 전투 비행사 중 최고라는 평판을 듣고 있던 인물이었다. 우리는 이중 조종 비행기에 몸을 싣고 때로는 공무로, 때로는 순전히 즐기기 위한 목적으로 여러 곳을 다녔다. 나는 이 당시, 물론 옆에서 돌보아주긴 했지만 정상적인 조건에서의 비행은 물론이고 일상적인 수직 회전도 해낼 수 있는 수준은 되었다.

전후 평화회담 기간 동안, 나는 주로 비행기를 이용해서 런던과 파리를 오가며 일했다. 눈이 부시도록 맑은 하늘을 12,000 내지 14,000피트 솟구쳐올라, 던지니스에서 직선거리 100킬로미터 떨어진 에타플까지 바다 위를 직선으로 날아, 저녁노을을 받아가며 커다란 나선형을 그리면서 선회해서 파리의 빅 아니면 부르제 비행장에 사뿐히 내려앉는 기분은 정말 근사했다. 지루한 기차여행, 바꿔 타는 불편, 뱃멀미 걱정 따위와 비교나 될 말인가! 우리는 이 민첩한 전쟁 무기를 마치 요술 담요인 양 타고 여행했다.

그렇다고 우리의 여행이 매번 평탄하고 쉬웠던 것만은 아니었다. 언젠가 아침 일찍 빅 공항을 출발하여 런던으로 돌아올 때였다. 낮게 드리운 짙은 구름과 몰려드는 안개로 사방이 시계 제로가 되자, 스코트는 마이크를 통하여, 구름 위로 올라가서 맑은 하늘을 나는 것이 좋겠다는 의견을 제시했다. 나는 그의 제안대로 기수를 위로 틀었다. 곧 텅 빈 회색 수증기의 벽이 사방을 둘러싸면서 기체의 수평을 유지하기 어렵게 만들기 시작했다. 우리는 계속 고도를 높여갔고 계기판은 10,000피트에서 12,000피트로 다시 14,000피트로 계속 올라가는데, 두터운 구름은 여전히 짙은 안개만을 흩뿌리면서 열릴 줄을 몰랐다. 15,000피트에 다다르자 이번에는 도저히 추워서 견딜 수가 없어 차라리 고도를 낮추는 편이 낫겠다는 생각이 들었다. 바야흐로 우리는 비행에서 가장 어렵다는 상황을 맞게 된 것이다. 현재의 위치는 도대체 어디인가? 우리는 이미 한 시간 가까이를 방향을 잃은 채 안개 속을 날았다. 어느 지점을 향해서 내려갈 것이며, 또 안개는 지상에서 얼마나 가까이 깔려 있을 것인가? 아래를 향하여 조용히, 신속하게 그러나 무턱대고 미끄러지듯 활강해 내려가는 우리 마음은 이러한 것들에 대한 불안감으로 꽉 차 있었다.

우리가 구름을 뚫고 들어갈 때의 고도는 2,000피트였는데,

지금은 800피트 지점까지 내려왔는데도 아무것도 보이지 않았다. 나는 조종간을 조종사에게 넘기고 서서히 300피트 되는 지점까지 고도를 낮춰갔다. 고도 300피트 지점에 다다르자 이번엔 갑자기 폭풍우 속을 날아가고 있었는데, 그래도 여전히 육지의 모습은 보이지 않았다. 파리와 아미앵 사이에는 적어도 지금의 고도보다 높은, 숲이 있는 고지대가 여러 곳 있다는 것을 익히 알고 있던 우리는, 언제 시속 110킬로미터의 속도로 숲이나 언덕배기에 충돌하게 될지 모를 위험을 안고 날고 있었지만, 그렇다고 하염없이 몇 시간이고 연료가 바닥 날 때까지 안개 속을 날아다닐 수만은 없는 노릇이었다.

드디어 150피트까지 내려오자 땅이 보이기 시작했다. 우리는 양쪽에 나무가 우거진 좁은 계곡을 날고 있었는데, 집들이 여기저기 흩어져 있었으며 100미터쯤 떨어진 곳에는, 순간적으로 판단하기에 거의 우리 높이는 됨직한 공장 굴뚝이 우뚝 솟아 있는 것이 보였다. 전방은 안개와 맹렬한 돌풍이 땅바닥까지 이어져 있었다. 비행을 자주 하는 사람들에게는, 기분 좋게 이륙한 지 얼마 지나지 않아서 이런 상황에 마주치게 되는 경우가 종종 있는 법이다. 스코트가 마이크를 통해 말했다. "어쨌든 헤쳐 나갈 수 있을 겁니다." 계기판의 바늘은 100피트 아래로 떨어져 있었고, 밑에 보이는 땅은 시속 70내지 130킬로미터의 빠른 속도로 쉴 사이 없이 말려 올라가는 듯했다. 우리는 계속 계곡을 따라가면서 안개가 이끄는 대로 내려가다 보니 이제 고도는 불과 50피트밖에 되지 않았다.

갑자기 스코트가 소리질렀다. "만세! 기찻길이다!" 그 순간 비행기는 난폭하게 왼쪽으로 방향을 꺾으면서 안개에 감싸인 채 병풍처럼 눈앞에 펼쳐있는 전나무 제방을 가까스로 피했고, 밑을 내려다보니 과연 길게 뻗어 있는 기찻길이 눈에 들어왔다. 어쨌든 이제 따라갈 목표가 생긴 것이다. 이대로만 따라가면 터널만 빼고는, 낮게 비행하더라도 산허리에 충돌할 염려는 없었다. 우리는 구불구불 이어진 철길을 따라 안개 낀 계곡을 거의 30분간을 더 날고 있었는데, 바로 그때 전방의 검은 안개 저 높은 곳에서 자그마한 하늘 조각의 모습이 느껴지는 것이었다. 우리는 즉각 기수를 그쪽 방향으로 돌려서 재빨리 솟구쳐 올라갔다.

주위가 점점 밝아지더니 불쑥 하늘 조각이 밝게 비치는 옅은 구름이 나타났고, 채 1분이 지나기도 전에 우리는 구름층을 완전히 벗어나 맑은 하늘로 빠져나올 수 있었다. 밑을 내려다보니 폭풍우를 잔뜩 머금은 증기가 산맥을 이루고 있었고, 위로는 비로 깨끗이 씻어 내린 맑은 공기를 태양이 눈부시게 비추고 있었다. 전방에는 또 다른 폭풍을 준비하고 있는 희고 검은 커다란 구름 섬이 3,000~4,000피트의 높이로 뭉게뭉게 피어오르고 있었지만 그때부터는 구름 속을 뚫기도 하고 돌기도 하면서 쉽게 비행을 할 수 있었다. 드디어 보베의 성당과 곧이어 페키니 근처의 솜강이 은빛 띠를 이루고 반짝이는 모습이 보였고, 몇 분 지나지 않아 아베빌에 연해 있는 바다가 눈에 들어왔다. 평상시에 50분이면 충분한 거리를 두 시간 반이 넘게 걸린 셈이었다.

그러나 한숨을 돌릴 틈도 없이 새로운 구름들이 무리를 지어 한데 뭉치기 시작하더니 순식간에 상황은 또다시 긴박하게 돌아가기 시작했다. 우리는 다시금 100피트까지 기어 내려가야만 했다. 하지만 이번에는 바다 위를 날기 때문에, 파도를 오른쪽으로 끼고 불롱에 도착할 때까지 해안선을 따라 새로운 폭풍우 속을 비행했다. 여기서 다시 한 번 햇빛 속으로 뚫고나와 방향을 틀어 해협을 건너서 림프니 비행장에 무사히 도착했다. 이륙한 지 벌써 네 시간이나 되었으므로 일단 착륙해서 식사도 하고 연료도 보충하기로 했다. 림프니 비행장은 전시에 한창 전선으로 실어 나를 비행기가 줄을 서 있던 전성기의 모습은 아니었지만 전쟁이 끝난 지금 1919년의 봄, 아직도 바쁜 비행장임에는 변함이 없었다.

원기를 회복하고 연료도 충분히 채운 우리는, 오후 세 시쯤 되어 런던을 향해서 다시 출발했다. 우리는 빠른 속도로 1,500피트까지 고도를 높여갔다. 그런데 어찌된 일인지 비행기는 내륙을 향하지 않고 크게 방향을 틀면서 바다를 향하고 있는 게 아닌가. 이것을 알아차린 순간, 비행기는 옆으로 미끄러지기 시작했는데 내가 보기에는 속수무책이었다. "어떻게 된 거야?" 내가 마이크를 통해 물었으나 아무 대답이 없었다. 이제 비행기는 방향을 잃은 채 맹렬한 속도로 지상을 향해 수직 강하할 참이었다. 속도는 시속 190킬로로 올라갔고 방금 이륙했던 비행장의 광활한 대지가 엄청난 공포로 다가

오고 있었다.

그 순간 조종석 옆 바로 왼편 동체에서 연기가 모락모락 피어오르는 것이 보였다. 이 끔찍한 장면을 발견한 것과 동시에 기체는 다시 통제되기 시작하면서 지면을 불과 200피트 남기고 다시 떠오르기 시작했다. 그제야 동료의 목소리가 마이크를 타고 흘러왔다. "불이 붙은 것을 겨우 진화해 놓았습니다. 곧 착륙하겠습니다." 1,000피트가 넘는 이유 없는 추락에 대한 의혹이 이제야 가셨는데, 그동안 스코트는 이미 연료 탱크를 널름거리고 있던 불길을 소화기로 잡아내느라고 조종간도 팽개쳐둔 채 진화에만 매달려 있었던 것이다.

다시 한 번 땅을 밟게 된 것이 그렇게 기쁠 수가 없었다. 화재의 원인은 곧 밝혀졌다. 엔진에서 불 붙은 가스를 배출하는 배기관이 동체의 바깥쪽을 향하여야 될 것이, 작은 쇠못 하나가 끊어지면서 방향을 틀어 기체 쪽을 향하면서 철판과 캔버스로 된 동체 측면에 불길을 뿜어댔던 것이었다. 몇 초만 늦게 사고를 발견했더라도 우리는 폭발과 함께 불길에 휩싸였을 것이다. 또한 진화하는 데 몇 초만 더 걸렸어도 우리는 그대로 바닥에 추락하고 말았을 것이 틀림없다. 그러나 까맣게 숯이 된 캔버스 조각 말고는 피해는 없었다. 기체는 말짱했으며 배기관을 교체하고 제자리에 잘 고정시킨 후 우리는 런던을 향한 세 번째 여행길에 올랐다. 최소한 이번만큼은 아무 일도 일어나지 않았다. 그러나 크로이돈 비행장에 도착했을 때는 다섯 시가 다 되어서였다. 파리에서 기차를 탔어도 이 시간이면 충분히 도착할 시간이었음은 물론이고, 기차여행보다도 훨씬 복잡하고도 불확실한 사건들을 겪어가며 치른 여행이었다. 기체에서 엉금엉금 기다시피 비행장 바닥에 내려오면서, 오늘 하루는 참 힘들게 보냈구나 하는 생각이 들었다.

몇 주일 안 가서 또 하나의 흥미진진한 사건을 경험하게 되었다. 빅 비행장에서 연습비행을 하던 때의 일이다. 내 조종사(스코트 대령은 마침 이때는 없었다)는 '아브로' 복엽(複葉)비행기의 주 조종석에 앉아서 대부분의 조종을 맡았고 나는 그의 뒷좌석에 앉았다. 시동을 걸고 바로 속력을 내기 시작했는데도 이륙하는 데 시간이 한참 걸렸다. 원인은, 이륙하기 위해서는 최소한 시속 80킬로미터 이상이 되어야 하는데, 비행장의 풀이 한 자 이상이나 자라 있었기 때문에 시간이 더 걸렸던 것이다. 막 이륙하려고 하는 순간, 갑자기 격렬한 충격과 함께 내 몸은 달려가던 관성에 의해 앞으로 세차게 튕겨져 나가려 했으나, 다행히 허리에 감은 벨트 덕분에 강제로 제자리를 지킬 수 있었다. 다른 일상생활에서는 이렇듯 통제할 수 없는 힘에 의해서 꼼짝없이 휘둘리는 기분은 맛보기가 힘들 것이다. 이런 기분을 느끼는 동시에 비행기는 물구나무를 서더니 마치 전속력으로 달리던 토끼가 총에 맞은 것처럼 완전히 한 바퀴 공중제비를 돌았다. 아주 짧은 순간, 나는 좌석에 벨트로 묶인 채 완전히 거꾸로 매달려 있는 모습이 되어 있었고, 돌아보니 조종사도 같은 모습을 하고 있어서 우리 둘의 위치가 완전히 뒤바뀐 꼴이 되어 있었다. 결국 비행기는 산산조각이 나고 말았다. 나중에 정신차려 보니 여기저기 찢어지고 멍이 들어 있었는데, 당시에는 전혀 다쳤다는 느낌도 없었고 충돌하는 소리를 들은 기억도 없었다. 천만다행으로 내 조종사도 크게 다치지는 않았다. 둘이서 꼼짝 않고 동체에 거꾸로 댕그라니 매달려 있던 모습을 생각하니 하도 우스꽝스러워서 우리는 터져나오는 웃음을 참을 수가 없었다.

우리는 후다닥 벨트를 풀고 비행기 잔해에서 빠져나와서, 우리를 구출하기 위해 비행장 격납고에서부터 달려오는 구조대와 들것 운반하는 사람들에게 안심하라는 제스처를 해 보였다. 사고의 원인은 뻔한 것이었다. 우리가 활주로 삼은 들판 중간에는, 평지보다 2피트나 낮게 가라앉아 있는 버려진 도로가 높게 자란 풀 속에 숨어 있었는데 그 사실을 아무도 우리에게 일깨워주지 않은 것이었다. 그걸 모르고 엄청난 속도로 달리던 아브로 비행기의 견고한 나무 미끄럼판이 꺼진 도로의 건너편 둑을 치면서 완전히 나동그라진 것이었다. 이러한 상황에도 불구하고 충돌로 인한 충격이나 뒤따르는 폭발과 화재로부터 큰 부상 없이 살아남을 수 있었다는 것은 보통 행운이 아니었다.

예나 지금이나 나이 마흔이 넘은 사람이 새롭게 시작해서 훌륭한 조종사가 되려는 것은 상당히 무리한 이야기일 것이다. '비행 감각'을 습득하는 데 있어서 가장 중요하게 요구되는 자질은, 바로 젊음이 가지고 있는 탁월한 순발력과 적응력일 것이다. 그러나 나는 나름대로 꾸준히 최선을 다해서 노력했고 또 진전도 꽤 있었다고 자부해 왔다. 그렇기 때문에 비록 잠시라고는 하지만 이러한 매력적인 비행기술의 탐구를 중단하기로 마음먹었을 때, 더 더욱 기억에 남는 멋진 모험을 한 번 해보고 싶었을 것이다. 1919년 여름에 있었던 사건이 바로 여기 해당되는 것이었다. 육군성에서의 고된 하루 일과를 마치고 스코트 대령과 함께 저녁 비행을 즐기려고 크로이돈 비행장으로 차를 몰았다. 나는 혼자 힘으로 이륙을 했는데 엔진은 부드럽게 작동했고 70~80피트 고도까지는 아주 부드럽게 상승했다. 그 당시의 크로이돈 비행장은 키 큰 느릅나무들과 몇 군데 경계를 이루고 있어서, 이 나무들을 안전하게 피해가기 위해서는 한 번은 오른쪽으로 그 다음에는 왼쪽으로 반원을 그리며 선회하여야 할 필요가 있었다.

첫 번째 선회를 완벽하게 끝내고 계기판을 쳐다보니 시속 100킬로미터를 가리키고 있었는데, 이 정도면 아주 만족스러운 속도였다. 이제 왼쪽으로 선회할 차례라서 수평을 회복하기 위하여 조종간을 천천히 조심스럽게 중심으로 옮겨갔다. 비행기를 조종해 본 사람이면 누구나 잘 알다시피 기계들은 워낙 예민해서 정상적인 상태에서는 아주 세밀한 조작에도 즉시 민감하게 반응하도록 되어 있다. 그런데 놀랍게도 조종간을 아무리 조작해도 전혀 반응이 없는 것이었다. 기체는 계속 45도 각도를 이루며 비행하고 있었고 점차 경사가 깊어져 가고 있었다. "기계가 말을 안 듣는데!" 나는 마이크를 통해 조종사에게 알렸다. 순간적으로 조종간과 방향타 위에 그의 손과 발이 와 닿더니 아주 난폭하게 급강하를 시도하면서 떨어진 속도를 다시 끌어올리려고 안간힘을 썼다. 하지만 너무 늦었다. 고도계는 이제 겨우 90피트를 가리키고 있었는데 비행기가 횡전(橫轉, 옆으로 미끄러짐)할 때 가장 흔히 일어나는 치명적인 사고 고도였다. 이제 기체는 대책 없이 추락하고 있었다. 고도가 200피트 이상만 되면 전혀 위험하지 않다. 실제로 1,000피트나 1,500피트 상공에서는 조종사가 몇 번이고 거듭해서 정교하게 의도적으로 비행기의 속도를 떨어뜨려서 미끄럼 비행이 궁극적으로 수직강하 상태로 이어지도록 유도한 다음, 속도가 시속 130에서 160킬로미터까지 올라갈 때를 기다려서 다시 조종을 하여 정상 비행으로 돌아가는 것이 보통이다.

그러나 지금은 시간이 너무 없다. 햇빛을 환하게 받은 비행장이 시야에 가득 들어왔다. 순간적으로 마음에 다가오기로는 비참한 노란색의 광채로 비쳤다. 문득 "아, 죽음이로구나" 하는 생각이 번개같이 머리를 스쳤다. 한 달 전에 빅 비행장에서 느꼈던 것과 똑같은 감정이 상상 속으로 다시 떠올랐다. 불길한 예감 외에 공포를 느낄 시간조차 없었다.

횡전에서 막 수직강하로 바뀌려고 하는 순간, 비행기는 시속 약 80킬로미터의 속도로 땅바닥을 들이받았다. 왼쪽 날개가 산산조각이 나면서 프로펠러와 앞대가리를 땅에 박았다. 다시 한 번 어마어마한 힘으로 마치 새로운 차원의 세계로 빨려 들어가는 듯한 느낌을 받았지만, 벨트에 묶여 있는 가슴을 옥죄는 참을 수 없는 압박감으로 숨을 쉴 수가 없었다. 휘발유 가스가 반대 방향으로 안개처럼 뿜어져 나왔다. 충격이 남김없이 몸으로 스며드는 것을 또렷이 느낄 수 있었다. 그러자 갑자기 압박감이 사라지면서 앞쪽 계기판으로 부드럽게 몸이 튕겨져 나갔다. 벨트가 떨어져 나간 것이다. 살았구나! 라는 감이 순간적으로 들었다. 조각난 동체를 뛰쳐나온 나는 동료를 향해 달렸다. 그는 의식을 잃었으며 피를 흘리고 있었다. 기체에 불이 붙기만 하면 얼른 그를 끌어내기 위해서, 그의 옆에 바짝 붙어 있었다. 불만 안 붙으면 의료진이 도착할 때까지 그 상태대로 가만히 놓아두는 것이 더 나을 것 같았기 때문이었다. 추락 후 폭발이나 화재가 없었다는 것이 천만다행이었다.

연전에 그 자신 조종사이기도 한 휴 세실 경이 잭 스코트에 대해서 내게 한 말이 있다. "매사가 순조롭게 잘 돌아갈 때는 누구나 다 비행기 조종을 할 수 있지요. 그러나 위기가 닥쳤을 경우 스코트와 같은 사람의 진가가 드러나는 법이지요." 이 말이 진실이란 사실이 나중에서야 밝혀졌다. 위기의 마지막 순간까지 냉정을 잃지 않고 있던 그가, 기체가 땅에 추락하기 직전에 전기회로의 스위치를 내린 덕분에 휘발유 가스에 불이 붙어 폭발하는 것을 막을 수 있었던 것이었다. 이 사건은, 나이의 핸디캡과 개전 초기에 입은 심각한 상처에도 불구하고, 그가 영국 공군 내에서 그 누구도 따를 수 없는 명성을 쌓아올릴 수 있도록 만들어주었던 그의 다른 많은 재능 중에 일부분을 보여준 것에 지나지 않았다.

두 시간 후면 퍼싱 장군을 위한, 하원의 만찬을 주재하고 연설을 하기로 되어 있었던 나는 그 일을 예정대로 치렀다. 그러나 다음날 일어나보니 온 몸이 검고 푸르게 멍들지 않은 곳이 없었다. 스코트 대령도 부상에서 완전히 회복되었고, 실제로 두 번째 부상 이후 더 잘 걷게 되었다. 그에게 고통을 가져다준 원인을 제공했다는 자책감으로, 나는 그날 이후 지금 이 순간까지 거의 비행을 하지 않았다. 실제로 그 이후로 비행한 것이 열댓 번도 되지 않는다. 그런데 사람들은 말하기를, 지금은 비행이 예전보다 상당히 안전해졌다고는 한다.

Election Memories

선거 이야기

1924년 웨스트민스터 선거구에서 40표 차이로 패한 처칠이 모자를 벗어 지지자들에게 답하고 있다.

> "이곳에는 들뜬 군중이 있고 시기심으로 꽉 차 있는 반대파가 있다.
> 그들은 당신의 과거 행적은 물론이고 정치적인 신조나 때로는
> 개인적인 성격까지 물고 늘어지기 일쑤다.
> 야유와 비웃음이 여기저기서 터져나오고, 악의에 찬
> 창백한 얼굴의 청년들과, 짧은 머리에 불독 상을 한 젊은 여성들이
> 머리를 짜내서 만들어낸 기기묘묘한 추잡한 질문들을 마구 퍼부어댄다."

선거라면 내가 누구보다도 전문가라고 할 수 있으며, 실제로 하원의원 선거를 나보다 많이 치른 현직 의원도 없다. 도합 15회나 치렀으니 한번 상상을 해보라. 한 번 선거를 치르는 데 최소 3주가 소요되는데, 사전 1주일은 선거 멀미에 시달리고, 선거 후 1주일은 선거라는 홍역으로부터 서서히 회복해 가면서 밀린 외상값을 갚는 것이 보통이다. 성년이 된 지 35년이라는 세월이 흘렀고, 매번 선거 때마다 1개월 이상을 소비한 셈이니, 결국 따지고 보면 모두 합해서 1년이 넘는 세월을 이렇듯 긴장되고 힘든 작업에 쏟아부었다는 이야기가 되며, 바꾸어 말하면 성인이 된 다음부터 평생 한 달에 하

루씩을 이 괴상한 일에 바쳤다는 말이 되기도 한다.

요즘은 웬만한 사람들도 기본적인 선거진행 절차에 대해서 잘 알고 있을 것이다. 우선 지역의 유지나 원로들과 협의를 거친 다음, 위원회와 협의회, 그리고 그 대표들과 면담을 하고 나서 총회에서의 후보 지명을 획득하기 위한 경쟁에 들어간다. 지역의 실력자와 유권자들을 방문하고 지역의 산업과, 관심사, 성향 및 특수한 사정 등을 연구한다. 그런 다음에 선거운동의 기본전략을 세우고 선거 연설문을 작성하는 동안, 지방지들은 온갖 예측과 가십으로 소란을 떤다. 드디어 후보 지명을 위한 경쟁을 거쳐서 후보로 지명되면, 지지자들과 함께 시 공회당 또는 다른 지정된 장소로 가서 처음으로 경쟁자들과 대면하게 된다. 억지웃음을 띤 얼굴로 미소를 주고받으면서, "안녕하시오? 만나 뵙게 되어 영광입니다. 잘 해 봅시다", "날씨가 갑자기 추워진 것 같지요?(또는, 더워졌지요?)", "저한테 뭐 하실 이야기라도 있으시면 기탄없이 말씀해 주십시오" 따위의 말을 건넨다. 그리고는 본격적인 투쟁에 돌입한다. 매일 9시에서 10시 사이에 위원회, 다시 말해서 각 부서의 책임자들이 참석하는 참모회의가 열린다. 벽보, 유세 종사원 관리, 각종 정보 수집, 유세 진전 상황 점검, 언론 홍보, 광고, 차량 준비, 각종 면담, 질서 유지, 운동원들에게 선거법 주의 환기, 꼭 참석해야 할 행사나 주요 인사 챙기기…… 등등.

이제부터는 실제로 밖으로 나가 유권자들을 접촉할 차례

다. 내가 선거를 처음 치를 때만 해도 시속 10킬로미터나 낼까 하는 두 마리 말이 끄는 랜도 마차가 유일한 교통수단이었지만, 지금은 그것과는 비교가 안 될 정도로 빠른 자동차가 동원된다. 결과적으로 선거 당사자들 모두가 훨씬 더 많은 활동을 할 수 있게 되었기 때문에 후보들만 더 힘들게 된 것 말고는 바뀐 것이 없는 셈이다. 점심시간이나 낮, 저녁 시간을 가리지 않고 회의다. 요즘은 매일 저녁 세 군데씩 분주하게 돌아다니기도 한다. 당신이 연단에 나타나면 다른 연사들은 자리에 앉게 되는데(이 때 환호가 일든지 아니면 야유가 쏟아지기도 한다), 때때로 600~700명은 족히 수용할 수 있는 장소에서 지극히 둔감한 표정을 한 20~30명의 청중만을 놓고라도 연설을 해야만 한다는 것은 참으로 고역이 아닐 수 없다. 하지만 이곳저곳 장소를 옮길 때마다 따라다니면서, 조금씩 현장 상황에 맞게 변형된 똑같은 내용의 연설을 들어야 하는 당신 부인이나 딸, 친구들의 고역을 생각하면 그런 것쯤은 아무것도 아니다. 내가 아는 어느 총회 회장, 부회장은 시시껄렁한 똑같은 농담을 서른세 번이나 들으면서도, 그때마다 성실하게 웃어주는 것을 보고 참 대단하구나 하고 감탄한 적도 있다. 앞으로도 계속 똑같은 농담을 한참 더 해야만 할 것 같은데, 그때마다 열심히 들어주고 열심히 하! 하! 잘 한다!를 연발해야만 될 친구의 입장을 생각하면 가슴이 미어질 것만 같다. 그렇지만 어쩔 수 없는 노릇이다. 그렇다고 누가 대신해 줄 수 있는 일도 아니지 않은가! 우리의 헌법은 이런 식으로 운용되어가고 있는 것이다. 우리는 모두 사슬에 묶인 갤리선 노 젓는 노예와도 같은 신세로, 감독이 휘두르는 채찍에 맞춰 일사분란하게 움직이며 점점 거세지는 풍랑을 묵묵히 헤쳐나갈 뿐이다.

물론 소란스러운 회합도 없지는 않으며, 사실은 이런 모임이 갑갑한 숨통을 터주기도 한다. 이런 모임에서는 우선 틀에 박힌 연설을 할 필요가 없다. 이곳에는 들뜬 군중이 있고 시기심으로 꽉 차 있는 반대파가 있으며, 그들의 턱은 분노에 찬 고함과 욕설로 뒤틀리고 있고, 당신을 자극하고 약 올리기 위해서 별의별 모욕을 다 퍼붓는다. 당신의 과거 행적은 물론이고 정치적인 신조나 때로는 개인적인 성격까지 물고 늘어지기 일쑤다. 야유와 비웃음이 여기저기서 터져나오고, 악의에 찬 창백한 얼굴의 청년들과, 짧은 머리에 불독 상을 한 젊은 여성들이 머리를 짜내서 만들어낸 기기묘묘한 추잡한 질문들을 마구 퍼부어댄다. 시련이 아니냐? 물론 그렇다. 하지만 이런 종류의 회합은 나름대로 의미가 있다. 첫째, 당신은 사전에 연설 준비하느라 골치 썩일 필요가 없다. 그저 몇 개의 구호로 연설을 시작하면 그것으로 충분하다. 나머지는 가만히 있어도 저절로 소란스러워진다. 그러나 그것이 당신 지지자들에게는 얼마나 재미있는 일인지 모른다. 후보자의 논리 정연한 강의보다는 반대자들의 고함소리와 방해가 훨씬 효과적인 자극제가 되는 법이다. 청중들은 길고 빈틈없는 논쟁에는 하품을 하게 마련이지만, 거친 분위기의 회합에서 보여주는 멋진 응수는, 오히려 적의 친구까지도 내 편으로 돌아서게 만들어주는 계기가 되기도 한다.

소란스러운 회합에 대한 나의 충고는 무엇보다도 첫째, 빙긋이 웃어라, 또는 미소지으라는 것이다. 미소짓는 것보다 더 효과적인 대응방법은 없다. 그 다음에는 자연스럽게, 아주 편하게 마치 조용한 장소에서 단둘이 서로의 공동 관심사에 대하여 대화를 나누듯이 행동하라는 것이다. 세 번째는 주위에서 진행되고 있는 와자지껄한 북새통으로부터 초연할 수 있는 심성을 배양하라는 것이다. 결국 가만히 보면, 선량한 사람들이 무리를 지어 광기에 젖어서 아무리 소란을 떨어 보았자, 그들이 결코 당신에게 위해를 가하지 않을 것이라는 확신만 가질 수 있다면, 그 모습이 그토록 우스꽝스러울 수가 없는 것이다.

영국이라는 나라에서 그들이 당신에게 정말 물리적으로 해를 입힐 가능성이란 거의 없으며, 만약 그런 일이 실제로 발생한다면 그것은 정당방위의 구실을 제공하는 것 이외에 아무 의미도 없는 일이다.

해리 커스트는 사우스 램버스 선거구에 출마하여 어느 회합에 참석했다가, 갑자기 덩치가 집채만한 녀석이 권투 폼을 잡고 자기에게 다가오는 것을 보고는 자신도 상의를 벗어던지고 맞대결할 채비를 차리면서, 뒤에 있는 친구에게 귀엣말로 "야 말려, 말리란 말이야!"라고 했다는 것이다. 절대로 흥분해서는 안 된다. 사태가 험상궂게 되어갈수록, 마치 인형극을 대하듯 착 가라앉아야 된다. 마치 〈펀치〉지에 등장하는 꿩처럼 시종일관 날개를 활짝 펴고 날아가면서, 친구한테, "저 밑에 있는 저 조그만 사람 말이야, 내가 자기 위로 날아갈 때마다 왜 시끄러운 소리를 내는지 모르겠어" 하면서 자신에게 총을 쏘아대는 꿩 사냥꾼을 대하는 여유작작한 태도를 익혀 둘 필요가 있다.

작고한 디본셔 공작, 하팅턴 경*은 대중 회합에 관하여 여러 번 나에게 이야기 한 적이 있다. 그는 하원에서 꽤 중요한 연설을 하던 도중에 하품을 하는 바람에 심하게 비난을 받은 적이 있었다. 진짜 그랬느냐는 나의 질문에 대답하기를, "당신은 그럼 다른 사람들이 하는 연설을 듣고 있다는 말이오?" 하는 게 아닌가. 언젠가는 한 술 더 떠서, "꿈을 꾸었는데, 내가 하원에서 연설을 하고 있는 거라. 그래서 일어나봤더니, 어럽쇼! 내가 진짜로 연설을 하고 있지 않나!"

> **하팅턴**
> Hartington(8th duke of Devonshire) 1833~1908, 영국의 정치가.

한창 자유무역 문제로 의견이 갈려 시끄러울 때, 리버풀에서 열린 큰 모임에서 그와 같이 한 팀이 되어 행동할 기회가 있었다. 그가 기조연설을 맡고 나는 12분 안에 감사하다는 결의를 얻어내야 했다. 우리는 전날 저녁을 노슬리에 있는 더비 경의 안락한 집에서 보냈었다. 우리는 회합에 함께 마차를 타고 갔는데, 그때가 1904년이었으니까 말 두 필이 끄는 4륜마차였을 것이 틀림없다. 그가 물어왔다.

"초조하게 보이는구먼."

나는 조금 그렇다고 대답했다.

"음," 그는 이어서 이렇게 말했다. "나는 청중이 많은 모임에 갈 때마다 무슨 생각을 하는 줄 아나? 일단 관중들을 한번 휙 둘러본 다음에 신념을 갖고 나 자신에게 타이르지. '저런 멍청한 것들은 내 생애에 한 번도 본 적이 없어'라고 말이야."

하지만 그가 막상 엄청난 수의 관중 앞에서 아주 당당하게 연설을 끝냈을 때, 그가 정말 그런 생각을 하면서 연설을 했는지에 대해서는 잘 모르겠다.

각종 회의와 심지어 새벽 1시에 갖는 전차 차장들과의 만남을 포함하여, 별의별 모임에 얼굴을 내밀기 시작한 지 열흘 내지 2주일이 지나면 드디어 투표일이 된다. 그날은 하루종일 투표소와 위원회 회의실을 들르느라 거의 대부분을 자동차 안에서 보내게 마련이다. 후보자는 어느 투표소나 자유롭게 출입할 수 있었고 또 그렇게 하는 것이 관행으로는 되어 있었지만, 그렇게 해서 얻는 것이 무엇인지는 잘 모르겠다. 선거인들은 투표소에 도착하면 투표용지를 받아들고 좁은 칸막이 친 공간으로 기표하러 들어가게 된다. 그들이 누구를 선택했는지 알아내기 위해서 독심술사가 되거나 명탐정이 되어야 할 필요는 전혀 없다. 당신하고 시선 마주치기를 피하는지, 아니면 친밀한 윙크를 보내는지만 보면 대개는 알고 싶은 것을 정확하게 알 수 있다. 마감시간이 가까워올수록 투표인들의 숫자는 점차 불어나고 분위기가 고조되기 시작하면서, 어린이들은 떼를 지어 정당 깃발을 흔들면서 후보자들을 맞아들이거나 고함을 질러댄다. 오후 9시를 기해서 모든 것은 끝난다. 예전에는 구별(區別) 개표 결과가 그날로 거의 윤곽이 드러났는 데 비해, 요즘은 도는 물론 많은 수의 구에서도 밤을 꼬박 새기 전에는 당락을 가늠하기 힘들어질 정도로 선거구민의 숫자가 많아졌다. 일단 한 번 개표실에 들어서면 개표가 완료되기 전에는 자리를 뜨지 않는 것이 좋다. 그래서 너무 일찍 개표실에 들르지 않는 것이 현명한 짓이며, 들어가기 전에 충분한 휴식을 취해 두는 것이 바람직하다. 보통 두 시간 정도 개표가 진행되면 어느 정도 예측이 가능해진다. 선거관리위원의 책상 위에 1,000매씩 반듯하게 쌓여가는 표 묶음과 거기에 따라 서서히 변해가는 친구들과 상대방의 눈빛에서 상황의 흐름을 읽기란 그리 어렵지 않으나, 때에 따라서는 마지막 몇 장이 승부를 결정지을 정도로 손에 땀을 쥐게 하는 접전도 있다. 결국은 승리 아니면 패배인데, 두 경우 모두 짧은 연설을 필요로 한다.

대개의 경우 나는 상대 후보자들과 매우 우호적인 분위기 속에서 선거를 치른다. 선거에 패배한 다음에 상대방 여성 승자에게 실제로 키스를 한 이스링턴의 어떤 후보같이는 못하지만, 그래도 나는 거의 대부분 악수는 꼭 나눈다. 나는 선거가 치러지는 동안에는 상대방의 이름을 거론하는 것을 피하려고 노력하는 편이며, 실제로 상대방의 존재 자체도 거의 인식하지 않는다. 그러면 결과가 어떻게 나오든, 일단 선거가 끝나면 사람이 너그러워질 수가 있게 되는 법이다.

만약 승리했으면 실제로 당신이 어떻게 느꼈는지에 상관없이 그동안의 공정했던 선거 분위기를 추켜올리는 동시에 지체없이 당에 관계없이 모든 선거구민의 수호자가 되겠다는 결의를 표명하도록 하라. 만약 패자가 된 경우, 승자를 축하해 주고 그가 의회 발전에 크게 이바지할 사람이라는 덕담을 덧붙이는 것을 잊지 마라. 많은 사람들이 그런 상황에서 크게 상심하고 비통해하였으며, 개중에는 존 몰리˙나 윌리엄 하커트˙와 같은 저명인사들까지도 선거의 패배 앞에서 허물어지는 것을 보았지만, 다 부질없는 짓이고 오히려 상대방만 더 기분 좋게 만들어주는 일이다. 차라리 별것 아니라는 식으로, 속은 쓰리더라도 태연한 척하는 편이 훨씬 낫다. 실상 정말 가슴 아픈 것은 지지자들의 슬퍼하는 모습이다. 그 모습은 때로 통렬하기까지 하다. 몇 주일간 정말 사심 없이 온갖 궂은일을 마다 않고 헌신적으로 봉사해 온 남녀 자원 봉사자들의 두 뺨에는 눈물이 강을 이루고, 그 표정은 마치 세상이 끝장난 것과도 같아 보인다. 선거 패배의 가장 힘든 부분은 바로 이 부분일 것이다.

존 몰리
John Morley 1838~1923, 영국의 언론인, 정치가.

윌리엄 하커트
Sir William Harcourt 1827~1904, 영국의 법률가·언론인·정치가.

하지만 매번 지는 것은 아니지 않은가? 나는 열다섯 번의 선거 중 다섯 번을 지고 열 번을 이겼다. 이겼을 때의 환희는 또 얼마나 대단한가! 환호가 일고, 얼싸안고, 등 두드려주고, 악수하고, 하늘 높이 모자를 던져 올리고 등등. 독자들은 이미 눈치챘겠지만 사실 나는 선거를 좋아하는 편이 아니다. 그러나 내가 이 나라의 주민들을 알게 되고 존경하게 된 것은 모두 선거를 치르면서였다. 그들은 선거 기간 내내 멋지게 행동했다. 자유당원이든, 토리당원이든, 급진당원이든, 사회당원이든 그 본질에 뿌리박힌 친절함과 정정당당한 스포츠맨십이란 면에 있어서는 모두 동일한 멋진 영국인들이었다.

올덤에서 있었던 두 번에 걸친 선거에 대해서는 이미 자서전에서 밝힌 바 있다. 첫 번째 시도에서는 좌절을 맛보았고, 남아프리카 전쟁(보어 전쟁)에 참가해서 명성을 쌓은 후에 치른 두 번째 선거에서는 보수당으로 출마하여 압도적인 승리를 거둔 바 있다. 그러나 임기를 마칠 때를 즈음해서 두고두고 영향을 미칠 정치적인 파동이 일어난다. 체임벌린의 자유무역 제도에 대한 공격은 그 자체로서도 매우 중요한 정치적 쟁점이기도 했지만, 동시에 다른 모든 정치적인 입장을 판단하는 척도가 되어버렸다. 자유당으로 당적을 옮긴 나는 맨체스터의 중심지인 서북 선거구에서 출마했다. 나의 선거전은 보수당 정권에 대한 전국적인 격렬한 항거의 일환으로서 치러진 것으로서, 이런 현상은 그 이전에는 물론이고, 그 이후에도 1931년이 되기까지는 볼 수 없었던 진기한 일이었다. 밸푸어가 삼촌 솔즈베리 경에 이어 총리직에 올랐을 때는 이미 20년에 걸친 보수당 정권이 막을 내리는 시점이었다. 솔즈베리 경의 죽음과 함께 영국 역사에 큰 획이 그어진 셈이다. 워낙 많은 실정과 폭력이 보수당 정권에 의해 저질러졌던 관계로, 그 어떤 처방도 그들의 패배를 막지는 못했을 것이다. 게다가 계속 섣부른 짓과 못된 자존심까지 내세우는 바람에, 그들은 이번 선거를 기점으로 해서 완전한 몰락을 맞고 만다. 그 당시에는 구에서 집계된 최초의 개표 결과와 마지막으로 도의 집계가 나오기까지 평균 5~6주일이 걸리는 것이 보통이었다. 맨체스터시에는 인근 샐포드구를 합해서 모두 9개의 선거구가 있었는데 개표가 시작된 지 하루인가 이틀 만에 결과가 다 나왔다.

당시 선거에서 보수당을 이끌었던 인물은 두말할 것도 없이 이제 갓 총리의 자리에 오른 밸푸어였고, 자유당에서 돋보이는 인물은 나 이외에 별로 없었던 시기였다. 경쟁은 결코 만만치 않았으나, 첫 출발에서부터 일반 대중의 지지가 우리 쪽으로 기울어져 있다는 사실이 명백하게 드러났다. 하지만 결과가 그토록 완전히 일방적일 것이라고 예측했던 사람은 아무도 없었다. 아무리 열렬한 자유당원이라 하더라도 그렇게까지 될 줄은 생각하지 못했을 것이다. 아침에만 해도 9석 모두 보수당이 차지하고 있었던 것이, 그날 밤 잠자리에 들 때에는 모두 자유당으로 바뀌어 있었다. 호텔로 돌아오는 길목마다 온통 자비의 물결이 넘쳤고, 아더 밸푸어는 동료들과 함께 무대에서 퇴장할 수밖에 없었다. 그의 누이 앨리스양은 매우 상심한 모습이었으나 우리는 조용히 그들을 배웅하는 수밖에 없었다.

자유당 소속의원 몇 명은 그날, 당시로서는 가장 최신식 대형 건물이며 랭커서 지방의 부와 권세의 상징이었던 미들랜드 호텔에 모여서 같이 저녁식사를 했다. 그 자리에는 데일리 메일지의 직원인 찰스 핸즈라는 늠름한 청년이 자리를 같이 했는데, 그와는 남아프리카 전쟁 당시 특파원으로 파견 나와 있을 당시부터 안면이 있는 사이로 내가 초대를 했다. 그는 마페킹 구출작전 당시 가슴을 관통하는 총상을 입기도 했는데, 글 솜씨가 아주 뛰어났다. 물론 철저한 보수당 논조의 글이었지만. 그에게 "이번 선거 결과를 어떻게 보시오?" 하고 내가 묻자, 그는 "피박을 씌운 셈이라고나 할까요"라고 답했다. 적절한 말같이 들렸다. 이튿날 아침쟁이 언론들은 하나같이, 이번 선거 결과가 밸푸어의 우유부단과 냉소주의에 대한 나의 도덕적인 승리라고 떠들어댔다. 그가 많은 오판과 실수를 저지른 것은 분명한 사실이지만 그렇다고 해서 내가 언론의 그러한 찬사를 액면 그대로 믿을 정도로 어리석지는 않았다.

허포드의 제임스 경은 그의 최근 자서전에서 이 놀라운 선거 소식이 샌드링검 궁에 머물고 있던 에드워드 국왕*에게 전달되었을 때의 광경을 상세하게 묘사하고 있다. 그는 나에게 보낸 편지에서, "당신은 아마 틀림없이, '구름 위를 걸어서 왕좌에 오른 기분'을 느꼈을 것이오"라고 쓰고 있었다.

맨체스터의 선거 결과는 그대로 전국적인 현상으로 나타났다. 장기집권을 해왔던 보수당은 참담하게 무너졌다. 거의 400석에 달하던 의석이 이제 겨우

에드워드 7세
Albert Edward
1841~1910, 영국의 국왕. 재위 1901~1910년.

100석을 넘기는 신세로 전락했다.

그러나 여론이란 항상 믿을 것은 못 되는 것으로, 기회만 생기면 어느 때고, 어제의 동지가 오늘의 적이 될 수 있는 것이 바로 여론이다. 1908년 봄, 통상장관으로 국무위원이 된 나는 당시의 관행대로 재선거에 의해서 유권자의 지지를 확인하여야만 했다. 자유당 정권이 들어선 지 2년이 지난 시점으로, 그 동안 정권에 실망한 친구들도 많이 생겼을 터이고, 적들도 용기를 얻을 때쯤이 되었다. 재선거는 유별나게 힘들게 치러졌는데, 정부에 적대적인 모든 세력들이 연합하여 총공세를 펴왔다.

또 한 가지, 이번 선거를 통해서 두드러지게 나타난 현상은, 여성 참정권을 위한 조직적인 활동이 난폭한 양상을 띠기 시작하였다는 점이다. 맨체스터는 바로 팽크허스트 모녀의 고향이었다. 맹렬 여성 팽크허스트 부인*은 두 딸 크리스타벨과 실비아의 도움을 받아가며 난폭한 노선을 취하기로 방향을 잡는다. 여자들이 정치 무대에 적극적으로 뛰어든다는 것은 당시로서는 극히 이례적인 사건이었다. 공공 모임에서 여성을 강제로 끌어낸다든지 함부로 대한다는 일은 생각만 해도 혐오감을 일으킬 만한 일이었다. 결국 자유 무역회관의 회의실에서 크리스타벨 팽크허스트 양이 회의를 온통 수라장으로 만들어놓은 다음, 가엾고 헝클어진 모습으로 쫓겨나가는 사태가 발생했다. 그러나 이 사건은 단지 시작에 불과했으며, 이후의 모든 자유당 회합에서 연

팽크허스트
Emmeline Pankhurst 1858~1928, 영국의 급진적인 여성참정권 운동가.

설을 방해하고 모임 자체를 파괴하며 난장판으로 몰고 가는 조직적인 움직임이 나타나기 시작했다.

실제로 지속적이고 계산된 방해공작에 한 번 걸려들면 웬만큼 뱃심 있는 연사라도 도저히 연설을 계속할 수가 없었으며, 더구나 연설의 스타일이나 분위기를 중요시하는 연사에게 있어서는 더 말할 나위가 없는 일이었다. 한창 연설의 결론 부분을 향하여 분위기를 몰고 가거나, 미묘한 논점을 설명하려는 찰나에, 청중들의 마음을 잔뜩 사로잡아놓고 매사가 잘 풀려나가려 하는 순간 갑자기 날카로운 고음으로 "여자들 문제는 어쩔 거요?", "여자들한테는 언제 참정권을 줄 건가요?" 등등의 괴성이 튀어나오는 것이다. 소리 친 여자가 끌려나가자마자 이번에는 회의장 다른 쪽에서 새로운 여자가 나타나서 그 일을 이어받는다. 일단 분위기가 그런 식으로 흩어지면 일관되게 논점을 이어가기가 극도로 어려워지는 것은 당연하다.

맨체스터 서북구에서 치러진 나의 두 번째 도전 기간 내내 나의 유세장에서는 이러한 사태가 벌어졌고, 결국 나는 몇백 표 차이로 분루를 삼켜야 했는데, 상대방은 2년 전에 바로 나한테 패했던 장본인인 조인슨 힉스로, 그는 나중에 작위를 받아 브랜트포드 경이 되었다.

선거 결과가 발표되는 시청에서 맨체스터 개혁 클럽까지는 걸어서 5~6분 거리인데, 홍분한 군중들이 나를 따라 그곳까지 같이 걸었다. 클럽에 막 들어서려는 순간, 누군가 전보한 통을 전해주기에 뜯어보았더니, 발신은 던디시로 되어 있었고, 던디시 자유당이 만장일치로 나를 현직 의원인 에드먼드 로버트슨을 이을 후보자로 추대했다는 내용이었다. 그는 현재 맡고 있는 행정부의 한 직책을 그만두고 곧 상원의원으로 승격할 예정이라는 것이었다. 정말 과장해서 하는 이야기가 아닌데, 맨체스터의 패배와 던디의 초청 사이에는 오직 시청에서 클럽까지 걸어온 7분이란 시차밖에 없었다. 그 선거구는 선거권 제한을 시도한 1832년 개혁안 이후 한 번도 보수당이 발붙여보지 못했던 지역으로, 전국에서도 손꼽히는 자유당의 아성이었다. 그리고 노동운동은 아직 초기 단계에 머물러 있던 상태였다. 나는 그 이후 전쟁과 평화로 점철된 15년이라는 혼돈의 기간을 이곳에서 안주하면서, 다섯 번에 걸친 유권자들의 절대적인 지지 속에서 안정적으로 의원직을 유지할 수 있었다.

그렇다고 해서 던디의 첫 번째 관문이 그렇게 쉬웠던 것만은 아니었다. 보수당은 전투의지로 똘똘 뭉쳐 있었고, 정치무대의 한쪽 끝에서는 노동당 후보(우체국 노동조합 대표)가, 또 한쪽에서는 금주주의자인 스크림저가 유별나게 술의 해악을 강조하면서, 이 세상에 하늘나라를 실현하겠다는 될 성싶지도 않은 주장을 내세우며 등장했다.

선거의 첫 주는 전적으로 보수당을 공략하는 데 보냈으며, 노동당의 도전은 철저히 무시한 채 대응도 하지 않았다. 보수당에 대한 철저한 대응전략을 구사하면서 한 주를 보낸 자유당의 다음 과제는 사회당이었다. 계획했던 대로, 투표일 바로 전 주 월요일에는 사회주의에 대하여 총공세를 펴면서 거세게 몰아붙였는데, 아마 이때 했던 연설이 내 생애에서 가장 성공적인 선거연설이 아니었나 생각된다. 연설이 끝나자 2,000명이 넘는 청중 모두가 나를 에워싸고 노래 부르고 환호하면서 내가 묵고 있는 호텔까지, 던디시의 온 시가를 누볐다. 그 이후로는 탄탄대로를 질주하며 그대로 승리의 관문을 통과했다. 하지만 정작 선거 당일이 다가오자 런던에서부터 따라온 친구들과 봉사자들, 그리고 선거를 취재해왔던 기자들 사이에, 내가 이번에도 힘들 것 같다는 이야기와, 어쩌면 이번이 마지막이 될 것이라는 불길한 예감이 잠시 번지기도 하였으나, 노련한 자유당 연합 스코틀랜드 의장 조지 리치 경은 오로지 냉소만 머금은 채, "대략 3,000표 정도의 차이가 될 것이오"라고 예측했는데 결과는 그대로였다.

이제 선거로 동분서주한 지 얼추 두 달이 다 되어간다. 두 번의 선거가 모두 아주 고된 싸움이었다. 여성 참정권논자라고 불리기 시작한 여성운동가들은 맨체스터에서부터 던디까지 끈질기게 나를 따라다녔는데, 유별나게 극성맞은 스코틀랜드 여장부들은 그들이 참석할 수 있는 곳이면 어디든지 따라와서 식사시간을 알리는 커다란 종을 휘둘러대며 회합을 중단시키는 방법으로 나를 괴롭혔다. 나는 계속되는 긴장과 불안으로 심신이 기진맥진한 상태가 되었다. 경험한 바에 의하면 대체로 총선보다는 보궐선거가 훨씬 힘이 들었다.

한편, 중간에 공백도 없이 치러진 두 번의 보궐선거 덕분에 전국의 관심이 온통 나에게로 집중되었다. 매일 수차례씩 연설을 강행군했고, 전국의 모든 신문에 나에 관한 기사가 연일 보도되었다. 매일같이 새로운 소재를 공급해서 선거 열기를 부추겨가면서, 또 한편으로는 내각의 주요부서 책임자로서 정상적인 업무활동을 해낸다는 것은 실로 엄청난 부담이었다. 하지만 모든 것을 끝내고 런던으로 돌아와 애스퀴스 총리의 소개로 하원에 다시 등원하였고, 각료로서 통상장관의 직무에 전념할 수 있게 되었으니, 그간의 고생은 충분히 보상받은 셈이었다.

잊기 전에 금주주의자 스크림저 이야기를 하고 넘어가야겠다. 그는 첫 번째 총선에서 총 30,000에 달하는 투표수 중에서 300~400표를 얻는 데 그쳤다. 하지만 이에 굴하지 않고 1910년에 치른 두 번의 총선에 모두 입후보했고, 1917년의 보궐선거에서 다시 나와 대결했는데 그 해는 내가 군수장관으로서 다시 입각한 해였다. 1918년 '승전' 선거에 그는 또 다시 도전했다. 매번 선거가 거듭될 때마다 득표수를 늘려가더니 다섯 번째 도전에서는 최초의 300표를 4,000~5,000표로 늘리는 데 성공했다. 전쟁중에 참정권의 문이 대폭적으로 넓어지면서 던디시의 정치적인 구도가 근본에서부터 큰 변화를 겪은 것이다. 그러나 1918년 선거에서는 승전과 평화무드, 그리고 독일에 대한 증오심 등에 가려서 그 효력을 발휘하지 못하고 있다가, 로이드 조지의 연합 내각이 붕괴한 1922

년의 선거에서, 새로운 유권자들은 자신들의 색깔을 유감없이 드러냈다. 당시 나는 선거전을 사흘 앞두고 맹장염으로 쓰러져서 입원을 했다. 조금만 늦었더라면 아주 큰일났을 정도로 상태가 악화되어, 배에 20센티미터나 되는 흉터를 남길 만큼 큰 수술을 받았다. 내 대신 아내와 친구들 몇 명이 나름대로 최선을 다해서 선거를 치를 수밖에 없었다.

전반적인 선거 분위기는 우리에게 굉장히 불리한 방향으로 흘러가고 있었다. 우리의 모임은 가는 곳마다 중단되든지 아니면 소란스럽게 끝나고 말았다. 이것은 몇몇 개인의 방해 때문이 아니라 유권자들이 우리에게 품고 있는 전반적인 불만과 적개심의 결과였다고 보였으며, 이것이야말로 정말 심각한 문제라는 생각이 들었다. 나는 선거일을 불과 이틀 남겨놓고서야 겨우, 입원해 있던 런던에서 선거 현장으로 달려가 볼 수 있었다. 수술 받은 지 21일밖에 지나지 않아 제대로 걷기조차 힘든 상태에서 하루에 두 차례나, 많은 청중들 앞에 섰다.

첫 번째 모임은 입장권이 있는 청중들만을 대상으로 한 것으로, 질서정연하게 끝낼 수 있었으나, 그날 저녁에 던디시 공회당에서 있었던 두 번째 모임에는 무려 8,000~9,000명에 달하는 청중들이 몰려들었는데 그들의 절대다수가 나를 반대하는 세력이었다. 상처가 아직 아물지 않아 서 있기가 힘들었던 나는 휠체어에 앉은 채 연단에 오를 수밖에 없었다. 수술로 인해 커다란 충격을 받았을 것이 틀림없는 신체의 모든 기능은 정상이 아니었으며, 몸은 극도로 허약해진 상태였다. 공회당에 모인 수많은 사회주의자들의 야유를 받으면서 휠체어에 탄 채 연단으로 오르는 도중, 강렬한 증오감을 드러내는 젊은 남녀 청중들의 모습을 보고 큰 충격을 받았다. 실제로 내 건강상태가 정상이었다면 그들은 틀림없이 공격을 가했을 것이라는 느낌을 아주 강하게 받았다.

지난 8년간 던디시 보수당원들은 나에게 진심어린 지지를 보내주었지만, 새로운 선거권자들이 대거 정치에 참여하게 되면서 보수당원과 자유당원 모두 전혀 맥을 추지 못할 정도로 상황은 크게 변해 있었다. 여태껏 지방세를 내지 않아서 선거권을 행사할 수 없었던 수많은 대중과, 다수의 가난한 여성 및 여성 공장 근로자들이 투표 마감 시간을 두 시간 남기고 떼거리로 몰려들어 투표소 앞에 장사진을 이루는 바람에 나는 '승전' 선거에서 나에게 몰렸던 15,000표라는 압도적인 표차의 대부분을 까먹고, 거꾸로 10,000표가 넘는 차이로 고배를 마시고 말았다. 상대가 누군지 상상이 가는가? 다름아닌 스크림저였다! 그는 여섯 번째 도전에서, 최초의 300이라는 지지자 숫자를 35,000으로 끌어올리면서 마침내 소원을 이룬 것이다.

나는 그에게 특별한 감정은 없다. 그는 강력한 도덕적 사회적 개혁의 대변인임을 자처했으며, 의회에 진입하고자 지난 15년간 거의 모든 유권자를 최소한 몇 차례씩 방문했을 정도로 열성을 보이기도 했다. 그는 온통 열성적인 기독교 사회주의 추종세력으로 둘러싸여 있었으며, 그 자신 철저한 금욕주의적인 생활을 영위하면서 도시의 빈민층을 파고들었고 모든 종류의 주류를 금지하자는 운동을 열성적으로 펴나갔던 것이다. 선거가 끝난 후, 관례에 따라 감사결의를 선거관리위원에게 돌리는 의식에서, 스크림저는 선거관리위원 대신 하느님께 감사를 바쳤다. 극도로 건강이 악화되어 있던 나는 던디를 떠나 런던과 기후가 좋은 프랑스 남부에서 장기간에 걸친 요양에 들어갔으며, 다시는 던디로 돌아가지 않았다.

정치의 부침(浮沈) 현상은 여기에서도 극명하게 나타난다. 그 당시 나는 자유당과 보수당이 연합한 연립내각의 비중 있는 각료로서, 2년에 걸쳐서 팔레스타인과 이라크의 정정(政情)을 안정시키고, 극도로 미묘하고 대단한 위험요소를 안고 있던 아일랜드 조약을 성공적으로 마무리지었다. 아마 1922년도 의회회기는 내가 각료로 활동한 기간 중 가장 활발한 시기였을 것이다. 그러나 갑자기 모든 일이 뒤틀리기 시작했다. 졸지에 구급차에 실려 병원으로 옮겨진 나는 병상에서 의식이 회복되자마자, 보수당과의 관계가 결렬되면서 하루아침에 정부가 해산되고 보수당과 원수가 되어버렸다는 소식을 접하게 되었다. 이제 나는 더 이상 각료가 아니었다. 그리고 나서 몇 주일이 지나지 않아서 이번에는 그토록 오랜 기간 성심껏 나를 지지해 주었던 유권자들이 결정적으로 나에게 등을 돌렸다는 사실을 받아들여야만 했던 것이다. 의원으로서뿐 아니라 각료로서도 생애에서 가장 성공적인 해를 보냈음에도 불구하고 눈 깜박할 사이에 장관 자리도, 의원직도, 정당도, 맹장까지도 잃어버린 신세로 전락하고 말았다.

그러나 다시 1924년, 웨스트민스터 선거구에서 치렀던 선거는 그야말로 긴박감이 넘치는, 세상을 떠들썩하게 만들었던 선거전이었다. 연립내각이 붕괴된 지 18개월 동안 정치 상황은 엄청나게 변했으며, 상당히 우려스러운 방향으로 진전되고 있었다. 보나 로 총리가 사망하면서 그 뒤를 이은 볼드윈이 돌연 보호주의 정책을 들고 나선 것이다. 보수당이 선거에서 완패하자 이번에는 자유당이 사회주의자와 연합하여 헌정 사상 최초로 노동당 정권을 창출하게 되었다.

마침 웨스트민스터의 애비 선거구에서 보궐선거가 치러지게 되어, 보수당에 복귀할 결심을 굳힌 나는 무소속으로 반사회주의 기치를 높이 내걸고 선거전에 뛰어들었다. 이 도전은 처음에는 매우 무모한 시도로 보였다. 조직은 물론, 구체적인 조직 계획도 없었기 때문이다. 반면 기존의 보수당, 자유당, 노동당은 모두 각각 후보를 내고 조직적인 지원에 들어갔다. 투표일은 법이 허용하는 한 가장 **빠른** 날로 고정되어 있었으므로 실제로 선거유세를 할 수 있는 날짜는 2주일이 채 못 되었다.

하지만 나는 곧 실질적이고도 자발적인 여론의 움직임이 내게 유리한 방향으로 흐르고 있음을 감지할 수 있었다. 각계각층의 내로라하는 인사들이 나의 선거 캠프에 속속 몰려들었다. 거의 모든 런던의 언론들이 나를 지지하는 쪽으로 돌아섰다. 보수연합은 견해의 차이로 둘로 쪼개졌으며, 이 분열은 곧 보수당 자체의 분열로 이어졌다. 결국 의원들은 각기 자신의 소신대로 움직이기 시작하였으며 30명에 가까운 보수당 의원들이 내 편에 서서 각종 위원회의 일을 도왔다. 그 중 활동적인 친구들의 도움으로 조직은 곧 그 모습을 드러내기 시작했다. 첫 주가 끝나갈 무렵 나의 참모장 격인 유능한 선거운동원 게스트 대령은 나에 대한 지지가 확고하다는 보고를 할 수 있을 정도로 조직은 모습을 갖추었다.

국회 양원, 행정부, 버킹검 궁, 주요 클럽들과 극장들, 세인트 제임스 가, 스트랜드 가, 소호, 핌리코와 코벤트 가든을 포함하는 이 선거구는 세계에서 가장 기묘하면서도 주목할 만한 선거구 중 하나일 것이다. 가장 가난한 이들과 부자들이 모여드는 곳인 동시에, 모든 장사, 직업, 이해관계 당사자들이 그들의 대표를 파견하고 본부를 설치하는 곳도 바로 이 사방 2킬로미터 남짓한 작은 지역으로, 사방으로 뻗은 도로를 통해 위대한 런던의 생명력은 끊임없이 흘러들고 또 흘러나간다. 유세가 진전되면서 나에 대한 지지의 폭은 점점 두터워져갔으며 공작, 기수(騎手), 프로 권투선수, 조신(朝臣), 배우, 기업인 등 모든 계층의 인사들과 친밀한 유대를 맺어갔다. 댈리 극장의 합창단 소녀들은 밤을 새워가면서 선거 유인물 봉투에 주소를 쓰고 발송하는 일을 맡아주었다. 각계각층의 젊고 아름다운 수많은 여인들이 나와는 무관치 않은 일에, 순수한 동기에서 자발적으로 매달려 열심히 일해 주는 모습을 보는 것은 그야말로 가슴 뿌듯한 감동이 아닐 수 없었다. 보수당은 지도부 내부에서조차 의견 통일이 이루어지지 않고 갈려 있었다. 볼드윈은 당의 공식 후보를 지지한 반면 밸푸어 경은 묵시적으로 나를 지지하는 서한을 보냈다.

마지막 순간까지 손에 땀을 쥐게 했던 이번 선거의 개표 과정만큼 흥미진진했던 기억은 일찍이 없었다. 개표의 마지막 순간까지도 나는 승리를 의심하지 않았다. 마지막 투표용지 다발이 책상 위에 옮겨지는 순간 누군가가 나에게 "100표 차이로 이겼습니다" 했다. 환호가 터져나왔고 밖에서 초조하게 결과를 기다리던 군중들에게 이 환호소리가 전해지면서, 그 즉시 뉴스는 전보를 타고 전세계로 전해졌다. 그러나 일 분여가 지난 다음 최종적으로 집계된 결과는 40표 차이로 나의 패배였다. 총 투표수 40,000표에서 40표 차이로 진 것이다. 결과는 별개로 하고, 솔직히 이번처럼 처음부터 끝나는 순간까지 매 순간을 철저하게 즐겼던 선거는 처음이었다는 사실을 고백하지 않을 수 없다.

나는 이번 패배로 세 번 연속해서 패배하는 기록을 세웠다. 던디, 웨스트 레스터, 그리고 마지막으로 웨스트민스터. 하지만 1924년에 실시된 총선거에서 10,000표란 압도적인 표차로 웨스트 에식스에서 당선됨으로써, 그간의 패배는 충분히 보상받은 셈이었다. 이번까지 해서 만 2년이 채 안 되는 짧은 기간에 네 번이나 선거를 치른 셈이었는데, 누구라도 이 정도로 자주 옮겨 다니면서 선거를 치러보았다면 더 이상의 방황

선거 이야기 311

은 원치 않았을 것이며, 나 또한 이번 선거를 치른 에핑을 마지막 정치적 보루로 삼게 되기를 간절히 희망했다.

The Irish Treaty
아일랜드 조약

더블린 거리의 무장한 IRA.

"적과의 투쟁은 끝이 났다. 남아 있는 문제는 자신과의 투쟁뿐이다.
그러나 자신과의 투쟁만큼 어려운 싸움도 없다.
바로 이런 이유 때문에, 역사는 때때로 엄청난 힘을 발휘할 수 있는 길이
바로 눈앞에 열려 있는 데도 불구하고,
훨씬 더 나아 보이는 해결책은 그대로 버려둔 채,
그토록 느린 속도로 수없이 많은 좌절을 겪어가면서,
한 걸음 한 걸음 힘들게 전진해 나가는 것인지도 모르겠다."

영국의 대외정책 과제 중에서 아일랜드 문제만큼 감정이 격렬하게 개입되어 있는 과제도 없었다. 대영제국과 같이 광대한 지역과 다양한 구성요소를 포함한 정치체제를 운영해 나가면서, 아일랜드에서와 같이 공개적인 반역 주체들과 협상을 벌인다는 것은, 자칫 제국의 성립 기초인 평화와 질서라는 근본이념을 지탱해 주는 권위 자체가 뿌리째 흔들릴 수 있는 매우 위험한 일임에 틀림없다. 국왕의 충실한 대리인으로서 성실하게 자신의 의무를 수행해 나가고 있던 무고한 시민들이 치밀하게 계획된 전쟁행위 때문에 잔인하게 목숨을 잃어왔으며, 채 무장도 하지 않은 장교와 사병, 경찰, 공무원들

이 자신을 교전중인 적군 소속이라고 주장하는 사람들에 의해서, 그것도 아주 근접한 거리에서 총격을 당하기 일쑤였다. 하지만 그들의 주장과는 달리, 그들은 적군이라고 알아볼 수 있는 표식을 일체 하고 있지 않았을 뿐 아니라, 법이라든가 오랜 전쟁의 원칙들조차 완전히 무시한 채 그러한 살상을 저지르고 있었던 것이다. 그들이 자신들의 행위에 대해서 할 수 있는 이야기가 있다면, 그것은 그러한 살상이 어떤 이기적이거나 탐욕적인 동기 때문이 아니고, 그들 자신도 기꺼이 목숨을 바칠 각오가 되어 있으며, 또한 그러한 행위의 필연성에 대하여 그들 동포 대부분이 동조하고 있다는 점일 것이다.

역사상 유례가 없는 위대한 승전을 기록한 직후인 데다 국력이 절정기에 올라 있던 대영제국으로서는, 그러한 생각을 가진 사람들의 대표를 회의장에 맞아들이고 그들을 통해서 문명화된 정부의 수립을 기대한다는 것 자체가 굉장히 불안하고 위험한 실험이 아닐 수 없었다. 반면 역사에 비친 아일랜드는 끊임없는 내분 및 이웃 나라들과의 분쟁으로 하루도 평온할 날이 없었으며, 이를 지켜보는 모든 양식 있는 영국인들의 가슴을 아프게 만들었다.

19세기를 거치면서, 영국과 아일랜드는 상호 입장에 대하여 새로운 시각에서 관계를 설정해 나가고 있었다. 영국은 아일랜드에 대해서 치유와 화해의 차원에서 풍성한 지원책을 제시한 반면, 아일랜드는 대체로 보다 근본적인 의회의 결단을 요구하고 있었다. 영국과 아일랜드 모두에게 훨씬 부담이 적은 방식으로 합의에 이를 수 있는 기회가 1886년에 한 번 찾아왔었으나, 그 기회를 놓치는 바람에 결국 서로에게 엄청난 피해만 주고 말았다. 글래드스턴은 당시 하원에서 아일랜드 자치법안의 표결을 앞두고 다음과 같이 연설했다.

"아일랜드는 지금 여러분의 결단을 기대하고 있습니다. 희망과 기대에 찬 모습으로 애원하고 있는 그들의 말은 진실되고 진지하였습니다. 그들은 지나간 과거를 모두 망각의 세계에 묻어버리자고 하였습니다. 과거를 털어버림으로써 득을 보는 측은 오히려 우리가 아닙니까?…… 신중하게 생각해 주시기 바랍니다. 아니, 애원합니다. 현명하게, 당장의 일만 생각하지 말고 제발 길게, 먼 앞날을 내다보고 판단하여 주시기 바랍니다."

1903년 아일랜드의 요구는 하원에서는 받아들여졌지만, 상원에서 부결되는 바람에 빛을 보지 못했다. 그후 4년에 걸친 격렬한 당쟁을 치른 후, 1914년 이번에는 보수당에 의해 아일랜드 자치법안이 세 번째이자 마지막으로 의회에 상정되어 결국 정식으로 통과하였지만, 그 내용에 불만을 품은 세력들에 의해 내전 일보직전까지 치닫던 중, 세계대전의 발발과 더불어 포성 속에 묻히고 말았다. 자치법안은 드디어 법령으로 성립되기는 하였지만 전쟁이 끝날 때까지 시행을 유보한다는 조건이 붙었다. 그러나 전후의 끈질긴 노력에도 불구하고, 1920년에 이르기까지 아직 아일랜드의 자치 문제는 완전한 해결을 보지 못하고, 테러와 난폭한 억압이라는 악순환의 고리를 끊지 못한 채 국제사회에서 영국의 위상을 실추시키는 독소로 남게 되었다.

아일랜드 조약에 대한 정당한 평가를 내리기 위해서는 협약에 의해서 문제를 풀어가려고 시도했던 양측 대표들의 시각으로 접근해야만 할 것이며, 단순한 현실문제의 해결만이 아니라 영국 정부가 당면하고 있던 당혹감에 대한 이해 및 보다 큰 그림과 희망을 품고 협상에 임했던 당사자들의 순수한 동기를 감안하지 않으면 안 될 것이다.

협상의 실질적인 길잡이가 된 사건은 국왕에 의해서 개인적으로 소집된 북 아일랜드 의회의 개최였다. 실제로 북 아일랜드 주민 외에는 해당 사항이 없는, 국가의 주권에 관한 사항에 관해서 각료의 신분으로 언급한다는 것은 적절치 못한 면이 있다. 헌법의 자구에 구속되지 않고 그 정신과의 조화를 강조하는 국왕께서는, 아일랜드의 문제에 관하여 남과 북, 녹색당과 오렌지당을 가릴 것 없이 모두 한 가지 목소리를 내줄 것을 열렬히 갈망하고 있었다는 사실은 이미 익히 알려져 있던 사실이다. 당쟁의 차원을 뛰어넘어 국왕의 통치 차원에서 볼 때에는, 여러 상이한 민족이나 종교뿐 아니라 그 밖의 다양한 지역의 상호 갈등과 충돌은, 궁극적으로 자연스럽고 필연적인 방식으로 제국의 전체적 이익에 이바지하는 요소로 작용하기를 바라는 것이 너무나 당연한 일일 것이다. 이미 북 아일랜드의 총리 제임스 크레이그 경*은 무기도 휴대하지 않은 채 드 벌레라*의 은신처로 혼자 찾아가서, 평화를 위한 공동 협력을 다짐하는 용기와 정치적 수완을 보여준 바 있었다. 그러므로 정부도 아일랜드뿐 아니라 영국의 명예까지 급속도로 실추시키는 파괴적인 분쟁행위를 하루빨리 종식시키자는 국왕의 간절한 호소를 정책 수행에 적극 활용하는 지혜를 발휘하였던 것이다. 이러한 국왕의 호소는 두 나라의 여론에 깊고도 넓은 반향을 불러일으킴으로써, 아일랜드 자유국가의 탄생을 향한 커다란 발걸음을 내딛을 수 있는 기반이 마련되었다.

제임스 크레이그
James Craig 1871~1940. 아일랜드의 군인, 정치가. 아일랜드와 영국의 연합을 유지하기 위해 노력했으며, 1921년부터 죽을 때까지 북아일랜드의 초대 총리를 역임했다.

드 벌레라
Eamon De Valera 1882~1975. 아일랜드의 정치가.

협상의 초기 단계에서부터, 소위 자칭 아일랜드의 지도자라는 사람들이 대영제국 정부의 성실성과 선의를 있는 그대로 받아들이도록 만드는 일이 성패의 관건이었다. 사안의 중대성으로 보아 흥정이나 어수룩한 교섭 따위가 들어설 여지는 추호도 없었다. 우리는 협상이 시작되자마자 곧바로 우리가 더 이상 양보할 수 없는 마지노선을 남김없이 제시하였으며, 그 선에서 한 발도 물러설 수 없음을 분명히 선언했다. 동시에 만약 우리의 제안이 받아들여질 경우, 설사 정부나 그 지도자들에게 어떠한 정치적인 불이익이나 곤경이 닥치는 한이 있더라도 지체없이 구체적인 실행 작업에 들어갈 것임을 명확히 했다. 이후의 기나긴 협상 과정은 바로 이러한 기반과 정신을 바탕으로 진행되었다.

협상 초기에 우리가 당면했던 최대의 걸림돌은 아일랜드 극렬 비밀 결사들의 광신적인 이상주의와 낭만주의 외에도, 수세기에 걸쳐 양국간에 뿌리내려온 지울 수 없는 불신과 증오였다. 다이너마이트나 다른 고성능 폭약의 핵심적인 요소는 강렬한 산(酸)인데, 이 가공할 액체가 서서히 정교하게 순수한 탄소화합물과 결합하면서 순식간에 엄청난 힘으로 인명과 구조물을 단번에 날려버릴 수 있는 농축된 폭발력을 갖추게 되는 것이다. 화학 반응에서 산의 역할을, 정부에서는 증오심이 맡고 있는 셈이다. 아일랜드 정부에는 키플링이 얘기하는 "소총 개머리판의 쇠를 먹어 삼킬 만한" 증오심이 자리잡고 있었으나, 다행스럽게도 대영제국에서는 그러한 증오심은 과거 수백 년간 찾아볼 수 없었다. 이 모든 것들이 우리가 함께 풀어가야 할 숙제였다.

성공적인 협상을 위해서 실질적으로 절실하게 필요한 요소 중의 하나가, 바로 협상에 참여하는 영국 각료와 아일랜드 대표 간에 점차적으로 쌓여가는 개인적인 친분관계라고 할 수 있다. 내가 기나긴 협상 과정을 설명하면서 일부 사건만을 가볍게 다루고 넘어갈 수 있는 것은, 그 사이에 많은 오해와 편견이 해소되었으며, 양측 사이에 벌어져 있던 넓고도 깊었던 골이 그만큼 좁혀질 수 있을 정도로, 상호 신뢰와 이해의 수준이 성장했다는 사실을 반증하는 것이다.

아서 그리피스*는 작가이면서 동시에 유럽 역사와 각국의 정치에 대한 연구가 깊은 사람일 뿐 아니라, 신념이 확고하고 성실성이 돋보이는 사람이었다. 그는 거의 말이 없는 조용한 사람이었지만, 한 번 뱉은 말에 대해서는 절대적으로 책임을 지는 그런 인물이었다. 로이드 조지는 그에 대해서 다음과 같이 평했다. 협상이 난관에 빠지고 다시 새로운 적개심으로 모든 것이 수포로 돌아갈 수도 있는, 절대 절명의 위기의 순간에서도, 그는 조금도 동요하는 빛 없이 조용히 선언하기를, "남들이 뭐라고 하더라도 나는 영국 정부의 제안을 받아들일 것이며, 아일랜드로 돌아가서 국민들에게 협상에 따르도록 만들고 말겠다"고 다짐했다는 것이다.

> 아서 그리피스
> Arthur Griffith 1872~1922, 언론인이며 아일랜드의 민족주의자.

반면 마이클 콜린스는 그의 선배 동료에 비해 교육의 혜택을 많이 받지는 못했지만 재능을 타고난 명석한 젊은이였다. 그는 누구보다도 훨씬 격렬한 폭력적인 투쟁에 가까이 다가가 있었고, 그로 인해 아일랜드 극렬 단체 안에서 막강한 영향력과 지위를 누리고 있었지만, 반면 그 자신의 내면세계 및 동료들과의 관계는 매우 불편할 수밖에 없었던 인물이다.

> 마이클 콜린스
> Michael Collins 1890~1922, 아일랜드 독립투쟁의 영웅, IRA를 창설하였다.

"내가 보기에 당신은 전장에 훨씬 더 잘 어울릴 사람이야"라고 언젠가 회의 중간에 말을 건넨 적이 있었는데, 그는 감사하다는 표정과 함께, "교전국이라는 위치에 있는 우리가 넘지 말아야 할 무력 사용의 한계에 대해 전에 기사를 쓴 적이 있습니다. 하지만 우리는 제복을 입힌 군대를 조직할 수 있는 구(區) 하나도 가지고 있지 못한 상태입니다"라고 응수했다. 그러고 나서 다시 덧붙이기를, "1916년의 폭동 당시, 당신들은 수백만의 무장 병력을 보유하고 있었지만, 수백 명에 불과한 더블린 사람들은 이제 모두 확실한 죽음의 길로 들어섰다고 생각하고 있었습니다. 그것이 아마 우리가 군사작전에 가장 가깝게 다가가 보았던 경험일 것입니다."

나는 그에게 물었다. "만약 우리가 모든 경찰 병력과 군 병력의 대부분을 철수시킨 뒤, 협정이 깨어지고 공화국이 선포되는 날에는 당신은 어떻게 할 심산이오?"

"만일 그런 사태가 온다 하더라도 당신들은 중요한 요소마다 수많은 병력을 배치시켜놓은 상태인 데다, 더구나 우리나라는 사방으로부터 접근이 가능하지 않습니까? 개인적으로는 최선을 다해서 협정을 위반하는 일이 없도록 노력하겠습니다. 그러나 만약 위반하는 자들이 일부 과격분자의 소행일 경우에는 진압이 가능하겠지만, 아일랜드인 대다수가 영국과의 전쟁에 나서기를 원한다면 그들과 맞서 싸울 수는 없겠지요. 그때 가서는 나의 모든 직책을 털어버리고, 일개 병사의 자격으로 그들 편에 서서 죽을 때까지 싸우겠지요. 그 기간이 얼마가 되든지 말입니다. 그때 가서는 당신들은 전쟁에서 할 수 있는 어떠한 행위를 우리에게 하더라도 상관이 없을 것이고, 그래도 세상은 우리가 옳지 않았다고 평가하겠지요. 그러나 어찌 되었건 그런 사태가 오지는 않을 것입니다. 그 정도로 사태가 험악한 것은 아니니까요."

나는 또 언젠가 그리피스에게 이렇게 이야기하였다.

"자 이제 모든 의문이 풀렸을 테고, 우리가 줄 수 있는 것은 다 준 셈인데, 그것도 아무 대가 없이."

그러자 그는 대답하기를 "예, 충분히 이해했습니다만, 당신 국민들도 그럴까요?"

우리는 아일랜드 문제를 다루면서, 다른 경우라면 힘으로 쟁취해야만 했던 것들을 관용으로밖에는 얻을 수 없었다. 따라서 일반적인 경우와는 전혀 반대되는 과정을 걸을 수밖에 없었고, 완전히 뒤바뀐 분위기를 연출하지 않으면 안 되었던 것이다. 바로 엊그제 세계대전을 승리로 이끌었던 승전국으로서, 어느 한 순간 이러한 변신을 할 수 있었다는 것 자체가 하나의 기적같이 느껴지기도 했다. 승리의 순간에는 누구든지 투쟁의 식지 않은 격정과 열기로 인해서 차분한 정책을 수행해 나간다는 것 자체가 힘든 법이다. 하지만 적과의 투쟁은 끝이 났다. 남아 있는 문제는 자신과의 투쟁뿐이다. 그러나 자신과의 투쟁만큼 어려운 싸움도 없다. 바로 이런 이유 때문에, 역사는 때때로 엄청난 힘을 발휘할 수 있는 길이 바로 눈앞에 열려 있는 데도 불구하고, 훨씬 더 나아 보이는 해결책은 그대로 버려둔 채, 그토록 느린 속도로 수없이 많은 좌절을 겪어가면서 한 걸음 한 걸음 힘들게 전진해 나가는 것인지도 모르겠다. 인간 본성의 두 가지 상반된 모습을 어떻게 조화시키느냐가 항상 문제다. 승리를 쟁취할 수 있는 자가 평화를 제안하기는 힘들며, 평화를 제안하는 자는 영원히 승리할 수 없다. 우리가 세계대전을 치르면서 생생하게 체험한 진리가 바로 이것 아니었던가?

아무리 그렇다고는 하지만, 그랜트 장군은 애퍼매톡스에서 아사 직전에 빠진 남부 연합군의 리 장군에게 자신의 군대에게 보급할 식량을 서둘러 보내면서, 남군의 포병대 소속 말들을 하루빨리 고향으로 돌려보내어 황폐해진 밭을 갈게 하라고 충고하지 않았던가?

또한 비스마르크는 1866년, 국왕과 내각, 프로이센 장군들에게 오스트리아와의 전쟁을 강력하게 밀어붙이다가, 사도와 전투가 프로이센의 승리로 끝나고 오스트리아가 손아귀 안으로 들어오자, 즉시 태도를 바꾸어 평화 정착의 방향으로 그들을 독려하는 정치적 수완을 보여주었다.

로버트 캐슬레이[*]는—그에 대해서는 너무 왜곡되게 전해지는 부분이 많다—나폴레옹이 이끄는 프랑스와의 한 세대에 걸친 전쟁이 승리로 막을 내린 후, 패전국 프랑스를 분할하거나 탄압하는 대신 거꾸로 동맹국이었던 프로이센 및 러시아와 전쟁을 벌이겠다고 을러대면서 대륙의 세력 균형을 유지시키는 지혜를 보여주었다.

로버트 캐슬레이
Robert Castlereagh 1769~1822, 영국의 정치가, 외교가. 외무장관(재임 1812~1822)으로 재임 중 나폴레옹에 대항하는 대동맹을 이끄는 데 이바지했고, 유럽 지도를 바꾸어놓은 1815년의 빈 회의에 주역으로 참석했다. 영국 역사상 가장 뛰어난 외무장관 가운데 한 사람으로 꼽힌다.

우리와 동시대의 사건인 남아프리카 전쟁의 경우도, 군사적인 승리를 거둔 직후 정책적인 측면에서 철저하게 양보함으로써 지금까지도 만족스러운 결과를 엮어내지 않았는가? 나 자신이 직접 참여했던 보어인과의 협상에 관한 생생한 기억이 이번 아일랜드 협상을 진행해 가면서 많은 위안과 참고가 되었으며, 실제로 모두에게 도움이 되었다. 언젠가 저녁 무렵, 그리피스와 콜린스가 총리를 만나려고 내 집을 찾아온 적이 있었다. 당시는 협상이 난관에 봉착해서 한 치 앞을 내다볼 수 없는 시기였다. 그리피스는 로이드 조지와 단둘이 담판을 벌이겠다고 2층으로 올라가고, 버컨헤드와 콜린스는 나와 함께 아래층에서 기다렸다. 콜린스는 매우 기분이 상해 있었으며, 불평과 비난을 나에게 퍼부어댔다. "당신들은 밤낮을 가리지 않고 나를 추적하고 있더군요. 게다가 아주 내 목에 현상금까지 걸어놓고 말이오." 그가 내뱉듯이 말했다.

"잠깐," 내가 그의 말을 막으면서 말했다. "당신만 쫓기는 것이 아니오." 그리고 나는 액자에 넣어 보관해 오던 나에 대한 보어인들의 현상수배 포스터 사본을 그에게 보여줬다.

"어찌 되었든 5,000파운드면 꽤 괜찮은 것 아니오? 한데 이것 보시오, 나한테는 생사불문하고 25파운드밖에 안 준다지 않소? 어떻게 생각하시오?"(실제로 영국 정부는 그러한 현상금을 내건 사실이 없었는데, 그때 당시에는 나 자신도 그 사실을 잘 모르고 있었다.)

그는 한참 동안 내용을 들여다보더니, 배꼽을 쥐고 웃음을 터뜨렸다. 분통이 눈 녹듯 사라져버린 것이다. 우리는 격의 없이 많은 대화를 주고받았으며, 그날 이후로 비록 마음 깊은 곳에는 어쩔 수 없는 깊은 골이 둘 사이에 놓여 있었음을 부인하지는 않지만, 적어도 서로 간에 공통의 의식 기반을 가지고 대화에 임했던 것만큼은 분명한 사실이다.

마이클 콜린스는 영국 정부와의 관계에 있어서만큼은 철저하게 자기가 한 약속을 지켰다. 그에게 가해졌던 긴장과 스트레스는 상상을 초월한 것이었다. 과거 동지들의 끊임없는 살해 위협과 그에게 씌워진 배신과 거짓의 누명, 열댓 번이 넘는 실제 살인 음모, 그리고 자신의 절박한 선택으로 인해서 생겨난 마음속의 갈등이 그의 격정적인 성격과 어우러지면서 엄청난 부담이 되었을 터인데도 불구하고, 그가 그토록 오랫동안 증오해왔지만 결국에는 신뢰하게 되었던, 영국 정부의 각료들과 맺은 약속만큼은 철저히 지켜나갔다. 신뢰와 선의를 바탕으로 해서 성립된 협정을 위반함으로써 아일랜드라는 이름이 더럽혀져서는 안 된다는 확고한 결의가 그에게는 서 있었던 것이다.

"나는 잘 압니다." 그가 협상이 끝나갈 무렵 나에게 한 말이다. "얼마 못 가서 내가 살해당할 것이라는 사실을. 그러나 그것이 오히려 도움이 될 것이오. 내가 살아서 할 수 있는 것보다는, 나의 죽음이 평화를 위해서 훨씬 더 많은 일을 해줄 수 있을 것이란 사실을 잘 알고 있다는 말이오." 그는 실제로 얼마 지나지 않아 '화해의 조약'에 자신의 생명이 담긴 피로 서명을 대신했다. 존 레이버리 경은 명운을 달리한 아일랜드의 영웅을 그린 초상화에 '아일랜드의 사랑'이라는 문구를 써넣었다. 썩 잘 어울리는 문구라고 생각되지만, 거기에 덧붙여서 '영국에게는 명예와 선린(善隣)'이라고 써넣었으면 어땠을까? 해협을 사이에 두고 위대한 '신념의 행위'가 이루어지고 있었으며, 이러한 '행위'가 수세기에 걸친 저주마저 잠재울 수 있게 되기를 희망해 보는 것이다.

Parliamentary Government and the Economic Problem

의원내각제와 경제문제

면직공장의 어린 공원들.

> "영국은 결코 누구에게도 정복당하지 않는다.
> 그리고 반드시 해결책을 찾아내고야 말 것이다.
> 의회는 지금 심각한 시련을 겪고 있다. 만약 의회가 이러한 위기에
> 계속 침묵을 지키거나 효율적인 대안을 제시하지 못한다면,
> 정치적인 영역에서 그토록 찬란하게 쌓아 올린 의회제도의 명성에도
> 불구하고, 두고두고 치욕적인 원성을 들을지도 모를 일이다."

본 강의의 제목을 보고 어느 정당의 당론을 선전하려는 것이 아닐까 우려하는 사람이 혹시 있을지 모르겠으나, 그런 걱정은 아예 떨쳐버리는 것이 좋다. 일단 상아탑 안에 들어온 이상, 지금부터 내가 해야 할 역할은 오로지 진리 탐구자로서의 도리를 다하는 일일 것이다. 그러나 만약 진리를 추구하는 과정에서 우연히 보다 명확한 진리의 편린이나마 체득하게 되는 행운이 따른다면, 그때에는 탐구자는 주저 없이 안내인

---

* 이 글은 1930년 6월 19일 옥스퍼드의 셀도니언 극장에서 본인이 했던 로마니스 강의 내용으로, 이미 클레어돈 출판사에서 단행본으로 출간된 적이 있으며, 옥스퍼드 대학의 양해를 얻어 이곳에 게재하게 되었음을 밝힌다.

이 될 것이다.

국가를 다스리는 최선의 방법은 대화라는 생각이 최근까지도 가장 보편적인 통설로 받아들여져왔다. 국민을 대표하는, 또는 스스로 대표한다고 주장하는 사람들이 모여서 얼굴을 맞대고 현안 문제들을 철저하게 논의하면, 대개는 마지못해 대표라는 사람들을 선출하는 과정에 참여했던 일반 대중들은 불안해하고 불만스러워하면서도 대체적으로 그들의 판단에 따르는 것이 보통이다. 대중은 의회의 결정에 따르는 데 익숙해져 있고, 의회의 다수에 뿌리를 두고 있는 통치자는 거리낌 없이 반대자를 억압한다. 영국이 이런 식의 통치방법을 창안하지는 않았을지 몰라도 그 종주국임에는 의문의 여지가 없다. 이 섬에서 탄생하고 발전한 수많은 각종 대의 및 의회제도가 전세계로 전파되어 지금까지도 굳건하게 각국의 정치체제의 기본골격을 이루고 있는 것이다.

그러나 보통선거권의 길이 활짝 열리면서 의원내각제의 본래 권위는 많이 변색되어가고 있음을 느끼지 않을 수 없게 되었다. 유권자와 의회 사이에는 여러 가지 장애물이 생겨났고 의회 자체도 외부적인 압력으로부터 자유롭지 못한 지경에 이르러, 많은 나라에서 소위 "국민의, 국민에 의한, 국민을 위한 정부"라는 말이 한낱 구호에 그치고 만 경우를 많이 보아왔다. 19세기에 유럽의 많은 나라에서 희망을 품고 출범했던 의회 중의 상당수가 20세기의 사반세기를 지나면서 벌써 와해되고 말았다. 민주주의는 정치적 존립 근원인 의회제도의 운명에 무관심한 듯이 보이며, 수백 년이라는 험난한 세월을 통해서 피땀 흘려 쟁취한 실체적 권리들을 손쉽게 정당 조직과 연맹, 특정 사회집단, 또는 군부 지도자나 각가지 형태의 독재 권력에게 내주려는 듯이 보이기도 한다. 그럼에도 불구하고 대의제도야말로 유일한 대안이라는 주장이 아직은 먹혀들고 있다. 미국의 경우, 대의기관은 자신의 의사를 오로지 정당제도라는 구도를 통해서만 표현하고 있으나, 이곳 영국에서는, 정당 조직이 세력도 있고 또 필요하기도 하지만, 그래도 아직 의회의 개념이 다른 무엇보다도 우월적인 지배 개념으로 남아 있다.

세계 여러 나라의 국회와 의회기구를 살펴보아도, 살아 있는 정치지배기구의 역할을 제대로 수행하고 있는 곳은 유일하게 이 땅의 의회, 그 중에서도 특히 하원뿐이라는 판단을 내리지 않을 수 없다. 국민의견의 신속한 수렴기구로써, 피할 수 없는 계급적, 사회적인 충돌의 장(場)으로써, 국가의 각료를 선출하는 집회로써, 한 번도 무너져 본 적이 없는 행정권의 확고한 기반으로써의 모든 기능을 제대로 수행하고 있는 우리의 의회제도는 그 유례를 찾을 수 없으며, 그래서 더욱 소중한 것이다. 국민의 삶과 국가의 기능을 영국의 의회제도만큼 가깝게 맺어주는 장치도 없는 것 같다. 그러한 역할을 원활하게 수행하기 위하여 우리의 의회제도는 무한한 적응력을 보유하고 있으며, 여하한 형태의 혁명적 또는 반동적인 폭력에 대하여도 효과적인 완충대로써 기능을 다하고 있다.

이러한 제도를 항상 활력 있게 움직일 수 있도록 유지하고, 여하한 형태의 외부 세력으로부터도 안전하게 보호해 나가면서, 끊임없이 새로운 인재와 관심과 존중의 샘으로 키워나가는 것이 충성된 국민으로서의 마땅한 의무일 것이다.

그러나 우리는 세계대전 이후 영국의 정치 환경에 커다란 변화의 물결이 일고 있다는 사실에 주목하지 않으면 안 될 것이다. 전쟁 이전 의회에서는 주로 정치와 사회적인 의제들을 다루었으며, 정당들도 케케묵은 주제를 놓고 끊임없는 논쟁을 벌이는 동안, 일반 대중은 그저 묵묵히 살아갔던 것이다. 그러던 것이 전쟁을 치른 후에는 주제가 정치에서 경제로 바뀌었다. 더 이상 정당간의 대결이나 정치인 집단간의 주도권 다툼의 문제가 아니고, 정권 대 경제문제의 싸움으로, 이 싸움에서 지느냐 이기느냐 하는 것이 모든 것을 평가하는 기준이 된 것이다. 이제 국민의 관심은 분명히 정치가 아니라 경제에 쏠려 있다. 정치제도는 대강 원하는 대로 갖추어졌으니, 이제부터 바라는 것은 경제적인 여유와 풍요로운 시간, 안정된 직장, 사회보장의 확대, 물질적인 풍요 등이다. 지금 국민들은 현대 사회의 발전에 따른 물질적 성과에 대하여 당연히 챙겨야 할 자신들의 몫을 챙기지 못하고 있다고 생각하고 있으며, 그 결과 상대적인 손실감을 느끼고 있는 것이다. 그들은 과학과 기계 분야에서 훨씬 더 빠른 속도의 발전을 기대하고 있으며, 이 나라의 생산, 소비와 고용이 균형을 이루지 못하고 있다고 불평하고 있다. 국민들은 의회가 방향을 이끌어가주기를 바라고 있으나, 다른 문제에는 그토록 목소리가 큰 의회가 이 중요하기 이를 데 없는 문제에 대해서만큼은 입을 다물고 있는 것이 요즈음의 현실이다.

영국의 하원만큼 정치적인 문제를 잘 다룰 수 있는 기구는 일찍이 없었다. 어떠한 난폭한 도전이나 압력도 꿋꿋하게 견뎌낸 역사를 가진 영국 의회는 오랜 전통과 총체적인 개성, 신축성 있는 절차, 사회적인 기능, 전통적으로 이어 내려오는 불문율 등이 한데 어울려 어떤 문제라도 소화해 낼 수 있는 효율적인 조직을 만들어내기에 이르렀다. 참정권의 확대와 더불어 의원들의 특징이나 견해, 세속적인 재산상태 등에는 많은 변화가 생겼다. 18세기의 휘그당과 토리당의 대지주 및 재능 있는 인사들과 귀족의 자제들은 상인과 중산층에게 자리를 내어주었고, 그들은 다시 수백 명에 달하는 노동자계급을 자신들의 동료로 받아들였다. 하지만 비록 인간적인 요소에는 엄청난 변화가 있었지만 의회의 본질이나 정신에 있어서만큼은 조금도 변한 것이 없었다. 조지 폭스*나 에드먼드 버크, 또는 디즈레일리나 글래드스턴이 오늘 다시 살아 돌아온다고 하더라도, 몇 달이 채 지나기도 전에 변화된 환경에 쉽게 적응하여 곧 자신의 위치를 찾을 수 있을 정도로 그 근본에 있어서는 예전과 크게 변하지 않았다는 이야기이다.

오늘날의 하원은, 이론상으로는 육체노동에 의존하는 계급에 그 설립기반을 두고 있다는 새로운 거대

> 조지 폭스
> George Fox 1624 ~1691, 잉글랜드의 설교가, 선교사, 퀘이커교(프렌드회) 창설자. 개인적인 신앙체험으로 교회의 관습에 적대감을 갖게 되었으며, 성서적 권위나 신조를 초월하는 내적인 빛, 즉 하느님으로부터 오는 영감에 의존하게 되었다.

정당을 소화하고 동화시키는 작업에 열중하고 있다. 워낙 덩치가 커서 이것을 완전히 삼키는 데는 시간이 좀 걸릴 것 같다. 이미 몇 세대에 걸쳐서 많은 양분을 섭취한 상태에서는, 아무리 적은 양이라도 새로운 음식을 완전히 소화하기 위해서는 어느 정도의 시간은 필요한 것이다. 하원에게 주어진 또 하나의 임무는 국가의 가장 기본적인 요소인 선거권을 가진 각양각색의 남자들을 교육하고, 길들이고, 소집하고, 화해시키고, 진정시키는 일인데, 이제는 여자들까지도 돌봐야 하게 생겼다. 그러나 이 연약해 보이는 신참자들은 생각같이 그렇게 순하고 부드럽지만은 않다는 사실을 항상 염두에 두어야 할 것이다. 여하튼 현실적인 견지에서 볼 때, 실질적인 정치 문제를 다루는 데 있어서 영국의 하원만큼 효과적이고 능률적인 기구는 전세계적으로도 그 유례를 찾기 힘들다.

그러나 경제문제를 놓고 볼 때는 이야기가 달라진다. 계급과 정당의 적개심과 당파심의 결과로 선출된 의원들은 의회에서 견해의 차이점을 조정하고, 국민 생활에 필요한 변화를 가져오게 하는 방법을 터득하게 된다. 정치적인 문제들은 대개가 머리수로 결정이 나며 마구잡이식의 선거운동이 통하는 영역이다. 그러나 경제문제도 과연 그런 식으로 풀릴 것으로 기대하는 사람은 없을 것이다. 심지어 현대사회의 기업과 금융이라는 난해한 명제를 놓고 성인 선거권에 기초한 의회제도가 제대로 된 지침이나 결정을 도출해낼 수 있다고 믿는 사람이 과연 있을까? 물론 하원이 3~4주간 아예 문을 닫아걸고 이 섬과 대영제국이 당면한 경제문제를 심도 있게 토의 연구할 수만 있다면, 다수가 호응할 야심찬 계획을 만들어내지 못하란 법도 없다. 그러나 인기 있는 선거 구호나 그러한 구호에 대한 편견을 공략하는 방법을 찾는 데 혈안이 되어 있는 정당 정치인들에게, 우리의 현안 경제문제를 돌파해 나갈 방법을 찾아내기를 바란다는 것은 거의 현실성이 없는 이야기이다.

그럼에도 우리는 어떻게 해서라도 빠른 시일 안에 우리 경제를 활성화하고, 전체 국민의 물질생활을 하루빨리 풍요로운 수준으로 끌어올릴 수 있는 국가적인 정책을 마련해야 할 절박한 시점에 놓여 있다. 몇 년 후에, 아니면 먼 장래에 대단한 경제발전이 이루어지고 밝은 미래가 보인다는 따위의 대안으로는 전혀 인기를 끌 수 없을 뿐 아니라, 실제로 어느 정당이 묘안을 갖고 있다 하더라도 일개 정당의 힘만으로는 경쟁관계에 놓여 있는 상대편 당들의 반대 때문에 지속적으로 정책을 수행해 나갈 수가 없게 되어 있다. 실제로 대중적인 인기를 끌고 많은 표를 끌어모을 수 있는 경제정책치고 제대로 약속을 이루고 원하는 결과를 만들어내는 것은 없다고 보는 것이 안전할 것이다.

이제부터, 우리 정치인들이 큰 소리로 서로 자기주장을 내세우며 다투어대고 있지만 대다수의 지식인들은 회의적인 눈으로 쳐다보고 있는 경제적인 주제들을 살펴보기로 하자.

고전적인 경제원칙은 근 100년 동안 재무부와 잉글랜드 은

행을 그 최후의 피난처로 삼았으며, 그들의 초기 원칙은 대개 다음과 같은 신조를 포함하고 있었다.

— 수입 자유: 다른 나라의 사정이나, 수입으로 인해 자국의 특정 산업에 미치는 영향 또는 이해관계를 전혀 고려하지 않는다.
— 채무 상환에 대한 무자비한 직접과세: 그러한 과세가 개인이나 기업 또는 기업 의욕에 미치는 영향을 전혀 고려하지 않는다.
— 모든 지출에 대해 엄격한 절제: 사회적 지출이든 군사적 지출이든 가리지 않는다.
— 채권자의 권리 강조: 개인, 국가를 가리지 않고, 채권 회수에 따른 부담 면제.
— 국가 장려 산업에 대한 철저한 불신: 또는 고용 창출을 위한 국가 차입에 대한 불신.
— 국가로부터 완전히 자유롭고, 특혜 받지 않은 개인기업에 대한 절대적인 신뢰.

이러한 원칙 및 이와 유사한 원칙은, 동일한 하나의 경제적 개념을 빅토리아 왕조 시대의 여러 교과서에서 여러 관점에서 확대하고 부연한 것에 지나지 않는다.

우리가 이러한 원칙에 대해서 어떻게 생각하든—나는 오늘 이 문제에 대해 어떤 판단을 내리고자 하는 것이 아니다—

이러한 원칙이 오늘날의 경제상황과는 맞지 않는다는 것을 쉽게 간파할 수 있었을 것이다. 아마 각 정당은 무의식적으로 이러한 경제원칙 목록에서 자신들을 지지하는 유권자의 구미에 가장 잘 맞을 것이라고 판단되는 원칙을 뽑아서 자신들의 구호로 삼았을 것이 거의 틀림없다. 그들은 다른 주장에는 일체 귀를 기울이지 않는다. 그리고는 그것이 자신들의 정통학설인 양 우쭐대기까지 한다. 그러나 일반 대중 및 유권자들은 경제 의식이 성장해 감에 따라 직감적으로 이들 정당이 내세운 원칙에 대하여 심한 거부감을 드러내 보이게 마련이다.

예를 들어 임금이 시장에서 흥정으로 결정되어야만 한다는 주장에 동조할 사람이 세상에 어디 있겠는가? 새로운 공정의 발견이나 새로운 지역의 개발, 국제적 통신수단의 발전, 대규모 투기 등을 원인으로 해서 야기된 국제간 산업이전 현상을 놓고, 일자리를 잃은 근로자들을 상대로 근검절약이나 열정 따위를 설교하고 있다면 가만히 듣고 있을 사람이 어디 있겠는가? 오로지 개인 기업만이 성공적으로 경제적인 과업을 수행해 나갈 수 있다고 하는 주장에 동조할 사람이 과연 몇 명이나 되겠는가? 오히려 모든 관점에서 이들과 정반대인 신념이 더 타당성을 인정받고 있으며 또한 실행에 옮겨지고 있은 지 오래다.

오늘날 경제문제에 관한 여론의 향방은 생계와 노동에 관한 최저 기준을 설정하는 데 있다. 또한 내국 산업을 외국의 침해로부터 보호해야 한다는 주장이 일반적인 추세이다. 국가는 관세나, 여신, 직접 개입 등의 방법 및 작업장에 대한 규제를 통해서 경제에 직접적으로 영향력을 행사하여야 된다는 주장이 점차 호응을 얻고 있으며, 이러한 목적에서 몇몇 분야에 대한 입법이 추진되고 있는 중이기도 하다.

현대의 경제 상황은 과거 교과서가 씌어진 시대와는 많은 차이가 있다. 꾸준한 상승세를 보이고 있는 영국의 인구 및 구매력 증가와는 전혀 상관없이, 세계적인 가격질서와 특정 산업의 지역적인 종주권에 엄청난 변화가 일어난 것이다. 엄청난 규모의 자본축적이 이루어지면서 새로운 지역이나 새로운 공정을 미리 예측하고 투자함으로써 선점할 수 있는 길이 열렸으며, 과학적인 대량 생산에 의하여 현저하게 경쟁력과 경제성이 향상되었다. 기업들은 국경이나, 국민 정서, 회계 규정들을 뛰어넘는 국제적인 기업 연합이나 무역협정을 통해 세계화를 통한 경쟁력 강화에 박차를 가하고 있는데, 이 모든 것들은 예전에는 상상도 못했던 새로운 현상인 것이다. 이러한 예를 일일이 들자면 한이 없으니 이 정도로 해두겠다.

여하튼 우리가 현재 처해 있는 경제문제를 과거의 교과서적인 방식으로 해결할 수 없다는 사실은 분명해졌다. 교과서의 논리가 아무리 훌륭하고 그 저자가 아무리 열심히 탐구했다 하더라도 현 상황을 적절히 풀어내기에는 적절치 못한 것이다.

그렇다고 옛 이론의 잘못만 지적하고 있어도 될 만큼 한가하지만은 않다는 데 문제의 심각성이 있다. 우리가 할 일은 단지 옛 이론의 기반 자체를 무너뜨려서 정쟁의 도구로 삼는 일이 아니라, 오히려 그 이론적인 바탕 위에 새로운 환경에 적합한 균형 있고 통일된 새로운 이론을 확립함으로써 실질적인 문제 해결에 다가서는 일일 것이다. 그렇기 때문에 더더욱, 오랜 전통을 가진 귀중한 의회제도와 당장 애타는 기업의 관리자나 정당의 지도자들을 직접 묶어서 해답을 구하려는 시도가 위험할 수 있는 것이다. 낡은 경제학 이론이 더 이상 현실 문제를 해결할 수 없다면, 그와 걸맞은 잘 조화되고 다른 사회적인 일반 법칙들과도 잘 어울릴 수 있는 새로운 원칙을 개발해서 대치해야 하는 것은 너무나 당연한 과제일 것이다. 그렇다고 새로운 제도가 옛것의 변형이 되어서는 안 된다는 법은 있을 수 없다. 오히려 새로운 제도는 옛 이론과 일관성이 있으면서 보다 복잡해지고, 그 2차적인 적용의 형태를 취해야 할 필요성이 더 많다고 볼 수 있는 것이다.

예를 한번 들어보자. 우리는 수입이 자국 산업의 발전을 저해하므로 보호 차원에서 수입의 수량을 엄격하게 제한하여야 한다는 주장을 들어왔다. 모두 기억하고 있듯이 전쟁 당시에 독일의 잠수함 덕에 실제로 이러한 상황이 발생한 적이 있었다. 반면 다른 한쪽에서는, 우리와 같은 섬나라에서는 수출보다는 수입에 의해서 득을 보는 것이 훨씬 많다는 주장을 편다. 수입을 막는 것은 곧 우리의 수출 대금에 대한 상대방의 대금 지급을 막는 일이 되며, 결과적으로 우리의 수출에 장애가 될 뿐 아니라 우리가 해외에 투자해 놓은 막대한 해외자산에 대한 이자의 지급을 어렵게 만드는 일이라고 한다. 따라서 수입은 많이 할수록 더 좋다는 논리를 편다.

우리는 언제까지 이러한 삭막한 이분법을 듣고 있어야만 할 것인가? 조금 더 세분화된 전문적인 분석을 통해, 물량적인 측면에서의 수입은 증가 내지 현상을 유지하면서 그 내용에 있어서는 상품의 구성과 산지별 비중을 고려함으로써 전체적인 균형을 이룰 수 있는 문제가 아닐까? 물론 이것은 단순한 가부의 문제가 아니고 체계적인 분석과 통일된 원칙을 필요로 하는 작업이다. 그러나 분명히 원칙은 있다. 단지 자신의 선거구의 산업에 이해관계를 갖고 있는 의원이나, 유권자와 어떤 형태로든 연계되어 있는 각료들에 의해서 이러한 수입 또는 수출이 규제되는 방식으로는 참다운 원칙이 발견되기 힘든 것이다. 이러한 작업에는 냉정하고, 기술적이면서, 전문적이고, 이해관계에 초연한 결단이 요구되며, 당해 이해관계 당사자인 특정 지역이나 개인이 준수하여야만 될 확고한 규정이 필요하다.

내 개인적인 생각으로는 이러한 원칙이 우리의 우수한 의회제도나 선거기구들에 의해 발견될 것 같지는 않다. 비록 아무리 성실하고 의욕적인 언론의 도움을 받아가면서 노력한다고 해도 말이다.

우리는 총선거를 치르면서 800만 유권자를 "외국인들에게 부담시키자"라고 외치도록 가르칠 수 있고, 800만 명을 더 동원해서 "부자는 가난한 자들에게 베풀어서 우리 경제의 구매력을 높이는 일에 동참하라"는 구호를 외치게 할 수도 있다. 또 다른 500만에게는 "식품 가격이 올라가는 것을 원하느냐?" 등등…… 우리는 이 모든 일을 할 수는 있다. 그리고 아마도 할 것이다! 그러나 그렇게 한다고 해서 조금도 더 현명해지거나 잘살게 되는 것은 아니지 않은가?

우리가 당면한 어려움을 떠나서, 현대의 세계 경제는 근본적인 문제로 골머리를 앓고 있는 중이다. 그것은 소비력과 생산력의 불균형의 문제로, 현대의 모든 지식과 과학 및 통신수단의 발달에도 불구하고 이러한 불균형이 존재한다는 것이 놀랍기만 하다. 온갖 필요한 재화를 땀과 기술을 총동원해서 생산해내는 일보다, 단지 그것을 소비할 수요자를 찾아내는 일이 훨씬 더 어렵다니 믿기지 않는 일이 아닐 수 없다. 그토록 오랫동안 만성적인 물자부족에 허덕이던 인류가, 그토록 저렴한 가격에 필요한 온갖 기본적인 상품들을 생산해 놓고서 그것을 소비할 방법을 찾지 못하고 있다니, 그 동안의 연구와 개발의 대가가 결국에는 '풍요의 저주'라는 또 다른 형벌만을 남겼다는 이야기인가? 도대체 소비와 공급의 불균형은 시정될 수 없는 문제인가? 유감스럽게도 현재까지 시도해 본 모든 방법은 실패로 끝난 것으로 보인다. 러시아의 공산주의라는 극약처방이 그랬고 미국의 극단적인 자본주의도 마찬가지였다. 그들은 갖가지 재정정책과 통화정책을 동원해서 문제의 해결을 시도하였으나 모두 실패했다. 결국 이 문제에 관한 한 야만적인 시대와 비교해서 별반 진보한 것이 없는 셈이다. 전세계의 우수한 두뇌들이 집중적으로 연구해야할 부분이 바로 이 불균형을 해소해 줄 수 있는 제도와 장치가 아닐까 생각한다. 어느 국가든 민족이든, 가장 먼저 확실한 처방을 찾아내는 쪽이 영원한 명성과 더불어 엄청난 혜택을 누리게 될 것이다. 그러나 다시 한 번 이야기 하지만, 민주주의나 의회제도, 나아가서 총선거조차도 이 문제의 해결에 별 도움을 줄 수 있을 것 같아 보이지는 않는다.

우리는 한 단계 향상된 복합적이고 세밀한 경제 및 재정, 금융정책을 수립할 수는 없는 것일까? 현실적인 요구와 환경에 부응할 수 있는 통일된 원리와 원칙을 개발해 내는 일은 불가능한 일일까? 그러한 정책구도가 정당 차원이 아니라 국가 차원에서 제시되고 받아들여질 수는 없는 문제인가? 그러한 정책이 개발되었더라도 단지 정치적인 테두리 안에서 논쟁을 벌일 것이 아니라, 정쟁의 차원을 떠나서 공정한 평가를 받고, 전 국민적인 합의를 얻어낼 수 있는 방법은 없을까? 의회가 안고 있는 고민이 바로 이 점일 것이다. 의회를 비롯한 대의기관은 일단 유권자들의 영향력하에 놓여 있다고 보는 것이 옳을 것이다. 참정권의 문호가 일반에게까지 넓혀지면서 좌익과 우익 양측으로부터 온갖 위협이 가해질 수 있음은 우리가 현재 유럽 대륙에서 익히 보아온 사실이다. 하지만 영국의 의회제도가 정치적인 소요로 전복되거나 할 염려는 하지 않아도 된다. 왜냐하면 그런 분야라면 영국 의회가 너무나 잘 이해하고 있기 때문이다. 그러나 문제는 근본적이면서도 긴박한 경제 현안을 효과적으로 다룰 능력이 과연 있는가 하는 데에 있으며, 이에 대한 도전이 이제 본격적으로 시작된 것이다.

경제문제는 정치적인 주제와는 달라서, 아무리 국민의 뜻이라고 열렬히 주장하고 나선다고 해서 해결될 수 있는 것이 아니고, 오로지 정확한 처방과 행동만이 요구되는 분야이다. 암을 치료하는데 다수결로 할 수 있는가? 필요한 것은 정학한 치료방법이다. 누구나 국민이 무엇을 원하고 있는 줄은 안다. 그들은 보다 나은 생활을 원한다. 하지만 어떻게 그것을 얻을 수 있을까 하는 문제는 대단히 까다로운 질문으로, 유권자도, 그들이 뽑은 대표도 쉽게 답변할 수 있는 성질의 문제가 아니다. 정치권에 속해 있는 정부나 정당들은 설사 해결책을 알고 있다 하더라도, 정치적인 고려를 일체 배제한 채 순수한 처방책을 공표하기란 현실적으로 지극히 어려운 입장이다. 선거를 위해서는 온갖 인기 있는 구호란 구호는 다 동원할 수 있을 것이고, 또 그 속에는 각각 어느 정도의 진실이 담겨 있는 것도 사실이다. 하지만 그 어느 것도 그 자체만으로는 해답이 될 수 없다. 그렇기 때문에 정당 차원이 아닌 국가적인 차원에서 이 문제가 다루어지기를 갈망하지 않을 수 없는 것이다. 정당의 대표들이 서로 만나서 정책의 합의를 이끌어내야 한다는 소리도 있다. 하지만 그들도 역시 정치권에 속해 있고 유권자를 의식하지 않을 수 없다는 것은 엄연한 사실이므로, 기존에 이미 선거를 치르면서 보여준 시각 차이와 적대감의 완곡한 표명 이외에 크게 기대할 만한 것이 있을 리 없다.

그렇기 때문에 시급하고도 중요한 경제문제를 제대로 다루기 위해서는, 우선 정당의 절박한 사정으로부터 자유롭고, 동시에 경제문제에 관하여 전문적인 자격을 갖춘 전문가로 구성된 비 정치기구로 하여금 이 문제를 검토하도록 하는 것이 급선무다. 이 목적을 위해서는 전문적으로 이 문제를 심의, 토의할 기구를 의회의 산하 기구로 신설하는 것이 바람직할 것이다. 복잡하고 난해한 재정, 무역 등 경제문제를, 여론으로부터 초연한 입장에서 매일같이 격렬하게 토론하고 연구해서 표결로 결론을 이끌어내는 부속 경제의회의 모습은 분명 새로운 혁신이고 의회제도에 새로운 기틀을 마련하는 계기가 될 것임에 틀림없으며, 현재 우리의 탄력 있는 헌법구조 안에서 무리 없이 도입할 수 있는 제도라고 확신한다.

기존 의회가 소속 정당별 의원 수에 비례해서, 예를 들어 전체 의원 수의 5분의 1에 해당하는 부속 경제의회를 기술과 산업분야의 전문가들로 구성하는 것도 하나의 방법이 될 수 있을 것이다. 이 발상은 현재 독일에서 많은 지지를 받고 있다. 유권자의 눈치나 정당들의 생존원리에 구애받지 않고, 우리에게 현실 문제로 다가온 골치 아픈 경제 현안들을 절실하게 풀어나간다는 것은 우리 모두에게 주어진 지상명령에 해당하며, 그런 의미에서 경제의회가 잠정적으로 정치의회보다 훨씬 중요한 의제를 다루지 말라는 법도 있을 수 있는 것이다. 반면 정치의회는 경제의회의 구성원들에게, 토론 및 회의 방법 등에 관하여 가르치고 훈련시킴으로써 그들의 작업을 도와줄 수 있을 것이다. 문제가 되는 것은 외부의 간섭이나 외부의 편견, 밀착, 두려움 따위 없이 오로지 냉정하게 문제의 해결을 추구해 나갈 자격을 갖춘 새로운 인재를 확보하는 일이다. 그러한 기구에서 내려진 결론은 비록 그 자체로서는 법적인 구속력이 없더라도, 여론의 합의를 얻어내는 순간 더할 수 없는 강력하고도 통일된 권위를 지니게 되며, 정치의 영역으로 넘겨지면서 강력한 실행력을 갖추게 되는 것이다.

다시 한 번 이 문제와 관련하여 정치학적인 측면에서 부연 설명하겠다. 현재 영국 및 대영제국이 당면하고 있는 경제문제는 심각하고 절박하며 시급한 조처를 요구하고 있다. 그러나 영국은 이러한 경제문제를 정치적인 편견과 적대감의 영향을 받지 않고 초연한 입장에서, 효과적으로 다룰 헌법적인 장치를 마련하고 있지 못한 상태이다. 국민들은 하원에 잔뜩 기대를 걸고 어떤 해결책을 마련해 주길 고대하고 있으나, 솔직히 말해서 하원의 성격이나 자체의 존립을 지배하는 주위 여건이 모두 이러한 작업을 하기에는 효과적이지 못한 것이 사실이다. 그렇다고 해서 가만히 구경만 하고 있을 것인가?

영국은 결코 누구에게도 정복당하지 않는다. 그리고 반드시 해결책을 찾아내고야 말 것이다. 의회는 지금 심각한 시련을 겪고 있다. 만약 의회가 이러한 위기에 계속 침묵을 지키거나 효율적인 대안을 제시하지 못한다면, 정치적인 영역에서 그토록 찬란하게 쌓아 올린 의회제도의 명성에도 불구하고, 두고두고 치욕적인 원성을 들을지도 모를 일이다. 만약 의회와 그 뿌리를 의회에 두고 있는 내각이 새로운 정책을 제시할 수 없다면, 더 늦기 전에 이 문제를 해결하기에 보다 적합한 새로운 기구를 창설하여 그 신설기구에 필요한 권한과 수단을 이양하는 방법도 가능하지 않겠는가?

여러분을 이러한 골치 아픈 문제로 끌어들인 내 저의에 대해 공감해 주기를 바라는 마음 간절하다. 최근 몇 년간 우리가 겪어온 심각한 경제적인 변화는 그 중요도에 있어서 세계대전에 결코 뒤지지 않는다고 해도 과언이 아닐 것이다.

그 동안 전쟁을 통하여 대영제국이 쟁취했던 정상의 위치를 그 이후 이어진 평화의 시기에 대부분 잃고 말았다. 국민들은 사명감을 잃은 채, 더 이상 원칙에 대한 믿음도 없이, 시류의 흐름에 따라 흔들리고 있다. 마치 고장 난 나침판에 의지해서 항해하는 모습이다. 해도(海圖)도 이미 낡아빠진 것을 쓰고 있다. 선원들은 돌아가면서 선장의 직무를 맡아 보는데, 키의 방향을 움직일 때마다, 아무리 사소한 움직임이더라도 투표에 의해서 결정해야 하며, 그나마 선원만이 아니라 나날이 불어만 가는 승객들도 모두 참가하는 투표를 통하지 않으면 안 되는 운명에 놓여 있는 것이다. 이 배 안에는 영국 국민의 재산과 명예는 물론, 사람이 살 수 있는 지구상의 땅 5분의 1에 해당하는 지역 주민들의 모든 재산이 실려 있는 것이다.

나는 여기에서, 이 대학이 우리의 경제적인 사고를 현 상황에 충분히 대처할 수 있는 수준으로 끌어올리고, 실제 구체적인 실천으로까지 이어질 수 있는 방안을 마련하는 데 가능한 역할을 다하여 주기를 충심으로 빌어 마지않는다.

Shell We All Commit Suicide?
인류는 이대로 파멸할 수 없다

1917년 영국 노팅햄에서의 군수품 공장. 수당은 인력이 무기 만드는 데 집중되었다.

> "인류는 이런 식으로 스스로의 생존을 위협하고 있다.
> 인간적인 따스함이라고는 눈을 씻고 보아도 찾아볼 수 없는
> 무시무시한 대량 살육과 대량 파괴 수단의 개발,
> 갈수록 더욱 잔혹해지는 가능성의 길을 제시해 주는 과학의 힘,
> 거대한 국가간, 민족간에 깊이 새겨진 증오의 씨앗 및
> 끊임없는 도발과 위협으로 위기의 나날은 계속 이어지고 있다."

 인류의 역사는 전쟁의 역사이다. 잠시 불안한 휴식은 있었지만, 평화란 애초에 존재하지 않았다. 역사가 기록되기 이전에도 죽고 죽이는 투쟁은 끝없이 반복되었으며, 또한 전 인류에 보편적인 현상이었다. 그러나 현재까지는 인간이 사용할 수 있는 파괴의 수단이 인간의 잔인성을 따라오지 못했다. 석기시대에는 상대방을 완전히 말살시키는 보복이 현실적으로 불가능했던 것이, 엉성한 곤봉으로는 한계가 있었던 것이다. 게다가 사람이 별로 많지도 않은 데다, 어찌나 잘 숨는지 한

---

* 이 글은 1925년에 발표한 것이다.

번 숨으면 찾기가 거의 불가능했으며, 도망도 워낙 잘 치는 바람에 잘 잡을 수도 없었다. 사람이 발로 뛰어봐야 하루에 갈 수 있는 거리는 얼마 되지도 않았으므로, 아무리 잔학한 인간이라도 혼자서 장악할 수 있는 한계는 지역적으로 매우 제한될 수밖에 없었다. 이러한 여러 한계들을 벗어나서 여러 사람을 해치우기란 불가능하였을 뿐더러, 자기 자신도 살아가려면 사냥도 하고 잠도 자야만 하지 않겠는가? 그 결과 당연히 생명의 힘은 죽음의 힘을 꾸준히 앞질러 종족을 이루고, 부락을 형성하고, 드디어는 정부가 탄생하였던 것이다.

그러다가 파괴의 수단이 새로운 단계로 접어들면서 전쟁은 더 이상 개인간의 싸움이 아니고 집단적인 사업의 성격을 띠게 되었다. 여러 사람이 한꺼번에 움직일 수 있도록 도로가 건설되고 군대가 조직되었다. 살상 무기에도 많은 진보가 이루어졌는데 그 중에도 금속의 발견, 특히 강철이 사람을 찌르고 베는 데 사용되기 시작하면서 바야흐로 대량 살상의 길이 열리게 되었으며, 활, 화살, 투석기, 전차(戰車), 말, 코끼리 등도 살상에 중요한 역할을 담당하게 되었다. 그러나 이러한 진보의 뒤안에는 한편으로 일련의 장애요소가 그 싹을 키우고 있었는데, 정부는 그다지 안정적이지 못했고, 군대도 늘 폭력적인 내부 갈등의 요소를 안고 있었으며, 많은 수의 사람을 군대라는 조직으로 끌어 모아놓은 다음 그들을 먹여 살린다는 것이 그리 수월한 일이 아니었다. 그런 연유로 군대를 동원한 파괴행위도 단속적(斷續的)일 수밖에 없었고 그나마 불

완전한 조직으로는 큰 힘을 발휘할 수가 없었다. 그 결과 다시 균형은 생명 쪽으로 기울고 말았다. 세상은 계속 팽창해서 인류사회는 점점 거대하고 복잡한 양상을 띠는 새로운 단계로 접어들게 된다.

전쟁이 인류를 파멸로 이끌 잠재적인 도구로 인식되기 시작한 것은 20세기에 들어서의 일이다. 인류가 거대한 국가와 제국으로 조직화되어가고, 민족이라는 공동체 의식이 팽배해지기 시작하면서, 대량 살육이 예전에는 상상도 하지 못했던 엄청난 규모와 지속성을 가지고 계획되고 실행에 옮겨지게 되었다. 다중의 파괴력을 강화시키는 데 용기라든가 애국심 같은 개인의 모든 고상한 덕목들까지 총 동원되었다. 든든한 재력, 금융 및 무역의 세계화에 따른 자원의 용이한 이동, 거대한 자본의 축적 등으로 인해서 인류는 상당한 기간 오로지 파괴행위에만 몰두할 수 있게 되었다.

민주주의 제도를 활용해서 수백만의 의지를 효과적으로 집약할 수 있는 길이 열렸으며, 교육을 통하여 개개인은 각자의 견해에 차이점을 발견하기도 하였지만, 하나의 계획된 목표로 통합되어 가기도 했다. 여기에 언론이 가세하면서, 통일된 여론의 조성과 상호 격려의 수단을 제공해 주었다. 종교는 어떠한가? 근본적으로는 사려 깊게 분쟁을 거부하면서도, 동원할 수 있는 모든 수단을 동원하여 모든 전투원에게 공평하게 격려와 위로를 베풀고 있다. 최후로 과학이라는 괴물은 자신의 모든 보화와 비밀 보따리를 풀어서 인류의 손에 치명적인 장비와 약제를 쥐어줌으로써 인간의 절실한 파괴 욕구를 채워주었다.

그 결과, 이전에 볼 수 없었던 새로운 현상들이 많이 등장하게 되었다. 예전에는 기껏해야 요새화된 마을 단위로 굶어 죽는 정도였지만, 이제는 전 국민이 조직적인 아사 작전의 제물이 되기도 한다. 이제는 모든 국민이 어떤 형태로든 전쟁에 참여하는 세상이 되었으며, 동시에 공격 목표가 되었다. 하늘의 길이 열리면서, 옛날에는 살상의 현장에서 멀리 떨어져 있는 덕에 안전할 수밖에 없었던 여자들과, 어린이, 노약자, 병자들에게까지도 폭력과 죽음을 실어 나를 수 있게 되었으며, 또 한편에서는 철도와 기선, 자동차라는 경이로운 운송수단이 등장해서 수천만에 달하는 사람들을 부지런히 실어 나를 수 있게 되었다. 치료수단과 수술의 발달로 부상을 당하더라도 또다시 계속 도살장으로 되돌려 보내진다. 끝없는 소모전을 위해 남아나는 것이 없으며, 최후의 안간힘까지 모두 연소시키려 든다.

하지만 4년에 걸친 세계대전 동안 일어난 일들은, 5년째 되던 해에 벌일 사건의 전주곡에 불과했다. 1919년에 펼치려고 했던 군사행동은 파괴력에 있어서 과거와는 비교가 되지 않을 정도로 가공할 수준의 것이었다. 만약 독일군이 막바지에 라인강까지 후퇴해서 더 버텼더라면, 그들은 1919년 여름에 엄청난 곤욕을 치를 뻔했다. 수천 대의 비행기가 그들의 도시를 쑥대밭으로 만들었을 것이고, 그들의 전선은 수만에 달하는 대포에서 뿜어대는 포격으로 흔적도 찾기 힘들어질 뻔했다. 계획대로라면 연합군의 수송차량이 완전무장을 한 25만에 달하는 병력을 동시에, 하루 평균 15 내지 20킬로미터의 속도로 계속해서 국경을 넘어 수송할 예정이었으며, 당시 독일군으로서는 적시에 마련하기가 불가능했던 특수 마스크만이 그 피해를 막을 수 있던 맹독성 가스가, 독일군 전선에 무차별 살포되어 그들의 저항을 무력화시키고 엄청난 인명 피해를 불러일으킬 준비가 착착 진행되고 있었던 것이다. 물론 그들도 나름대로의 계획이 있었을 것이다. 하지만 천행으로 분노의 시간은 지나갔고, 안도의 신호가 울리는 바람에 1919년의 공포는 엄청난 적대감과 함께 기록으로만 남게 되었다.

전쟁은 시작할 때와 마찬가지로 어느 날 갑자기, 전 전선에 걸쳐서 막을 내렸다. 세계는 머리를 치켜들고 폐허가 되어버린 장면들을 살펴보기 시작했으며, 승자도 패자도 이제야 어깨를 펴고 제대로 숨을 들이켰다. 백 개에 달하는 실험실에서, 천 개에 이르는 무기고와 공장, 사무실에서 전쟁에 종사하던 사람들이 한꺼번에, 몰두해 있던 일에서 발작적으로 몸을 뺐다. 진행하던 프로젝트는 마무리 짓지 못한 채 옆으로 제쳐졌지만, 지식만은 그대로 보존되었다. 각종 정보, 계산, 실험 결과들은 서둘러 다발로 묶여 '미래 참고용'이란 꼬리표를 단 채 각국의 국방성 캐비닛 속으로 들어갔다. 결국 1919년 작전은 실행에 옮겨지지 않았지만 그 착상만큼은 계속 발전되어 나갔다. 세계 각국의 군부는 평화라는 허울 속에 나름대로 지금까지 진행되어온 결과를 바탕으로 해서 한층 더 탐구하고 갈고 다듬어왔기 때문에, 일단 전쟁이 다시 터질 경우, 그때 사용될 무기와 화학약품은 1919년 당시의 것과는 비교할 수 없을 정도로 훨씬 더 치명적이고 가공할 위력을 지닌 것들이 될 것이다.

우리가 평화라고 부르는 시대는 사실상 이러한 여건을 숙성시키고 있는 탈진의 시기라고 부를 수 있을 것이다. 이 시기에 차분한 마음으로 전반적인 상황의 흐름을 점검해 보노라면, 마치 아련한 안개 속에서 서서히 자태를 드러내는 거대한 산맥처럼 움직일 수 없는 냉혹한 현실에 대한 인식으로 전율하게 된다. 이제부터 전쟁은 모든 국민이 참여하는 전쟁이 될 것이고 따라서 필연적으로 전 국민이 공격의 대상이 되는 끔찍한 상황이 벌어질 것이다. 만약 자국민의 생명이 위기에 몰릴 수 있다고 판단될 경우, 생존을 유지하기 위해서라도 할 수 있는 모든 방법을 다 동원할 것임은 불 보듯 뻔한 사실이다. 다음 전쟁에서는 대량 살상용 일반무기와 화학무기들이 무제한으로 동원될 것임은 거의 틀림없는 사실이며, 더욱 가공할 일은 이러한 무기는 일단 사용되기 시작하면 통제가 불가능할지도 모른다는 사실이다.

인류가 이러한 상황에 다다랐던 적이 아직은 없었다. 이제 처음, 인류는 적절하게 자제할 수 있는 지혜나 고양된 도덕심의 한계를 벗어나서, 자신이 만들어낸 무기에 의해서 스스로의 종말을 가져올지도 모르는 상황에 와 있는 것이다. 인류가 땀 흘려 이룩해 놓은 모든 영광과 업적이 결국에는 이러한 상황을 만들어냈다는 것은 어쩌면 숙명인지도 모르겠다. 우리는 모두 잠시 손을 멈추고 우리에게 주어진 새로운 사명이 무엇인가 하는 문제를 곰곰 생각해 보아야 할 때가 왔다. 죽음이 차렷 자세로 바로 코앞에 다가서서, 기대에 찬 모습으로 대량 학살을 꿈꾸며 명령이 떨어지기만을 기다리고 있으며, 명령만 떨어지면 인류가 애써 쌓아온 모든 것들을 한 방에 날려버리려고 단단히 벼르고 있다. 연약하고, 초라하게, 영원토록 죽음의 희생 제물로만 지내던 인간이 드디어 단 한 번 그 주인이 되려는 찰나에 와있는 것이다.

유럽에서 새로운 전쟁의 위험이 사라졌다고 생각하면 큰 오산이다. 당분간은 전쟁의 후유증으로 무감각과 의기소침한 상태에서 모든 것이 잠잠하겠지만, 전쟁의 공포, 참혹한 살육, 독재자, 이런 것들은 영혼 깊숙이 치유될 수 없는 상처를 남긴 채 모든 민족, 모든 계층 사람들의 마음속 깊은 곳에 자리잡고 있는 것이다. 그렇다고 전쟁의 불씨가 완전히 꺼진 것도 아니고, 오히려 어떤 면에서는 소위 평화조약이라는 것들과 그에 대한 반작용으로 인해서 더욱 악화되었다고 보아야 할 것이다.

유럽 대륙의 커다란 두 세력이 현재 상태에 언제까지나 만족한 채 가만히 있을 리가 없는 것이다. 발트 지역을 빼앗긴 러시아는 시간이 지나면서 피터 대제가 스웨덴과 벌였던 전쟁을 계속 꿈꾸지 않을 수 없을 것이고, 프랑스에 대한 증오심은 찢어진 독일을 한 민족으로 또다시 뭉치게 할 것이며, 군대에 갈 나이가 되어가는 독일 젊은이들의 격렬한 감정은 해방전쟁이나 복수의 전쟁을 마음속에 사무치게 그리게 될 것이다. 이러한 생각들을 억제하고 있는 요소는 단지 현실적인 물리적 무능력 이외에 아무것도 아니다. 프랑스는 완전무장한 상태인 반면 독일의 군사력은 거의 대부분 와해되었다. 프랑스는 이러한 상황이 고착되기를 바라고 있으며, 그들의 기대는 그들이 갖추고 있는 기술적인 군사장비와 요새, 흑인부대와 유럽의 약소국과의 동맹체제 등으로 현재로서는 충족되어가고 있는 듯이 보인다. 그러나 세계 여론이 뒷받침되지 않은 물리적인 힘만으로는 지속적인 안정을 기대할 수 없다. 한마디로 독일의 실체는 프랑스보다 강하다. 언제까지나 예속되어 있을 수는 없는 것이다.

미국의 어느 저명한 인사는 몇 년 전 나에게 이런 말을 한 적이 있다. "전쟁은 결국 강철로 치러지는 것이지요. 무기는 시대에 따라 변할 수 있지만 결국 현대전에서 그 핵심은 강철입니다. 프랑스는 유럽의 강철을 손에 넣었고 독일은 잃은 것입니다. 군사적 우위의 수명도 어느 정도는 여기에 달려 있다고 보아도 무방합니다.""미래의 전쟁도 강철의 싸움이 되리라고 자신할 수 있소?" 하고 나는 되물었다. 그로부터 몇 주일 후 나는 어느 독일인과의 대화에서 "알루미늄은 어떻소?" 하고 물었다. 그러자 그는 이렇게 대답했다. "몇몇 사람들은 다음 전쟁은 전기의 싸움이 될 것으로 예상하고 있지요."

바로 이 전기로부터 자동차의 엔진을 마비시키고, 비행기를 추락시키며 인명과 시력을 해칠 광선 개발의 길이 열렸다. 그리고 폭약은 어떠한가? 더 이상 발전의 여지는 없을까? 현재까지 발견된 방법보다 훨씬 강력한 폭발력을 이용할 수 있는 방법은 없을까? 한 블록의 건물들을 몽땅 날려버릴 수 있는 폭발력이나 아니면 1,000톤의 코르다이트 폭약에 해당하는 폭발력으로 한 도시를 일거에 날려버릴 수 있는 폭발력을 오렌지 크기만한 폭탄에 응축시킬 수 있는 방법은 없을까? 아니면 기존의 폭탄을 비행물체에 실어서 조종사 없이 무선이나 광선으로 유도해서 적국의 도시나 무기고, 군 야영장, 조선소 등을 공격하는 방법은 어떨까?

독가스와 화학전에 관해서는 이제 막 첫걸음을 뗀 데 불과하다. 이 새로운 살상무기에 관해서는 라인강을 사이에 둔 양 진영에서, 과학의 모든 분야를 총동원해서 개발하고 있었던 것이 사실이다. 소재를 꼭 무기(無機)화학에 국한시킬 이유는 하나도 없다. 적어도 몇몇 국가의 실험실에서는 질병 연구, 즉 전염병을 인체나 짐승을 대상으로 퍼뜨릴 방법이 연구되고 있었던 것이 확실하다. 작물을 고사시키는 병충, 말과 가축에 치명적인 탄저균, 군대뿐 아니라 한 지역을 통째로 초토화시킬 전염병, 이러한 것들이 군사과학이란 이름 아래 무자비하게 추진되고 있다.

이러한 무기를 총동원해서 결사적으로 투쟁을 벌이다가는 전세계가 폐허가 되고 인류는 엄청나게 숫자가 줄어들 것이 분명하다. 그렇기 때문에 어느 일방이 압도적으로 과학적인 우세를 점하고 있을 경우, 그보다 열세인 측을 완전 노예 상태로 몰고 갈 수 있다는 역설도 성립할 수 있다. 다시 말해서 인간은 모든 민족의 생명을 파괴할 수 있는 능력을 수중에 보유하고 있을 뿐만 아니라, 역사상 처음으로 보다 문명화된 일단의 인간들이 그렇지 못한 상대방을 절대적인 예속 상태로 빠뜨릴 수 있는 기회가 온 것이다.

야만적인 시기에는 절대적인 우세를 확보하기 위해서는 군인다운 덕목, 이를테면 신체적인 완력, 용기, 기술, 규율 등이 필요했고, 인류사회는 치열한 진화과정을 통해 가장 우수하고 적응력이 뛰어난 종족들이 지도적인 지위에 서게 되었다. 그러나 그러한 원리는 더 이상 적용될 여지가 없게 되었다. 현대는 일단 어느 특정 시기에, 새로운 방식의 살상과 테러수단에 있어서 남들보다 앞서고, 또 그 수단을 무자비하게 휘두를 만큼 사악할 수만 있다면, 아무리 비열하고 타락하고 부도덕한 종족이라 할지라도 자신들보다 모든 면에서 훨씬 뛰어난 상대방을 무릎 꿇게 만들 수 있는 시대이다. 인간의 천성적인 고결한 품성은 더 이상 자유를 지켜주지 못하고 오히려 속임수에게 그 지위를 내주고 말았다. 고귀한 덕목과 용기 따위는 이제 현대적인 사악한 속임수의 제물로 쉽게 전락해 버렸다.

음산하기만 한 파괴적인 과학의 길목에 하나의 전환점이 나타났는데, 이는 잘만 하면 여태까지의 죽음을 향한 방향을 수정해 줄지도 모른다. 전자파는 출력의 크기에 따라서는 상당히 먼 거리에서도 원격조정에 의해서 온갖 종류의 폭약을 폭발시킬 수 있을 것이라고 기대되고 있다. 그러한 방법이 제때에 개발되어 누구에게나 그 사용이 개방되는 날에는, 전쟁은 미개시대의 조잡하지만 건강한 모습으로 다시 돌아갈 수 있지 않을까 기대해 본다. 그렇게만 된다면 칼과 창, 몽둥이 그리고 무엇보다도 사람이 일거에 주도권을 다시 쥐게 될 터인데 말이다. 그런데 대단히 유감스럽게도 이러한 자기(磁氣)의 파장을 분류할 수 있는 방법이 완전히 개발되어버리는 바람에 여기에 큰 기대를 걸 수도 없게 되어버린 것 같다. 당분간 소름끼치는 폭약의 시대는 계속될 것으로 보이며, 여기에 으스스한 독극물과 과학적으로 처리된 전염병 무기가 가세할 것은 거의 틀림없는 사실로 보인다.

인류는 이런 식으로 스스로의 생존을 위협하고 있다. 인간적인 따스함이라고는 눈을 씻고 보아도 찾아볼 수 없는 무시무시한 대량 살육과 대량 파괴 수단의 개발, 갈수록 더욱 잔혹해지는 가능성의 길을 제시해 주는 과학의 힘, 거대한 국가간, 민족간에 깊이 새겨진 증오의 씨앗 및 끊임없는 도발과 위협으로 위기의 나날은 계속 이어지고 있다.

지금의 기진맥진한 소강상태야말로 소중하기 이를 데 없는 은총의 시기로, 모든 국가는 자칫 총체적인 파멸의 구렁텅이로 굴러 떨어질 수 있는 자신들의 운명을 구할 수 있는 마지막 기회로 생각하여야 할 것이다. 만약 인간에게 자기보존의 감각이 아직 살아 있다면, 살겠다는 의지가 개인이나 국가 단위가 아닌 인류 전체의 개념에서 정녕 아직 꺼지지 않았다면, 우리 모두는 절대적인 재앙을 방지하는 일을 무엇보다도 우리가 쏟아야 할 노력의 최우선 과제로 삼아야 할 것이다.

아직은 멀리 떨어져 있지만, 언젠가 닥칠 폭풍우에 맞서, 국제연맹*이 희미하나마 성실하게 건전한 정신과 희망의 빛을 내뿜는 이성의 심지를 돋우고 있다. 현재로서는 아직 실체도 없고, 찬란한 빛으로 포장은 하였지만 때로는 너무 이상주의로 흐르기도 하는 국제연맹이, 비록 지금은 미국으로부터 버림을 받고, 소비에트 러시아로부터는 조롱을 당하고, 이탈리아로부터는 경멸을, 프랑스와 독일로부터는 똑같이 불신의 눈총을 받고 있으며, 지금 당장 세계를 위험으로부터 지켜주지는 못하고 있지만, 인류를 재앙에서 구원하고 안전한 길로 이끌 수 있는 유일한 대안은 현재로선 국제연맹 이외에는 없다. 국제연맹을 지탱하고 돕는 일은 우리 모두의 의무다. 우리가 대전을 치르면서 겪었던 고통과 재앙과는 비교도 할 수 없을 정도의 커다란 재앙으로부터 사랑스러운 자녀들을 보호하기 위해서는, 강대국들과 앞서가는 민족들 사이에 상호이해와 진솔한 협약을 통해서 국제연맹의 이상이 현실정치에 뿌리를 내릴 수 있도록 우리 모두 최선을 다해야만 할 것이다.

> **국제연맹**
> 1919~1946, U.N.의 전신으로 본부는 제네바에 있었다.

Mass Effects in Modern Life

현대문명과 영웅

치열했으나 아무런 소득이 없었던 숨 전투. 한 영국군 병사가 부상당한 동료를 돌처럼 돌처럼 있다.

> "현대 전쟁의 영웅들은 포탄으로 파헤쳐진 들판에서 갈가리 찢기고 질식당한 채, 상처투성이의 모습으로 잠들어 있으며, 그 숫자는 헤아릴 수도 없이 많다. 그야말로 집단적인 고통이고 집단 희생이며, 집단적인 승리의 싸움이었다. 영광은 엄청난 살육의 현장마다 넓게 퍼져 있고, 승리의 찬란한 빛은 더 이상 지휘관의 투구를 비추지 않는다."

영웅이 역사를 만들어내는가, 아니면 그들은 단지 역사의 흐름을 주도하는 거대한 집단의 선두에 서 있을 뿐인가? 인류의 발전은 개개인의 불굴의 의지와 그들이 이룬 업적의 결과인가, 아니면 이러한 의지와 업적 자체도 시대와 환경이 만들어낸 작품에 불과한 것인가? 역사란 걸출한 남녀의 연대기인가, 아니면 단지 시대의 흐름과 성향, 기회 등에 부응해온 그들 삶의 기록인가? 세상을 밝혀주는 이상과 지혜를 몇몇 탁월한 개인의 작품으로 돌릴 것인가, 아니면 말없는 다수의 삶이 농축된 모습으로 보아야 할 것인가? 이러한 질문에 답하기 전에, 우리는 우선 마음의 눈을 돌려 과거의 역사를 훑어볼 필요가 있다.

과연 우리 자신의 작은 삶의 경험들은 어떠하였는가, 사고나 우연의 요소가 우리 삶에 어떠한 결정적인 작용을 하였는가? 만약 그때 그 길을 선택하지 않고 다른 길을 택했더라면, 그 지시가 없었더라면, 그 사건이 터지지만 않았더라면, 말이 고꾸라지지만 않았더라면, 그때 그 여자를 만났더라면, 그 기차를 놓쳤더라면, 아니면 그 기차를 탔더라면 우리의 인생은 전혀 달라졌을 텐데. 그랬더라면 우리 자신의 인생이 바뀌었음은 물론, 그 작은 변화의 파문을 조금씩 넓혀가다 보면 온 세상의 움직임에도 어느 형태로든 영향을 미쳤을 것임이 분명하다. 보통 사람들의 삶의 경험이 이러할진대, 위대한 스승이나 사상가, 탐험가, 발명가, 지도자들의 행적이나 생각이 우리 삶에 미친 영향은 얼마나 강력한 것이었겠는가? 그들 경우에도 배경이라든지 상황, 또는 기회 같은 것들이 그들 자신의 삶에 많은 작용을 하였음은 부인할 수 없는 사실이지만, 오히려 그러한 여건들이 그들의 독창적인 능력을 더욱 돋보이게 해주는 것임을 간과해서는 안 될 것이다. 인류의 운명을 주도해 온 것은 그러한 특출한 인간들의 사상과 행동, 자질, 덕목, 업적과 약점, 범죄, 사악함 등이라는 역사관에 나는 전적으로 동감하는 사람이다.

그렇다면 지금은 이들 거인에 의한 커다란 변화가 오고 있는 시점인가, 아니면 아직 형성중인 때인가, 아니면 벌써 많이 진행되어 있는 시점인가 하는 물음이 자연히 생길 것이다.

아니면 이제 더 이상 개인이 영향을 미칠 수 있는 단계는 벗어났다는 이야기인가? 역사는 점점 다수에 의한 집단적인 결정 과정에 의해서 그 틀이 형성되어가고 있지 않은가? 적어도 영어권 세계에서만큼은, 어느 개인의 특출한 능력이 역사의 운명을 좌우할 수 있는 사회적 여건이란 이미 옛 이야기가 되어버린 것 아닐까? 만약 그것이 진실이라면 전체 선(善)을 위한 일보 전진이 이루어진 것이라고 보아야 할 것인가? 이런 문제들은 보다 깊이 있는 연구를 해볼 만한 분야이다.

분명히 현대는 개인적인 리더십 상실의 시대라는 데 이견이 없을 것이다. 박애주의자 정치가였고 문장가요 실무가였던 고(故) 존 몰리는 말년에 했던 한 연설에서, 사상과 예술의 거의 모든 분야에 걸쳐 지도적인 위치에 있는 인사들의 개인적인 휘광(輝光)이 예전만 못하다는 사실을 지적하여 세인의 주의를 환기시킨 적이 있다. 그는 20세기 초의 거장들을 빅토리아 왕조의 전성기를 빛낸 대가들과 비교하면서, 철학과 역사, 경제학, 웅변, 정치 수완, 시, 문학, 회화, 조각 및 음악 등 모든 분야에 걸쳐 '비어 있는 왕좌'에 관해서 언급하였다. 그는 가능한 한 모욕적인 표현은 자제하면서, 양심적으로 최고 권좌의 주위만을 서성대는 흠잡을 데 없는 평범한 인재들을 하나하나 지적해 나갔다. 그의 주장은 그 중요도 및 정당성 여부를 떠나서 별 인기를 끌지는 못했지만, 그렇다고 부정만 할 일은 아니었다. 이런 현상은 미국이라고 해서 다를 것이 없다. 재능을 가진 사람이면 누구나 자기와 동시대의 사람들에게 인정받고 싶은 것이 당연한 욕구이나, '지나간 시절은 모두 아름다워'라는 취향을 가진 일반으로부터, 할아버지 시대와 견주어 조금도 손색이 없는 뛰어난 재능과 업적을 가지고도 선선히 제 평가를 얻어내기란 쉽지만은 않은 일이다.

하지만 유일하게 비어 있지도 않고 그렇다고 난쟁이들이 차지하고 있는 것도 아닌 왕좌의 영역이 하나 있다. 과학의 모든 분야는 지금 이 순간에도 끊임없이 발전을 거듭해 나가고 있으며 축적되는 지식의 대부분은 시시각각 새로운 것으로 교체되어가고 있으면서도, 그 신뢰도와 품질은 전혀 쇠퇴할 줄 모른다. 하지만 이 분야에서도 집단의 효력은 개인의 성과를 대부분 압도하고 있다. 왕좌는 개인이 아니라 집단에 의해 점거되어 있다.

우리는 집산(集散)화 내지는 공영(共營)화의 과정이 이미 우리 생활 깊숙이 파고들어와 있음을 어느 정도 실감하고 있다. 오래된 가족 단위의 기업이 강력한 조직을 갖춘 대기업에 의해 시장에서 도태되거나 아니면 대기업에 흡수되어 사라지는 모습과, 이러한 기업들조차 대단위 기업합동에 예속되어가는 과정은 이미 어제 오늘의 현상이 아니다. 우리는 이러한 과정을 통해서 비록 당하는 개인에게는 엄청난 시련일 수 있지만, 전체적으로는 막대한 경제적·사회적인 혜택을 누리게 된다는 것 또한 부정할 수 없는 사실이다. 대량생산이라는 마술의 위력이 이러한 혜택을 가능하게 만들었는데, 일반 대중에게는 값싸고 품질 좋은 상품 내지는 서비스를, 근로자에게는 보다 나은 임금과 안정된 일자리를 제공해 줄 수 있게 된 것이다. 하지만 범위를 넓혀서 국가 전체로 볼 때에는 반드시 긍정적인 면만 있는 것은 아니다. 신중하게 법을 위반하지 않으면서도 소규모일지언정 자신의 독립적인 기업을 잘 운영해 나간다는 것은 지극히 힘든 세상이 되었다. 그들은 수입에 있어서는 대기업의 봉급생활자들보다 나을지 모르지만, 대신 장래에 대한 계획이나 진취성, 새로운 고안의 가능성, 자유, 시민다운 지위의 향수 등을 희생해야만 한다.

이러한 예들은 현대의 모든 산업사회에서 벌어지고 있는 공통적인 현상에 불과하며, 과학적이고 조직화된 문명이 풍성하게 내려주는 물질적인 혜택을 누리기 위해서는 끊임없이 되풀이되지 않으면 안 되는 현상들이지만, 우리는 그 변화의 실체를 인식하지 못하면서 살아가고 있다.

무릇 여론이라는 것은 어떤 조직이나 과정을 통해서 형성되고 또 표현되는 것이다. 신문은 사람들의 생각을 대신해 주고 있으며, 지구촌 곳곳에서 시시각각 벌어지는 사건에 대한 소식과 논평을 숨 돌릴 여유조차 없을 정도로 쏟아붓고 있다. 우리는 이처럼 표준화된 정보를 무의식적으로 흡수하고 있으며, 개인적인 성찰의 필요나 여유조차 느끼지 못하면서 살아가고 있다. 이것은 전세계적으로 펼쳐지고 있는 하나의 거대한 교육과정의 일부라고 할 수 있는데, 대단히 피상적이며 일과성(一過性)이란 특성을 지니고 있다.

이렇게 해서 양산된 표준화된 시민들은 저마다 자신이 속한 계급과 사회에 걸맞은 통제된 사고와 편견과 감정으로 잘 무장되어 있어서, 궁극적으로 합리적이고 도시화된 실용적인 사회를 건설하는 데 기여하고 있다. 그 결과 과거에는 생각지도 못했던, 수천만이 함께 누릴 수 있는 대중문화를 탄생시키기도 했다. 한편 미국을 위시한 문명화된 국가에서 볼 수 있듯이, 현대사회는 인류의 값진 지식의 보고인 위대한 책을 저렴한 가격으로 대량 유통시킴으로써 지식과 정보, 그리고 온갖 종류의 가벼운 읽을거리를 제공하여 인간사회에 새로운 즐거움을 제공하고 전반적인 지식수준을 상당한 높이까지 끌어올린 공로를 세운 반면, 인간의 혼이 배어나는 걸작을 생산해 내기 위하여 반드시 겪지 않으면 안 될 정신적인 갈등과 개인적인 고민, 그리고 치열한 노력을 요구하는 환경을 마련하는 데는 실패했다.

집단 개념을 사회 경제의 모든 분야에 극한까지 추구해 들어간 러시아의 볼셰비키가, 위대한 개성의 개발은 고사하고 경제 번영이란 체제 운영상의 목적 자체에도 실패했다는 것은 매우 흥미로운 일이다. 공산주의란 전세계적인 표준화를 표방하는 체제이다. 여기에선 개인이란 단지 하나의 기능으로서의 역할의 대상일 뿐이고, 이익의 주체는 오로지 집단으로서의 사회이며, 지도자에 의해서 지시되고 유포된 집단 사고 이외에는 어떠한 사고도 용납되지 않는다. 어느 누구도 자신이 독립적이고 독창적인 불멸의 영혼을 지닌 고귀한 존재라는 생각을 할 수가 없다. 자신이, 마음과 영혼과 육체가 완전히 조화를 이룬 '창조의 주체'라는 생각 따위는 해서는 안 된다. 인간답지 못한 이상과 목적만이 이들 수많은 아시아인들에게 허용된 유일한 선택이다. 그렇다면 벌집에 비유할 수 있을까? 그것도 아니다. 여왕벌도 없고 꿀도 없으며 최소한 남을 위한 꿀조차 없는데 무슨 벌집인가? 소련 사회는 개미의 조직을 모델로 삼은 듯이 보인다. 러시아 볼셰비키의 철학에 담긴 모든 사회 경제적인 원리나 개념치고, 수백만 년 전에 이미 흰개미 사회에서 실현되고 구체화시킨 다음, 불변의 법으로 지켜내려오고 있지 않은 사항은 단 한 건도 발견할 수 없다.

그러나 사람의 성품은 개미와 같이 고분고분하지도, 순박하지도 않다. 흰개미들을 꼼짝 못하게 만들었던 규칙과 세력은 인간사회의 무수한 변화 앞에 그 효력을 유지하기가 어렵다. 인간은 인도하기는 쉽지만 강제하기는 어려운 존재라는 사실이 인류의 보호 수단이 되기도 하고 또 영광을 가져다주기도 한다. 독재자와 테러를 앞세워 역사상 가장 완벽한 집단생활 체제를 구축하려 시도했던 볼셰비키는 개인의 우수성 및 차이점을 살리지 못한 것은 물론이고, 국민의 삶과 산업을 국유화함으로써 아무것도 이루지 못했다. 그들에게서는 피해야 될 것 말고는, 배울 점이라고는 거의 찾아보기 힘들다.

집단효과와 그에 대한 반동의 문제는, 후진국이나 미개한 사회에서보다는 선진국가들에서 더욱 크게 문제시되고 있다. 개인이 두드러지게 부각되는 현상이 퇴조해 가는 현상은 약소국가나 자유가 제한되어 있는 나라들보다는, 영국이나 미국, 독일, 프랑스 같은 나라에서 훨씬 더 선명하게 볼 수 있다. 위대한 자주 국가는 후진국 국민과는 달리, 자신의 운명을 더 이상 영웅이나 지도자 또는 위대한 스승에게 의존하려 들지 않는다. 그들은 분명치는 않지만 매력적으로 비치는 목표를 향해서 별 깊은 생각 없이 발길을 옮기고 있다.

그렇다면 충분히 성숙한 문명과 민주주의는, 개인적인 요소를 점차 배제하고 집단의 움직임에 의존하여 스스로의 운명을 결정지으려 하는 것을 의미하는가? 아니면 그들은 이미 잘못된 길로 들어선 것이 아닐까? 인류의 생존과 영광을 유지하기 위한 유일한 방법인, 끊임없는 자아 성찰과 개인의 존중이라는 정도(正道)를 벗어났음을 의미하는 것인가? 선진 민주사회에서 지금 벌이고 있는 일이, 과거에 쌓아올린 지혜의 보고를 값싸게 유포시키면서 낭비하고 있는 짓이 되지는 않을까? 마치 거대한 메뚜기떼가 닥치는 대로 아무거나 먹어치우면서 자신들의 무덤이 될 바다나 소각로를 향해서 재잘거리며 나아가듯이, 혹시 우리도 무수한 집단을 형성하면서 잘못된 방향으로 흘러가는 것은 아닐까? 아니면 그 반대로 인류 역사상 처음으로, 가장 어리석은 사람들까지도 자신의 앞길을 훤히 밝혀줄 햇불이 비추는 고지에 올라선 것일까? 이런 문제들에 대한 고민은 후일로 미루기로 하자.

모든 인간의 행동영역에서 전쟁만큼 집단효과가 강조되고 개인의 특성이 무시되는 곳은 없을 것이다. 우리가 치른 세계대전에서도 개인적인 요소는 거의 완벽하게 배제되었다 해도 과언이 아닐 것이다. 최악의 상황에서 가장 파괴적이고 무자비하게 저질러졌던 전쟁행위가 모두 마무리된 지금, 우리는 신중하게 전쟁의 범인과 그 영웅들을 가려내야 할 것이다. 전쟁을 저지른 악당은 어디에 있으며, 종식시킨 구원자는 누구인가? 이러한 사실을 밝혀내는 데 필요한 무수한 자료 및 증인과 그러한 자료를 수집하고 분석하는 방법 등은 모두 완벽하게 갖추어져 있다. 전쟁의 상처로 인한 아픔과 부상에서 오는 고통, 혼신의 힘을 다하여 얻어낸 승리와 애국심, 이 모든 것을 생각해서라도 진실은 밝혀져야만 하고, 책임소재를 분명히 해야만 한다. 교수대의 밧줄과 월계관은 충분히 준비되어 있다.

그러나 우리는 목적한 바를 이루었던가? 아니다. 한편으로는 특정 개인이나 정부 또는 국가를 범인으로 지목할 때마다 이견이 생겨, 기소절차가 진행되어갈수록 의견만 분분해졌는가 하면 다른 한편으로는 전승의 주역임을 자처하고 나서는 개인과 단체가 날이 갈수록 불어나고 점차 집요해지는 양상을 띠어, 시간이 가면 갈수록 신빙성만 자꾸 떨어져갔다. 우리가 믿고 호소해 온 역사의 여신도 점차 불가사의한 스핑크스의 모습으로 변해갔다. 전쟁 상처로 얼룩진 그녀의 모습에서 비웃음이 담뿍 담긴 서글픈 미소가 스쳐지나가는 듯했다. 가만히 살펴보고 있노라니 그토록 아우성치며 알아내고자 했던 해답을 얻어내기란 진작에 틀린 일 같았다. 그렇게 시간을 허비하고 있는 동안 밧줄은 썩고 월계수 잎은 시들어 버렸다. 그토록 잔혹한 전쟁을 일으키고 승리한 것이, 당사자 전체가 모두 참여해서 만들어낸 협동작품이나 되는 듯싶었다.

현대사회의 의식구조나 여건은 영웅이나 초월적 존재의 출현을 용납하지 않는다. 과거 수세기 동안 공직이나 지배계급을 치장하던 의복이나 가발, 예식, 계급 등은 더 이상 사용하지 않은 지 오래다. 심지어 '왕에게 신의 가호가 깃들기를'이라는 말조차 순수한 공식행사 때 이외에는 부적절하다고 생각될 정도이다. 국왕이나 군주들은 자연스럽고 격의 없는 태도와 스스럼없이 누구와도 잘 어울리는 소박한 몸가짐으로, 또 평범한 일상생활을 영위하면서 호화스러운 행렬이나 의식을 거부함으로써 오히려 일반 시민들의 존경을 받고 있다. 정부의 각료나 대기업의 사장처럼 중요한 업무를 관장하고 막강한 결정권을 손에 쥐고 있는 사람들도 더 이상 신비나 경외의 대상이 아니다. 오히려 그들은 자신을 지극히 평범한 사람들 중의 한 명으로 여기고 있으며, 단지 특별한 분야에서 큰 규모의 일을 잠시 맡아서 관리하고 있다는 식으로 생각하는 것이다. 그들은 평범한 사람들과 같이 섞여서 대중교통 수단을 이용하고, 니커스 반바지 차림으로 골프장에서 차례를 기다리는 등, 겉모습만 보아서는 전혀 보통 사람과 구분을 할 수가 없다. 가발 쓴 우스꽝스러운 모습의 지난 세대의 세력가들과 비교할 때, 이들의 자연스러운 모습을 보는 것은 유쾌하고 신선하기 이를 데 없는 일이 아닐 수 없다.

그러나 문제는, 이러한 단순하고 가식이라곤 찾아볼 수 없는 이들의 마음가짐과 생활습관으로부터 사람들을 끌어가는 리더십과 권위 있는 태도가 제대로 나오겠느냐 하는 것이다. 더 나아가서 장래의 공공업무가, 개인의 능력 못지않게 특별한 훈련이나 특수한 신분으로부터 자연스럽게 몸에 밴, 일반대중과는 차별화된 의식을 가진 지도자들 없이도 원활하게 잘 돌아갈 수 있겠는가 하는 것이다.

이 문제도 역시 평화로운 시기의 일상적인 상황보다는 전쟁과 같은 치열한 조명으로 비추어볼 때 좀더 명쾌한 답이 나올 것이다. 현대국가의 사령관들은 신체적인 조건에서 전쟁이 암시하는 영웅다운 면모와는 거리가 멀다. 한니발이나 시저, 튀란, 말버러, 프레데릭 대왕, 나폴레옹과 같은 사령관들이 안장 위에 올라 앉아 새벽부터 어둠이 내릴 때까지 전장을 누비면서 진두지휘하며 호령하는 모습을 앞으로는 더 이상 볼 수 없을 것이며, 그들의 명성을 듣고, 전장에 나선 모습만 보고도 병사들이 환호하는 모습을 더 이상 기대할 수 없게 되었다. 병사들과 고통을 함께하고 사기를 북돋아주며 위로해주는 모습은 더 이상 기대하지 않는 것이 좋다. 그들은 더 이상 전장에 있지 않다. 깃털장식과 깃발, 갑옷과 함께 그들은 전장으로부터 사라져갔다. 적진을 꿰뚫는 매서운 눈매, 전투의 긴장을 다 녹여낼 듯한 결의, 등장만으로도 전세를 뒤엎을 정도로 기세를 몰고 다니는 용맹무쌍한 전사의 모습은 사라졌다. 그 대신 전투 당일, 전선으로부터 80~90킬로미터 떨어저 있는 사무실 책상에 앉아서, 전세계로부터 날아드는 소식을 전해주는 전화기에 온 신경을 쏟고 있는 현대의 우리 장군들의 모습은, 시장 혼란기에 대규모의 투자자산을 주무르는 증권 투자자의 모습과 너무나 흡사하다.

하지만 모든 것은 제대로 돌아가고 있는 중이다. 그들은 그들이 있어야 할 자리에 있는 것이다. 그곳 말고 어디에 가 있을 것인가? 시세 표시기의 붉은색은, 어느 철도가 끊기고 어디에 전기가 가설되었으며, 이쪽에 있는 둑이 무너지고 저쪽의 많은 장비가 포획당했다고 끊임없이 새로운 전선의 상황을 알려주고 있다. 장군은 고요히 앉아 있다. 그는 고상한 정신을 소유한 투자가다. 그는 재정에 밝을 뿐 아니라, 여러 번의 시장 붕괴에도 꿋꿋이 살아남은 경력이 있는 노련한 투자가다. 그에게는 충분한 자원과 기동력이 받쳐주고 있다. 그는 최적의 공격 순간을, 때로는 공격 날짜를―왜냐하면 요즘의 전쟁은 몇 개월씩 걸리니까―재고 있는 중이다. 그는 정교한 전술가로서 '팔자'와 '사자'의 책략과 공격, 방어 전술을 완벽하게 구사할 줄 안다. 드디어 단호한 결정이 내려지면, 그의 입에서 명령이 떨어진다. 이쪽에 있는 병력 50,000을 팔고, 시장에서 저쪽 병력 100,000을 사자. 아차! 우리가 길을 잘못 든 것 같다. 그가 지금 다루고 있는 것은 주식이 아니고 수십만의 인명인 것이다.

그가 사무실에서 일하는 모습을 보고 있노라면 그가 지금, 나폴레옹이 이끌던 군대보다 열 배는 많은 병력에 백 배나 더 강력한 군대를 이끌고 전투중이라는 사실이 전혀 믿기지 않을 것이다. 우리는 그가 업무를 멋지게 처리했을 때, 정확한 지시를 내리고 가장 적합한 군대를 파견하고 최적의 진지를 확보했을 때 아낌없이 칭송해 주어야 한다. 그러나 그렇다고 해서 그가 영웅이라는 느낌을 갖기란 쉽지 않을 것 같다. 아니, 그는 결코 영웅이 아니다. 그는 주식시장이나 가축시장의 유능한 매니저일 뿐이다.

전쟁에서 개인적인 요소를 말살시킨 일, 지위 높은 사령관들로부터 전장에서 벌어지는 온갖 극적인 요소를 배제시킨 일, 그들의 기능을 순수한 사무실 작업으로 끌어내린 일 등은 일반의 전쟁과 영웅에 관한 정서와 여론에 엄청난 영향을 끼쳤다.

지금까지 위대한 선장은 강인한 성격과 영감에 찬 신비로운 성품을 지닌 천재로, 폭풍우 속에서도 침착하게 위기를 극복함으로써 모든 이의 외경의 대상이 되었다. 그는 그 모든 일을 스스로 해냈으며 다른 어느 누구도 그만큼 잘 해낼 수는 없었다. 그는 바로 현장에서 위기의 순간을 극복해 냈다. 하지만 그가 예전에 누렸던 영예를, 철저한 계산에 의거해서 전화기를 통해 지시를 내리는 현대의 선장들이 누리지 못하고 있다는 것은 논리적이지도 못하고 부당하다는 느낌마저 든다. 그들은 단지 쓸모 있는 시민으로서, 충실하고 명석한 공복으로 대접받을지는 몰라도 영웅으로 대우받지는 못한다.

현대 전쟁의 영웅들은 포탄으로 파헤쳐진 들판에서 갈가

리 찢기고 질식당한 채, 상처투성이의 모습으로 잠들어 있으며, 그 숫자는 헤아릴 수도 없이 많다. 그야말로 집단적인 고통이고 집단 희생이며, 집단적인 승리의 싸움이었다. 영광은 엄청난 살육의 현장마다 넓게 펴져 있고, 승리의 찬란한 빛은 더 이상 지휘관의 투구를 비추지 않는다. 오직 확실하게 존재하는 것은 비 오는 날 새벽을 밝히는 창백한 빛과, 이를 의지해서 60킬로미터에 걸쳐 포진하고 있는 포대에서 뿜어대는 포성 및 진창과 독가스를 향해 죽음의 진격을 하는 또 다른 수많은 병사들뿐이다.

그것이 바로 지난 전쟁의 모습이다. 미래의 전쟁은 훨씬 덜 낭만적이고, 덜 회화적인 전쟁이 될 것이다. 군대에 의한 전쟁이기보다는 전 국민의 전쟁이 될 것이 틀림없다. 남자와 여자, 어린이와 노약자, 군인과 민간인, 병자와 부상자 가릴 것 없이 모두 공중 폭격에 그대로 노출될 것이다. 바꿔 말하자면 치명적인 유독가스에 의한 대량 살상이 예고되어 있는 것이다. 이러한 과정에 장군의 영광이 끼어들 여지는 극히 좁아질 것이다. 내 정원사는 지난 봄에 일곱 개나 되는 말벌 둥지를 없애버렸다. 그는 아주 능률적으로 일을 처리했다. 우선 독의 선택이 중요했고, 정확히 필요한 만큼의 양을 측정하고 나서 정확한 장소에, 정확한 시간을 택해서 살그머니 뿌렸다. 말벌 사회는 뿌리째 파괴되었다. 그 과정에서 단 한 마리의 말벌도 그에게 공격거리 이내로 접근조차 하지 못했다. 그것은 그의 임무였고, 그는 완벽하게 자신의 임무를 완수하였지만 그렇다고 그를 영웅 대접할 생각은 전혀 들지 않는다.

마찬가지로 만약 장래에 벌어질 세계대전에서 안경 낀 어느 고급 장교가 런던이나 파리, 아니면 도쿄나 샌프란시스코의 일부를 날려버리기 위해서 발사 단추를 눌렀다거나, 아니면 전투 기획안의 하단에 자신의 이름을 얌전하게 써 넣었다고 해서 명성과 영예를 누리기를 바란다면, 아마 죽을 때까지 기다려야 할지도 모르겠다. 그렇다고 국가 선전부의 자료에 사진 몇 장 실린다고 해봐야, 큰 보상은 되지 못할 것이다. 그래도 여전히 우리의 총사령관은 아주 모범적인 성격의 소유자일 것이고, 자신의 직업에 투철한 사람일 것이다. 그가 모든 상황에서, 누구나 그 자리에 있었다면 마땅히 했어야 할 일을 했을 경우라 할지라도, 과거 같으면 그의 직책과 그 자신에게 돌아갔을 모든 영광을 하나도 누리지 못한다는 것은 조금 가혹한 처사라는 생각도 든다. 하지만 이것도 현대 생활과 과학의 집단효과의 일부이니, 그저 겸허히 받아들이는 것 이외에 아무 다른 방도가 없다.

그러나 바로 이렇게 무언가 부조리하다는 느낌으로부터 축복의 싹이 터오른다. 전쟁이라는 개념 자체가 인류에게 혐오스럽게 받아들여지기 시작한 것이다. 군대의 지휘관은 더 이상 낭만적이고 명예로운 존재가 아니다. 젊은이들은 이제 그런 직업에 매력을 느끼지 못한다. 시인도 조각가도 더 이상 정복자의 행적을 노래하거나 작품으로 만들지 않는다. 화학자도 명예를 얻을 수 있는 쪽으로 연구방향을 돌릴 것이다.

나폴레옹을 꿈꾸던 젊은이들은 기업 쪽으로 방향을 전환할 것이며, 바야흐로 세계문명은 보다 확실한 기반 위에 서게 될 것이다. 전쟁의 집단효과에 대해 눈물을 흘릴 것이 아니라, 평화의 집단효과로 되돌아가자.

현대사회는 진정 위대한 인물이 없어도 잘 돌아가는가? 영웅 숭배를 완전히 없애버릴 수 있을까? 이제까지 역사상의 거인들에게서 공급받았던 큰 지혜나 높이 함양된 고결한 감성, 박진감 넘치는 활동들을, 집단적인 과정을 통해서 공급할 수 있을 것인가? 세상에서 가장 밝게 빛나는 별이 영화 스타이고 신들은 모두 미술관에 앉아 있는 요즘 세상에서, 모든 민족이 건강하게 살아남고, 서로 가까워질 수 있을까? 인간의 영혼이 기계에 의해서 생기를 되찾을 수 있을까? 여러 세대에 걸쳐서 전해 내려오는 새로운 문제점들이 '다수의 상식' 만으로, 혹은 정당의 지방위원회나 누구도 관심조차 두지 않는 의회의 토론으로 해결될 것이라 생각하는가?

아니면 인류의 앞길에 커다란 걸림돌이 놓여 있고 차도에 큰 장애물이 가로막고 있어 옴짝달싹을 못하고 있으며, 정처 없이 광야를 헤매고 있는 중이라, 누군가가 나서서 대중을 끌어주기를 바라고 있는 것은 혹시 아닐까?

이미 우리 주위에는 조바심의 기운이 감돌고 있음을 느낄 수 있다. '사람이 아니라 수단을' 이라는 구호는 더 이상 보편적인 호응을 얻지 못한다. 세상은 무언가 허전하고 아둔하며 불완전한 느낌으로 가득 차 있다. 우리는 과거의 큰 인물들을 그리워하고 있다. 그들이 더 이상 이 세상 사람이 아닌 것을 아쉬워하고 있는 것이다. 전반적인 지능과 지식 수준은 물론 많이 향상되어 있는 것이 사실이다. 우리는 지금 고원에 올라와 있는 것이다. 그곳에서는 해발 3천 미터 되는 봉우리도 거의 주목을 끌지 못한다. 그런 수준의 봉우리는 워낙 흔하기 때문이다. 전체적인 분위기는 활기가 있어 보이기는 하지만 그렇게 인상적인 경관은 못 되는 것 같다. 우리가 이곳까지 올라온 보람을 느낄 수 있도록 해줄 멋진 장관(壯觀)을 아쉬워하고 있는 것이다. 저 아래 평원과 늪지에서 웅장한 산들이 솟아올랐듯이, 이 고원에서 다시 하늘을 향해 멋진 산이 솟아오르는 것을 볼 수만 있다면 얼마나 가슴이 설렐까!

우리가 바라는 것은, 어마어마한 밑동 위에 높이 솟아올라, 우리 눈에는 구름에 의해 영원히 가려져 보이지 않는 신비스런 정상과, 그 절벽을 타고 천둥을 치며 흘러내리는 폭포의 장관이다. 그와 같은 광경을 지상에서도 연출해 내기란 얼마든지 가능할 것이다. 연기나 수증기로 연막을 친 기둥을 스포트라이트로 조명하면서 고성능 스피커를 사용하면 못할 것도 없다고 생각할지 모르나, 그 속임수가 얼마나 견딜 수 있겠는가?

그렇게만 생각할 것은 아니다. 우리는 손실을 이득으로 전환시킬 줄 알아야 한다. 고원에는 멋진 봉우리가 없다. 우리가 그곳에 머무는 동안에는 참고 지내는 수밖에 없다. 물론 우리는 아무 때고 원하기만 하면 등산을 시작했던 저 아래 평원과 계곡으로 다시 돌아갈 수도 있다. 그리고 그곳에서 별 생각 없이 배회하며 지낼 수도 있다. 어쩌면 다시 미끄러져 내려갈 수도, 떠밀려서 내려갈 수도 있는 것이다. 저 아래쪽에는 아직도 많은 강대국들이 아주 만족해하면서, 그 중 일부는 자부심마저 가지고 생활해 가고 있다. 그들은 계곡의 생활이 훨씬 더 바람직하다고 자주 이야기하고 있다. 그들에 따르면, 그곳에는 메마른 고원에서는 찾아볼 수 없는 다양함이 있고, 보다 아름답고 우아하며, 위엄이 살아 있고 진정한 건강과 풍요가 있다는 것이다. 그들은 이런 중간 정도의 환경이 인간에게는 훨씬 더 잘 맞는다고 주장한다. 그곳에는 예술이 살아 숨쉬고 과학도 온화하다. 더구나 우리가 지난날 힘겨워하며 걸어온, 평원과 늪지에 난 발자취를 돌아볼 수 있고, 과거 우리 선조들의 순례의 역사를, 남아 있는 전통을 통해서 기억할 수 있다는 것은 매우 즐거운 일이 아닐 수 없다.

그들은 저녁노을 속에 장엄한 그림자를 드리운 엘 카피탄을 가리키며 우리에게 묻는다. 저 위 고원에도 저런 웅장한 경관이 있냐고. 물론 그런 것이 있을 리 없다.

Fifty Years Hence

오십년 후의 세계

"현재의 추세대로 개발이 진행되면 머지않아 무선 전화와
무선 텔레비전도 등장해서, 기기만 들고 다니면, 연결할 수 있는 설비가
되어 있는 장소라면 어디에서나 기기와 연결해서
멀리 떨어져 있는 상대방과 쉽게 통화를 나눌 수 있게 될 것이다.
초고속 통신 수단이 현실화 되는 날에는,
아주 친한 친구들을 만나는 경우 이외에는 거의 실제로
사람들을 찾아다닐 필요가 없어질 것이다."

일상에 파묻혀 살아가다 보노라면, 자신이 속한 시대가 얼마나 빠른 속도로 흘러가고 있는지 자각하기란 쉽지 않은 일이다. 하지만 지나간 백년을 돌이켜 보면 그동안 적지 않은 변화가 있었음을 실감하게 되고, 그 중에서도 최근 오십 년의 변화 속도가 전에 비해 월등히 빨라졌다는 사실을 느끼지 않을 수 없을 것이다. 금세기에 들어오면서 우리는 물질적인 풍요와 과학의 발달뿐 아니라 정치적인 제도와 제반 사회적인 관행들에 있어서 가히 혁명적인 변혁을 이룩했다. 그러나 정작 가장 커다란 변화는 모든 문명사회에서, 훨씬 많은 사람들이 보다 적극적이고 능동적인 사회 구성원으로 참여하게 되

었다는 점일 것이다. 디즈레일리는 19세기의 문턱에서 "과거 영국은 소수를 위한, 그것도 아주 극소수의 인간들을 위한 사회였다"고 표현했다. 시인 바이런이 말했던 "4,000명을 위하여 존재하는 세상"이, 희망에 부푼 수천만 명이 자신의 삶을 스스로 선택할 수 있는 보다 안전하고 다양한 세상으로 변모한 것이다. 미국에서는 이미 수백만에 이르는 사람들이, 생존에 필요한 기본적인 물자의 충족과 안락함의 수준을 넘어 자손을 위한 문화적인 욕구를 추구하는 단계에 접어들었다. 유럽도 비록 세계대전으로 인해서 상처를 입고 충격을 받긴 했지만 그와 비슷한 수준까지 와 있다고 볼 수 있을 것이다.

우리는 현대적인 문명의 이기들을 별다른 고마운 감정이나 특별한 생각 없이 그저 당연한 것으로 받아들이고 이용하고 있지만, 만약 그러한 것들이 일상생활에서 갑자기 없어진다고 생각하면 하루도 살 수 없을 것이다. 우리의 의식 저변에는 진보라는 것은 항상 계속된다는 생각이 깔려 있다. 웰스*는 그의 작품 속의 인물을 통해서 "진보란 항상 계속되는 것이다. 그렇게 항상 진보하는 힘이 어디서 나오는지 신기할 정도이다" 하고 말하고 있다. 이것은 매우 다행한 현상으로, 만약 잠시라도 진보가 멈추거나 뒷걸음질치는 날에는 상상할 수 없는 커다란 재앙이 우리를 덮칠 것이기 때문이다. 인류는 뒤돌아가기에는 너무 멀리 전진했고, 워낙 빨리 움직여왔기에 멈출 수도 없다. 불과 한 세기 만에 엄청난

웰스
Herbert George Wells 1866~1946 영국의 소설가·언론인·사회학자·역사학자.《타임머신 The Time Machine》(1895)·《투명인간 The Invisible Man》(1897)·《우주전쟁 The War of the Worlds》(1898) 같은 공상과학소설과 대중을 위한 역사서《세계문화사 대계 The Outline of History》(1920, 개정판 1931)로 이름을 떨쳤다.

변화가 이루어졌을 뿐 아니라, 그러한 변화가 가져온 결과에 단지 삶의 편의만이 아니라 생존 자체를 의존하고 살아가는 사람들이 워낙 많기 때문에, 그러한 변화의 추세가 전반적으로 후퇴할 경우는 말할 것도 없고 일시적으로 멈추기만 하더라도 전체 사회는 걷잡을 수 없는 혼란에 빠지고 말 것이다.

우리가 역사를 백 년 이상 거슬러 올라가보면, 왜 우리가 살고 있는 지금의 세계가 그 이전의 모든 시기와 차이가 나는지 금방 깨닫게 될 것이다. 인류의 역사는 전진과 후퇴를 반복하면서 이어져왔으나, 때로는 수백 년씩 정체되어 있었던 시기도 있었고, 인도와 중국에서는 수천 년씩 정체되어 있던 적도 있었다. 그러던 것이 어떻게 해서 갑자기 이런 가속도가 붙게 되었을까? 우리는 과학에서 그 해답을 찾을 수밖에 없다. 한때는 그 성과가 워낙 미미해서 역사의 흐름에 별 변수가 되지 못하던 것이, 이제는 거의 모든 분야에 걸쳐서 결정적인 변화의 주체로서 자리매김하게 된 것이다. 인간이 지금까지 만든 법률이나, 소중하게 간직해 온 전통과 관습, 신앙이나 깊은 내면의 성찰 등은 과학의 새로운 진군 앞에 맥없이 무너져버리고 말았다. 젊은 시절부터 과학의 힘에 매료당한 우리는 급기야 삶 전체를 과학에 의존하기에 이르렀으며, 좋든 싫든 최근 2~3세대만큼, 인간이 이토록 스스로를 완전히 남에게 종속되도록 내맡긴 적도 역사상 없던 일이다.

최초의 인류는 무리를 이루어 살아가지 못하고, 마치 같은 생활 영역 안에 있는 다른 맹수들을 피하듯이, 이웃 인간들을 피해서 홀로 삶을 영위하여 오다가, 가축을 길들이기 시작하면서 협동과 분업의 이점을 분명히 깨닫기 시작한다. 신석기 시대에 들어와서 곡물을 생산하고 농경문화가 정착되면서, 씨앗이 땅속에서 성장할 동안 굶주림을 해결하는 방안의 일환으로 초기 자본주의가 성립하게 되었고, 토지에 관한 특수한 권리가 인정되기에 이르러 그 흔적이 요즈음의 입법에까지 내려오고 있다. 발전의 각 단계는 나름대로 새로운 법적, 사회적, 도덕적인 문제들을 잉태하기도 하였으나, 전체적으로 볼 때 진보의 속도는 매우 더딘 편이었으며, 종종 천 년여에 걸친 정체가 계속되기도 했었다.

한편 나일강과 유프라테스강의 계곡을 따라서 띠 모양으로 형성된 두 개의 국가에서는 이제까지 볼 수 없었던 화려하고도 안정된 문명을 꽃피웠는데, 그들은 물과 옥수수의 분배를 장악함으로써 전제권력과 지배구조를 확립하였다. 그들 통치자들이 인민에 대해서 행사하던 절대적인 지배력은 그 효율에 있어서, 현대의 소비에트 러시아에서나 그 유례를 찾을 수 있을 정도로 강력한 것이었다. 자신들에게 순종하지 않는 지역을 굴복시키기 위해서는, 단순히 수로를 차단하거나 급수를 제한하기만 하면 되었다. 볼셰비키 인민위원들이 모든 식량 배급을 독점함으로써 이룰 수 있었던 불가항력의 절대권력을, 이들은 단지 수로를 통제함으로써 장악할 수 있었던 것이다. 내부적으로

사르곤 2세
Sargon II ?~B.C. 705 앗시리아 제국 역사상 마지막 세기의 위대한 왕(재위 BC 721~705).

루이 14세
Louis XIV 1638~1715, 프랑스 왕(재위 1643~1715). 프랑스의 최전성기 중 한 시기에 나라를 다스렸으며 고전시대의 절대왕정을 상징하는 존재로 남아 있다.

빅토리아 여왕
Queen Victoria 1819~1901, 영국의 전성기인 '빅토리아 시대'를 이룬 영국 여왕(재위 1837~1901). '군림하되 통치하지는 않는다'는 원칙을 따랐다. 이 시기에 영국은 디즈레일리와 글래드스턴으로 대표되는 2대정당제가 정착되었으며, 자본주의의 선두에 올랐다.

안정되어 있던 이들은 오직 외부의 침공에만 신경 쓰면 되었다.

그러나 당시의 사람들은 자연의 힘을 생활에 응용하는 방법에 어두웠다. 그들이 동원할 수 있는 최대의 힘이라는 것은 고작 전 주민의 완력을 합한 것에 불과했다. 그들 이후에도, 비록 그들만큼 안정적이지는 못했더라도, 외양의 화려함에 있어서는 전혀 그들만 못지않았던 많은 제국들이 일어나고 쓰러져갔다. 그러나 생산과 통신수단이나, 식량을 취득하고 물자를 교환하는 방식에 있어서 사르곤 2세 당시와 루이 14세* 시대 사이의 긴 세월을 두고 이루어졌던 발전에 비교해서, 빅토리아 여왕*의 등극과 현재 사이의 불과 100년 사이에 훨씬 더 많은 발전이 이루어졌다. 다리우스 1세*가 그의 왕궁이 있는 수사로부터 왕국의 서쪽 종점인 사르디스까지 명령을 전달하는 데 걸린 시간이, 스페인의 펠리페 2세*가 마드리드로부터 브뤼셀에 명령을 전달하는 시간보다 더 빨랐을 수도 있는가 하면, 로버트 필 경이 1841년 조각(組閣)을 명령받고 로마에서 런던으로 귀환하는 데 걸린 시간이나, 베스파시아누스 황제*가 영국의 속령으로 서둘러 가는데 걸린 시간 사이에 별 차이가 없었다. 미노스 왕궁의 여왕 욕실은 그 화려함이나 시설에 있어서 베르사유 궁전의 것보다도 뛰어났다. 테베 신전의 신관들이 테베

다리우스 1세
Darius I B.C. 550 ~486, 고대 페르시아 아케메네스 왕조의 위대한 왕(재위 B.C. 522~486). 뛰어난 행정조직과 대규모 건축 사업으로 유명하다. 그리스 정복을 꾀했으나 B.C. 490년에 마라톤에서 아테네에게 패했다.

펠리페 2세
Felipe II 1527~1598, 스페인 왕(재위 1556~1598)이며 포르투갈 왕(재위 1580~1598). 로마 가톨릭의 반(反)종교개혁 운동의 옹호자였으며, 그의 통치기에 스페인은 최상의 국력과 영토확장을 자랑했다. 1566년에 일어난 네덜란드의 반란 진압에 실패했으며 1588년에는 영국 침략을 감행하다가 '무적함대'가 격파되었다.

베스파시아누스 황제
Emperor Vespasian A.D. 9-79, 로마 황제(재위 AD 69-79). 플라비우스 왕조의 창건자.

오십년 후의 세계 391

> **트리엔트 공의회**
> Council of Trient,
> 로마 가톨릭 교회의 제19차 공의회 (1545~1563). 유럽 지역의 로마 가톨릭 교회에 활력을 불어넣는 중요한 역할을 했다.
>
> **아이작 뉴턴**
> Isaac Newton 1642~1727, 영국 출신의 물리학자·수학자. 근대과학의 아버지라 불린다.
>
> **조지 스티븐슨**
> George Stephenson 1781~1848, 영국의 공학자, 증기기관차를 발명하였다.
>
> **테니슨**
> Alfred Tennyson 1809~1892, 영국 빅토리아 시대의 대표적인 시인.

가 몰락한 지 2,000년이 흐른 뒤에 열린 트리엔트 공의회˙에 참석해서 느꼈을 당혹감보다는 아이작 뉴턴˙이 현대 물리학 강의실에 들르거나, 조지 스티븐슨˙이 전기공학 학회에 참석해서 느끼게 될 생소함이 훨씬 더 클 것이다. 지난 한 세기 동안 인류가 겪은 변화는 역사상 그 유례를 찾기 힘들 정도로 급격하고도 대규모로 이루어진 것이었다. 더 이상 과거는 미래를 예측할 수 있는 잣대로서의 기능을 상실하고 말았다.

테니슨˙의 〈록슬리 홀〉에서 우리는 현대 계시문학의 정수를 엿볼 수 있다.

"나는 보았네, 다가올 세상의 모습을
인류의 미래상과, 갖가지 신기한 일들을

하늘은 장사를 위한 마법의 돛배로 가득 차고,
황혼녘 조종사는 값비싼 재앙을 쏟아붓는다.

하늘은 온통 고함으로 가득한데, 돛배는 하늘을
움켜쥔 채 창백한 이슬을 흩뿌리는구나.

인간들의 깃발은 폭풍 속에 나부끼는데, 저 멀리

남쪽에서는 속삭이듯 훈풍이 밀려오네.

전쟁의 북소리 그치고 깃발을 접을 때까지
인간에게는 의회가, 세상에는 연맹이.
……
굶주린 사람들은 말없이 살며시 다가와,
꺼져가는 불빛 너머로 졸고 있는 자를 노려보네."

80년 전에 쓰인 여섯 줄의 이행시가 담고 있는 예언들은 이미 모두 성취되었다.

상업과 전쟁을 위한 하늘의 정복이나 국제연맹의 출현, 공산주의의 등장, 이 모든 것들이 정확히 일어난 순서에 따라서 한 명의 위대한 빅토리아인에 의하여 예견되었으며, 지금은 이미 역사책의 일부에 자리잡은 채, 오늘날 우리의 주변을 다시금 혼돈(混沌)으로 몰아가고 있다. 성경을 아무리 뒤져보아도 이토록 정교하게 예언을 하고 또 곧바로 그 예언이 사실로 증명된 경우는 찾아볼 수 없다. 예레미야와 이사이아는 먼 훗날의 사건을 그것도 매우 애매한 비유로 다루었으며, 시간의 흐름에 따라서 여러 가지 해석이 가능하다. 심판자, 예언자, 구세주가 그의 뽑힌 백성을 구하러 나타난다. 유대인들은 대를 이어가며 묻는다. "당신이 바로 그분이십니까? 아니면 다른 분이 또 오십니까?" 그러나 〈록슬리 홀〉은 바로 눈앞에 다가올 엄청난 사건을 정확하게 예언하고 있으며, 작자를 개인적으로 잘 아는 사람들이 살아 있는 동안 그의 예언이 사실로 증명되는 것을 확인할 수 있었다는 것이 놀랍기만 하다. 빅토리아 시대의 개막과 더불어 인류는 새로운 역사의 장을 맞이하게 되었고, 한 시인의 천재가 미래의 장막을 꿰뚫어 그 속을 우리 모두에게 환히 열어 보여준 것이다.

  우리가 미래를 예측하고자 할 때는 대개 의식적이든 아니든 다음의 두 가지 과정 중에 하나를 따르게 마련이다. 그 하나는 먼저 현재 우리가 처해 있는 상황과 비슷한 과거의 특정 시기를 집중적으로 연구해서, 그 당시의 귀결을 앞으로 닥칠 미래에 대입시키는 방법이다. 다른 하나는, 시간적으로 직전의 과거시점에 벌어졌던 일반적인 사태의 발전과정을 분석함으로써, 거기에서 추출한 일반적인 추세를 다가올 미래에 적용시키는 것이다. 전자는 역사가가 취하는 방식이고, 과학자는 후자의 방법을 택한다. 현재 우리에게는 후자의 방법만이, 그것도 매우 제한된 범위 내에서 허용되어 있는 셈이다. 근래에 들어 과학이 이룩해 놓은 여러 가지 눈부신 업적과 축적된 지식 및 위력을 고찰해 볼 때, 새로운 발명과 과학적 발견이 미래를 지배할 것이라는 점은 어렵지 않게 예측할 수 있지만, 그러한 성과와 실생활에의 적용이 인간의 관습과 정신세계 및 장래에 어떠한 영향을 미칠 것인가 하는 문제에 대해서는 오로지 막연한 추측만이 가능할 뿐이다.
  과거에 인간이 최대로 동원할 수 있었던 물리력이라고 해봐야 한 떼의 말이나 갤리선에 가득 실은 노예의 힘이 고작이었으며, 조금 더 나아가서 이집트에서 노예살이하던 이스라엘인의 조직화된 노동력 정도였다. 지금은 전함의 브리지에서 손가락 하나로 수십만 명이 낼 수 있는 힘에 해당하는 동력을 정밀하게 조작할 수도 있고, 인간이 수천 년을 공들여 만들어놓은 것을 순식간에 파괴해 버릴 수 있는 힘을 가진 지뢰를 폭발시킬 수도 있다. 이 모든 변화는 육체 에너지를 분자 에너지로 대체함과 동시에, 대체한 에너지를 정밀하게 통제할 수 있는 장치를 개발해 냄으로써 가능하게 된 일이다. 새로운 에너지의 활용이 가능해짐에 따라서 광업과 야금(冶金) 분야에 획기적인 변화를 가져오게 되었고, 새로운 교통수단과 기계 설비가 등장하게 된 것이다. 이렇게 하여 이루어진 변화로, 다시 보다 정밀한 분자 에너지의 활용이 가능하게 되었고, 기존 에너지원의 활용 방법에도 획기적인 개선을 가져왔다. 조상들이 나이아가라의 수차를 이용하여 사용하던 물레방아가 수십만 킬로와트 급 터보 발전기로 대체된 것이 그 좋은 예이다. 하나의 과학적 발명은 새로운 발명을 낳고 다시 이것은 새로운 발명으로 이어지는 특징이 있어서, 이렇게 급속도로 이어지는 연쇄적인 기술발전이 현대의 문명을 과거 그 어느 때와도 질적으로 완전히 구별 짓게 만든 직접적인 원인으로 작용하였다.

  이러한 과학의 발전은 앞으로도 계속, 더 빠른 속도로 진행될 것이다. 앞으로 50년 동안 이루어질 발전이, 이제껏 이루어진 것 전부를 합한 것보다도 훨씬 더 대단하고 놀라운 것이 될 것이라고 생각하는 데는 충분한 이유가 있다. 기계 선반의 등장으로 기계의 정밀가공이 가능해졌으며, 증기를 이용한 동력과 전기의 사용도 일반화되었다. 그러나 이들은 단지 시작에 불과하며, 전문가들은 우리가 알고 있는 것들보다 훨씬 중요한 새로운 에너지원의 등장을 자신 있게 예고하고 있다. 원자력은 우리가 현재 이용하고 있는 분자 에너지와는 비교도 할 수 없을 만큼 강력한 에너지원이다. 우리가 하루에 캘 수 있는 양의 석탄에서 얻을 수 있는 동력은, 사람이 할 수 있는 양의 500배에 해당한다. 원자력의 힘은 최소한 그것의 100만 배가 넘는다.

만약 일 파운드의 물 속에 있는 수소 원자가 서로 융합하여 헬륨을 생성하게 되면 1,000마력짜리 엔진을 일 년 가동하고도 남을 에너지를 얻을 수 있으며, 수소 원자구조 안에서 중성자가 핵과 융합하게 될 경우 방출되는 에너지는 그것의 120배에 달하게 된다. 이러한 엄청난 에너지가 존재한다는 데에는 과학자들 간에 아무런 이의가 없다. 문제는 이러한 핵 연쇄반응을 촉발시키는 데 필요한 기폭장치의 개발인데, 현재 과학자들은 이것의 개발에 열중하고 있다.

이러한 에너지원의 개발과 그 활용가능성이 인류에게 의미하는 바는, 4세대 전 증기기관의 발명이 가져온 변화와는 비교할 수 없을 정도로 큰 것이다. 앞으로는 우주를 상대로 한 계획도 가능성의 길이 열린 것이다. 지형과 기후도 더 이상 인간 능력 밖의 사항이 아니다. 베렌가리아 호*의 배수량에 해당하는 5만 톤 정도의 물이면, 아일랜드를 대서양 한가운데로 옮길 수 있는 에너지를 얻을 수 있으며, 엡솜 경마장에 내리는 연간 강우량이면 북극과 남극의 빙하를 모두 녹일 만한 열량을 얻고도 남는다. 하나의 물질이 온도와 압력을 매개로 해서 다른 물질로 변환되면서 발생하는 새로운 현상은, 우리가 현재 사용하고 있는 개념으로는 설명되기 힘든 것이 될 것이다. 기존 강철의 30배의 강도를 지닌 새로운 물질이 새로운 에너지원을 이용하는 엔진의 소재로 사용될 것이다. 이론적으로는 이미 그 가능성이 증명된 지 오래이나, 만약 실제로 출력은 600마력이나 되지만 무게는 20파운드밖에 안 나가는 엔진과, 1,000시간 가동할 수 있는 연료를 만년필 크기의 연료통에 담아가지고 다니는 일이 현실화되는 시점이 되면, 통신이나 교통수단도 지금과는 전혀 다른 모습을 띠게 될 것이다. 현재의 추세대로 개발이 진행되면 머지않아 무선 전화와 무선 텔레비전도 등장해서, 기기만 들고 다니면, 연결할 수 있는 설비가 되어 있는 장소라면 어디에서나 기기와 연결해서 멀리 떨어져 있는 상대방과 쉽게 통화를 나눌 수 있게 될 것이다. 그렇게 되면 도시에서의 사람들의 집회는 불필요한 일이 될 것이며, 초고속 통신 수단이 현실화되는 날에는, 아주 친한 친구들을 만나는 경우 이외에는 거의 실제로 사람들을 찾아다닐 필요가 없어질 것이다. 이웃과 한 집에서 같이 살아야 할 필요가 없듯이, 앞

베렌가리아호 1912년에 진수한 총톤수 52,117톤급 (유럽 톤수) 함선.

으로는 이웃과 굳이 한 도시에서 같이 살아야만 할 필요를 별로 느끼지 못할 것이며, 도시와 시골의 구분이 없어지고, 각자는 자기 집안에 정원과 숲을 가질 날이 올 것이다.

비교적 최근까지도 식량의 생산은 인간의 최우선 활동 과제였다고 해도 과언이 아니었으나 이제는 그 굴레에서도 벗어났다. 문명화된 사회에서는 이미 식량의 자급자족을 걱정할 단계는 지났다. 실제로 백인 사회에서 밀의 생산은 수요를 훨씬 앞서고 있는데, 아직도 황인종이나 흑인들이 쌀보다 훨씬 우수한 식품인 밀에 대한 인식이 덜 되어 있고, 또 구매할 능력도 갖추지 못하고 있다는 데에 백인들의 고민이 있는 것이다.

현재 식량의 생장은 전적으로 태양 에너지에 의존하고 있다. 태양으로부터 방사된 빛은 공기 중의 탄산과 결합해서 식물과 채소류의 탄수화물 생성을 가능하게 해준다. 우리는 이렇게 축적된 화학에너지를 음식의 섭취를 통해서 흡수하여 체온을 유지하는 데 이용하고 있고, 또 근육을 움직이는 원동력으로 사용하기도 하며, 신체의 신진대사를 위한 복잡한 소화 작용에 이용하기도 한다. 많은 사람들은 채식주의자들이 이야기하는 소위 '2차 식량', 즉 우리가 식용으로 키우는 가축이 먹고 소화해서 고기로 변화되어 있는 상태의 채소나 식물을 선호한다. 이 모든 과정을 거치는 동안 이용되는 태양에너지의 99퍼센트는 낭비되고 있다.

그러나 새로운 동력원이 없이도 개선이 이루어질 여지는

많다. 공기 중의 질소를 가축의 생명소인 단백질로 변환시켜 주는 미생물을 효모처럼 인공적으로 배양해서, 신종 미생물이 우리의 생리 작용을 돕도록 할 날이 올 것이다. 한편 우리 혈액 안에 있는 화학 전달자인 호르몬에 대한 비밀이 밝혀지면서 성장을 조절할 수 있는 길이 열렸다. 앞으로는 닭의 가슴살이나 날개를 먹기 위해 병아리 전체를 키울 필요가 없어지고, 각 부분을 적절한 장치를 통해 별도로 기를 수 있다는 이야기이다. 물론 합성식품도 미래의 식품으로 한몫 할 날이 올 것이다. 그렇다고 식탁에서의 즐거움이 사라져야 할 필요까지는 없다. 새로운 식량은 애초부터 자연식품과 구분할 수 없게끔 생산될 것이며, 만약 변화가 생기더라도 느낄 수 없을 정도로 서서히 바뀔 터이므로, 알약 형태의 식량이 판을 치는 우울한 유토피아는 결코 현실적으로 나타나지 않을 것이다.

만약 거대한 규모의 새로운 에너지원이 실용 가능하게 되면 식량의 생산을 태양에 의지하지 않아도 될 것이다. 인공 에너지 방사시설이 되어 있는 널따란 지하실이 옥수수 밭과 감자밭을 대신할 것이기 때문이다. 목초지와 경작지에는 공원과 정원이 들어설 것이며, 그렇게 되면 다시 한 번 도시는 크게 뻗어나갈 기회를 맞이하게 될 것이다.

개량 인간이나 인성의 조작 분야도 놀랄 만한 연구가 진행되어왔다. 우리는 "개에게 재주를 가르칠 수는 있지만, 그 종자를 바꿀 수는 없다"고 말해 왔으나, 더 이상 그 말은 통하지 않게 되었다. 몇 년 전 '로섬의 만능 로봇'이라는 연극이 런던을 뒤흔들어놓은 적이 있었다. 아마 50년 후쯤 되면 그런 존재도 탄생할지 모른다. 그런 존재는 만들어진다기보다는 유리관 속에서 자라날 것이다. 어머니의 자궁이 아니라 인공적으로 마련된 환경에서 실제로 아기가 태어날 수 있다는 사실을 의심하는 사람은 별로 없다. 그렇게 해서 태어날 태아에게, 초기 단계에 인공적인 처치를 한다거나 하여 신체적으로나 정신적으로, 한쪽으로 치우친 인간을 만들어낼 수도 있을 것이다. 어떤 특수한 분야의 지적 성장이 억제된 채 신체적으로만 우수한 인간을 만들어낼 날도 그리 멀지 않았다. 다른 야망은 일체 제거된 채 기계만 잘 다루는 인간도 만들어질 수 있다.

이런 끔찍한 상상은 우리의 마음을 한없이 움츠러들게 하지만, 기독교 문명의 법이 그러한 사태의 실현을 허용하도록 방치하지는 않을 것이다. 하지만 러시아 공산주의 이론에는 이러한 불균형한 피조물이 딱 어울리지 않는가? 만약 소비에트 연방공화국이 자신의 모든 과학적인 역량을 총동원해서, 기계적인 재능은 출중하지만 정신적인 사고에 있어서는 오로지 공산주의만 신봉하는 괴상한 인종을 만들어내기라도 하는 날에는 어떻게 될 것인가? 본래 인간은 강인하고 탄력적인 성품을 타고 나기 때문에 가장 혹독한 시련 속에서 가장 예측할 수 없는 장소에서 그 천재성을 꽃피우는 법이지만, 로봇만큼은 소름끼치는 공산주의 이념에 적합하도록 만들어질 수도 있는 것이다. 공산주의자의 철학에는 그러한 인간의 생산을 막을 수 있는 요소라고는 일체 찾아볼 수 없다.

나는 이 분야에 대해서 아주 개론적으로만 다루었지만, 우리의 후손들은 인간이 스스로 만들어낸 온갖 종류의 힘을 소유한 채, 불안하기 짝이 없는 삶을 살아가야 할 것이다. 상상을 초월하는 파괴력을 갖춘 폭약과 새로운 에너지, 신 물질, 우수한 기계들, 이 모든 것들은 하루아침에 지구를 날려버리는 데에 사용될 수도 있다. 한편 전제주의와 독재자 앞에는 인간의 삶과 인간의 희망까지도 마음대로 조종할 수 있는 가능성마저 열려 있다. 이러한 가공할 힘들이 무자비한 인간의 사악한 심성과 결합할 때, 그리고 그러한 움직임이 지구상의 가장 강력한 국가 중 한 군데에서 구체화되어가는 것을 보면서, 어찌 지구가 멸망하지 않을 것이라고, 아니 오히려 어떻게 멸망하지 않을 수 있을까 하고 반문하지 않을 수 있겠는가? 떠돌이별들의 충돌로 인해서 우리가 사는 지구가 빛나는 가스로 사라져버리고 마는 미래의 악몽이 도리어 자비로운 구원일 수도 있을 것 같다.

의회주의 체제하에서 이러한 엄청난 과학적인 발견들이 미칠 영향을 심각하게 고려해 본다는 것이, 어떻게 보면 어리석고 터무니없는 일같이 보이기도 한다. 도대체 이러한 천재지변에 해당하는 사항들에 대한 적절한 수용 방법을, 일반 대중이 선거에서 투표로 결정할 능력이 있다고 생각하는가? 이미 세계 각국의 의회는 자국뿐만이 아니라 전세계적인 현안인 경제문제를 처리하는 데 매우 부적합하다는 사실이 증명되었다. 이러한 심각한 문제들을 놓고 벌이는 선거유세의 인기 발언이나 언론의 줄타기 논조들은 자연히 시들해질 수밖에 없다. 민주주의는 발전을 위한 동기나 견인차의 역할에는 비능률적이라는 사실은 이미 검증된 지 오래다. 보통선거권에 의해 공동체 사회의 지혜나 힘이 집약적으로 표현되었던 사례는 세계 어느 강대국의 의회에서도 찾아볼 수 없다. 강대국들을 이끌어가는 사람들은 더 이상 유능한 인재나, 당면한 문제에 대한 전문가나 아니면 최소한, 일관된 신념을 가진 사람들이 아니다.

민주주의 정부는 최소한도의 반발과, 근시안적인 정책, 선심과 자선, 진부하기 이를 데 없는 사탕발림 수법 등을 수단으로 삼고서 표류하고 있다. 정부가 이토록 자신들에게 맡겨진 업무에 지속적인 대안 없이 표류한 적이 없는 판국에, 한편에서는 전세계의 경제구조뿐 아니라 모든 가정의 사회적인 행동 양식이나 도덕적인 관점에도 엄청난 변화를 몰고 올 대변혁이 물밀 듯이 빠른 속도로 밀려오고 있는 중이다. 공산주의자들만이 계획과 복음을 갖고 있는데, 불행하게도 인간의 자유를 질식시키는 계획이며 증오에 기초한 복음이니, 그것이 바로 문제인 것이다.

인류의 지식 및 자연을 다스리는 능력은 급속도로 팽창해

가고 있는 반면, 몇 세기가 흘러도 변하지 않는 것이 있는데, 인간의 덕성(德性)과 지혜(智慧)가 바로 그것이다. 기본적으로 인간의 두뇌는, 현대인이나 수백만 년 전에 살았던 사람이나 별 차이가 없다. 인간의 본성은 실질적으로 거의 변하지 않았다. 기근이나 테러, 호전적인 격정, 심지어는 지적인 발작 등과 같은 상황에 스트레스만 충분히 가하게 되면, 우리와 똑같은 현대인들도 끔찍한 짓을 저지를 가능성이 충분히 있고 그들의 아내들도 기꺼이 남편을 도와 거리낌 없이 흉악한 행위에 가담할 것이다. 현재 지구상에는 시대를 달리하는 상이한 여러 문명이 공존하고 있으며, 그들 문명을 대변하는 대표들이 서로 만나 대화를 나누면서 함께 지구촌을 구성하면서 살아가고 있다. 20세기적인 사고를 가진 영국, 프랑스, 미국인들은 수천 년 전의 문명세계에 고착되어 있는 인도 및 중국인들과 교역을 한다. 현대의 무기와 파괴력은 지능의 발전을 훨씬 앞질러 가고 있으며, 인간의 덕성은 지능의 발전에 훨씬 못 미치고 있다. 우리는 '자비가 결여된 문명의 힘'만이 존재하는 시대를 살고 있다.

  도덕적인 철학과 인간과 국가에 관한 올바른 개념 확립이란 과제가, 가공할 과학의 진보라는 물결 속에서 시급히 해결되어야 하는 이유가 바로 여기에 있는 것이다. 그러한 관념이 정립될 때까지는 물질적인 진보와 발견을, 우리가 활용할 수 있는 상태로 다듬어가기보다 오히려 현재 상태에서 중단시키는 것이 훨씬 나은 방법일지도 모른다. 세상에는 너무나 신비스럽기 때문에 인간이 알아서는 안 될 비밀들이 있는 법이다. 그럼에도 불구하고 굳이 그 비밀의 문을 열고 들어갈 경우, 인간의 행복과 영광은 돌이킬 수 없는 종말을 맞을 수도 있다. 그러나 과학자들의 분주한 손은 금단의 문을 열기 위해 바쁜 손길을 늦추지 않고 있다. 인간의 삶을 삶답게 만들어주는 데 크게 기여했던 과학은 자비와 동정, 평화와 사랑이라는 은총과 함께하지 않는 한, 인류를 멸망의 길로 내몰 수도 있다. 바야흐로 매일의 일상생활에서 인간에 고유한 덕성이 활짝 꽃 피우며, 영원한 존재에 대한 희망이 불붙고, 지상의 모든 세속적인 성취와 세력이 눈총을 받는 시대를 하루빨리 만들어야 할 때가 온 것이다. 그 길만이 우리의 자손들을 안전하게 지켜줄 수 있기 때문이다.

결국 물질적인 진보는 그 자체로는 매우 훌륭한 것이지만, 그것만으로는 인류의 진정한 욕구를 충족시켜주지 못하는 것 같다. 언젠가 태양계의 출현에서부터 그 종말에 이르기까지의 인류 역사를 추적한 내용의 소설을 읽은 기억이 난다. 소설 속에서는 열대여섯 종류의 인류가 차례로 몇만 년을 주기로 해서 탄생하고 멸망해 간다. 결국 맨 마지막에 자연을 완전히 통제할 능력을 갖춘 인류가 등장하는데, 그들은 자신의 수명을 마음대로 조절할 수 있고, 현세와는 비교할 수 없을 만큼 다양한 쾌락을 누리며, 행성 간을 자유로이 여행하면서 과거와 미래를 넘나들며 살고 있었다. 그러나 이 모든 물질적인 풍요도 인류의 이성이 눈뜬 이래로 품어온 단순한 질문에 대한 해답은 풀어주지 못했다. "우리는 왜 존재하는가? 인생의 목적은 무엇인가? 우리는 어디로 가는 것일까?" 끝을 알 수 없는 물질적인 진보와 확대되어 가기만 하는 인간의 능력조차도 영혼에 안식을 가져다주지는 못하는 것이다. 바로 이러한 자각이 있음으로 해서 우리는 희망을 가질 수 있는 것인지도 모르겠다. 기상천외한 계획들, 엄청난 물리적인 파괴력, 생활의 안락함, 각종 편의, 쾌락, 이 모든 것이 앞으로 세상을 살아갈 우리 후손들의 몫이다. 그러나 이 모든 물질적인 현상을 초월하는 이상을 갖고 있지 못할 경우, 그들의 가슴은 고통으로 찢어질 것이고 그들의 인생은 삭막해질 것이다. 희망과 능력과 더불어, 인간의 지식수준이나 정신력, 또는 제도의 효율성에 걸맞은 위험이 항상 존재할 것이다. 다시 한 번 인류는 은총과 저주 사이에서 결단을 강요받고 있다. 어떤 선택을 할 것인지 이번처럼 예측하기 힘든 때도 없었다.

Moses The Leader of a People
인류의 지도자 모세

미켈란젤로, 〈모세〉

"모세는 이집트인 하나가 동족인 히브리인을 때리는 것을 보게 되었다. 이런 일은 흔히 일어나는 하나의 일상사일 뿐이었다. 그러나 그는 단 한 순간의 주저도 없이 자기가 어느 편에 서야 하는지를 알았고, 바로 그 순간 그가 지배계급과 가진 자들과 함께함으로써 누렸던 모든 특권은 물거품처럼 사라졌다. 같은 동족으로서의 끓는 격정이 그의 피 안에서 용솟음쳤다."

"그후로 이스라엘에는 두 번 다시 모세와 같은 예언자, 야훼와 얼굴을 마주 보면서 사귀는 사람은 태어나지 않았다. 모세가 야훼의 사명을 띠고 이집트 땅으로 가서 파라오와 그의 신하들과 그의 온 땅에 행한 것과 같은 온갖 기적과 표적을 행한 사람은 다시 없었다. 모세처럼 강한 손으로 그토록 크고 두려운 일을 온 이스라엘 백성의 눈앞에서 이루어 보인 사람은 다시 없었다."

〈신명기〉의 마지막을 장식한 이 말만큼, 유대인들이 자신들의 위대한 지도자이며 해방자인 모세에 대하여 품고 있는 존경의 마음을 적절하게 표현한 것도 없다. 그는 이스라엘의 하느님과 개인적으로 대화를 나누었던 모든 예언자들 중 가장 뛰어난 예언자였으며, 억압의 땅으로부터 선택받은 민족을 끌어내어 광야에서의 온갖 시련을 견뎌내며 약속의 땅 문턱까지 인도해 온 민족의 영웅이었다. 그는 또한 하느님으로부터 받은 최고의 법률을 인간에게 전달해 줌으로써, 모든 민족의 종교와 도덕, 그리고 바른 사회생활의 공고한 기반을 마련해 주었다. 전통적으로 모세 5경 전체와 그의 죽음과 관련된 모든 신비스런 이야기의 출처는 그로부터 연유한 것으로 믿어지고 있다.

성경 이야기를 다시 한 번 재구성해 보기로 하자.

요셉이 이집트를 다스리던 시대는 지나갔다. 한 세기가 지나고 새로 등극한 파라오는 요셉을 알지 못했다. 대기근에 앞서 굶주림을 피해 비옥한 나일강변에 피난처를 마련했던 베두인 유목민족은 숫자가 많이 불었다. 한때 강대하고 풍요로운 왕국의 손님으로 따듯하게 맞아들였던 한떼의 이방인들이, 점차 사회적·정치적으로, 또한 산업적으로도 골칫거리로 변해갔다. 그들은 고센 지방에 자리를 잡고 무서운 기세로 불어나기 시작했다. 아마도 현대인들에게 잘 알려진 반유대주의 물결이 당시에도 전국적으로 일기 시작했을 것이다. 점차 이스라엘 자손들의 지위는 이집트의 국가정책 혹은 국민들의 편견에 힘입어 손님에서 종으로, 다시 노예로 전락하고 만다.

당시 건축공사가 대유행이었는데, 그들은 건축일에 아주 적합한 강인한 체력과 솜씨를 갖춘 데다 매우 부지런했다. 그들은 강제로 동원되어 당시 가장 소중한 보물인 곡식을 저장하기 위한 두 개의 도성, 비돔과 라므세스를 파라오를 위하여 건설했다. 이집트학자 앙리 에두아르 나빌은 이스라엘 자손들이 정착했던 이집트의 동북 국경지대 고센 지방에서 람세스 치하에 건설된 비돔시를 발굴해 냈다. 기복이 심한 나일강변의 수확에 안정적으로 대비하기 위해서는 풍작 때 거둔 곡식을 저장해 둘 거대한 창고 이외에 다른 대안이 없었다. 정부의 권력은 바로 이 창고로부터 나오며, 흉년이 들 때 파라오는 사람과 가축에게 식량을 대주고 대신 절대적인 복종을 대가로 받는다. 바로 이 절대적인 영향력을 바탕으로 이집트 문명은 꽃을 피운다.

국가적인 노예 신분인 이스라엘 민족을 부려서, 민중의 복종과 국가의 명운이 걸린 거대한 곡식 저장 도성을 건설한다고 생각하니 참으로 잔인한 이야기가 아닐 수 없다!

이스라엘 사람들은 참 부려먹기 좋은 민족이었다. 그들은 자기들의 몫을 제대로 다 하였을 뿐 아니라 그 이상이었다. 그럼에도 숫자가 워낙 불어나다 보니 은근히 걱정거리가 된 것이다. 필요한 창고의 숫자에도 제한이 있었으므로, 노동력의 증가가 수요를 앞지르게 되면서 경제적인 효용가치도 자연히 떨어질 수밖에 없었다. 이집트 정부는 드디어 출생 제한이라는 극약 처방을 내렸다. 성서의 출애굽기는 이스라엘 남성의 숫자를 줄이기 위해 그들이 취했던 수단들을 둔탁한 필치로 그려내고 있다. 결국 그들은 유태인 사내아이들을 살해하기로 결심한다. 당시 유태인의 삶의 원칙과 이집트의 무자비한 힘의 문명 사이에 엄청난 긴장이 흐르고 있었던 게 틀림없다. 모세는 바로 이 시기에 태어났다.

이집트인의 법은 엄격하고 무자비하였으나, 아기 어머니는 무슨 수를 써서라도 아들을 살리기로 작정한다. 석 달 동안 무진 고생을 하면서 아기를 숨겨서 키운 다음, 대담한 계략을 꾸민다. 위대한 인물에 관한 고대 전설에는 이와 비슷한 경우가 종종 나타난다. 유명한 수메르의 왕 사르곤˚도 어머니에 의해 갈대로 만든 바구니에 버려진 뒤 어느 농부의 손에 구출되어 키워졌고, 로물루스˚와 키루스˚의 이야기도 이와 비슷하다. 아기가 살아남으려면 어떻게 해서든 왕궁으로 들어가는 수밖에 없었다. 마침 파라오의 딸이 나일 강에서 목욕하는 것을 좋아한다는 사실을 알아낸 어머니는, 공주가 아침에 수영하는 시간에 맞춰 갈대로 만든 방주에 아기를 실어 공주의 눈에 띄는 곳으로 흘려보낸다. 하녀가 건져와서 보니, 그 안에서 잘생긴 아기가 울고 있지 않은가! 공주는 가슴이 메었다. 공주는 아기를 안아들고서, 그녀의 아버지가 권좌에 앉아 있는 한 이 아기의 생명은 자신이 돌보겠다고

사르곤
Sargon ?~?, BC 24~23세기에 활동한 고대 메소포타미아의 군주(재위 BC 2334경~2279), 세계사 초기의 대제국 건설자의 한 사람으로 남부 메소포타미아 전체와 시리아·아나톨리아·엘람(서부 이란) 일부를 정복하여 최초의 셈계 왕조를 세웠다.

로물루스와 레무스
Romulus and Remus BC 8세기경, 로마의 전설적인 건국자들.

키루스 2세
Cyrus II BC 590~529경, 아케메네스 제국을 창건한 정복자, 고대 페르시아 사람들에게 백성의 아버지로 불렸던 인자하고 이상적인 군주이며, 성서에는 바빌로니아에 잡혀 있던 유대인의 해방자로 기록되어 있다.

맹세를 한다. 이때 미리 근처에 숨어 있던 아기 모세의 어린 누이가 나타나서, "아기에게 젖을 먹일 유모를 구해 드릴까요?" 하고 어머니를 유모로 데려온다. 방대한 궁정 살림 안에 있는 빈 구석이 이렇게 해서 빛을 보게 되고, 아기는 목숨을 구하게 된다.

세월이 흘러 아기는 성년이 되었고, 왕궁이나 그 주변에서 다른 사생아들 아니면 동방국가의 일부다처제하에서 태어난 수많은 자식들과 함께 어울려 자라났을 것이다. 그러나 그의 혈관에는 나일의 계곡에서 보호받으면서 자라난 이집트인의 피가 아니라, 아직 히타이트인의 피가 섞이지 않은, 베니 이스라엘인의 억센 사막의 피가 흐르고 있었다. 어느 날 밖에 나가본 그는, 동족들이 경제적으로 착취당하고 사회적으로 부당하게 대접받는 모습을 보게 되었다. 그는 동족들이 이집트의 영광을 위해 자신들의 삶을 바치면서도 제대로 보수조차 받지 못하며, 사막의 자유인으로서 손님 자격으로 왔다가 인생을 완전히 노동에 매인 채 농노와 같은 대접을 받고 있는 모습을 보고 큰 충격을 받았다. 이런 비통한 생각에 잠겨있는데, 마침 이집트인 하나가 동족인 히브리인을 때리는 것을 보게 되었다. 이런 일은 흔히 일어나는 하나의 일상사일 뿐이었다. 그러나 그는 단 한 순간의 주저도 없이 자기가 어느 편에 서야 하는지를 알았고, 바로 그 순간 그가 지배계급과 가진 자들과 함께함으로써 누렸던 모든 특권은 물거품처럼 사라졌다. 같은 동족으로서의 끓는 격정이 그의 피 안에서 용솟음쳤다. 그는 이집트인을 쳐죽였고 그 일로 인해 당시의 폭도들로부터 열렬한 박수를 받게 되었다.

그러나 시체를 감추기가 어려웠고, 소문을 숨기기는 더더욱 어려웠다. 온 궁정 안에, 지금까지 특권을 누리며 살아온 정체 불명의 청년이 주인의 손을 물었다는 소문이 퍼지는 데는 그리 오랜 시간이 걸리지 않았다. 그 사실을 알게 된 그들의 기분이 어떠했을까? 아마 현대의 가장 문명적이고 깨어 있는 국가라고 해도, 파라오와 마찬가지로, 이건 너무하다는 생각을 하지 않을 수 없었을 것이다. 문명의 물을 조금이라도 먹은 곳에서는 항상 그러했듯이, 여론이 들끓었을 것이 틀림없으며, 우쭐한 이 이방인의 폭거를 정부의 허약한 정책 탓으로 몰아붙였을 것이다. 어쨌든 파라오로 대변되는 지배계급은 살인자에게 죽음을 선고한다. 우리는 결코 파라오를 비난할 수 없으며, 그렇다고 살인자가 취했던 추후의 행위에 대하여도 비난만 할 수는 없다. 오늘날과 마찬가지로 살인자는 당연히 도주를 했다.

인류의 탄생 이래 붙어다니던 기아라는 공포의 그림자는, 나일강의 홍수가 몰고 온 기름진 뻘이라는 특수한 자연 환경과 거기에서 생산된 곡물을 저장하는 창고의 운영이라는 인간의 지혜가 결합하면서 드디어 그 절대적인 위력이 사라지기 시작하는 반면, 문명이라는 새로운 현상을 꽃피우기 시작한다. 물가를 떠나서는 인간이 삶을 영위하기란 몹시 힘들었던 시절이었다. 그 당시 인류가 문명생활을 영위하고 있던 곳은, 이집트 말고는 메소포타미아, 크레타섬 그리고 미케네 정도였다. 그러나 당시 모세로서는 이집트에 남아 있다가 즉각 처형을 당하느냐, 아니면 생존을 위해 혹독한 사막으로 피신하느냐의 두 가지 외에는 달리 선택의 여지가 없었다. 모세는 시나이 반도로 달아났다. 그러나 그곳은 인간이 살기에는 너무나 척박하기 짝이 없는 사막이었다. 물론 사하라 사막이나 극지의 빙하처럼 사람이 전혀 살 수 없는 곳에 비하면, 그래도 시나이 반도는 극소수의 사람들이 생존을 해 왔던 곳이기는 하다. 지금은 그래도 수백 명의 베두인족이 살고 있다고는 하지만, 비행기가 불시착이라도 하는 날에는 대부분의 조종사들이 갈증과 허기로 살아남기 힘든 곳이 바로 그곳이다. 이러한 불모의 땅에서 모세는 그 지방의 족장이자 사제인 이드로를 만나게 된다. 그곳에서 그의 딸 시뽀라를 아내로 맞아 여러 해 동안 객지에서 고된 나그네 생활을 한다.

무릇 예언자들은 문명으로부터 나와서, 황야로 들어가야 하는 운명인 것 같다. 문명사회의 온갖 복잡한 경험과 인상을 간직한 채, 일정 기간 고독과 명상의 시기를 거쳐야만 폭발력을 지닌 초월적 정신력이 갖추어지는 모양이다.

모세는 여위어빠진 가축이 말라비틀어진 풀을 뜯는 모습을 보면서, 자신들의 삶과 너무나 닮았다는 생각을 곰곰이 했다. 어느 날, 태양이 난폭하게 열을 뿜어내고 흙먼지 회오리와 신기루가 덤불 위를 어른거리면서, 떨기에서 이는 불꽃을 보았다. 분명히 불꽃이 붙었는데 신기하게도 타지는 않았다.

그것은 하나의 신비였다. 어쩌면 그것은 떨기가 아니라 그의 마음속에 붙은 인간에 대한 꺼지지 않는 사랑의 불길이었는지도 모를 일이다.

하느님은 불꽃 속에서 모세에게 다음과 같은 말씀을 하신다. "너는 네 동족을 고통 속에 그대로 내버려두어서는 안 된다. 자유가 아니면 죽음이다. 황량한 사막이라도 노예생활보다는 낫다. 어서 돌아가서 그들을 데리고 나오너라. 그들로 하여금 이런 가시 관목 사이에서 살아가는 법을 터득하도록 하고, 그게 하기 싫다면 죽도록 내버려두어라. 그러나 더 이상 구속의 땅에서 사슬에 묶인 채 살도록 놓아두지는 말아라." 또 하느님은 한 발 더 나아가서 떨기 불 속에서 모세에게 말씀하신다. "너에게 초월적인 능력을 주겠노라. 사람이 반드시 하겠다는 의지만 충분하다면 세상에 이루지 못할 일이 없다. 인간은 우주의 축소판이다. 우주의 모든 존재와 그 움직임은 나의 뜻에 따른 것이다."

모세는 하느님 말씀의 상당 부분을 이해하지 못하고, 이것저것 물어본 다음에 충분한 보장까지 하느님으로부터 받아냈다. 실제로 모세가 하도 꼬치꼬치 캐묻고 믿지 못하는 바람에 야훼(떨기 불에서 들은 하느님의 새로운 이름)는 버럭 화까지 냈다고 성서는 적고 있다. 하지만 결국 하느님은 인간과 새로운 계약을 맺고, 모세는 자신에게 기적을 일으키는 능력이 주어졌다는 사실을 믿게 된다. 그가 만약 지팡이를 땅에 던지면 뱀으로 변하고, 다시 집어들면 지팡이로 되돌아오는 기적도 부릴 수 있게 되었다. 게다가 그는 대변인도 있어야겠다고 떼를 썼는데, 스스로 말재주가 없다는 사실을 잘 알고 있었기 때문에 효과적으로 하느님 뜻을 펼치려면 누군가 말 잘하는 사람이 필요하다는 주장이었다. 만약 그렇지 못하면 어떻게 당대의 최고 고수들인 파라오와 장관들을 상대로 담판을 벌일 수 있겠는가? 하느님은 이 청도 들어주셨다. 아론이라는 사람을 통해서 정치력과 웅변술을 함께 해결해 주신 것이다. 아론은 그가 이집트를 떠나기 전에 가깝게 지내던 같은 동족이었다. 모든 것이 준비되었으니 이제 남은 일은 행동뿐이다. 이드로는 사위로부터 원대한 모험 계획을 듣고는 전폭적인 지지를 보내주었다. 나귀에 안장이 매어졌고 시뽀라와 두 아들, 그리고 가족의 전 재산이 그 위에 실렸다. 이렇게 하여 먼지 구름과 작열하는 태양을 머리에 인 채, 인류 역사상 가장 작은 규모의, 그러나 가장 강력하고 영광스러운 구원대가 대장정의 첫발을 내디딘다.

모세와 파라오 사이에 벌어졌던 장기간에 걸친 대결에 관한 기록은 사실 분에 넘치는 대접을 받고 있는 감이 없지 않다. 이집트의 전염병은 아주 유명하며, 대부분은 자주 겪어오던 것들이었음은 두말할 것도 없다. 나일강의 오염으로 인해서 물고기들이 떼죽음을 당하고, 개구리가 증식해서 땅으로 기어올라오며, 파리떼가 극성을 부리고, 모기가(이라고도 한다) 들끓고, 가축이 떼죽음을 당하며, 모래 폭풍으로 인하여 어둠이 온 땅을 뒤덮고, 나일강 계곡에 우박이 쏟아지며, 마침내 모든 맏아들과 짐승의 맏배가 역병으로 목숨을 잃는다. 이집트의 마술사들이 모세에게 대항하여 착실히 세 번째 대결까지는 잘 따라왔지만, 먼지가 모기로 변하는 대목에 이르자 "이것은 신이 직접 하시는 일입니다" 하고 승복하고 만다.

파라오가 취했던 태도를 관찰해 보면 매우 흥미로운 구석이 있다. 세월의 차이를 건너뛰어 그의 행동에는 상당히 현대적인 면이 느껴진다. 파라오는 처음에는 호기심에서 설득을 받아들인다. 가벼운 역병이 돌자 그는 곧 이성적인 판단을 내려, 유대인들이 광야로 나가서 그들의 신에게 제사드리는 것을 허락하려고 마음먹는다. 그러나 곰곰 생각해 보니, 그들을 내보내는 날에는 모든 공사가 중단되고 국가 경제에 적지 않은 주름이 생길 것이 걱정되었다. 말하자면 총파업이 발생한 거나 진배없었다. 그에게 있어서 노동의 중단은 곧 국가수입의 손실을 의미하며 국가 안위에 관한 중대사였다. 그는 다시 마음을 굳게 먹고 새벽에 한 약속을 저녁에, 전날 저녁에 한 약속을 다음 새벽에 취소해 버린다. 그러자 전염병은 다시 기승을 부리고, 마술사들은 떨어져나간다. 바야흐로 야훼와 파라오 간의 필사적인 줄다리기가 계속된다. 그러나 야훼는 절대로 쉽게 게임을 끝낼 의사가 없었다. 이스라엘 자손들의 해방은 보다 높은 하느님의 의도를 드러내기 위한 하나의 방편에 불과한 일이었다. 이스라엘 백성의 해방 사건은, 그들로 하여금 자신들이 선택받은 백성이며, 우주의 모든 권능이 그들 편이라는 사실을 드러내고, 따라서 그들은 마땅히 하느님께 순종해야 한다는 엄숙한 사실을 일깨워줄 수 있도록 고안되었다는 이야기이다. 그래서 야훼는 한 손에는 전염병을, 다른 손에는 파라오에게 단단한 마음을 준비하신 것이다.

후세의 역사에서도 이런 식으로 사태가 진행되어가는 경우를 우리는 종종 경험하게 된다. 정부와 국민은 감당하기 힘든 도전을 앞에 두고 자신들의 무력함에 잔뜩 위축된 상태로 주저하면서 뛰어들지만, 일단 뛰어든 다음에는 오직 극복하겠다는 희망 하나로 자신들 안에 숨어 있는 뜻밖의 잠재력과 혼신의 힘을 다 발휘하여 마침내 승리를 쟁취해내는 경우가 비일비재한 것이다. 파라오와 이집트 정부도 야훼의 싸움에 일단 말려들게 되자, '해낼 수 있다'라는 분위기로 스스로를 몰아가기 시작한다. 그들은 이런 결심으로 마음을 단단히 다져먹었지만, 상대가 누구인가? 역병은 계속되고, 재앙은 꼬리를 잇는다. 결국 파라오는 손을 들고 유대백성들을 떠나보낼 결심을 하기에 이른다.

파라오의 항복에 따른 북새통 속에서 '선택된 백성'들은 적의 물건을 사정없이 빼앗는다. 그들은 구걸하고 빌고 훔칠 수 있는 한 모두 훔쳐서 취합한 온갖 보화와 장비들을 식량과 함께 꾸려서, 문명의 고도(孤島)를 출발하여 끔찍한 사막으로 대장정을 떠난다. 운이 좋으면 그들은 아시아와 아프리카를 잇는 지협(地峽)을 통과하여 오늘날의 팔레스타인 지방으로 가게 될 것이다. 그러나 이것 못지않게 염두에 두어야 할 사항이 두 가지가 있는데, 첫째는 펠리시테 인이 길목을 가로

막고 있다는 사실이다. 그들의 강력한 군사력은 최고의 경지에 도달해 있었다. 150년이란 긴 세월을 이집트에서 종살이로 보낸 유대인들로서는 감히 그들과 대적할 꿈도 꾸지 못했다. 둘째는 야훼가 모세에게 해방된 민족을 이끌고 시나이산 근처로 가서 하느님의 또 다른 계시를 받으라고 분부한 것이었다.

그들은 지시에 따라 홍해의 북쪽에 위치한 작은 만(灣)에 도착한다. 그들 무리의 숫자에 대해서는 여러 추측이 있다. 성서에는 딸린 식구를 빼고 장정만도 60만 명 가량이 되었다고 기록하고 있다. 이 숫자를 의심한다고 해서 불경죄에 해당하지는 않을 것이다. 기록자의 실수일 수도 있다. 요즘에도 동그라미 한두 개가 잘못 붙여지는 경우가 종종 있으니까. 그렇기는 해도 동그라미니 하는 다른 편리한 해석이 덧붙여지기까지 2,000년이라는 세월을 기다려야 했다. 당시의 표기법은 지금보다 잘못되었을 가능성이 훨씬 다분하다. 당시의 기후가 지금과 현저하게 차이가 나지 않고서는, 단지 6,000명이라는 숫자도 시나이 반도라는 끔찍한 환경에서 살아남기가 힘들었을 것이다. 대규모의 조직적이고 초자연적인 도움이 있었다면 모르겠지만 말이다.

이 시점에서 파라오의 결심은 또 한 번 바뀐다. 보나마나 이집트인은 자신들이 유대인에게 당했던 집단적인 약탈에 치를 떨었을 것이며, 오늘날의 여느 의회라도 가만히 앉아서 보고만 있을 리 없듯이, 그토록 많은 노동력과 노예들을 맥없이 놓쳐버린 정부의 처사에 대해 거세게 항의했을 것이다. 즉시 이집트 군대에 동원령이 내리고, 모든 병거(兵車)를 동원해서 추적에 나섰던 것이다. 아카바 만 북단에 위치한 '홍해(갈대의 바다)'라고 불리는 물가에 도착해 있던 도망자들은 바다와 파라오의 군대 사이에서 오도가도 못하는 절망적인 상황에 빠졌다. 그들에게 작전이 있다면 그것은 오로지 도망가는 것 하나였는데, 바다가 앞을 가로막고 있으니 딱한 노릇이 아닐 수 없었다.

그러나 야훼가 실수할 리 있겠는가! 거대한 돌풍이 일기 시작했는데, 지금도 그 지역에 있는 화산암으로 이루어진 산들에 그 흔적이 남아 있다. 바다가 갈라지고 이스라엘의 자손들은 마른 바닥을 밟고서 만을 건넜고, 뒤따라 허겁지겁 바다에 뛰어든 파라오와 그의 군대는 때맞춰 되돌아온 물살이 삼켜버린다. 뒤이어서 낮에는 구름기둥, 밤에는 불기둥이 그들의 앞길을 밝혀주어 무사히 시나이산 근처까지 다다랐다. 그곳에서 모세는 야훼로부터 십계명을 받게 되며, 그날 이후로 그 계명은 인간사회를 지배하는 최고의 규범으로 자리매김하게 된다. 물론 중간 중간 효력이 정지되었던 기억이 없지는 않지만 말이다.

이쯤 해서 그간 벌어졌던 기적들에 대해 간단히 살펴보기로 하자. 강물의 오염이라든가 파리떼, 개구리, 모기, 모래폭풍, 사람과 가축에 유행한 전염병 등은 동방세계에는 익히 알려져온 재앙들이다. 그 시기에 그러한 재앙들이 유난히도 자주 그 지역을 덮쳤다는 사실에 대해, 아무리 의심 많은 사람이라도 크게 이의를 제기할 것 같지는 않다. 홍해 바다의 물을 되돌려 물벽을 만들었다고 알려진 강한 북풍은, 지진과 화산활동의 도움을 받았을 수도 있다. 지질학자들에 따르면 팔레스타인의 사해 지반의 함몰을 가져온 지각의 단층현상이 동아프리카의 케냐 지방에 있는 지구대*까지 길게 이어졌다는 것이다. 시나이 반도는 한때 화산의 활동이 왕성한 지역이었으며, 시나이산의 낮과 밤을 묘사한 성경구절도 화산 활동으로 인한 구름기둥과 불기둥으로 이해할 수 있는 것이다. 또한 철따라 이주하던 메추라기들이 기진맥진한 상태로 이집트에 날아든 적이 종종 있었는데, 마침 때맞추어 유대인들의 야영지에 내려앉았을 가능성도 충분히 있다. 르낭*은 시나이 반도에서 자라는 일부 관목에서 이따금 볼 수 있는 하얀 진득진득한 분비물에 대하여 설명하면서, 이것이 충분히 영양분 공급원의 역할을 했을 가능성을 제기하고 있다.

하지만 이 모든 이성적이고 과학적인 설명들조차 오로지 성서 이야기의 진실성만 더욱 확고하게 증명해 줄 따름이다. 조물주가 그가 선택한 백성을 위해서 스스로 세운 자연의 질서를 깨뜨렸는지, 아니면 단지 그들에게 유리한 방향으로 작용하도록 하는 데에 그쳤는지를 놓고 시간을 허비하는 것은 어리석은 짓이다. 한 가지 의심할 수 없는 확실한 기적이 있다면, 그것은 다른 면에서는 거의 구별이 되지 않는 수많은 유목민 사회

지구대(地溝帶)
평행을 이룬 단층 사이에 지반이 꺼져서 생긴 띠 모양의 낮은 땅.

르낭
Ernest Renan
1823~1892, 프랑스의 철학자, 역사가, 종교학자.

중에서 유일하게 유대인만이, 그리스의 천재와 로마의 권력조차 감히 생각해내지 못한 신앙의 본질을 꿰뚫어보고 선포하였다는 사실일 것이다. 오직 하나이신 하느님, 우주의 창조주, 만왕의 왕, 정의로운 주님, 부요하게 살아온 사악한 자를 하늘나라에서 벌하시는 반면, 보잘것없고, 병들고 가난한 자들을 차별 없이 돌봐주시는 하느님께 대한 신앙을 고백했던 것이다.

이러한 모세의 행적에 대해서 그 진위를 밝혀보려는 시도가 꾸준히 이어져왔고, 그 내용을 담은 책이 세계 각국의 언어로 출간되기도 했다. 냉철한 현대 학문의 분석과 날카로운 평론은 모세 5경을 최소 수세기에 걸쳐 구전(口傳)되어온 설화와 유대인의 신조를 집대성한 것이라고 주장한다. 그러나 우리는 그러한 견해를 내세우면서 모세는 실제 인물이 아니라 단지 사제직과 일반 대중이 준수하여야 할 사회적·도덕적·종교적인 규범을 정립하기 위하여 인위적으로 만들어진 하나의 신화상의 인물에 불과하다고 주장하는 일련의 학자들의 입장을 결코 수용할 수 없으며, 도리어 경멸의 눈으로 바라볼 수밖에 없다. 오히려 최신의 과학적인 발굴과 합리적인 추론을 따를 경우, 성서의 기록은 문자 그대로 이해해야 할 것이며 위대한 인간들의 영웅적인 이야기들을 가장 진실되게 기록한 인류 공동의 보배로운 유산으로 받아 들여야 한다고 굳게 믿는다. 그래드그라인드* 교수나 드라이어즈더스트*의 왜곡된 시각은 우리의 신념에 아무 영향을 미치지 못

그래드그라인드
Gradgrind 찰스 디킨스의 작품에 등장하는 철저한 공리주의자.

드라이어즈더스트
Dr. Dryasdust 스코틀랜드의 소설가인 월터 스콧이 창작해낸 허구의 현학적인 인물.

한다. 우리는 성서상의 이러한 사건이 실제 현실에서 발생했던 그 모습 그대로 기록된 것이라는 믿음에 아무 주저도 없다. 나아가서 그러한 사건들은 현재의 우리와 전혀 다를 것이 없는 사람들이 실제로 겪었던 일들이고, 그들이 느낀 인상을 있는 그대로 성실하게 기록한 것으로써, 수세기를 거쳐 전해 내려오면서도, 그 정확성에 있어서 오늘날 우리가 최신 문명의 이기를 통해서 전해 듣는 여러 가지 소식들보다도 오히려 훨씬 뛰어난 것이라 판단한다. 글래드스턴은 어디에선가 성서에 대한 우리의 믿음에 대하여 "성서라는 난공불락의 반석"이라고 표현한 바 있다.

불행하게도 대탈출에 따른 감당하기 힘든 스트레스와, 잘 길들여진 종족에서 광야의 혹독한 여건을 이겨낼 수 있는 정복군의 용사로 이스라엘의 자손들을 단련시키기 위해 소요된 40년이라는 긴 시련의 세월은, 그들로 하여금 야훼를 향한 가당치 않은 주장도 서슴지 않는 무례를 범하게 만들고 말았다. 그들은 모세 5경이 전해온 오랜 전통의 가르침도 잊어버리고, 이교도 파라오 아크나톤* 치하의 이집트에 생생하게 전해 주었던 유일신에 대한 믿음의 정신마저 잊어버렸다. 그들은 야훼를 독점해버리고 말았다. 르낭의 표현에 따르면, 그들은 야훼를 선택된 백성들만 편애하는 역겨운 존재로 만들어버렸다. 하느님의 신성한 모든 법과 보편적인 형평의 원칙도 이방인, 특히 그들이 필요로 하

아크나톤
Akhnaton ?~?, 이집트 18왕조 왕(재위 BC1353~1336). 태양신 아톤을 유일신으로 섬기는 종교개혁을 단행했으나 성공하지는 못했다.

424 폭풍의 한가운데

는 땅과 재산을 소유하고 있는 이방인들에게는 허용되지 않거나, 적용이 정지되었다.

이것은 아마도 극도의 피로와 스트레스에 시달린 상황에서 누구나 저지를 수 있는 실수였을 것이다. 신이 떨기나무 속에서 스스로 계시했고 이스라엘 민족의 가장 오래된 신적 영감(靈感)이기도 한 하느님은, 이스라엘의 하느님이실 뿐 아니라 섬기는 모든 인류의 하느님이라는 진리가 새로운 계시로 스스로의 모습을 드러내기까지는 한참을 더 기다려야 했다. 하느님은 정의의 하느님이실 뿐 아니라, 자비의 하느님이시며, 자기보존과 생존을 위한 하느님이신 동시에 연민과 자아 희생, 그리고 형언할 수 없는 사랑의 하느님이신 것이다.

아득한 시절부터 전해 내려온, 이러한 기록의 내용을 모든 과학의 힘과 인간의 지혜를 총동원하여 철저히 연구 분석하고 추구하면 할수록 깨닫게 되는 사실은, 우리 인간의 신을 향한 끝없는 순례의 길을 밝혀준, 성서의 기록이 지니고 있는 위대한 단순성과 정확성뿐일 것이다.

Hobbies

취미생활

처칠은 그림 외에, 벽돌쌓는 취미도 가지고 있었다.

> "이 책들을 다 읽을 수는 없다 하더라도, 최소한 만지기라도 해라.
> 쓰다듬고, 쳐다보기라도 하라. 아무 페이지나 펼쳐서,
> 아무거나 눈에 띄는 구절부터 읽기 시작하는 거다.
> 책과 친구가 되지는 못한다 하더라도, 서로 알고는 지내는 것이 좋다.
> 책이 당신 삶의 내부로 침투해 들어오지는 못한다 하더라도,
> 서로 알고 지낸다는 표시의 눈인사마저 거부하면서 살지는 말아라."

오랜 기간에 걸쳐서 중요한 임무를 맡아 책임과 의무를 다 하느라 심한 정신적 압박감과 긴장에 시달릴 위험이 있는 사람들에게, 그러한 위험을 사전에 예방할 수 있는 여러 가지 처방이 제시되고 있다. 어떤 사람은 운동을 권하고, 또 어떤 사람은 휴식을 취하라고 한다. 또 어떤 사람들은 여행을 권하기도 하고, 반대로 조용한 곳으로 은둔할 것을 추천하기도 한다. 고독을 찬양하는 사람들이 있는가 하면 즐겁게 떠들고 노는 것을 선호하는 사람도 있다. 이 모든 것들은 각기 개인의 취향에 따라 적절히 선택해서 실천하기만 하면, 소기의 성과를 어느 정도 올릴 수 있다는 데는 의문의 여지가 없을 것이

다. 하지만 이 모든 방법에는 기본적으로 공통된 요소가 하나 존재하는데, 그것은 바로 변화이다.

변화가 바로 해결의 열쇠이다. 사람이 입고 있는 상의 팔꿈치 부분을 계속 문지르면 그 부분이 해지듯이, 인간의 정신도 특정 분야의 신경을 집중적으로 사용할 때, 그 부분의 피로가 누적되면서 탈이 나게 되어 있는 것이다. 그러나 살아 있는 인간의 뇌세포와 생명이 없는 옷감과는 사뭇 다르다. 팔꿈치 대신 옷소매나 어깨 부분을 아무리 비벼보아야 다 해진 팔꿈치가 수선될 리 없지만, 정신의 피로한 부분을 회복시키기 위해서는 휴식 이외에도 정신의 다른 부분을 활성화함으로써만이 제대로 효과를 기대할 수 있는 것이다. 피로를 느끼는 부분의 전원을 끄는 것만으로는 부족하고, 새로운 흥미를 가동시켜야만 제대로 원기가 회복된다는 이야기이다. 잔뜩 피로를 느끼고 있는 '정신 근육'—만약 이런 표현이 가능하다면—에게 "충분히 휴식을 취하겠다"라든지 "산책을 다녀오겠다"라거나 "누워서 아무 생각도 안하겠다"라고 아무리 이야기한들 아무 소용이 없다. 마음은 여전히 분주하게 움직일 것이기 때문이다. 여태 무엇을 지지고 볶고 있었다면, 아무리 그런 말들을 들었다고 하더라도 마음은 여전히 지지고 볶고 있을 것이며, 걱정을 하고 있었으면 계속 걱정을 할 것이다. 안도와 휴식과 기분전환이 이루어지기 위해서는, 반드시 새로운 세포들이 새로운 활동을 시작하여, 지금까지의 정신세계의 축이 바뀌어야만 하는 것이다.

한 저명한 미국의 심리학자는 "걱정은 감정에 경련이 일어난 상태이다. 마음은 무언가를 꼭 붙들고서 절대 놓아주려 하지 않는다"고 말했다. 이러한 상태에 놓여 있는 마음과 다투어보았자 아무 소용이 없다. 걱정을 제거하려는 의지가 강렬할수록 더욱 헤어나기만 힘들어질 뿐이다. 이때에는 오로지 감정의 격정적인 손아귀에 다른 어떤 것을 슬쩍 쥐어주는 수밖에 없다. 만약 제대로 된 것을 쥐어주었을 경우, 새로운 분야의 흥미가 제대로 가동되기만 하면 점차적으로, 때로는 아주 신속하게 이전까지 꼭 쥐고 있던 마음의 손을 풀고서, 본격적인 회복과 손상된 부분의 치료가 시작되는 것이다.

그러므로 공인(公人)에게 있어서, 취미와 새로운 형태의 흥미거리의 개발은 매우 중요한 의미를 갖는다. 하지만 이러한 것들은 단순한 의지의 명령만으로, 하루 만에 즉흥적으로 이루어진 것은 절대 아니다. 이러한 대체적인 취미를 배양하는 데는 오랜 시간을 필요로 한다. 우선 자신에 맞는 종자를 신중하게 선택한 다음, 알맞은 토양을 골라 싹을 틔우고 지속적으로 공들여서 키워야만 정작 필요할 때 싱싱한 과일을 손에 넣을 수 있는 것이다.

무릇 진정으로 행복하고 안정된 삶을 누리려면 적어도 두세 가지의 취미는 갖고 있어야 하며, 그것도 가식이 아닌 아주 진솔한 것으로 지니고 있는 것이 바람직하다. 인생의 황혼기에 접어들어서 "이런 취미를 가져보고 싶다"든지, "저런 것을 한 번 해 보고 싶다"는 둥 하며 허둥대봤자 쓸데없는 이야기이다. 그런 시도는 오히려 정신적인 긴장만을 더 가중시킬 뿐이다. 어떤 사람들은 자신의 일상적인 업무와는 전혀 관련 없는 주제에 대해서 대단한 지식을 쌓지만, 실제로는 그것에서 아무런 이익이나 위안을 얻지 못하는 경우도 있다. 당신이 좋아하는 것을 한다는 것만으로는 별 소용이 없으며, 당신은 당신이 하고 있는 것을 좋아해야만 되는 것이다.

대체적으로, 사람들을 다음 세 그룹으로 분류해 볼 수 있다. 죽도록 일만 하는 사람과 죽도록 걱정만 하는 사람, 그리고 지루해서 죽으려고 하는 사람이 그것이다. 일주일 내내 땀 흘려 일하는 피로에 지친 육체노동자에게 토요일 오후에 축구나 야구를 하라고 제안한다면 그게 어디 위안이 되겠는가? 일주일에 엿새를 심각한 문제와 씨름하느라 잔뜩 골치가 아파 있던 정치인이나 전문 직업인 또는 기업인에게 황금 같은 주말에 사소한 걱정거리 일 따위나 안겨준다면 정말 짜증날 것이다.

한편, 원하는 것은 무엇이든 다 할 수 있고, 일시적인 기분까지도 다 만족시킬 수 있으며, 원하는 대상을 모두 손에 넣을 수 있는 불행한 사람들에게는, 새로운 쾌락이나 흥밋거리란 단지 또 하나의 포만(飽滿)에 지나지 않을 것이다. 그들은 떠들썩한 소란과 활동을 통해서 지루함을 벗어나보려고 미친 듯이 이곳저곳을 뛰어다니지만, 정작 그들에게 가장 필요한 것은 어떤 형태이든 엄격한 규율과 자제인 것이다.

또한 이성적이고, 부지런하며, 유능한 사람들은 다시 두 부류로 나뉜다. 첫째 부류는 일은 일이고 즐거움은 즐거움이라는 식으로 엄격하게 구분을 짓는 사람들이고, 둘째 부류는 일과 즐거움이 하나인 경우이다. 전자의 경우가 대부분이다. 그들은 나름대로 충분한 보상을 받고 있다고 볼 수 있다. 긴 시간을 사무실이나 공장에서 보낸 그들에게는, 그에 대한 보상으로 생존에 필요한 수단이 주어질 뿐 아니라, 비록 아무리 단순하고 수수한 것일지라도 즐거움에 대한 강렬한 욕구가 생기게 되는 것이다. 그러나 실은 두 번째에 해당하는 사람들이야말로 정말 복받은 사람들이다. 그들은 일과 즐거움이 삶 속에서 자연스럽게 조화를 이루고 있기 때문에 업무 시간이 길다고 느낄 수가 없다. 매일 매일이 휴일이고, 통상적인 휴일이 오히려 흥미진진한 업무를 강제로 못하게 가로막는 장애일 뿐이다. 그렇지만, 어느 경우이든 분위기의 변화, 대체적인 관점, 노력의 전환과 같은 요소는 필수적이다. 실제로, 일 자체가 동시에 즐거움인 부류의 사람들에게, 때때로 휴식을 취하면서 마음속으로부터 모든 것을 지워내는 작업이 더욱 절실하게 필요한 것이다.

　가장 흔한 기분전환의 방법은 독서라고 할 수 있다. 수많은 사람들이 이 광활하고 변화무쌍한 세계 속에서 마음의 위안을 얻고 있다. 사람들은 도서관을 찾으면 으레 공손해지기 마련이다. '약간의 책'—이것은 5,000권 미만의 책에 대한 몰리 경의 정의다—은 안락한 기분을 느끼도록 해주며, 심지어 어떤 충족감마저 느끼게 해준다. 그러나 규모가 별로 크지 않은 도서관이라 하더라도 도서관에서 하루만 지내보면 그러한 감상적인 환상은 금방 깨지고 만다. 서가에서 이 책 저 책 꺼내어 훑어보다 보면, 그동안 인류가 축적해 온 갖가지 관심 분야에 관한 엄청난 규모의 지식과 지혜의 무게에 짓눌려서, 너무나 왜소하게만 느껴지는 자신에 대한 서글픈 자각과 더불어 그동안 소중하게 간직하고 있던 자존심마저 말끔히 지워버리지 않을 수 없게 된다. 평생을 바치더라도 모두 맛보기는커녕, 감탄만 하기에도 벅찰 정도로 방대한 양의 현인과 성자, 역사가, 과학자, 시인, 철학자들의 업적 앞에서, 삶의 기간이 짧다는 자각만이 우리의 가슴을 아리게 만든다. 얼마나 많은 멋진 이야기가, 그것도 아주 근사하게 표현된 이야기가 세상에 존재하는지 우리는 도저히 짐작조차 하기 어렵다. 우리가 꿈도 꾸지 못했던 엄청난 결과를 가져온 사항들에 관하여 얼마나 많은, 집요한 탐구가 이루어졌던가? 우리를 환희에 들뜨게 만들기도, 때로는 혼란에 빠뜨리기도 한 사상들은 어떠한가? 그토록 엄청난 노력을 기울여 이루어온 보물들을 우리는 얼마나 활용하고 있는가? 그러나 이러한 감상에 빠져 있다 보면 자신도 모르는 사이에 고요한 정적이 찾아든다. 경건하기까지 한 실망의 쓸쓸한 감상으로부터 보다 현실적인 자각으로, 다시 새로 충전된 열정으로 무장한 채, 현실의 가벼운 허영의 세계로 자연스레 되돌아오는 순환의 쾌감을 맛보게 되는 것이다.

"이 많은 책들을 어떻게 할 것인가?" 하는 것이 원래의 질문이었다. "읽어라"라는 대답이 질문자의 정신을 번득 들게 만든다. 이 책들을 다 읽을 수는 없다 하더라도, 최소한 만지기라도 해라. 쓰다듬고, 쳐다보기라도 하라. 아무 페이지나 펼쳐서, 아무거나 눈에 띄는 구절부터 읽기 시작하는 거다. 그러다가 또 다음으로 넘어가고 하는 식으로 말이다. 마치 미지의 바다를 항해하면서 새로운 해도를 작성하는 기분이 되어보라. 반드시 자신의 손으로 책을 서가에 꽂는 습관을 키우고, 자신만의 구상을 가지고 서가를 정리하도록 하라. 그래야만 그 책에 무엇이 쓰여 있는지는 모른다 하더라도, 최소한 그 책이 어디에 있는지는 알 수 있지 않겠는가? 책과 친구가 되지는 못한다 하더라도, 서로 알고는 지내는 것이 좋다. 책이 당신 삶의 내부로 침투해 들어오지는 못한다 하더라도, 서로 알고 지낸다는 표시의 눈인사마저 거부하면서 살지는 말아라.

하지만 너무 어린 나이에 좋은 책들을 과도하게 많이 읽는 것은 바람직한 일이 아니다. 언젠가 중요한 책은 다 읽었노라고 자랑하는 사람이 있어서 이것저것 여러 가지를 물어보았더니, 정말 독서를 많이 했다는 인상은 받았지만, 깊이는 느낄 수는 없었던 기억이 있다. 그 많은 것을 어떻게 다 이해할 수 있었겠는가? 독서한 내용 중 얼마나 소화하여 마음의 양식으로 삼았을 것인가? 활용할 수 있을 정도의 깊이 있는 정신작용으로까지 이어지지 못한 독서는 오히려 빈 수레와 다를 바 없는 것이다. 그렇기 때문에 너무 일찍 독서를 시작하는 것은 매우 위험하기까지 한 일이다. 대개 첫인상이라는 것은 매우 중요한 의미를 갖기 때문에 만약 첫인상이 별 신통치 못했을 경우, 그에 대한 기대 또한 그 수준을 넘기 힘들다. 나중에 같은 책을 다시 읽더라도, 이미 굳어져버린 첫인상을 완전히 지우기란 힘든 것이다. 젊은이가 독서를 할 때나, 노인들이 음식을 먹을 때는 매우 신중해야 할 필요가 있는데, 양쪽 모두 너무 많이 먹지 말 것이며, 잘 씹어 먹어야 한다는 점에서 매우 흡사하다.

기분전환을 위한 모든 수단에 있어서 공통적인 필수요소는 바로 변화이므로, 우리가 독서를 할 때 평상시 쓰는 언어가 아닌 다른 언어로 된 책을 읽는다면 그만큼 더 신선한 자극과 변화를 느끼게 된다는 것은 너무나 자연스러운 귀결이다. 독서를 하면서 즐길 수 있는 수준만큼의 외국어 실력을 갖추고 있다는 것은 정말 대단한 혜택이 아닐 수 없다. 우리네 교육자들은 어린이들에게 여러 가지 외국어를 가르치는 데 너무 집착한 나머지, 어느 한 가지도 제대로 활용하고 즐길 수 있는 수준으로까지 끌고 가지 못하는 병폐 현상을 연출하고 있다. 라틴어를 배우면 꼭 싫어질 만한 정도까지만 배우고, 그리스어는 낙제를 면할 정도로, 프랑스어는 칼레에서 파리까지 무사히 갈 수 있을 수준까지만, 독일어는 졸업장을 제시할 정도까지, 스페인어와 이탈리아어는 간신히 물건을 가리킬 수 있는 정도는 되지만, 외국어로 된 글을 읽고 그 속에 있는 엄청난 보물을 접하기에는 훨씬 못 미치는 안타까운 현상이 교육의 현장에서 되풀이 되고 있다.

하지만 외국어를 선택할 때에는 신중하고도 현명하게, 우선 한 가지만 고르는 것이 좋다. 일단 선택했으면 총력을 집중해서 연마하되, 그 외국어로 독서를 하면서 즐거움을 느낄 수 있기 전에는 절대 물러서지 말아야 한다. 외국어로 독서를 즐기는 과정 자체는 정신적인 근육의 활동에 의존하는 것으로, 어순의 변화와 뉘앙스의 차이 등이 정신에 새로운 활력을 가져다준다. 단순한 대화의 구조적인 차이점만으로도 전혀 새로운 뇌세포의 활동을 부추겨주기 때문에, 여태껏 틀에 박힌 뇌의 활동으로 쌓였던 피로를 효과적으로 풀어주는 계기가 된다. 생계의 수단으로 트럼펫을 연주하는 사람이 여가를 즐기기 위하여 트럼펫을 불지는 않지만, 바이올린은 즐겨 연주하는 것을 상상해 보면 이해가 쉽게 될 것이다. 외국어로 책을 읽는 것도 매양 한 가지로 보면 틀림이 없다.

그러나 독서와 모든 형태의 책 사랑에는 나름대로 한 가지 큰 결점이 있다. 정신노동자들에게 독서란 자신들의 일상 활동과 너무 유사한 부분이 많기 때문에, 실생활에 변화의 요소를 주어야 한다는 기본개념과 정면으로 배치되는 것은 어찌할 도리가 없다. 이런 경우에는 정신적인 균형을 회복시키기 위하여, 눈과 손을 동시에 지배하는 마음의 영역을 자극하는 방법을 연구해야 할 것이다. 많은 사람들이 오락의 목적으로 수공예를 하면서 대단히 만족해하는 것을 볼 수 있다. 간단한 목공일이나, 화학 실험, 책 제본, 심지어는 벽돌 쌓기―물론 흥미도 있고 기술도 어느 정도 갖춘 경우지만—같은 일들이 두뇌를 혹사하는 직업을 가진 사람들에게는 아주 효과적인 대안이 될 수가 있다.

하지만 뭐니뭐니해도 스케치와 회화만한 것은 없다고 나는 확신한다. 나 자신이 뒤늦은 나이에 이 새로운 취미를 발견하고 실행에 옮길 수 있었다는 점에 대해서, 무척이나 다행스럽게 여기고 있는 중이다. 생의 가장 힘들었던 순간에 나에게 다가와 한없는 위안을 안겨준 회화의 취미에 대해 감사하는 마음으로 마지막 장을 그림 이야기로 마무리하려 한다. 일단 사귀어 보라. 그러면 그림은 틀림없이 당신의 평생의 동반자가 되어줄 것이다.

> 세월은 그녀를 조금도 시들게 하지 못하고,
> 그녀의 무한한 변신을 막지도 못할 것이다.

힘든 운동과 고된 게임들은 시간이 지나면서 하나씩 떨어져나가 버리며, 어쩌다 과욕을 부려보았자 후유증만 톡톡히 치르게 된다. 근육은 이완되고 손발의 놀림은 더디어져만 간다. 청년시절의 신경과 용기는 더 이상 내 것일 수 없다. 하지만 그림만큼은 절대 무리한 요구를 하지 않으며, 기진할 정도로 사람을 자극하지도 않고, 아무리 무기력한 모습을 보여도 실망하지 않고 곁을 지켜주면서, 캔버스를 높이 들어, 시기에 찬 눈으로 우리를 노려보는 시간이라는 무정함과 퉁명스럽기 이를 데 없는 노쇠라는 슬픔으로부터 우리를 지켜주는 충직한 친구요 반려자인 것이다.

　복되도다, 그림을 즐기는 자여! 그들은 외롭지 않을지니. 빛과 색깔, 마음의 평화와 희망이 그들과 함께 항상 영원하리라.

Painting as a Pastime
그림 그리기

그림 그리는 처칠. 1939년 파리에서.

"무엇부터 손을 댄다? 팔레트는 색채의 구슬들로 번쩍거리고 캔버스는 희고 반듯하니 서 있는데, 그림붓은 운명의 무게를 감당 못한 채 소신 없이 공중에 떠 있는 듯했다. 조용한 거부감이 내 손을 타고 흘러 꼼짝 못하게 묶어놓았다. 드디어 나는 아주 조심스럽게, 가느다란 붓을 꺼내 팔레트 위에서 파란 물감을 갠 후, 앞에 딱 버티고 서 있는 순백의 방패에 극진한 예의를 다해서 콩알만하게 칠해 보았다."

나이 마흔이 넘도록 붓이나 연필 한번 제대로 잡아본 적이 없고, 거리의 화가가 화폭을 채워가는 모습을 무슨 신비스러운 공연을 바라보듯 넋을 잃고 구경하던 내가, 어느 날 갑자기 스스로 물감과 팔레트와 캔버스의 주인이 되어 그림이라는 새롭고 강렬한 취미의 세계로 흠뻑 빠져들었다는 사실을 생각하면 놀랍기도 하려니와, 한편으로는 가슴 뿌듯해지는 경험이 아닐 수 없다. 어쩌면 그래서 더욱 이러한 경험을 다른 사람들과 나누고 싶은 것인지도 모르겠다. 아무쪼록 이 글을 접한 많은 사람들이 스스럼없이 그림이라는 취미생활에 도전해서 내가 경험했던 희열을 같이 나눌 수만 있다면 더 이상 바랄 나위가 없겠다.

돌이켜 보면, 그림에 대해 이야기할 때만큼 소박해지고 겸손해지며 자연스러운 기분이 되는 때는 없는 것 같다. 아마 그 이유는 내가 그림 그리는 방법을 설명하려 들지 않고 단지 어떻게 하면 즐거움을 얻을 수 있는가 하는 점만을 추구하기 때문일 것이다. 제발 이러한 나의 노력에 대해 비판적인 차가운 시선만은 거두어주기 바란다.

오늘 당장 화구(畵具)상자부터 구입해서 바로 시작해 보면 어떨까? 만약 여가를 채울 거리를 찾고 있었거나, 일상으로부터의 일탈을 꿈꿀 때, 아니면 활기에 가득 찬 휴일을 보내고 싶을 때, 당신이 바라는 것을 그림 속에서 찾을 리는 없다고 섣불리 단정짓지 마라. 생각해 보라. 손만 뻗으면 닿을 곳에 사색과 기예를 펼칠 멋진 세계와 빛과 색채로 가득 찬 황홀한 정원을 놓아두고, 불혹의 나이인 마흔이 넘어서까지 여가시간을 골프나 브리지 게임으로 이곳저곳 기웃거리며 빈둥거린다는 것은 얼마나 딱한 노릇인가?

적은 비용으로, 누구의 간섭도 받지 않으며, 공간에 얽매이지 않으면서 무한한 즐거움을 가져다주는 수단인 동시에 새로운 마음의 양식이며, 지적운동이고, 세상의 모든 아름다운 조화와 균형을 재조명하여 새로운 언어로 표현해내는 작업이고, 흔한 일상의 풍경에 감추어진 아름다움을 발견하는 일이며, 황홀한 아름다움의 바다에서 펼치는 끊임없는 항해이며…… 이 모두가 그림만이 제공할 수 있는 풍성한 상품들이다. 이러한 모든 것을 다 소유하지 못한다 하더라도 그림을 그려서 손해 볼 일은 없지 않은가? 그럴 리는 없지만 만약 그림이 당신의 기대를 배반할 경우, 언제든지 옛날로 다시 돌아가서 산과 들을 헤매면서 애꿎은 짐승 잡는 놀음을 하든지, 골프장에서 상대방 기나 죽이든지, 아니면 테이블에 앉아서 맞은편 친구의 호주머니나 털든지, 전부 당신 자유다. 그림에 빠진다고 해서 지금보다 득이 되면 되었지 절대 더 나빠질 것은 없다. 아니, 실제로는 오히려 얼마나 이익인가? 당신은 틀림없이 한가한 시간에 하려고 했던 일이 바로 이 일이었구나 하고 무릎을 치게 될 터이니까.

이제 비록 나이가 제법 든 시점에 우리 모두가 와 있다 하더라도, 이 무한한 미지의 세계를 한번 답사해 보고자 하는 욕구가 당신의 마음에 용솟음친다면 이제부터 내가 하는 말을 귀담아 들어볼 필요가 있을 것이다. 당신에게 첫째로 요구되는 덕목은 바로 뻔뻔스러움이다. 2년간의 데생 수업, 3년간의 목판 조각, 5년에 걸친 석고상 제작, 이런 것들은 모두 젊은이들의 몫이다. 인생의 새벽녘에 부름을 받은 자로서 그림을 평생의 소명으로 알고 살아갈 사람들이야 물론 이렇게 철저한 기초를 닦아야 하겠으나, 당신은 이러한 정교한 수순에 전혀 얽매일 필요가 없다. 진정한 대가가 자신만의 완벽한 구도 위에 미세한 붓놀림으로 표현해 내는, 조화로운 선과 색채의 아름다움과 진실은, 수많은 세월에 걸친 피나는 수련이 직관의 경지에 이르렀을 때에야 비로소 가능한 일일 것이다. 하지만 우리의 소박한 꿈을 너무 높이 올려놓지 말자. 불후의 명작일랑 잊어버리자. 화구상자를 타고 재미삼아 신나게 달려보는 것만으로도 충분히 만족할 수 있다고 장담한다. 바로 그것을 위해서 우리는 철저히 뻔뻔스러워질 필요가 있는 것이다.

내 개인적인 경험을 이야기해 보겠다. 1915년 5월 말일자로 해군장관을 물러난 후에도 아직 나는 각료와 전쟁 위원회의 일원이라는 직책을 유지하고 있었다. 사태의 추이를 훤히 내다보면서도 아무 일도 할 수 없는 자리였다. 해군장관의 긴박감 넘치는 업무로부터 극히 제한된 역할밖에 할 수 없는 자문역으로 뒷전에 물러앉게 되자 갑갑해서 숨이 막힐 지경이었다. 심해 동물이 낚시에 걸려 올라온 듯이, 아니면 잠수부가 갑자기 수면 위로 끌어 올려진 듯이, 나의 모든 핏줄은 갑작스런 압력 강하로 터질 것만 같았다. 엄청난 갈증에 시달리면서도 이를 해소할 방법이 없었다. 불 같은 신념을 구체화시키기에는 너무나 실권이 없었다. 가만히 앉아서 황금 같은 기회가 날아가는 것을 지켜보아야만 하고, 나 자신을 모두 바쳐 추진하던 확신에 찬 계획들이 지지부진하는 꼴을 바라보고만 있기란 정말 견디기 힘든 일이었다. 가공할 전쟁에 바로 임박해서 극히 이례적인 장기간의 휴가를 한가하게 누리고 있는 꼴이었고, 나의 모든 세포가 출전 태세로 극도로 긴장해 있는 바로 그 순간에, 졸지에 다가올 전쟁이란 비극의 관객 입장이 되어서, 그것도 잔인하게 맨 앞자리에 앉아서 구경해야 할 운명이 된 것이다. 그림의 여신이 내게 다가와 구원의 손길을 뻗은 것은 바로 이때였다. 자비심에서인지, 아니면 기사도를 발휘해서인지는 모르겠지만 여하튼 나와는 아무 상관도 없던 그녀가 갑자기 내 앞에 나타난 것이다. 와서 하는 말이, "이 장난감들을 한번 갖고 놀아보지 않겠어요? 어떤 사람들은 굉장히 좋아하는 장남감이랍니다."

어느 일요일, 어린이 용 물감상자를 둘러매고 야외로 나가 시골 풍경을 몇 번 습작하고 난 바로 다음날 아침 나는 유화용 화구 일습을 장만했다.

물감, 이젤, 캔버스가 갖춰지니까 남은 일이라곤 바로 시작하는 일뿐이었다. 하지만 무엇부터 손을 댄다? 팔레트는 색채의 구슬들로 번쩍거리고 캔버스는 희고 반듯하니 서 있는데, 그림붓은 운명의 무게를 감당 못한 채 소신 없이 공중에 떠 있는 듯했다. 조용한 거부감이 내 손을 타고 흘러 꼼짝 못하게 묶어놓았다. 그러나 어쨌든 하늘은 파랬고, 당시에는 옅은 푸른색이었다. 파란 물감에 흰 물감을 섞어서 캔버스 위쪽에 칠하면 되는 것 아니겠나? 이것을 알기 위해 꼭 화가 수업을 받아야만 하는 건 아니겠지. 누구나 여기까지는 다 할 수 있는, 말하자면 출발선 상에 선 것이다. 드디어 나는 아주 조심스럽게, 가느다란 붓을 꺼내 팔레트 위에서 파란 물감을 갠 후, 앞에 딱 버티고 서 있는 순백의 방패에 극진한 예의를 다해서 콩알만하게 칠해 보았다. 이거야말로 도전, 그것도 아주 정밀한 도전이었다. 하도 긴장이 돼서 숨이 다 막히고 근육이다 뻣뻣해지는 느낌이었다.

바로 이때였다. 가까이 다가오는 자동차 소리가 들렸는데, 차에서 경쾌하게 내리는 이는 다름 아닌 존 래버리 경의 부인이었다. 대단한 재원이었던 부인은 다가와서 "오, 그림 그리세요! 그런데 지금 무얼 망설이세요? 붓 좀 줘보세요, 아주 큰 걸로요" 하고는, 붓을 받아 쥐자 바로 테레빈유에 철프덕 담그더니 곧장 팔레트 위를 파란색과 흰색의 광란의 도가니로 만들어버리고 나서 잔뜩 겁에 질려 웅크리고 서 있는 캔버스를 향해 난폭한 기세로 몇 차례 커다랗게 붓을 휘둘러 파란 칠을 해나갔다. 누가 보더라도 캔버스가 반격할 것 같아 보이지는 않았다. 저토록 쾌활하게 휘두르는 폭력을 어떻게 당할 수 있겠는가. 캔버스는 내가 보는 앞에서 속수무책으로 당하고만 있었다. 주술이 깨진 것이다. 병적인 거부감이 사라진 것이다. 제일 큰 붓을 움켜쥔 나는 내 앞에 서 있는 제물을 향해 미친 듯이 분노를 토해냈다. 그 순간 이후 다시는 캔버스 앞에서 위축된 적이 없다.

여러분은 수영장의 스프링보드에 올라섰을 때 느끼는 떨림이나, 그때 장난꾸러기 친구가 몰래 살금살금 다가와 갑자기 물속으로 밀어 처넣을 때의 충격, 물속에 빠졌다가 정신없이 수면 위로 솟아올랐을 때 느끼는 짜릿한 쾌감 등이 어떠한 것인지 잘 알고 있을 것이다.

캔버스를 처음 마주했을 때의 망설임과 뻔뻔스럽게 그 어색함을 몰아냈을 때의 기분이 바로 이런 것이 아니었나 싶다.

여기에 하나 덧붙이자면,

> 유화가 어렵기는 하지만,
> 수채화보다 훨씬 아름답다.

결코 수채화를 얕봐서 하는 얘기가 아니니 오해 없기 바란다. 하지만 정말 유화만큼 묘미 있는 작업은 없다. 일단 유화 물감을 제대로 다루는 법만 터득하고 나면, 그야말로 대단한 수단을 손에 쥔 것이나 다름없다. 게다가 수채화 물감보다 훨씬 여유를 갖고 작업할 수 있다는 장점이 있다. 우선 첫째, 실수를 하더라도 아주 쉽게 수정할 수가 있다. 오전 내내 캔버스 위에 쏟았던 피와 땀의 결실도 팔레트 나이프를 한 번 휘두름으로써 깨끗하게 백지로 되돌려 새 출발을 할 수 있다. 좀더 정확히 말하자면 캔버스는 지운 밑바탕으로 인해서 더 좋아졌다고 말할 수 있다. 둘째는 작업을 하는 순서에 구애를 받지 않는다는 점이다. 예컨대 흰색에서 출발해서 어둡고 짙은 색상으로 진행해야 하는 불편을 감수할 필요 없이, 그저 내키는 대로 중간색으로부터 시작해서 점차 감정이 고조돼 가는 데 따라서 밝고 어두운 양극단의 색상으로 휘몰아가도 전혀 문제되지 않는다. 마지막은 안료(顔料) 자체의 물성에서 나오는 장점인데, 취급하기 무척 용이하다는 점을 들 수 있다. 당신은 몇 번이고 마음에 들 때까지 칠한 위에 덧칠할 수가 있으므로 캔버스를 바꾸지 않고서도 계속 과감하게 새로운 각도에서 실험해 볼 수 있는 것이다. 시간이나 날씨의 변화 등 갑작스런 사정이 발생하더라도 전혀 신경 쓰지 않고 사정에 맞춰 유연하게 계획을 수정해 나갈 수 있을 뿐 아니라, 아무 때고 원한다면 기왕에 해놓은 작업을 몽땅 긁어버릴 수도 있다는 사실을 염두에 두기 바란다.

어쨌든 그림을 그리기 시작했다는 것은 정말 유쾌한 일이다. 물감을 바라보는 것만으로도 즐겁고 그 물감을 짜내는 기분 또한 쏠쏠하지만, 그것을 스스로 관찰한 대상과 조화시켜 맞춰나가는 과정은 비록 서툴다 하더라도 무척이나 황홀하고도 흥미진진한 작업이 아닐 수 없다. 만약 아직까지 해보지 못했다면 이 세상을 끝내기 전에 반드시 해보기 바란다. 일단 정확한 색감과 표현 기법에 관한 기본적인 훈련 단계를 지나면 그림을 보다 폭 넓은 시야로 보게 되는데, 예를 들어 그림 그리는 작업을 전쟁을 치르는 과정에 비유해서 생각해 보는 것 등이 그 좋은 예가 될 것이다. 양자 모두 오랫동안 지속되어온 얽히고설킨 쟁점들을 하나씩 풀어나가는 과정이라는 점에서 매우 유사한 면이 많으며, 많든 적든 다수의 부품들이 하나의 통일된 개념하에 일사불란하게 유기적인 연관을 맺으며 진행된다는 면에서 근본적인 지도원리도 동일하다고 볼 수 있다. 다만 그림에 있어서는 싸움에 이긴다는 것 이상의 또 다른 무언가 짜릿한 쾌감이 따른다는 점이 다르다고나 할까?

우리는 보통, 대단한 지력을 갖추지 않고서는 그럴듯한 대작을 그릴 수 없다고 생각한다. 실제로 대작을 완성하기 위해서는 어느 일순간에 포착한 대상물에 대한 시작과 끝, 전체와 부분에 대한 총체적인 인상을 오랫동안 마음속의 상(像)으로 간직할 수 있어야만 한다. 터너*의 수준 높은 대작들을 자세히 관찰해 보면, 화폭 전체가 표현하고 있는 어느 한 시점의 순간적인 인상 속에서, 수많은 세부적인 묘사들이 어느 것 하나 가리지 않고 상호 비율이나 연대성이란 관점에서 지극히 자연스럽고 완벽한 균형과 조화를 이루고 있음을 느낄 수 있다. 과연 이 속에 담긴 지적인 성취도라는 것이 그 질이나 치열함에 있어서, 우리가 최고 수준의 전쟁 수행이나 범죄 수사, 혹은 자연과학이나 철학적인 논설을 보면서 인정하게 되는 수준과 다르지 않음을 느끼게 된다.

> 터너
> Joseph Mallord William Turner 1775~1851, 영국의 낭만파 화가. 19세기 가장 위대한 풍경화가로 평가된다.

무릇 전쟁을 수행하는 최고 사령관에게는 다음 두 가지 사항이 필수적으로 요구된다. 훌륭한 전략을 수립하는 일과 충분한 비축을 유지하는 일이 바로 그것이다. 그런데 이것은 화가에게도 똑같이 적용된다. 우선 작전을 짜기 위해서는 전쟁을 치를 지역에 대한 철저한 사전 정찰이 필요하며, 특수한 시각에서 본 들판과 산, 강과 교량, 나무, 꽃, 대기 등 모든 것에 대한 주의 깊은 관찰이 요구된다. 이런 관찰을 통해서 우리는 앞에 펼쳐져 있는 풍경과 그 속에 있는 각각의 객체 안에, 예전에는 무심코 지나쳐버려 있는 줄도 몰랐던 수많은 것들을 새롭게 발견하고는 스스로 깜짝 놀라지 않을 수 없을 것이다. 우리가 새로운 대상을 찾아 떠나는 모든 여행에는 이토록 엄청난 즐거움과 흥밋거리가 기다리고 있는 것이다. 이를테면 산허리를 감싸는 형형색색의 그림자와 햇살, 시시각각 색조를 달리하며 수면 위를 수놓는 현란한 물그림자, 자연의 모든 피조물을 옅은 장미와 오렌지, 초록 내지는 자줏빛으로 절묘하게 물들이며 그 표면과 윤곽을 금빛과 은빛으로 장식하는 사랑스런 햇빛……

요즈음은 길을 걸으면서도 본능적으로 나무 이파리의 색조와 형태, 꿈꾸는 듯한 자줏빛 산그림자, 겨울 나뭇가지에 절묘하게 수놓은 고드름, 먼 지평선 위에 희미하게 드리운 그림자 등이 눈에 쏙쏙 들어온다. 이런 것들은 지난 40년이 넘도록 나의 흥미를 전혀 끌지 못했던 것들로, 마치 군중이 모여 있는 것을 보고 "사람이 많군!" 하는 식의 반응 이외에는 할 줄 모르던 과거의 나 자신과 비교할 때 참으로 대견한 일이 아닐 수 없다.

자연에 대한 보다 세밀한 관찰력은 순전히 내가 그림을 그리면서 얻게 된 즐거움이라고 할 수 있다. 물론 그림을 사랑하는 사람들 중에는 실제로 그림을 그리지는 않지만 상당히 높은 수준의 관찰력을 지닌 사람들도 꽤 많다. 그러나 스스로 관찰한 것을 표현해내는 어려움을 직접 경험하는 것보다 더 빠르고 철저하게 관찰력을 기를 수 있는 방법은 따로 없다고 본다. 한 가지 덧붙일 것은, 만약 대상을 정확하고 세밀하게 관찰한 다음 어느 정도 수준의 기량만 갖추고 캔버스 위에 재현해 낸다면 그 결과는 그리 실망할 정도는 아닐 것이란 점이다. 만약 네댓 개의 주요 대상만 제대로 파악하고 진실하게 표현하기만 하더라도 크게 이상하지는 않을 것이다. 그것은 마치 백 개가 넘는 시험문제 중에서 크고 비중 있는 문제 다섯 개만 완벽하게 풀어낼 경우, 상은 못 타더라도 최소한 낙제는 면할 수 있는 것과 마찬가지 이치이다.

하지만 장군이 멋진 전략을 수립하기 위해서는 전장을 사전 답사하는 것만으로는 부족하고 과거 훌륭한 장군들의 발자취를 연구해 보는 것 또한 절대로 필요하다. 즉 자신이 관찰하고 수집한 것들을 가지고, 과거의 유명한 장군들은 유사한 경우에 어떻게 대처하였는지 하는 것과 비교하는 작업이 필요하다는 말이다. 그림으로 말하자면 유럽의 미술관들을 섭렵하는 작업이 될 것이며, 이 과정이 내 경우는 실질적으로 굉장한 도움이 되었다. 이를테면 "오호! 렘브란트는 폭포를 이런 식으로 그렸구나. 맞아, 여기 이 빛은 내가 저번 주일에 나이아가라 폭포에서 보았던 바로 그 빛하고 똑같군……." 이런 과정을 통해서 지난번 내가 그렇게도 표현에 애를 먹었던 부분을 대가들은 얼마나 쉽게 처리하였는지 진실로 가슴에 와닿는 감상을 하게 된다. 요컨대 자연을 관찰하는 안목을 한 단계 높여줄 뿐 아니라, 대가들의 작품을 보다 분석적으로 이해하게 되는 계기가 되는 것이다.

이리하여 진정 세상은 온통 값진 보물로 가득 차 있음을 느끼게 된다. 아무리 단순한 것일지라도 그 속에는 나름대로 아름다움이 깃들어 있다. 세상의 모든 정원과 토지는 헤아릴 수 없을 정도로 많은 매력과 자신만의 이야기를 감추고 있으며, 각각의 풍경은 서로 다른, 수없이 다양한 빛과 색상과 모습과 이야기를 뽐내며 우리를 유혹하고 있다. 화구상자 하나만 챙겨서 도전해 보라. 지루하다든지, 무얼 할지 몰라 빈둥거린다든지, 시간을 주체하지 못하겠다든지 하는 소리가 얼마나 황당한 소리인지 금세 깨닫게 될 것이다. 오호라! 볼 것은 이리도 많은데 어찌하여 시간은 이다지도 짧단 말인가! 태어나서 처음으로 므두셀라*가 부러워지기 시작한다. 시간에 쫓기지 않고 이 모든 것을 화폭에 담아볼 수만 있다면 얼마나 좋을까!

> 므두셀라
> Methuselah, 창세기에 나오는 유다의 족장으로 969세까지 살았다고 한다.

무릇 훌륭한 지휘관들은 거의가 병력의 효율적인 사용에 있어서 남들보다 탁월하다. 결국 지휘관의 역할이란 마지막 병력을 전투에 투입하는 순간 그것으로 끝난다. 그 다음은 전투 병력의 능력과 운에 맡기는 수밖에 없다. 만약 그 전투를 승리로 이끌지 못할 경우 더 이상 투입할 병력이 없기 때문이다. 그렇다고는 하나 고도의 전략이 결여된 마지막 전투라는 것은 거의 실패할 확률이 높고, 규율과 질서가 깨진 아수라장이 되어 소기의 목적을 달성하기가 매우 어렵다. 요컨대 단순한 다중은 별 의미가 없는 법이다. 커다란 붓과 현란한 물감만으로는 아무런 감동도 줄 수 없다.

그림에 있어서 병력은 비례와 상관관계로 이루어졌다. 화가의 작업이란 결국 모든 위대한 조화로운 생각의 세계를 비례와 상관관계라는 두 개의 공식에 따라 표현해 내는 일일 것이다. 팔레트의 한쪽에는 검정, 맞은편에는 흰색이 있지만 어느 것 하나 '깨끗한' 상태로 사용된 적은 없다. 모든 조화와 표현의 원천은 양극의 사이에서 이루어진다. 하지만 검정과 흰색을 단순한 병렬로 늘어놓는 것은 별다른 인상을 주지는 않지만, 순수한 대조를 표현하는 데에는 더없이 유효한 방법이기도 하다.

진정한 화가들이 대상물의 면을 적절히 연관시켜 배치하는 것만으로도 그들이 원하는 명암과 원근, 빛과 그늘의 효과를 훌륭히 표현해내는 것을 보면 참으로 신기한 감이 든다. 그런 능력은 비례감각에 기초한 것으로써 훈련과 실습에 의해서 얻어진 것이란 점에는 의심의 여지가 없지만, 근본에 있어서는 지식의 폭과 지적인 역량이 빈틈없이 드러난 것으로 보아야 한다.

순간적으로 스쳐 지나가는 섬광과도 같은 날카로운 이해력으로 위대한 명화에 담겨진 가치를 미리 내다보고 사전에 표현할 내용을 정확히 관찰하며 분석하고 평가할 수 있는 마음의 눈을 갖춘 사람이면, 그림 이외의 어떤 고도의 지력을 필요로 하는 분야에서도 그 분야에 특수한 기술을 습득하기만 하면 또한 마찬가지로 훌륭한 성과를 거둘 수가 있는 법이다. 이탈리아의 거장들에게서 우리는 이것을 확인할 수 있다.

내가 자꾸 이런 설명을 덧붙이는 이유는 그림의 길에 희망을 품고 사려 깊게 다가서는 모든 사람들에게 앞으로 얼마나 다양한 기쁨을 맛보게 될지를 일깨워주려는 데 있다. 일상생활에서 느끼는 시각적 감각이 훨씬 풍성해질 것이고, 독창성이 강화됨은 물론 여가가 한결 행복해질 것이다. 당신은 조화를 추구해 가는 데서 즐거움을 얻을 수도 있고, 그림의 어려운 고비를 넘을 때마다 의욕이 고취되는 것을 느낄 수도 있으며, 단순히 본 것을 관찰하고 묘사하는 데 만족할 수도 있지만, 공통적으로 말할 수 있는 것이 있다면, 이 모든 것을 충분히 즐기기에는 인생이 너무나 짧다는 것이다. 매일 매일이 발전의 연속이요, 거치는 과정마다 열매가 맺힐 것이지만 그럼에도 당신 앞에는 끊임없는 향상의 오르막길이 펼쳐져 있어, 얼마 지나지 않아 당신은 평생 도달하지 못할 목적지를 향한 영원한 여행길에 들어섰다는 사실을 깨닫게 될 것이다. 그러나 당신은 이 깨달음에 주눅이 들기는커녕 오히려 힘들여 오르기만 하는 발짝마다 기쁨과 가슴 뿌듯한 만족감만이 뒤따름을 알게 될 것이다.

이제 너무 늦기 전에, 이렇게 이야기하는 나를 비웃기 전에 시작해 보라. 초반의 어려움을 극복해 낼 시간이 아직 있을 때 시작하라. 새로운 문학의 즐거움을 맛보려거든 한창 때에 말을 충분히 배워두어야 하지 않겠는가? 초반의 어려움을 극복한 다음에는 당신이 앉아 쉴 정원을 가꾸는 것이다. 비록 아무리 조그마한 정원일지라도 점점 풍성하게 자라나는 것을 보게 될 것이다. 절기에 따라 꽃을 피우고 결실을 맺을 것이며, 해를 거듭할수록 수확은 나아질 것이다. 잡초는 제거되고 과실나무는 가지를 치고 모양을 다듬어갈 것이며 화초는 보다 아름다운 조화를 이루며 만개할 것이다. 그곳은 한겨울에도 온화한 햇볕이 감쌀 것이고 유월의 작열하는 태양 아래서도 서늘한 그림자를 제공할 것이다.

나는 밝은 색깔을 정말 좋아한다. 나는 '자신들의 그림이 자연의 딸기나 자두보다 더 근사하고 순수하다고 사람들을 설득하는' 라파엘파의 화단(畵壇)을 비난하는 러스킨˚의 견해에 동조하는 사람이다. 나는 색깔에 대해 편견이 심한 사람이다. 밝고 현란한 색을 보면 마음이 기쁨에 설레지만 어두운 갈색은 정말 미안한 이야기이지만 사양하고 싶은 색이다. 나는 천국에 가면 첫 번째 백만 년의 대부분은 그림만 그리면서 보낼 작정이다. 그러나 그때의 내 팔레트는 지금보다 훨씬 더 밝은 색들로 장식될 것이 틀림없다. 모르긴 몰라도 아마 오렌지색과 주홍색 정도가 가장 어둡고 흐릿한 색깔이 될 것이고 그 위에 천상의 눈에 걸맞은 온갖 새로운 현란한 색깔들이 선보일 것이다.

러스킨
John Ruskin 1819 ~1900. 영국의 작가·비평가·예술가. 건축과 장식예술 분야에서 고딕 복고운동을 전개했으며, 라파엘 이전 화가들의 화풍을 지지했다. 빅토리아 시대 영국에서 대중의 예술기호에 큰 영향을 미쳤다.

어느 해인가 가을에 마르세유와 툴롱 중간 지점 코트다쥐르의 한적한 구석진 곳에서 현대 프랑스 인상주의 화풍에 심취해 있는 화가를 한두 명 만난 적이 있었다. 말하자면 그들은 세잔의 사도들이었다. 그들은 자연을 하나의 명멸(明滅)하는 빛의 총체로서 파악하고, 상대적으로 형태라든가 면의 경계가 거의 드러나지 않을 정도로 처리한 반면, 색채의 조화와 대비를 빛의 현란한 향연으로 표현해 냈다. 사물을 전혀 다른 방식으로 바라보는 이들의 기법에 나는 홀딱 반했다. 지금까지 내가 바다를 그리는 방식은, 물감을 섞어서 수평으로 길고 부드러운 붓놀림으로 일관하고 색조의 변화는 오로지 농담(濃淡)에 변화를 주는 것이 고작이었다. 이제부터는 무수하게 많은 자그마한 마름모꼴의 색 점들과 색 조각들을―그것도 주로 원색의―사용해서, 바다 그림이라기보다는 오히려 모자이크 포장도로를 그리듯이 시도해 볼 생각이다.

　이상하게 들릴지 모르지만 그렇다고 지레 짐작으로 뒷걸음치지 않기 바란다. 일단 몇 미터쯤 뒤로 물러서서 결과가 어떤지 감상해 보라. 무수히 작은 색 점이 전체적인 효과를 연출해내기 위하여 자신의 임무를 훌륭히 수행하고 있음을 알아차릴 것이다. 개개의 점들은 눈에 띄지 않지만 저마다 강렬한 빛을 뿜어내서 우리의 망막에 개체로서가 아닌 전체로서의 영상을 만들어내고 있다. 지중해의 푸른 바다를 떠올리면 내 말이 훨씬 잘 이해될 것이다. 당신은 어떻게 그 푸른색을 묘사하고 기록할 것인가? 아마 이 세상에 존재하는 어느 색깔로도 한 마디로 그 색을 표현할 수는 없을 것이다. 지중해의 강렬한 푸르름을 제대로 재현해 내려면, 하나의 커다란 구도 아래 상호 완벽한 상관관계를 유지하는 수없이 많은 다양한 색깔의 작은 점들을 조합하는 이외에 달리 방법이 없을 것이다. 어렵게 들리는가? 황홀하다는 쪽이 맞을 것이다!

이렇게 자연은 색깔마다 고유한 파장을 갖고 있는 개개의 광점(光點)들을 매개로 해서 우리 눈에 그 모습을 드러낸다. 그러므로 그림의 밝기란 캔버스의 일정 부분에 이러한 광점들이 얼마나 분포되어 있는가와 광점 상호간의 관계가 얼마나 밀도 있게 구성되어 있느냐 하는 데에 달려 있는 것이다. 앞에서 인용한 바 있는 러스킨의 그림의 요소에서 그는 이렇게 지적했다. "가로 20미터에 세로 15미터나 되는 터너의 유화 대작을 보고 있노라면 화폭 전체가 세세한 부분까지 완벽하게 농담(濃淡) 처리 되어 있어 전체적으로 흐르는 듯한 느낌을 주고 있다."

그러나 터너의 농담법(濃淡法)은 현대 프랑스 화파(畵派)와는 달리 경계를 거의 인식할 수 없을 정도로 농담이 번져가는 양상을 띠고 있는 것이 특징이고, 묘사하는 대상의 특성을 따라 붓이 움직이는 데 반해, 프랑스 친구들은 종종 특성과는 직접적으로 거스르는 방향으로 붓을 놀리는 경향을 보이고 있다. 예컨대 그들은 바다를 그리면서도 붓을 수평 방향으로 놀리는 것이 아니라 위아래로 움직이고, 나무줄기를 위아래가 아니라 좌우 방향으로 그려나가는 따위이다. 내 생각에는 그들의 이러한 발상은 이론에 너무 집착하는 것으로써, 진실을 희생시켜가면서까지 이론에 충실하려는 그들의 의지를 엿볼 수 있는 부분이다.

하지만 현대 풍경화에 그토록 넘치는 활기와 밝은 빛을 불어넣은 공로는 그들의 몫이라 하지 않을 수 없다. 18세기의

키츠
John Keats 1795
~1821, 영국의 낭만주의 서정시인. 짧은 생애 동안 생생한 이미저리, 뛰어난 감각적 매력, 고전적 전설을 통한 철학적 표현을 담은 시를 썼다.

셸리
Percy Bysshe Shelley 1792~1822, 영국 낭만파 시인.

장중하고 형식적인 문학적 완벽주의 이후, 시의 세계에서 키츠*와 셸리*가 담당했던 역할을 그림의 세계에서는 마네, 모네, 세잔 그리고 마티스가 맡았다. 그들은 회화에 새로운 생명의 환희를 불어넣어 주었으며, 그들이 작품을 통해서 표현해내는 쾌활한 본능의 아름다움은 대기를 활기로 가득 채운다.

이들 대가들이 나의 찬사에 특별한 반응을 보이리라고 기대하는 것은 결코 아니지만, 나로서는 그들의 작품에 점점 더 매료되어간다는 사실을 고백하지 않을 수 없다. 투명하고도 정확한 표현은 아마도 프랑스 사람들의 특성인 듯싶다. 프랑스 사람들은 그들의 언어를 놀랄 만한 재능의 도구로 다듬어 왔다. 그들은 사랑과 전쟁, 외교와 요리에 관해서 말하고 썼던 것 못지않게 많은 것을 그림에 대해서도 이야기하고 글로 남겼다. 그들의 용어는 세밀하고 완벽하기에 이러한 예술분야에 있어서 이론적인 스승이 될 자격을 충분히 갖추고 있는 셈이다. 그들은 또한 워낙 비판적인 기능이 탁월하게 발달되어 있어서 오히려 성취의 방해요인이 될 정도인데, 그 덕분에 그들 자신뿐 아니라 다른 사람들까지도 바른 길을 걷는 데 도움을 주고 있다.

가까운 예로 내 프랑스 친구 하나는 나의 서투른 그림 몇 점을 보더니, 당장 나를 파리 시내 화랑에 전시된 작품들 앞으로 끌고 다니면서 교육을 시키는 것이었다. 신기하게도 그가 멈춰서는 곳마다 내가 특히 찬탄해 마지않는 그림들이 걸려 있는 것이었다. 그 친구의 말이, 내가 애써 그리려고 노력하는 것을 보고 내가 무엇을 좋아하는지 알아맞히는 일은 식은 죽 먹기라는 것이었다. 나는 그림을 직접 그리기 전까지 그림에 대해 관심을 가져본 적이 없기 때문에 그림에 대해 아무런 선입관도 없었지만, 무슨 이유에서인지는 몰라도, 내가 어떤 것을 특히 더 좋아하고 있다는 감은 충분히 느낄 수 있었다. 누군가가 내 그림을 그런 식으로 슬쩍 훑어보기만 하고서도, 나 자신은 스스로 인식하지도 못한 나의 취향을 그토록 자신 있게 꿰뚫어 볼 수 있다는 것이 생각만 해도 놀랍기만 하다. 그 친구 말로는 그림에 관하여 전혀 문외한이라는 사실은 그리 문제가 되지 않으며, 오히려 다른 분야에서 단련된 성숙한 마음의 눈으로 그림에 새로운 흥미를 갖는 것이 중요하다는 것이다. 바로 그 새로운 흥미에서 출발해서 시간이 지나면서 적절한 지도를 통하여 예술에 대한 진정한 취향이 형성되는 것이며, 이렇게 할 때 장애물이나 불순한 편견이 끼어들 여지가 없다는 이야기이다. 그의 이론이 모두 사실이기를 바란다. 특히 후자가 사실이기를 더욱 바란다.

우리가 마음의 문을 열고 자세히 관찰해 보면 자연은 온통 신비로움과 아름다움으로 가득 차 있다. 언젠가 세잔이 어느 집의 빈 벽면을 그린 작품을 본 적이 있는데, 그 빈 벽면에 담긴 섬세한 빛과 색의 조화는 두고두고 내 뇌리를 떠나지 않았다. 그 이후로 나는 건물의 벽면이나 벽면은 아니더라도 평평한 표면을 볼 때마다, 그 면에 투영되는 모든 빛깔과 색상의 다양한 변화가 빛의 잔영(殘影)에 의한 것인지 아니면 자연의 색조(色調) 그 자체인지를 음미하면서 즐기는 습관이 생겼다. 당신도 한번 시도를 해보라. 아무리 평범한 대상물이라도 그렇게 다양하고 아름다운 색상을 가지고 있다는 사실에 경탄하지 않을 수 없을 것이며 주의 깊게 관찰할수록, 자주 느껴 볼수록, 더욱 다양한 변화를 감지해 낼 수 있게 될 것이다.

그렇다고 가장 단순하고 평범한 대상과 풍경에 이러한 실험적 상황을 국한시킬 이유는 전혀 없다. 아름다운 그림을 그리기 위해서 꼭 아름다운 풍경이 필요한 것은 절대 아니다. 실제로는 인위적으로 아름답게 꾸며진 장소는 오히려 좋은 작품을 만들어내는 데 장애가 되는 경우가 비일비재하다. 자연이란 원래 이중으로 미화(美化)되는 것을 원치 않는다. 자연 그대로의 상태가 이미 아름다운데 무엇 때문에 그것을 다시 미장(美裝)하려 하는가? 오직 생생한 풍경, 눈부신 대기, 참신하고 매혹적인 햇빛, 인상적인 대비, 이 모든 것들이 한눈에 쏟아져 들어올 때 진정한 관심과 열정이 북돋아나는 것이고, 또한 확실하게 작품에 옮길 수 있는 것이며, 쉽고도 자연스럽게 표현해 낼 수 있는 것이 아닐까?

언젠가 그림에 있어서 기억이 차지하는 역할에 대해 권위 있는 연구가 이루어진다면 아주 재미있는 결과가 나올 것으로 보인다. 우리는 그림을 그릴 때, 우선 대상을 집중적으로 관찰한 다음 팔레트 작업을 거친다. 캔버스에 옮기는 것은 맨 나중이다. 그러므로 캔버스는 최소한 몇 초 전의 인상을 전달해 받는 셈이다. 그것도 직접 오는 것이 아니고 중간에 우체국을 거쳐서 코드화 작업을 거친 후에야 전달 받게 되는데, 최초의 빛의 상태에서 물감으로 바뀌어 캔버스에는 암호 상태로 도달한다. 이 암호는 캔버스 위의 다른 여러 암호들과 정확한 상호관계를 이루었을 때에야 비로소 해독할 수 있게 되며, 그 뜻이 명료하게 드러나게 되고, 다시 한 번 물감에서 빛으로 재생되는 것이다. 이렇게 재생된 빛은 단순한 자연의 빛이 아니라 예술의 빛이다. 그리고 이 모든 과정은 기억이라는 날개, 혹은 바퀴를 수단으로 하여 실행된다. 대부분의 경우 우리는 이 과정을 마치 나비가 이 꽃에서 저 꽃으로 가볍고 빠르게 날아다니는 것에 비유하여 기억의 날개라고 부르지만, 모든 무거운 화물이나 장거리 여행은 바퀴를 이용한다는 사실도 염두에 두어야 할 것이다.

야외에서 그림을 그릴 때에는 작업의 흐름이 워낙 빨리 진행되기 때문에 빛에서 그림물감으로, 그림물감에서 빛으로의 전환과정이 거의 무의식적으로 이루어지는 듯이 보이기도 한다. 그러나 실제로는, 풍경화의 모든 걸작은 실내에서 작업한 것이고 그것도 대상으로부터 첫 인상을 취합한 지 상당한 시간이 흐른 뒤에 작업한 것이 대부분임을 잊어서는 안 된다. 어두컴컴한 지하실 골방에서 네덜란드와 이탈리아의 거장들은 네덜란드 카니발의 영롱하게 빛나는 얼음과 베니스와 캄파냐의 매력적인 햇빛을 캔버스 위에 재현해 낸 것이다. 시각적인 면에서 강력한 기억력이 뒷받침되지 않고서는 불가능한 이야기이다. 우리는 그림을 통해서 관찰력만 키우는 것이 아니고 기억을 오래 유지하는 능력과, 풍경이 바뀌고 햇빛이 스러진 지 몇 시간, 며칠, 심지어는 몇 달이 지난 다음 다시 화폭에 재현해 내는 능력을 함께 배양하는 것이다.

휘슬러*는 파리에서 학생을 가르치던 당시, 학생들에게 일층에 있는 모델을 관찰하게 한 다음 위층으로 달려가 관찰한 것을 그림으로 옮기는 훈련을 시켰다고 전해진다. 학생들이 점차 숙달되면 그는 이젤을 한 층씩 더 높은 곳으로 옮기는 방식으로, 맨꼭대기에 있는 6층 다락방까지 뛰어 올라가게 만들었다고 한다. 이것은 어쩌면 지어낸 일화일 수도 있을 것이다. 그러나 약간의 과장이 섞인 이 이야기는 화가에게 정확하고 훈련된 좋은 기억력이 얼마나 중요한지를 효과적으로 보여주고 있으며, 역으로 정확하고 좋은 기억력을 기르는 데 그림이 얼마나 유용한 수단이 될 수 있는지를 일깨워주고 있기도 하다.

> **휘슬러**
> James McNeill Whistler 1834~1903, 미국 태생의 미술가. 런던의 밤 풍경을 주제로 한 그림과 진보적인 양식의 전신 초상화, 뛰어난 에칭 판화와 석판화로 유명하다. 영국에 프랑스 현대 회화를 소개하는 데 크게 이바지했다.

화가 지망생을 훈련시키는 가장 효과적인 방법은 그림을 하나 보여주고 충분히 연구하게 한 다음, 그 그림을 보지 않고 다음날 재현해 보도록 시키는 것이다. 관찰력과 기억력의 진전 상황을 정확하게 체크하는 데는 이보다 더 나은 방법이 없다. 하지만 설사 스케치와 색깔 메모의 도움을 받는다 하더라도 서로 단절된 기억과 인상만을 가지고서 완전히 새로운 구상을 합성해 낸다는 것이 결코 쉬운 작업은 아니다. 아무리 그렇다 하더라도 과거의 모든 풍경화 걸작은 이렇게 해서 탄생했고 앞으로도 그럴 것이다. 우선 캔버스의 크기 하나만 보더라도 야외에서 작업한다는 것이 불가능하다. 또한 살같이 흐르는 빛은 시간적인 제약을 강요하는데, 한 번 지나간 빛은 다시는 되돌아오지 않는 법이고, 날이 갈수록 그림은 신선함을 잃게 된다. 여기에서 화가는 신선하고 따뜻하며 살아 생동하지만 오래 지속될 수 없는 순간적인 인상과, 걸작의 산실이기도 한, 몇 주간을 버텨줄 차갑고 심오한 기억과 지식, 의지력의 집중적인 노력 사이에서 선택을 강요받는다. 하지만 이런 일에 너무 속상할 필요는 없다. 그런 작업은 평생을 바쳐서 그림을 창작해 내는 과정을 갈고 닦은 대가들에게 맡기고, 우리는 단지 드높은 태양 아래 우리가 보는 것들을 그리면서 즐기면 그만이다.

그림만큼 철저하게 마음을 빼앗아가는 작업도 없다. 당장의 불안이든 닥쳐올 위협이든, 일단 붓을 잡고 그림을 그리기 시작하면 그 모든 것을 까맣게 잊어버리고 오로지 그림 그리는 작업만 머릿속에 남는다. 식사 시간을 건너뛰는 것은 지극히 예사로운 일에 속한다. 예컨대 사열대 위에서나, 죄송스런 얘기지만, 교회에서 한 시간 반 동안이나 서 있어야 할 때, 내 머릿속은 늘 인간의 직립 자세란 전혀 자연스럽지 못한 것이며, 왜 이렇게 힘들고 피곤한 자세를 유지해야만 하는지 불만으로 가득 찼었다. 하지만 그림에 취미를 붙인 사람은 세 시간이고 네 시간이고 계속 서서 작업하면서도 조금도 불편한

줄 모른다.

 마지막으로 여행의 촉매제로서의 그림에 대한 이야기를 빼놓을 수 없다. 그림과 함께하는 여행은 최소한의 비용으로 매일 매일을 순수하고 활기에 가득 찬 진지한 탐험으로 가득 채울 수 있다. 단순한 여행객들의 공허하기만 한 요란 법석을 가슴 뿌듯한 철학적인 잔잔한 기쁨으로 바꿔줄 수 있는 바로 그것이 그림이 아닐까? 이 세상은 어느 지역을 막론하고 모두 자신만의 특징과 독특한 향기가 있게 마련이다. 햇빛과 공기, 모습과 정신 어느 것 하나 똑같은 곳은 없다. 모두들 자신만의 특유한 매력을 갖추고 우리를 기다리고 있는 것이다. 당신이 훌륭한 화가가 아니라도 전혀 문제되지 않는다. 자연의 경관을 즐기고 그것에 이끌려 팔레트에 물감을 짜내고 붓을 휘두르면 그것만으로도 얼마나 행복한 일인가? 설사 마음먹은 대로 그림이 되지 않는다손 치더라도, 당신은 이미 아름다움의 진수를 마음 속 깊이 느꼈고 이해했으며 그 감동을 평생 동안 간직할 것이다.

 수많은 사람들이 유럽의 휘황한 도시들을 많은 돈과 시간을 뿌려가며 여행하지만, 정작 자신들이 여행에서 무엇을 놓치고 있으며, 어떻게 하면 비용을 적게 들이면서 소중한 행복을 맛볼 수 있는지에 대해서는 전혀 알지 못하고 있다. 하지만 멋지고 화려한 그림의 표본을 쫓아서 이곳저곳을 옮겨 다니는 화가의 여행은 항상 즐겁고 보람찰 수밖에 없으며 채집한 표본을 집에서 완성시키는 재미 또한 그 무엇과도 바꿀 수 없는 화가만이 누릴 수 있는 그림의 은총일 것이다.

   지금은 흐린 날씨에도 그림을 즐기는 법을 배우고 있지만, 젊은 시절에는 햇빛만을 고집했었다. 윌리엄 오픈 경˙은 나에게, 멋진 햇빛을 원한다면 아비뇽에 한번 가보라고 충고해주었다. 과연 그곳은 화가 지망생에게는 더 없이 근사한 곳이었다. 그리고는 나일강과 사막과 태양이 서로 어울려 강렬하고도 현란한 빛의 잔치를 펼치는 이집트로, 청록의 터키옥과 오팔의 희귀한 아름다움을 갖추고 진정한 화가의 눈길을 기다리고 있는 팔레스타인으로 나의 빛의 순례는 계속된다. 인도는 또 어떤가? 어느 누가 그 타오르는 듯한 장관을 제대로 그려낸 적이 있었던가? 그러나 태양이 빛을 발하는 한, 빛을 따라 자신의 고국을 벗어날 필요까지는 없다. 스코틀랜드 고지의 개울에 비치는 강철과 금빛의 강렬함을 능가하는 빛을 여태 본 적이 없고, 매일 아침 저녁으로 런던 시민을 비춰주는 템스강의 영광과 환희의 인사에 비견할 만한 것을 세상 어디에서 구하겠는가!

> **윌리엄 오픈** William Orpen 1878~1931, 아일랜드 출신의 영국 화가. 강한 개성을 지닌 초상화로 유명하며 1차 세계대전 중에는 정부가 인정한 공식 미술가로 활동하였다. 마네의 영향을 받았다.

옮긴이의 말

가까운 영국인 친구로부터 가장 흥미 있게 읽은 처칠의 책이라며 건네받은 세 권의 처칠 작품(*STEP BY STEP, MY EARLY LIFE, THOUGHTS AND ADVENTURES*)을 읽어가던 중, 특히 *THOUGHTS AND ADVENTURES*에 관심이 쏠렸다. 작품 속에 등장하는 인물과 사건의 배경을 주로 인터넷을 이용해서 추적하다 보니, 나도 모르게 이 책에 깊숙이 빠져들게 되었다. 지극히 개인적인 경험과 사색에서 시작하여 제1차 세계대전을 치르면서 겪게 되는 역사적인 사건, 군인, 정치인으로서 몸소 만들어낸 숱한 일화들과 거기 등장하는 수많은 실제 인물들에 대한 저자의 감상 등이 전혀 지루하지 않게, 아니 오히려 아주 맛깔스럽게 묘사되어 있었다. 위대한 정치가, 역사가이기 이전에 자유롭고 쾌활한 영혼을 소유한 재능 있는 이야기꾼이라는 생각을 하지 않을 수 없었다.

제2차 세계대전의 영웅 몽고메리 원수가 언젠가 처칠에게 "저는 술 담배를 일체 가까이 하지 않습니다. 그것이 제가 항상 건강을 100퍼센트 유지하는 비결이지요."라고 은근히 비꼬자 그는 즉각, "나는 술을 무척 즐기고 담배도 아주 좋아하지. 그래서 항상 200퍼센트의 컨디션을 유지하고 있다네" 하고 응수했다고 한다.

다분히 운명론자적인 냄새를 풍기면서도 매사에 믿기지 않을 정도의 도전 정신과 투지와 적극적인 의욕을 불태우며 한 시대를 활보했던 한 위대한 인간의 속마음을, 흥미로운 사건들과 함께 엮어서 읽기 편하게 꾸며놓은 글 모음이라는 생각에서 우리말로 옮겨보고자 하는 욕심이 일었다. 인간과 역사에 대한 깊은 성찰에서 나온 용기와 신념, 그리고 여기서 다져지는 불굴의 의지와 도전보다는, 정체를 알 수 없는 개성과 전자혁명이 가져온 반역사적이고 찰나적인 승부의식과 집단 히스테리와 같은 유행병에 철저하게 감염되어가고 있는 현대의 모든 계층의 군중에게 많은 것을 생각하게 하여 주는 글모음이라고 확신한다.

무엇보다도, 간단치 않은 여러 다양한 주제를 매우 재미있고 유머러스하게 풀어나가고 있으면서도 마지막에는 묘한 여운이 남도록 흥미롭게 이야기를 이끌어간 저자의 깔끔한 글 솜씨가 돋보인다. 그가 살았던 지나간 시대를 따라가면서도 하나도 머리가 아프지 않은 이유가 어찌 단지 그의 글 솜씨 때문만일 수가 있겠는가? 아이젠하워가 평했듯이 "처칠은 위대한 인물이다.……그는 단지 작은 섬나라의 입장뿐 아니라……서구문명이라는 큰 틀에서 생각하는 사람이다."

처칠 전문가 제임스 뮬러 교수가 처칠의 1953년도 노벨 문학상 수상을 두고, 노벨상이 그를 영예롭게 만들었다기보다는 처칠이 오히려 그 상의 가치를 높였다고 하는 것이 더 공정할 것이라는 평을 하고 있을 정도로 그는 특이한 작가다.

국립중앙도서관 출판시도서목록(CIP)

폭풍의 한가운데 : 윈스턴 처칠 수상록
윈스턴 S. 처칠 지음 ; 조원영 옮김. -- 서울 : 아침이슬, 2003
p. ; cm

원서명: Thoughts and Adventures
원저자명: Churchill, Winston S.

ISBN 89-88996-33-X 03840 : ₩13,900

924.07-KDC4
941.084-DDC21   CIP2003000111